CHINESE YEARBOOK
OF
LEGAL EDUCATION

中国法学教育年刊

Chinese Yearbook
of
Legal Education

主　办／中国法学教育研究会
主　编／张文显
副主编／韩大元

2019
（第七卷）

法律出版社
LAW PRESS·CHINA

编 辑 说 明

《中国法学教育年刊》由中国法学会法学教育研究会主办，中国法学会党组成员、学术委员会主任、中国法学会法学教育研究会会长张文显教授任主编，研究会常务副会长韩大元教授任副主编。该年刊是以法学教育研究为主题的学术文集，也是中国法学教育研究会的学会文集。

在中国法学会的指导下，中国法学会法学教育研究会和编辑部全体工作人员的共同努力下，《中国法学教育年刊》(2012～2013)、《中国法学教育年刊》(2014·第二卷)、《中国法学教育年刊》(2015·第三卷)以及《中国法学教育年刊》(2016·第四卷)、《中国法学教育年刊》(2017·第五卷)、《中国法学教育年刊》(2018·第六卷)分别于2014年、2015年、2016年、2017年、2018年、2019年顺利编辑出版，在中国法学教育界产生了深远且良好的影响。2020年编辑部在广泛征集稿件和2019年年会论文集中遴选的基础上，《中国法学教育年刊》(2019·第七卷)顺利编辑并交付出版。现就本书中的各部分内容作如下说明。

新时代法学教育专题收录6篇论文。卓泽渊分析了党校法学教育及其性质与发展。何跃军从理论与实践结合的角度对法学教育改革进行了反思。王晨光以卫生法学为例对时代发展、学科交叉和法学领域拓展问题进行了探讨。黄锡生提出调整法学学科分类以适用社会变迁和市场需求。袁钢对博士学位设置进行了探讨。吴少璐则对中国法硕士教育体系的脱节及其发展出路进行了分析。

涉外法治人才培养共收录6篇论文，主要探讨涉外法治人才培养的问题。如华东政法大学研究生教育院课题组对学校涉外法治人才的培养情况进行了总结和分析。付子堂对“中国—东盟法律培训基地”的培养体系进行了分析。喻玲从培养理念、学科与专业建设、师资等方面探讨了国际组织人才的培养要求。王祥修、赵永鹏的《“一带一路”倡议下中国涉外法治人才的供求现状、培养目标与行动方案》探讨了“一带一路”倡议下中国涉外法治人才的培养目标以及行动方案。崔艺红分析了高水平师资队伍建设在涉外人才培养中的关键作用。刘驰对高素质涉外法律人才培养提出了思考和建议。

法治人才培养机制共收录6篇论文。如蔡科云、邹爱华的《“学院—书院对接”视域下法律高端领军人才培养机制探讨》从领军人才培养的视角分析了“学院—书院对接”的实施路径。汪全军《立法工作者人才培养机制研究》中提出优化立法工作者人才培养机制的若干建议。许中缘的《法学实践教学模式存在问题与对策》和郑宁的《我国的法学教育如何回应法律实践需求》提出重视法学实践以及创新教学方式。倪楠的《诉求与回应:对法学教育中教学环节的反思与优化》和刘亚丁的《“新国标”视角下的本科生学术能力:含义解读与培养路径》深入探讨了卓越法治人才教育培养的课堂教学和体系建构问题。

法学院校实践与探索共收录6篇论文。这些论文主要结合典型的具体院校为例,从实际出发,深入探索法学教育,具有强的针对性。

信息动态部分收录了教育部高等学校法学专业教学指导委员会、中国法学会法学教育研究会2019年年会暨“卓越法治人才培养与法学教育”论坛、中国法学会法学教育研究会诊所法律教育专业委员会(The Committee of Chinese Clinical Legal Educators, CCCLE)2019年年会以及包括北京等10余个省市法学教育研究会的2019年年会综述。

研究资料部分主要包括法学教育研究著作目录和法学教育研究论文目录,提供有关法学教育研究的相关著作和学术论文,供有兴趣的同仁进一步检索参考。

《中国法学教育年刊》(2019·第七卷)的顺利出版,得到中国法学会和北京市曾宪义法学教育与法律文化基金会的支持。本书的出版也离不开法律出版社的支持,责任编辑负责、高效、专业的工作,使本书增色不少。当然,在本书编辑过程中不免存在一些不足,在论文收集、论文选择等方面也可能不够周全,恳请各位读者、各位理事予以理解和支持,并提出批评和建议,从而共同努力使《中国法学教育年刊》日臻完善。

联系邮件:zgfxjy821@163.com

《中国法学教育年刊》编辑部

2020年7月

目　录

新时代法学教育

涉外法治人才培养

法治人才培养机制

法学院校实践与探索

法学教育史话

信息动态

研究资料

Contents

The Legal Education in New Era

Cultivation of Foreign-Related Legal Talents

Training Mechanism of Legal Talents

Practice and Exploration of Law Schools

History of Legal Education

Dynamic Information

Research Materials

新时代法学教育

党校法学教育及其性质与发展

卓泽渊*

摘　要:党校法学教育是中国法学教育中的独特部分。概括其现实状况、历史发展、主要职责,是对其进行认识的重要方面。如果进一步以普通高校国民教育中的法学教育作为参照,就可以更好地对其对象、内容、方式、作用的独特性进行考察,加深我们对党校法学教育的认识。在此基础上,可以对其发展路径包括加强学科建设、强化人才队伍、提高教学水准、突出学术研究、发挥智库作用进行探讨。这些研究和探讨必将有益于对党校法学教育的认知和总结,进而推动党校法学教育的发展,促进法学和法律界以及有关方面对党校法学教育的应有关注、重视与研究。

关键词:党校　法学教育　性质　发展

中国法学教育相较其他任何国家的法学教育,有很多重要特点。也许可以认为,它实际上是由两个方面构成的,一个是普通高等院校国民教育系列中主要针对青年学生的法学教育;另一个则是以党校为代表的领导培训机构的干部法学教育。党校法学教育是中国法学教育中十分特殊的一个领域,在当今世界的其他任何国家都没有可以与中国共产党党校相提并论的这种政党教育机构,也没有这样的法学教育机构。党校的法学教育在整个中国法学教育中发挥独特作用,也具有特别重要的影响和意义,但是整个法学界和党校法学教育研究部门几乎没有论著对其予以应有的关注和研究,这不能不令人遗憾。本文拟率先对此作一些探讨以引起学术界包括党校教育研究部门的同仁对此问题予以应有重视。

一、党校法学教育的学理考察

综观中国领导干部培训机构的法学教育可以知道,它存在于各级各类党校(行政学院)、团校、社会主义学院等教育机构之中。其中,又以党校作为典型代表。党校的法学教育的现状如何,经历了怎样的历史发展,担负怎样的职责,都是学术界理当进行了解,理当进行学理考察的重要问题。

---

* 中央党校(国家行政学院)教授、副教育长。

(一)现实状况

在进入正式的讨论前,我们先界定一下这里所说的"党校法学教育"。在这里,它是指党校中关于领导干部培训和进修而开展的法学教育,并不包括党校中属于国民教育系列的硕士研究生和博士研究生教育。当然,党校系统的法学硕士、博士研究生教育只存在于中央党校和部分学术力量雄厚的省级党校。它是从干部法学教育的基础上发展起来的,但是又与干部培训式的法学教育具有根本区别。由于主题原因,本文对党校法学学位研究生教育这一问题暂不论述。

当前,全国党校系统包括中央党校、省级党校和地市级党校、县区级党校四级组织。他们之间没有隶属关系,但有业务指导关系。因此,它们在行政上没有隶属关系,但在业务上有交流沟通。中共中央制定的《中国共产党党校工作条例》是它们的共同遵循。总体来说,中央党校和各省级党校、地市级党校的运行都是比较规范的,而县区级党校则视各地情形而异。有的县区级党校有专职教师,有的没有。没有专职教师的学校,教师全靠外聘。在过去许多年的改革中,有的县区党校被撤销了,有的继续存在;有的被作为上一级党校的分校而继续存在,有的被撤销而集中到地市级党校中去了。每一个有专职教师队伍的党校,一般都会有从事法学教育的部门及其教师。粗略算来,全国除中央党校之外,应有省级党校31个(全国34个省级行政区,我国港澳台地区没有党校)、地市级党校330多个,县区级党校2000多个(全国有2800多个县级行政区)。这是一支庞大的教育力量,其中有一支数量庞大的法学教育力量。

2018年3月中央启动了新一轮机构改革,中共中央党校与国家行政学院完成了全面整合,全国绝大多数省市的行政学院与所在地党校原本就是"两块牌子一套人马",仅有的6个省级行政区分设的行政学院和党校也相继进行了重组。随着从中央到地方各级行政学院和党校的合并重组,其法学教育师资的整合也成为顺理成章的事情。由此,必然会形成比单一的党校或者行政学院更强大的法学师资力量,法学学科建设也将有更好的发展。

(二)历史发展

全国党校肇始于1933年中国共产党设立的马克思主义学校,1935年在延安更名为"中共中央党校"。在延安时,党校就有根据地法规的课程,在1949年中华人民共和国成立后就应有较正式的法学教育。但主要的教学内容仍然侧重马克思主义哲学、政治经济学、科学社会主义、党的历史、党的建设、文史等学科的教学,是在改革开放之后才逐步扩展至国际关系研究、政治学、法学等学科领域。将法学作为一个学科来设立,或者为此设置一个法学教育部门,将法学教育作为重要的教学内容,更是1978年党的十一届三中全会启动改革开放、重新开始民主法制建设之后的事情。

中国共产党十一届三中全会提出了发扬社会主义民主、健全社会主义法制的原则,提出了"有法可依、有法必依、执法必严、违法必究"的16字方针。中国开启了改革开放的大门,重新开启了民主法制的大门,党校的教学课程中开始增设法学教育的内容,以适应日益增强的法学教育需要。2000 年 6 月江泽民同志在全国党校工作会议上的讲话指出:"党校在培训中青年领导干部时,要使他们对当代世界经济、政治、科技、法制、军事等等有较深刻的了解和把握,努力培育他们的世界眼光,使他们不断增强对世界的了解和分析判断能力。"①江泽民同志这一讲话成为党校后来"五当代"②课程设置的根据,法治作为其中重要内容之一受到了前所未有的重视。后来,胡锦涛同志特别强调领导干部的执政能力建设,"依法执政的能力"与"科学判断形势的能力""驾驭市场经济的能力""应对复杂局面的能力""总揽全局的能力"相并列,作为"执政能力建设"的内容列入中共中央党校的教学计划。③ 中共中央党校和地方党校的法学教育早期基本上都是放在科学社会主义学科范围内的,随着法治建设的发展,许多党校逐步将法学学科独立出来,区别于科学社会主义学科,成立独立的政法部或者法学部,党校的法学教育得到了新发展。整个党校的法学教育是随着改革开放发展和民主法治建设起步而发展起来的。

经过 40 年的努力,从国民教育意义上而言,现在中央党校的法学学科早已拥有硕士一级学科授权点和法学理论博士学位授权点,2017 年又获得了法学博士学位一级学科授权点。分布全国的省级党校有 14 家拥有硕士学位授予权。从干部培训的视角来看,党校的法学教育已经成为党校教育体系的主干内容,也成为中国法学教育的重要构成部分。近年来,随着党校智库建设的发展,其已成为党校智库、教学、科研三大方面的重要力量。它担负全国各级党政领导干部的培训和轮训的法学教学任务,为中央和地方民主法治方面的重大决策提供咨询与建议,也做出了许多其他重要的贡献,并为中国法学的发展而不懈努力,业已成为中国法治和法学发展的一支重要推动力量。

(三)主要职责

党校法学教育的任务与党校的功能定位是密不可分的。它如同党校的其他学科一样,担负自己的责任。具体说来,主要体现在以下三个方面。

一是为中央和地方的重大决策提供重要的法律意义的智库支持。中央党校和地方各级党校在中央和地方的决策中,愈来愈发挥重要的作用,成为重要的政策与法律的智库。其教师通过党校独有的内部渠道包括相应的内参和要报等,向中央和地方党政领导提供政策性质的意见和建议。许多教师甚至直接参与了中央和地方一些重要文件的起草、调研工作以及提供咨询、提出意见和建议等。党校学员在学习期间的研究成果,通过学员研究报告的形式提交给有关部门和领导,成为重要的决策参考;对于本身就具有一定决策权力的领导干部来说,其研究成果也是其离开党校、回到工作岗位后作出决策的

① 杨延廷等主编:《党校工作概览》,中共中央党校出版社 2005 年版,第 24 页。

② "五当代",源自江泽民同志的这个讲话,成为中央党校"当代世界经济""当代世界政治""当代世界科技""当代世界法制""当代世界军事"五个方面系列课程的简称。至今的中央党校依然保持"五当代"系列的课程设置,只是予以了进一步的充实和发展。

③ 参见杨延廷等主编:《党校工作概览》,中共中央党校出版社 2005 年版,第 154 ~ 159 页。

认知支持。

二是为各级领导干部的培养提供更新的法学教学支撑。党校是一个教育机构,党校的法学教师承担了关于法学的教学任务。改革开放以来,党校的法学教育从无到有、从小到大,现在已经成为与马克思主义、哲学、经济学、党史党建等并列的重要学科,在党校的教学中发挥主干作用。法学教师也如同其他学科的教师一样逐步成为党校教学的中坚力量。随着法治的发展,法学教育的任务更加繁重,也日益重要。党校教师必须提供学员所需的法学教育,尽其所能地为学员带来的理论问题提供应有的解答;为学员带来的实践问题提供参考的意见。这是党校教师包括法学教师共同的任务,随着时代的发展,又有了新的、更高的要求。

三是为中国法学的发展做出自己应有的贡献。党校法学教师作为法学教师的整体,作为法律人的整体,有其他教师和其他法律人同样的使命。同时,由于党校教师的独特身份,其会比一般的高校教师更多地关注重大的现实理论与实践问题,围绕党和国家的中心工作、重点工作、重大决策提供进行理论研究、产出理论成果,即予以法学理论支持。党校法学教师的学术研究,与普通高校的教师相比,会更多地关注依法治国的宏观决策、法治发展的政策拟制、现实的法治实践特别是司法改革等具有极强实践性的重大问题。他们的法学学术研究更多地具有实践性和现实性。

二、党校法学教育的独特性质

党校法学教育在整个法学教育中具有独特地位和重要意义,其独特性为何,学术界尚没有人进行过专门研究,笔者不揣冒昧地提出自己的看法,以期引起同行关注并深化对相关问题的研究。

(一)教育对象

因材施教是中国传统的教育原则,至今仍然是普遍适用的极为重要的教学方针和教学方法,在党校法学教育中同样必须遵循这一原则。党校法学教育作为一种特殊的教育种类也同样必须遵循因材施教的原则。认识党校领导干部教育对象的独特性以及不同层级领导干部教学的差异性,是进行学制设置、课程安排,采用教学形式、教学方法的前提条件。从教育对象出发来考察党校法学教育,是相关研究的出发点。

党校法学教育在对象上有何特点?首先,其教育对象都是各个层级的党政领导干部,而不是像普通高校那样是青年学生。全国党校系统的干部培训,都是按照职级来划分的,不同层级的党校担负不同层级领导干部的培训或者轮训任务。其次,领导干部们是在国家与社会中发挥重要作用的关键少数。对于整个国家和社会治理具有极为重要的意义。领导干部是政治上的精英,他们在国家治理与社会管理中发挥独特作用,具有一般社会成员所不具有的影响力,这是客观现实的,也是势所必然的。最后,与普通高校培养的学生相比,领导干部们往往具有自然年龄更大、社会阅历更多、领悟能力更强等特点。领导干部有其成长的过程。一般说来,县处级领导至少也在 30 岁以上,厅局级领导至少在 40 岁以上,省部级领导多数都在 50 岁以上。不同年龄段会有不同的心理特征,也会有不同的人生领悟，他们处于不同职级的领导岗位上，也会有不同的法律知识需求。

党校法学教育对象的独特性，使其在整个法治发展中具有特殊的重要作用。权力对国家和社会生活具有最直接也最巨大的决定力和影响力。领导干部正是这些权力的实际行使者，是影响社会发展的关键少数。对于他们进行法学教育，其意义显然不同于一般意义上的普法宣传。与一般的国民教育相较，对于社会管理和社会治理来说，领导干部的法学教育具有更急迫而重要的意义。

(二)教育内容

党校法学教育的内容并不是随意设计的，它要根据领导干部们应有的法律素质需要，党和国家对领导干部的特定任职要求，以及领导干部的实际工作需要，尤其是要根据客观形势的发展变化来设计教学内容。

首先，根据领导干部任职的组织要求。党政组织对于不同层级的领导干部来说都会有任职要求。党政组织对各级领导干部的任职要求，就是进行相应法学教育的重要依据。科级、处级、司局级、省部级，对于不同层级的干部，组织会有不同要求，这种要求是设置学员班次、课程名称、教学内容的重要依据。全国的党校或行政学院都会根据特定职务层级来设定班次，如县处级班、地厅级班、省部级班等，并以此体现组织对于他们的任职要求，贯彻和落实相应的组织意图。领导干部不仅有职级的划分，还有工作领域的划分。不同方面领导工作的干部，基于其任职，组织也会有一定的专业考虑与要求。党校的法学教育也必须针对不同领域领导干部的法律知识要求来进行教学安排与课程设置。

其次，根据领导干部面对的工作实际。党校法学教育必须考虑学员的实际工作。不同领域的党政领导干部也会有不同的知识需求。不同层级、不同类别的领导干部会面对不同的工作实际。从事党务工作、行政工作、社会工作、法律工作等的领导干部都会有不同的知识需求。因此，党校和行政学院还会根据领导干部所属专业知识的领域来开设教学班次，如环保干部进修班、高校领导进修班、国企领导进修班、政法系统领导干部班等。为此，各个党校都会要求领导干部入学时提供“两带来问题”，即需要解决的现实问题以及关注的重大问题。他们将这些问题带到学校来，希望通过教学活动获得解答或者某些启迪。教学就必须回应学员的急切要求，对于他们带来的问题给予应有的解答，避免他们带着问题来到党校，又带着问题离开党校。

再次，根据领导干部自身的法律素质需要。了解领导干部的知识需求是党校教学工作者必须解决的重要问题。了解教学对象的需求，总是开展教学活动的必要前提；满足教学对象的需求，总是教学活动的重要目标。领导干部对于法学与法律知识的需要，总是进行法学教学的考量因素。各个领导干部入学之前就会有种种期待，并带着许多问题而来。他们自身对于法律和法学知识的需要，是相关教育内容设计的考量因素。来自不同层级、不同区域、不同领域的领导干部具有不同的法律知识需求。来自同一层级、同一区域、同一领域的干部，在法律知识的需求上必然具有一定的相似性，所面临的法律问题也具有一致性。因此,根据领导自身的法律素质需要来设计法学课程,是开展相关法学教育的必须。

最后,根据客观形势的发展变化。客观的形势总是发展变化的。党和国家的方针政策会与时俱进,党校法学教育也必须及时跟进。党和国家有一系列方针政策,它们会适时变化,干部教育机构必须根据这些方针政策及其变化来拟制相应的法学课程。当依法治国作为治国基本方略被确立之后,依法治国就成为教学的重要内容。当依法执政被确定为党执政的基本方式之后,它就必然会成为干部法学教育的课程内容。当依法行政、构建法治政府成为行政的法治目标之后,推进依法行政和建设法治政府的法律知识需要,就必然成为党校相应课程设置的重要根据。根据客观形势以及党和国家方针政策的变化,开设党校干部教育的法学课程是最经常,也是最为必要的。

党校有关部门尤其是法学教研部门,根据以上这几个方面的情况设计出来的法学教学课程、讲题,就构成了法学教学的基本内容。这些内容的设置,一般都不会首先考虑法学的学科划分,而是首先考虑组织的要求、现实的需求、学员的诉求、形势的发展以及党和国家方针政策的变化。当然,法学的学科划分等依然是其课程逻辑结构上重要的技术与专业考虑。

(三)教育方式

党校法学教育的特定目的决定了其教育方式的独特性质。从素质上来讲,它要努力满足干部履职的能力要求。从效用来看,它要尽可能回答干部履职中的各种问题,并为其履职提供法学的学理支持。因此,教育方式必然具有独特性。其中有以下几个主要表现。

一是专题性的课程设置。党校法学教育的课程不是按照法学教科书的理论逻辑来安排的,而是专题化的课程设置。在安排课程时,更多考虑的是实际需要,而不是理论本身的学科体系。只是在这些课程的先后与衔接上,才会有学理逻辑的考量,但其绝不是教科书的翻版,更不会直接使用普通高校的教科书作为党校教材。当然,普通高校的教科书可能成为其重要的教辅资料,提供或者要求学员学习。党校的课程开设都是以专题形式开设的。短期班次如此,长期班次也是如此。比如,历史上中央党校时间长达1年的中青一班(一般为正局级)、中青二班(一般为副局级和一部分正局级)以及现在的新时代中国特色社会主义理论专题研讨班等,他们的开课都是以专题形式来开设的。1年的课程也是以若干专题构成一个板块,若干板块构成整个课程体系。专题性质的课程设置而不是按照学科知识的逻辑体系开课,是符合领导干部实际的。因为他们到党校来学习,不是为了学习系统的专业知识,是为了满足任职和更好任职的需要,必须围绕任职所需的知识、素质和能力要求来设置课程。

二是互动式的教学过程。与普通高校的教学相较,党校教学有更多的互动形式,教员与学员、学员与学员之间有更多的互动探讨。讲授虽然仍是主要的课程形式,但在讲授课程之外,还有专门的研讨式教学、案例教学。这两种课程都主要是通过师生之间互动式对话来完成的。此外,还有小组讨论和双向交流。小组讨论的参加者,常常为一个学习小组的数人,有教师参加。师生之间、学员相互之间围绕一个主题或者几个问题互动式地讨论乃至争辩。它还有双向交流。在交流时,由学员主持,将他们小组讨论时遇到的问题提出来,由参加交流的老师逐一回答。学员听了老师的解答后,再次提问,老师再回答。在不断地"提问—回答—提问—回答"中,将讨论引向深入。师生的这种互动,对老师来说是学识考验,对学员来说是认知深化。党校教学中原则上强调讲课有纪律、研讨无禁区。多年来,这种双向交流一直是极为自由的,气氛也十分活跃。

三是研讨式的教学方式。党校学员的学习充满着研讨。曾经普遍提倡"2+0.5"的讲课模式,也就是说,教师教学讲授2小时,学员提问和教师回答0.5小时。至于人数较少的专题研讨班,学员不仅可以在教师讲授完毕后提问,甚至可以在课中提问。也有学员会对教师的观点提出疑问甚至质疑,老师则有针对性地予以解答。当然,课中的提问都是插曲式的,老师解答后随即继续原来的讲授。党校学员的毕业考试较少以笔试来进行。多数都是以口试方式完成,或以写作研究报告及其答辩的方式来完成的。研究报告又分为学员个人的研究报告和分小组的研究报告。即使是小组的研究报告,往往都要求由小组集体调研,共同讨论写作提纲,分别进行写作,之后再统稿。研究报告完成之后有分小组的答辩和个人的答辩。在小组答辩中,会要求每一个学员发言。学员毕业的研究报告往往是对一些重大或者现实问题的研究,这是党校作为智库的重要支撑,是一些内参报告的重要来源,许多高质量的研究报告甚至会成为中央机关及其部委、地方党政机关的决策参考。

(四)教育作用

党校法学教育在作用上与普通高校的法学教育有明显的差异,形成了自己的特征。

第一,重在学以致用。将党校法学教育与普通高校的法学教育相较就不难发现,它更具实用性和实效性。因为一个大学毕业生要成长为具有足够影响力的政治家包括法律部门的领导人,有一个较长的成长过程;而党校教育对象——领导干部本身已经是天天在实践的政治家(包括法律部门的领导人)。如果说普通高校的学生可能是未来的政治家,党校教育的学员则已经是现实的政治家。一般说来,一个大学毕业生要成为处级领导需要10年左右,要成为一个副局级领导需要20年左右,要成为一个正局级领导或者省部级一般需要30年左右。大学生要将所学知识发挥出现有领导干部同样的作用,需要等待10~30年的时间,干部教育则可以立竿见影。同样的法学教育,投资于普通高校与领导干部教育,没有高低之分,却有时段的差异。他们对于国家、社会、人民的意义是不一样的,因此,我们都要予以重视。长远的国民教育要重视,眼前的干部教育也要重视。眼前的干部教育具有更大乃至最大的实用性和实效性,学以致用是其首要特征。

第二,着眼现实问题。法学教育既有着眼长远的理论教育,也有着眼现实的实践教育。党校法学教育更倾向实用的、现实的问题的实践教育,这是党的要求与干部需求高度统一的表现,也是由党校法学教育的目的决定的。它着眼的是领导干部何以履职,帮助其担当应有的领导责任,推动法治建设和整个事业的发展。这就决定了党校法学教育对于学科体系的尊重是必须的,但是其内容的设计又不具有普通高校那样的系统性、学理性。它所侧重的还是实践性、现实性问题,它要回答的是领导干部们在实际工作中遇到的重大理论问题和实践问题。法学教育的知识传承、文化传递、学术积累,主要的还是要依赖普通高校的法学教育来担负。法学教育课程内容及其社会影响的现实性,在领导干部的法学教育中得到了凸显,也成为干部法学教育重要作用的具体体现。

第三,着力领导培养。党校教育的意义不同于普通高等教育。正是因为教学的意义不同,领导干部的法学教育也不具有国民教育的意义。它不颁发国民教育的文凭与证书,它的培训与进修只具有干部教育上的意义。其证书只具有证明其培训与轮训是否合格的符号意义。随着时代发展,随着领导干部的代际交替,随着新一代领导干部国民教育水平层次的提升,为文凭而到党校等干部教育机构参加培训或者进修的情形已经不复存在。其实,现在的地厅级领导干部多数都已经具有国民教育学士、硕士、博士学位以上的学历,甚至博士、硕士文凭以上的干部比例高达80%以上。为他们提供国民教育已经毫无必要。在制度上,混同于普通高校国民教育的党校本科、专科教育,早在2000年前后就已经由中央党校率先取消并不再举办,相应的文凭早已不再发放。至于中央党校研究生院的硕士、博士学位研究生教育,以及少数省级党校的硕士研究生教育,则是完全的国民教育,与普通高校一样,在专业设置、招生指标、入学考试、在校管理、学生经费、学位授予、就业入职、教学评估等方面都与普通高校别无二致,属于严格的国民教育范畴,在此不予详述。

第四,注重任职要求。就领导干部来说,党要求每一个级别的领导干部在晋升之前都应参加任前培训——后备干部培训。近年来,对于那些没有参加培训而被晋升了的,也要求在晋升之后到党校等机构的培训部门“补课”,以弥补任前培训之不足。领导干部在晋升之后,每3~5年就应参加一次进修性质的轮训。这种任前培训与任后轮训,就是党校长期以来分设培训部和进修部两个部门的原因与根据。通过任职前的培训和任职中的轮训,确保领导干部的知识能够与时俱进。党校法学教育如同其他教育一样,首先注重的都是组织的任职要求。所有领导干部都是在职的,都是有领导职务的,因此,根据并针对其履职需要,开展培养工作是现实的要求。对于领导干部任职的法律要求(包括法律知识、法律素养、法治能力的要求),是开展法学教育的重要依据。

以上阐释的只是干部法学教育的独特性质,目的是引起法学界的应有关注,正确定位不同性质的法学教育,使他们各得其所、各扬其长,在整个国家的法学教育中发挥各不相同的作用,共同服务于依法治国的伟大事业,推进中国的法治发展和法治建设。

三、党校法学教育的发展路径

党校法学教育的发展与党校的职能定位是分不开的。党校不仅是一个教育机构,还应该是一个学术研究机构、智库机构、党政工作机构,因此,党校法学教育的作用应当在其工作的各个方面得到发挥,并从中开辟自己的发展道路。

（一）加强学科建设

党校法学教育属于法学教育的范畴，它必须尊重法学学科建设的要求。重视党校法学教育的学科建设，是党校法学教育的重要任务。普通高等学校的法学院系有学科建设的问题，但相较而言，党校法学教育部门在这一问题上更加值得重视。

首先，因为党校的课程多为专题讲座，更需要强化学科意识，重视学科建设。党校的课程多数是专题式的，缺乏学科的系统性、连贯性。如果教师仅仅是为了应付专题教学的教学需要，就会产生并不需要严密的学科知识基础的错觉。如果这样理解并这样应付，久而久之，党校法学教师就可能成为“专题讲座教师”，渐渐地远离了法学的学科体系。这样就会局限教师自己的知识领域，丧失本应具有的宽阔的学科基础。与党校专题式课程的表象恰恰相反的是，党校教师越是从事专题式讲课，就越需要系统的学科知识储备作为基础。系统的学科知识是专题式讲座的学理基础与学术基础。只有具备了精通法学各个领域的大学者乃至学问家才可能成为党校专题式教学的优秀教师。原因在于，宏大而重大的专题性课程恰恰需要广博、雄厚的学科知识基础。

其次，因为党校的讲题并不直接涉及法学的各个学科。法学是一个整体，有法学理论，也有法律实务；有实体法，也有程序法；有宪法，也有部门法；有宪法学、行政法学、国际法学等公法学科，也有民法学、商法学等私法学科。党校的课程无论是偏重法学理论，或者偏重是法律实务，都不会特别关注司法的技术领域。在实体法和程序法之间，总是实体法的内容居多，很难涉及程序法。在法学的各个学科之间主要是宪法、行政法学、国际法学等公法领域的讲座居多，而民法学、商法学等私法领域的讲座极少。党校教师的需求具有一定的学科倾向，对于法理学、宪法学、行政法学、经济法学、国际法学等的老师需求较大，对于其他学科的需求相对较弱。这就可能导致党校法学人才在学科建设上的偏颇，也使其缺乏完善的学科环境。

再次，因为党校并无本科教育，相当多党校也没有硕士、博士学位授予权和相应的学位研究生教育。现在所有的党校都没有了法学本科教学，有的省级党校有硕士学位研究生教育，有的则没有。至于博士研究生教育就更不普遍。相对来说，在普通高校的法学院系，国民教育对于学科需求具有广泛性。一方面，对教师提出了更高的综合性知识要求；另一方面，也为教师的知识完备、碰撞、整合提供了契机。党校教师要系统地保持较广泛的专业学科知识，总体上缺乏外在条件与压力，需要法学教师更多、更宽泛的学科知识自觉。

最后，党校在法学师资的延揽与使用上应更加注意必要的学科结构。力争通过较成体系的教学训练，保持教师知识的系统性、完整性、综合性。人才的学科来源与属性是党校法学学科建设必须关注的重大问题。要让教师更多地参加法律领域综合性的课题研究、决策咨询、立法论证、智库建设、党政顾问工作，在使教师更多服务党政机关、充分发挥参政议政作用的同时，使之获得更多的、法学学科意义的综合性、整体性素质与能力提升。这是党校教师发挥作用的需要，也是党校教师获得更多学术训练的需要。

(二)强化人才队伍

党校法学教育经过几十年的发展,汇聚了一大批优秀的法学教师,但是相对干部教育的实际需要,师资力量在总体上还是比较薄弱的,人才依然是制约党校法学教育发展的关键。强化法学师资力量,壮大法学人才队伍,必然成为党校的重要任务。当前,法学人才力量薄弱的原因主要集中在以下几个方面。

原因之一,在于学科发展的局限。法学作为党校教育的新兴学科,在许多党校并未受到应有的重视,这就有失偏颇了。有的党校将法学与科学社会主义学科并列在同一个教研部,有的将其与政治学并列在同一个教研部。法学只是一个教学部门的几个学科之一。法学教育机构组织的不完整性,使其很难做到学科意义上自成体系,必然使法学学科发展和师资培养受到限制。

原因之二,在于师资来源的现实影响。与普通高校的法学教育相比较,当前,一些党校的法学师资仍然处于边缘状态,并不具有应有优势。党校的法学教师,除中央党校和省级党校的法学教育力量较可观外,其他党校的法学教育师资还是相对薄弱。再说新人才的补充与吸纳,许多优秀的法学教育人才,在就业时首选的还是到普通高校的法学专业任教,而不是到党校法学部门任教。党校法学教研部的师资来源的可选择性,相对少于普通高校的法学院系。缺少优秀人才的不断进入,党校法学教师的优化就必然令人忧虑。

原因之三,在于师资素质的更高要求。党校的师资,基于其教学对象,其要求比普通高校更高。普通高校法学教师面对的多数是青年学生,而党校法学教师面对的是领导干部。现在的领导干部,一般都具有大学本科以上的学历,地厅级以上领导干部多数具有国民教育的研究生学历、具有硕士、博士学位。他们既有良好的理论修养又有丰富的实践经验。他们对于教师的要求,远远高于普通高校的青年学生。学员中大学校长们本身就是由大学教授出任的。党校学员中不乏优秀的大学校长、党委书记或者研究机构的行政领导和党务领导。他们所具有的理论修养,有时甚至比党校法学教师还要高。至于学员的实践能力,尤其是来自司法机关的学员更是高于我们的教师。党校青年教师也是从学校门到党校门,他们缺乏实践经验,从事干部法学教育难免有些力不从心。面对从实务部门来的政法委书记、法院院长、检察长、公安局局长,党校法学教师司法经验的欠缺使他们经受着严峻的考验。

人才对于任何领域都是重要的,尤其是对于亟待发展的党校法学教育来说显得尤其重要。如何壮大党校法学师资队伍、提高师资队伍的知识水平是一个重大而又艰难的问题。它对法学教师具有理论和实践的双重要求。只要其中任何一个方面欠缺,都很难成为一个优秀的法学教师。因此,党校必须开辟自己的师资培养渠道。从目前来看,我们还处于探索阶段。可供选择的路径无非有以下三个方面。

一是从普通高校中引进人才。这是十分便捷的途径。物色、引进普通高校的优秀法学师资,他们有在普通高校教学的经历,且有多年的高校教学经验,必然有助于他们成为干部教育的优秀教师。引进的高校教师都是在高校已经成长起来的,具有一定社会阅读与人生经历的学者,他们从事干部教育必然具有独特优势。这一人才引进工作,党校系统一直在进行,但收效甚微。党校可以总结经验,继续这一工作,提高人才待遇,优化操作程序。

二是从优秀学员中选用人才。领导干部中不乏很有学养的学员,他们本身就拥有博士学位或者担任高校领导、法律部门领导的经历,还有丰富的实践经验。如果能够从中选录具有法学专业背景的优秀学员来做党校法学教师,必然能够成为其中的翘楚。这是目前尚未开展的工作,全国党校系统尤其是中央党校和省级党校都可以尝试这一路径,逐步总结经验,成为一种常规化的师资充实路径。

三是从青年教师中培养人才。人才是需要培养的。党校已经有一大批优秀的青年才俊。他们从高校毕业来到党校,只是缺乏教学经验的积累和实践经验的熏陶。因此,让他们获得必要的教学经验和实践经验至为重要。近年来,中央党校等加大了选派青年教师到中央和地方党政机关挂职的力度,这是非常值得肯定的。但是,也还存在挂职时间短,挂职教师在学校和挂职地区之间两地奔跑、用心不一的问题。个别也会因为家庭、教学等原因而被迫成为"走读干部",挂个虚职、蜻蜓点水,不深入实际,不了解实情,收效甚微。如何使青年教师真正了解国情、了解实际,需要从挂职时间要求、工作制度设置、学校支持措施、相应辅助机制上下功夫,确保挂职不是简单"完成挂职任务"的"走过场"。

(三)提高教学水准

党校的教学水准是党校师资素质、知识、能力的综合性外化。没有良好的教学,党校就不配叫作学校。作为学校的教师,教好书、讲好课总是第一位要求。然而,在现实中,一些教师尤其是青年教师的教学水准令人忧虑。他们既缺乏普通高校教师那样的教学训练,也没有那么多的课堂教学给他们锻炼机会;既缺乏法律工作的实践经验,又难以获得法律工作的实践锻炼。

各级党校都要充分调动党校法学教师的积极性,更多地发挥他们在法学教育中的作用。党校汇聚了一大批法学人才,承担的教学任务并不十分饱满,各自所分担的工作也是有多有少,并不均衡。怎么才能使党校法学人才不被闲置和浪费,是各级党校必须考虑的问题。同时,教学是实践性的工作,没有实际的课堂训练,教师的教学水准就无法提升。因此,党校应在开展计划内的领导干部班次教学的同时,尽可能为社会承担一定的成人教育任务——计划外的干部培训。这是适应领导干部教育终身化的需要,有利于党校人才包括法学人才的作用发挥,使党校法学教师人尽其才;同时,也可以有更多的教学活动让教师尤其是青年教师在教学实践中成长。各种班次的教学任务是青年教师锻炼成长的舞台,也是他们获得教学经验的宝贵机会。

(四)突出学术研究

党校法学教育机构及其教师应当是学术研究的重要力量。由于党校教师忙于实用性很强的现实讲题的讲授,往往忽视了对于法学理论的应有关注,降低了对于自己的学术要求。这是非常有害的。党校法学教师如同普通高校老师一样,经历过同样的法学教育与专业训练,完全可以同普通高校教师一样进行学术研究,发表自己的学术成果,出版自己的学术著作,为学术研究做出自己应有的贡献。

在进行如同其他学者一样的一般学术研究的同时,党校教师还具有自己独特的学术优势。他们与领导干部具有广泛而普遍的接触,出于讲授重大现实讲题的教学需要,对于法治实践比普通高校教师了解更多,因此,他们既可以在传统的学术理论领域开展学术研究,更可以发挥自己联系实际、关注现实的优势,开展学术研究工作,最好是将二者有机结合起来,贡献更多的优秀学术成果。

(五)发挥智库作用

党校法学教育机构要充分发挥智库作用。党校本身就是党和国家重要的思想库,理应发挥重要的决策咨询、立法论证、对策建议作用。党校教师要通过智库建设,发挥智囊作用。通过党校的智库建设使党校作用得以发挥,使党校教师能力得以施展。法学教师在全面依法治国中,在依法治国、依法执政、依法行政共同推进中,在法治国家、法治政府、法治社会的一体建设中应当是大有作为并能够大有作为的。

作为智库,党校具有其他任何智库都难以企及的独特便利。首先,党校作为党的工作部门,具有其他任何高校都不具有的、与其他党政机关联系的便利条件。其次,党校有内参刊物和重要管道直接联系党中央、国务院和各级党政机关的领导,能够及时将各种意见建议提供并转化为决策参考。最后,党校学员都是各级领导干部,他们一旦离开学校,回到工作岗位就可以将党校教师的有关学术见解和建议转化为政策乃至制度、机制。党校应该充分利用自己的便利条件,更多地发挥教师在党政智库建设方面的作用,为国家和社会发展做出更多贡献。

脱节论与职业论:当下法学教育改革的逻辑反思

何跃军*

摘　要:新一轮法学教育改革正在紧张酝酿中,改什么与怎么改是其关键问题。目前法学界在改革的主要问题和基本路径上形成了脱节论和职业论的观点。本文深入反思上述观点,追问其逻辑证立问题。通过对脱节论与职业论的五重逻辑反思,认为理论与实践在法学教育中既不能偏废,也不能过度强调。因应时代要求可以适当重视与倾斜人才培养的实践性和职业性,但从长期而言绝不能忽视人才培养的规范性和理论性。只有真正将"理论与实践有效结合",既不偏废,也不独爱,才是未来法学教育改革的可靠出发点与方向。

关键词:法学教育改革　脱节论　职业论　逻辑反思

中国法学教育需要一次结构性转变。深处全面推进依法治国背景下的法学教育,"理应进入真正的黄金时代,但实际上却面临着饱和危机和巨大的竞争压力",①连续多年被教育部公布为本科"红牌"专业,甚至出现了法学本科取消论,②新一轮法学教育改革势在必行。党的十八届四中全会提出要创新法治人才培养机制,有关部门正在进行更深层次的改革酝酿,③然则目前法学界是否对改革做出了足够的理论准备?在梳理总结现状后,笔者认为,需要对目前法学界关于法学教育改革的主要问题——"理论与实践脱节"的"脱节论"和改革路径——"职业化教育"的"职业论"的认识进行更深入的逻辑反思,未经逻辑反思的改革必将陷入困境,其结果已可预见。因此,笔者将再度深入反思当

* 浙江大学光华法学院博士后研究人员,宁波大学法学院副教授。

① 季卫东:《中国法学教育改革与行业需求》,载《学习与探索》2014 年第 9 期。

② 2006 年上海大学校长论坛上,厦门大学校长朱崇实提出本科取消法学专业设置,专业法律人才需要更高层次的知识结构,而本科层次的法学毕业生很难从事相应的工作。

③ 参见王晨光:《法学教育改革现状与宏观制度设计——日韩经验教训反思与中国改革刍议》,载《法学》2016 年第 8 期。

下法学教育改革中两种主要观点——“脱节论”与“职业论”,以期更进一步明确新一轮法学教育改革的基本方向和主要出发点。

一、当下法学教育改革三阶段与逻辑反思

(一)法学教育改革的3个发展阶段

在分析总结法学教育30周年(1978~2008年)发展历程时,有学者将法学教育发展分为3个阶段,即1978~1992年恢复重建阶段、1993~2000年探索前进阶段和2001年之后的深化改革阶段。[①] 也有学者划分为更详细的5个阶段,即1977~1985年的法学教育恢复阶段、1986~1991年法学教育发展阶段、1992~1996年法学教育全面发展阶段、1997~2000年的法学教育超常扩充阶段、2000~2008年法学教育供需尖锐阶段。[②] 划分角度各有不同,但总体上能够说明30年法学教育发展历程。其后,有学者总结改革开放40周年法学教育发展历程,将之分为3个阶段,即1978~1992年的恢复重建时期、1992~2012年的迅速发展时期、2012年至今的全面提升时期。[③] 也有学者认为,新中国改革开放以来40年的法学教育“经历了一个从义理传承到学以致用,再到慎思明辨的过程。在培养学生的过程中,贯穿从专业知识到职业能力、再到法治精神与理念的指导思想”。[④] 可以说,从30周年到40周年,法学教育在反思与发展中饱受批评和指责,其发展现状如同一幅复杂纷乱的图景,有的改得如火如荼,有的八风不动。因应全面深化改革开放和依法治国的时代需求,新一轮法学教育改革更显必要与迫切。

本文所要探讨的法学教育改革,时间节点同样从1978年开始到当下,本文总结的依据是以中国知网自1978年至今的法学教育研究文献和当时的时代背景,大致归纳为3个发展阶段。

第一阶段即1978~2000年为破旧立新阶段。与现实相适应的是,这一阶段法学教育改革内容有二:一是清理苏联法学遗留的影响,重构中国法学基础理论;二是探索构建与改革开放、市场经济相适应的新法学教育体制,在思考法学教育改革总体思路的基础上,探索法学教育改革的标准,反思法学教育体制,提出改革建议,并注重培养创新型人才。

第二阶段即2001~2010年为反思发展阶段。改革主要目的是反思已立之新,反思已经建构的法学教育体制与培养模式,以更加适应经济发展、市场需求、入世与全球化。[⑤] 有报道认为,这一轮改革启动标志为李岚清副总理视察中国政法大学。[⑥] 在这一阶段,法学界开始思考更务实的教育问题,改革焦点涉及实践教育改革、法学教育职业化、实务型

---

① 参见贾宇:《改革开放三十年法学教育的发展及其当前改革》,载《法律科学》2008年第6期

② 参见徐卫东:《中国高等法学教育三十年发展回顾》,载《当代法学》2008年第1期。

③ 参见胡明:《改革开放以来法学教育的成就与展望》,载《中国高等教育》2018年第24期。

④ 何志鹏:《论改革开放40年法学教育的观念演进》,载《中国大学教学》2018年第11期。

⑤ 参见张文显:《入世与法学教育改革》,载《中国高等教育》2001年第22期。

⑥ 参见王成栋:《李岚清副总理视察法大,推动法学教育新一轮改革》,载《政法论坛》2001年第1期。

人才培养、各国法学教育改革经验借鉴，尤其关注美国法学教育，如诊所式教育、案例教学法等，分阶段考察本科生与研究生法学教育，关注职业道德教育等。2008 年开始从 30 周年角度总体反思法学教育成败。①

第一阶段和第二阶段所取得的改革成就无疑是值得肯定的，法学教育规模不断扩大，培养了大批优秀法律人才，教学管理体制得以改善，专业和课程设置逐渐合理，教学方法不断更新，对外交流日益频繁，法学研究得到较大发展，有效服务于社会主义法治建设。但改革未竟全功，仍然存在不少问题，包括总体定位不清、独立发展程度不够、教学模式单一、优秀教材不多、司法伦理教育缺位，②法学教育与职业教育关系模糊、培养质量下降、管理混乱、就业压力大增、办学有待规范化等。③ 这也是 2011 年教育部、中央政法委员会联合启动卓越法律人才培养计划（以下简称卓越计划）的主要原因。

第三阶段从 2011 年教育部启动卓越法律人才培养计划至今，为深化拓展阶段。这一阶段主要是针对法律人才质量提升、全面深化改革开放和依法治国等重大问题而展开。受党的十八届四中全会通过的《中共中央关于全面推进依法治国若干重大问题的决定》的影响，在法治中国语境下，法学界更加关注改革的总体思路和路径，深入探索法治人才培养模式改革，借鉴域外法学本科后教育，探讨如何通过法学教育改革全面推进依法治国。④ 目前，这一阶段改革仍在拓展与深化中，结合“互联网 +”、⑤人工智能等时代技术进一步深化法学教育改革。这一轮改革中支持者甚为支持，强烈要求法学院与实务界联合进行法学教育职业化改革。但反对者也颇为担忧，认为以应用型为目的的培养导向过于功利化，很容易颠覆法学的人文属性，破坏法学教育融素质教育和职业教育为一体的二元结构，将给法学专业造成严重危害。⑥

（二）第三阶段检讨与逻辑反思

法学教育改革第三阶段探索至今，无论是官方、实务界还是法学界，在改革所要解决的主要问题和基本路径方面已经形成相对多数意见。一是对改革主要问题的看法，突出表现为规模与质量不匹配、职业教育属性不突出、理论与实践联系相脱节，⑦尤其强调理

---

① 参见贾宇：《改革开放三十年法学教育的发展及其当前改革》，载《法律科学》2008 年第 6 期；朱立恒：《中国法学教育改革的基本思路》，载《法学杂志》2008 年第 1 期；曹义孙：《中国法学教育的主要问题及其改革研究》，载《国家行政学院学报》2009 年第 11 期；李道刚：《中国法学教育之反思与改革构想》，载《当代法学》2009 年第 4 期。

② 参见李道刚：《中国法学教育之反思与改革构思想》，载《当代法学》2009 年第 4 期。

③ 参见朱立恒、曹盛：《中国法学教育改革评析》，载《当代法学》2008 年第 4 期。

④ 参见何勤华：《全面推进依法治国背景下的法学教育改革》，载《中国高等教育》2015 年第 6 期。

⑤ 参见王渊、吴双全：《“互联网 +”时代法学教育变革研究》，载《高教探索》2019 年第 7 期。

⑥ 参见何伦坤：《法学教育中的功利化倾向及其克服》，载《教育评论》2012 年第 6 期。

⑦ 参见曹义孙：《中国法学教育的主要问题及其改革研究》，载《国家行政学院学报》2009 年第 11 期；汪习根：《论中国法学教育改革的目标模式、机制与方法》，载《法学杂志》2011 年第 5 期；孙丽君：《中国法学教育问题研究》，载《兰州学刊》2012 年第 12 期；葛云松：《法学教育的理想》，载《中外法学》2014 年第 2 期。

论与实践脱节问题;二是对改革基本路径的看法,较多意见认为,应当强调法学教育的实践属性,加大实践课程比重,注重法律职业教育,培养应用型人才。[①] 由此形成一个三段论——法学教育应当理论与实践相结合,当下法学教育理论与实践相脱节,所以在未来法学教育应当定位为职业化教育。

上述由批判法学教育理论与实践相脱节而导向改革的基本路径是法学教育职业化,这一论断具有一定的逻辑性,加之法学界对美国、英国、德国、日本等国法律职业教育经验的反复引用和借鉴,由此形成当下法学界和实务界一个相对普遍印象,即加强职业化教育是法学教育的必然趋势,未来法学教育必定是职业教育。

诚然,从应然角度来看,法学教育应对全面深化改革开放和依法治国的时代要求进行改革是必然的,而从实然角度来看,当下法学教育"生产过剩",同质化的法律人才大量存在却无法适应市场需求,多元化与高端法律人才奇缺却生产不足,改革也势在必行。既然对改革所要解决的主要问题和改革路径业已形成相对多数认识,那么,是否可就此径行法学教育改革并期待其成果丰硕?本文对此并不乐观。

原因之一在于,虽然目前法学教育改革引发广泛关注,但改革的最终目标仍然不明,法学教育是素质教育还是职业教育的性质讨论仍无定论。并且到目前为止,绝大多数探讨仍然处于理论探讨、域外比较和借鉴、培养目标和培养模式检讨的过程中,虽然法学院内部也有部分变革,如中国政法大学的六年制教育、上海交通大学的"三三制"等,但我们对于究竟要改革为一种什么样的法学教育体制,培养出什么样的法治人才,实际上并未完全形成统一认识。即便在目前卓越计划的权威主导下,不少法学院仍然对培养目标有所疑虑。[②] 目标不明确会使改革被迫支付各种不必要的"学费",并将严重阻碍人才培养质量的提升和法治建设的进程。

原因之二在于,上述改革认知(主要问题和改革路径)并不具有充分条件的逻辑性。首先,在大小前提上可以追问的是:当下法学界是否对何谓理论与实践有充分的认知?法学院课堂教育所传播的知识是否等同于理论?是否应当允许法学院"理论与实践适当的脱节"?法学院教育是否等同于法学教育,是全部还是组成?其次,在结论上可以追问的是:法学院能够承担起职业教育的重任吗?如果仅是法学院承担职业教育,能够完成职业教育的目标吗?在法学院里过分强调职业化教育,尤其是职业技能教育是否必要且

---

① 2016年1月21日在中国政法大学举办的"法律职业改革与法学教育未来研讨会"上,与会的专家学者更多将话题集中在法学教育的职业化问题上。参见《法律职业改革与法学教育未来研讨会在中国政法大学召开》,载《法制日报》2016年1月27日,"法学院"版。

② 卓越计划实施以来,笔者利用3次参加长三角法学院院长/书记联席会议进行调研,共问卷和访谈83位法学院院长、副院长、书记、副书记、系主任和副主任,发现其中20%的法学院主政者在2011年对卓越计划并未有充分准备,此后有26%的主政者对实用型人才培养目标有所异议。参见何跃军、陈淋淋:《从法律人才到法治人才——卓越法律人才培养计划实施六年检讨》,载张文显主编:《中国法学教育年刊》(第5卷),法律出版社2018年版,第189~203页。

可行?可以说,虽然上述改革认知具有一定说服力,但对其中部分问题尚未进行更深入的反思,而缺乏反思深度的改革,我们无法期待就此获得良好改革成效。

法学教育改革关乎一代代法治建设主体的培养,关乎未来依法治国的成败,对此应当再三审慎反思和论证,以免误导权威部门,导致错误的改革决策,这也是理论工作者应当具备的责任心态。本文无意探讨法学教育改革目标和体制问题,这些宏大问题需要更加详尽的考察和论证,不是目前所能完成的。笔者有意于再度反思与解读当下法学界已有研究成果,厘清当下纷纷扰扰的探讨中存在的基本概念和逻辑问题,从而为法学教育改革第三阶段的顺利完成奠定基础。

二、法学教育改革主要问题——脱节论的逻辑反思

(一)法学教育改革的脱节论观点

所谓脱节论,主要是认为当前法学教育理论与实践存在较严重的脱节现象的观点。本文简称为脱节论。脱节论的支持者不在少数。王晨光指出,理论与实践是围绕法学教育的难题之一;①于晓青认为,法学院教育中存在理论与实践的脱节难题;②郭广辉等认为,脱节困境是当下法学教育屡受批评所在;③更有学者甚至认为,脱节现象阻碍了现代法治国家的进程。④

实际上,"法学教育究竟应当侧重理论还是实践"这一难题几乎从法学诞生之初就存在,早就引起了中西法学教育界长期而广泛的探讨。中西法学教育也试图在理论与实务之间保持平衡,如早期美国法学教育以理论教育为主,后来在哈佛大学法学院院长兰德尔倡导的案例教学改革和法学家弗兰克等人倡导的现实主义法学运动下,更加趋向实践教育。⑤ 而当下德国法学教育,依然在坚持理论教育为先导,结合司法研修的教育模式。

脱节论在中国的产生与现实中法学理论与法律实践脱节的现象紧密联系。在法学教育改革第一阶段,法学理论刚刚起步和重构,无法适应社会政治、经济环境的快速变化,而实务部门往往依赖自身设立的临时性规则管理社会,对法学理论研究成果重视不足,转化不足。因此,两者的脱节在现实中长期存在。不仅如此,法学界自身也存在理论法学与应用法学脱节的现象。应用法学长期过于关注规则本身和对规则的解释,理论法学研究基本处于一种依赖研究者感性认识、直觉体验、经验观察的研究状态中。这一阶段直到20世纪90年代中后期才有所改变,法学界逐渐重视实证研究方法、部门法和民间法实践等更务实的主题。但总体而言,第一阶段法学理论接触、深入和服务的实践仍

---

① 参见王晨光:《理论与实践:围绕法学教育的难题之一》,载《中外法学》1998年第6期。

② 参见于晓青:《法学理论的实践向度——理论与实践难题的探索》,载《苏州大学学报》2012年第2期。

③ 参见郭广辉、吴建敏:《理论与实践:中国法学教育的困境与希望》,载《河北法学》2014年第3期。

④ 参见费长山:《法学教育若干理论与实践问题探析》,载《上海师范大学学报》(哲学社会科学版)2005年第4期。

⑤ See Bruce A. Kimball, *The Inception of Modern Professional Education*: *C. C. Langdell*, 1826 – 1906, The University of North Carolina Press, 2009, p. 6.

然不足,而实务亦很忽视理论研究成果。[①] 理论与实践的脱节现象导致的最严重后果就是法学理论的"无用论"——"当实践寻求理论指导的时候,却总是寻找不到对症药方而无以解惑",[②]由此更加轻视、无视甚至抵触理论。

脱节论从法学教育改革第一阶段一直延续到目前的第三阶段。针对脱节现象法学界给出的"药方"是强调法学的实践性,强调法律职业教育,主管部门则要求加强实践教育。[③] 实践是检验法学理论的唯一标准,[④]有学者强调法学实践特点,并尝试构建有中国特色的实践法学理论。[⑤] 法学的实践属性经过后续法学家的论证得以张扬,如郑永流以转型中国为出发点详尽分析了实践法律观的要义,并提出"法是实践智慧"的命题。[⑥] 刘作翔认为,要高度重视法学教育的实践性,并提出法学教育终身性的观点。[⑦] 左卫民将实践法学作为中国刑事诉讼法研究的新方向。[⑧] 实践性作为法学的重要属性获得突出重视,[⑨]并被视为法学教学创新的关键。[⑩] 因此,到目前为止,调整教学计划和培养模式,突出法学教育实践性,[⑪]成为多数法学院的共同举动。[⑫]

(二)脱节论的第一重逻辑反思

虽然目前脱节论大有市场,但笔者认为脱节论仍然存在需要深入反思的地方。对"脱节论"的第一重逻辑反思可从其大前提的合理性进行:脱节论指责法学教育(主要是法学院的法学教育)理论与实践相脱节,那么这种脱节是否合理? 如果是,那么是否应当允许法学院教育中理论与实践适当脱节?

首先,要回答上述问题,必须明确理论的概念以及法学院课堂教育所传授的知识是否属于理论的问题,这是逻辑反思的起点。

所谓理论,《辞海》与《现代汉语词典》提供的解释基本上都认为理论是经由逻辑表

---

① 参见张文显:《世纪之交的中国法学——法学研究与教育咨询报告》,高等教育出版社 2005 年版,第 228 页。

② 田文易:《关于"两个脱节"的反思》,载《法学家茶座》2012 年第 1 期。

③ 参见教育部等部门《关于进一步加强高校实践育人工作的若干意见》(教思政〔2012〕1 号),载教育部网站:http://www.moe.edu.cn/publicfiles/business/htmlfiles/moe/s6870/201209/142870.html,最后访问日期:2016 年 1 月 31 日。

④ 参见郑理文:《实践是检验法学理论的唯一标准》,载《法学研究》1978 年第 00 期(试刊)。

⑤ 参见乔克裕:《"实践法学"导言——中国理论法学的思考》,载《法商研究》1995 年第 3 期。

⑥ 参见郑永流:《实践法律观要义——以转型中国为出发点》,载《中国法学》2010 年第 3 期。

⑦ 参见刘作翔:《法学教育和研究的新理念:终身学习与实践性》,载《河北法学》2011 年第 4 期。

⑧ 参见左卫民:《实践法学:中国刑事诉讼法研究的新方向》,载《法学研究》2012 年第 5 期。

⑨ 参见王晨光:《法学教育的宗旨——兼论案例教学模式和实践性法律教学模式在法学教育中的地位、作用和关系》,载《法制与社会发展》2002 年第 6 期;王晨光、陈建民:《实践性法律教学与法学教育改革》,载《法学》2001 年第 7 期;尹建国:《实践性教学方法及其在传统法学课堂中的运用》,载《法学杂志》2013 年第 1 期。

⑩ 参见唐冬楚、蒋安:《实践性教学是法学创新教育的关键》,载《行政与法》2002 年第 10 期。

⑪ 参见朱勇:《调整教学计划,突出法学教育的实践性》,载《中国高等教育》2003 年第 Z3 期。

⑫ 参见徐显明:《职业化是未来趋势》,载《光明日报》2012 年 10 月 5 日,第 4 版。

达(概念、命题和推理)和验证,经过实践检验的知识体系。① 从马克思主义观点来看,理论本质上是对客观物质世界规律的一种认识。吴炫认为,理论始于理论家独特问题的提出,成于理论家对既有理论的批判,终于理论家独特的概念、范畴和理解。②

那么,当前法学院教育所讲授的知识是否属于理论？笔者认为并不是。法学各门课程均有理论性,经过了严密逻辑论证和充分实践检验。但在实际教学中,这种理论性并未被充分挖掘和讲授。这从以下方面的观察可获得证实。

第一个观察是课堂教学活动。在笔者所主持的浙江省高等教育课堂教学改革项目中,笔者曾对两所专门性政法院校和3所综合性大学的法学院教师进行问卷和访谈,③结果发现,在问卷中有60.9%(53人)的部门法学教师提到,在课堂讲授中比较关注部门法规则的解释和应用,更多注重逻辑问题(概念、规则、规则间的区别与联系,规则与原则的关系、规则与案例推理等),并未深挖规则背后所蕴含的深刻理论问题。在访谈中,甚至有51.2%以上(22人)的部门法学教师认为理论属于学术研究范畴,无须将之详细传授给学生,只需简单提示即可。在日常教学中,如案例教学、模拟法庭、法律诊所等同样以规则解释为核心,只注重其然,而未解释其所以然,学生囫囵吞枣地消化规则,却并未积累对其背后理论的真正理解。

第二个观察是部门法学教材。从笔者搜集和比较的42本涵盖三大实体法和三大诉讼法等部门法学教材来看,基本上都按照与部门法规则体系相适应的方式编写,从标题到内容均体现出较强的规则意识和较多的规则解释,这说明绝大部分编写者们的编写意识是从知识而非理论角度出发,由此也将原本应当充满丰富理论内容的教材转变为规则和知识的堆积。这虽然有利于学生快速掌握法律规则,但却无益于学生理论体系的建构。反向而言,如果编写者们能够深入挖掘其中经过实践检验的理论,以理论和知识(规则)并行的方式编写,无疑将极大丰富学生的理论底蕴,激发理论结合实践的热情,更有助于促成良好的教学效果。

第三个观察是法科学生学科竞赛。目前国内各大法学院提供给法科学生的学科竞赛主要是模拟法庭大赛,如理律杯模拟法庭大赛、全国模拟法庭大赛以及各省(如浙江省法科大学生知识竞赛)或高校间(如武汉高校法科学生知识竞赛)会提供的法科大学生知识竞赛,但这些知识竞赛基本上以法条记忆和案例适用为主,并不涉及理论功底考察。甚至有些模拟法庭活动演变为按照固定剧本编排的"话剧",学生以已宣判的案例为蓝本,按照事先编撰好的稿本一路表演完模拟法庭,以致基本失去了反思与进步的空间。

---

① 参见上海辞书出版社编:《辞海》,上海辞书出版社1980年版,第1213页;中国社会科学院语言研究所词典编辑室编:《现代汉语词典》,外语教学与研究出版社2002年版,第1181页。

② 参见吴炫:《什么是真正的理论?》,载《文艺理论研究》2010年第4期。

③ 笔者所发放问卷的高校均为重点层次高校(本一类型),共发放问卷150份,其中,50份问卷针对理论法学教师,100份问卷针对应用法学教师,回收的126份问卷中,理论法学教师39份,应用法学教师87份。访谈了21名理论法学教师和43名应用法学教师。

与此同时,各法学院内部也以辩论赛(辩题往往是非法律类的,而是社会类辩题)、法条知识竞赛等方式检阅教学效果,因此也导致学生在学习内容上更加偏向现有规则和知识而非理论。

第四个观察是法科学生的期末考试。期末考试是检验学生课程理论与知识掌握情况的重要方法。在调研中,一个较普遍性的看法是,教学内容与考试内容是可以分离的,甚至是经常分离的。在课堂上,教师所传授的理论往往是不考的,期末试卷考察的内容往往是教材中比较简单的概念、法条和案例分析,考试内容较简单,学生通常只要通过1~2周时间的简单准备,不需要通读教材全部内容(学生通常也不会通读教材),不需要阅读其他专著与论文,只需要阅读教师所指定的重点章节,只需要简单的"突击学习",就能够获得至少60分以上的成绩。如此简单的学习,如何能够实现学生对理论和知识的系统性掌握,"法学理论怎么可能在法科学生头脑中发芽、生根,进而言之,学生在大学4年基本上没有接受系统的法律理论教育"。①

上述四个方面,在目前法学院教育中屡见不鲜,造成学生知识结构上较扁平化而非立体化,突出体现为具备法学规则而非法学理论,学生只有知识而无理论,这是当下法科学生的典型特点。经由此等教育构建起来的学生理论知识体系,如同"百度"一般,只是一个"知识蓄积型"搜索引擎,一旦遭遇现实生活真实而复杂的多样化冲击,学生如果无法搜索到已有法学知识的帮助,很可能就会陷入"宕机"状态,无法解决问题。而如果法学院能够帮助学生建构其以理论为核心的法学知识体系,即便遭遇现实冲击,若有以理论为基础的"理论创造型"的应对体系,学生也会做出更多创新和应对措施。

由此笔者也就能这样表述:当下法学教育真正缺乏的正是理论教育。而理论的缺失会造成法学教育精神的匮乏,会将法学教育演变为单纯的技术之学,而技术之学是不需要大学教育的,②推而言之,如果法学教育长期缺乏理论教育或未来转向职业教育,那么法学教育可以直接降格为专科教育或高职教育,无须进行大学教育。

其次,要厘清理论与实践脱节是否具有合理性的问题。

理论与实践不同先贤早有认知。亚里士多德认为,理论是人求真的活动,实践是人求善的活动,③在其《形而上学》中他将知识分为"理论的、实践的和创制的"3种类型。学者范德文(Van de Ven)和约翰逊(Johnson)认为,理论知识和实践知识是两种性质和产生方式都不同的知识,"知识生存的社会分工必然会导致理论与实践的隔阂"。④ 因此,理论与实践脱节是正常现象,脱节实际上是知识生产方式的问题。

---

① 蒋志如:《试论法学教育中教师应当教授的基本内容》,载《河北法学》2017年第2期。

② 参见郭广辉、吴建敏:《理论与实践:中国法学教育的困境与希望》,载《河北法学》2014年第3期。

③ 参见[古希腊]亚里士多德:《形而上学》,吴寿彭译,商务印书馆1997年版,980a;《尼各马可伦理学》,廖申白译,商务印书馆2003年版,1094a。

④ Van de Ven, A. H. and Johnson, P. E. Knowledge for Theory of Practice, *Academy of Management Review*, 31, 2006.

理论联系实践本身就说明理论与实践属于不同事物,两者之间产生联系需要通过特定的方法和路径。理论与实践的不同指出了人类生活的两个不同意义世界——思想世界和物质世界,两个世界不同但互通。理论与实践互为彼此的最高形态,两者相互结合的最高境界应当是"实践智慧"。理论产生于实践,联系实践是必然的,但理论又高于实践,理论如果不高于实践(至少是和实践相脱离),那就不能称为理论。"只有与实践相脱离,才能保持学术独立的品格",①因此,理论与实践相对脱离也是必然的。

最后,要厘清法学教育中理论与实践究竟是一种什么样的关系。

笔者认为,法学教育中理论与实践是一种"貌离神合"的关系,②既有天然的脱离性,也有内在的紧密联系,形在外为离,神在内为合。

貌离,是指法学教育中理论与实践在表面上是分离的,法学院离法院的距离确实不近,这种分离可视为法学家与法律家(实务者)之间的职业分工不同。如从历史角度考察,古罗马五大法学家拥有极高的实务地位,其论著可直接为法官采用,但其后,再也没有出现如此高实务地位的法学家,这是社会发展和职业分工的一个重要表现,法学家专门从事研究,法律家专门从事实践。波斯纳敏锐地指出,两者是"天生的冤家",存在的天然合理脱离,一个是揭穿,另一个是隐藏。法官费尽心机地用各种技巧隐藏其司法意见,而法学家的任务就是解释和揭穿、分析和披露法官司法意见中的正确或错误的观点。③葛云松认为,法学家相对自由,以改进法律为任务,实务工作者则受到较严格约束,以实施法律为任务。④

神合,是指两者本质上是具有内在联系的,法学理论是经由实践检验才得以建构的理论,法律实践则是有丰富理论基础的实践。伯恩·魏德士认为,除非出现严重的功能失灵与歧途,否则不可能存在无实践基础的理论或者无理论基础的实践。⑤萨维尼通过其历史法学派的论证,也同样认为法学本身具有一种独特性——法学理论与法律实践是有内在联系的,这是民族实践需求在法学中的反映。因此,没有必要认为理论与实践完全分离,这种观点在萨维尼看来是没有价值的,"对于法学理论和司法实践而言,所不同的只是外在的职业和所获得的法认识的应用;但思维的方式和方向,以及通向它们的教育,是有相同之处的……"⑥

通过上述3个层次论述,可以得出结论:一是法学院课堂传授的知识并非理论,当前法学院应当注重真正的理论教育。二是法学教育中理论与实践具有脱节的合理性,但这

① 参见陈金钊:《法律解释学转向与实用法学的第三条道路》,载《法学评论》2002年第1期。

② 参见于晓青:《法学理论的实践向度——理论与实践难题的探索》,载《苏州大学学报》2012年第2期。

③ 参见[美]理查德·A.波斯纳:《超越法律》,苏力译,中国政法大学出版社2001年版,第96页。

④ 参见葛云松:《法学教育的理想》,载《中外法学》2014年第2期。

⑤ 参见[德]伯恩·魏德士:《法理学》,丁晓春、吴越译,法律出版社2005年版,第12页。

⑥ [德]弗里德里希·卡尔·冯·萨维尼:《当代罗马法体系Ⅰ》,朱虎译,中国法制出版社2010年版,第75页。

种脱节也只是表象上的,两者内在是联系在一起的,只是这种联系目前并未被法学院教师的主动性所挖掘和发挥。

(三)脱节论的第二重逻辑反思

脱节论第一重逻辑反思指出了脱节论大前提存在的不合理性,解决了法学院理论与实践脱节具有一定合理性的问题,并提出应当关注真正的理论教育。脱节论的第二重逻辑反思则可从理论本身对实践具有怎样的功能进行。

理论对实践具有解释和预测的独特功能——理论在研究对象范围内解释并预测甚至是解决问题。理论的解释和预测的功能不可分割,并将对实践产生重大影响。伯恩·魏德士指出:“一个哪怕只是对‘世界’片段进行的‘有效的’甚至只是符合需要的解释都奠定了实践行为、社会行为和政治行为的基础,无论是为了维持现状,还是为了改革现状。”①理论的解释和预测在法学中表现得比较明显。法学理论同样具有解释实践、指引实践、寻找法律路径、创制和说服的功能。

就因果而言,理论是实践的指引,理论基础扎实,在实践中的发展潜力和发展成果将比只注重实践的情况更可观,这点已从历史和现实中得以明证。理论一旦掌握群众,也会变成物质力量。② “代表先进阶级的正确思想,一旦被群众掌握,就会变成改造社会、改造世界的物质力量。”③

法学理论是法律职业体系必不可少的构成部分。当时代对法律职业的要求越高,执业内容越繁杂时,法学理论就越重要。因此,苏力指出,只有掌握了基本法律概念和理论,有了法律分析等基本素质,学生才能举一反三,触类旁通。④ 何美欢老师也认为,基础知识比任何前沿性的东西更重要。因为学生一旦离开学校,走向具体工作岗位,碰到实践新问题,必然还是会回到已经掌握的基础知识上寻根溯源,探求理论对实践的指引。学生一旦想有所成就,寻找理论知识的帮助也是在所难免。⑤ 毕竟专业的学术积累对实务操作有潜移默化的作用。⑥

法学专业的理论教育是整个法学专业指向职业化与学术化的基础,无论中西法学教育均是如此。享誉世界的常春藤盟校,其法学院所开设的各种高深的法哲学、法理学、法律与政策、法律与社会、法律与经济等课程,无不是苦心孤诣地帮助法科学生奠定良好的

---

① [德]伯恩·魏德士:《法理学》,丁晓春、吴越译,法律出版社2005年版,第12页。

② 参见中共中央马克思恩格斯列宁斯大林著作编译局编:《马克思恩格斯选集》(第1卷),人民出版社1966年版,第8页。

③ 毛泽东:《毛泽东文集》(第8卷),人民出版社1999年版,第320页。

④ 参见苏力:《法学本科教育的研究和思考》,载贺卫方编:《中国法律教育之路》,中国政法大学出版社1997年版,第4页、第68页;王利明编著:《合同法疑难案例研究》,中国人民大学出版社1997年版,第4页。

⑤ 参见何美欢:《理想的专业法学教育》,载《清华法学》2006年第3期。

⑥ 参见王文华:《卓越法律人才培养与法学教学改革》,载《中国大学教学》2011年第7期。

理论基础，以便更好适应社会需求。汪习根对哈佛大学法学院的观察即证明了这一点。[①]国内排名靠前的法学院，同样为学生开设理论内容丰富的选修课程，可以说，如果脱离了这些高深理论课程，那么这些法学院的层次也将一落千丈。因此，如果没有良好的理论教育，也就谈不上更好的职业教育，更无所谓职业技能培养，没有良好的理论教育，学生即便有所成就，也不过是“法律工匠”而已。而未来法学教育也会因此缺乏理论支持，无法提升自身层次。

我们无法想象一种缺乏或弱化理论教育的法学教育是什么样的，也无法想象缺乏理论基础的职业教育是什么样的。但可以预见的是，不注重理论教育的法学教育必然会在未来失去在大学和社会中的应有地位，沦为技术教育，所以我们的改革一旦不慎，为功利所“绑架”，就有可能使法学教育“彻底沉沦”，成为“技术或专科教育”。

(四)脱节论的第三重逻辑反思

脱节论的前两重逻辑反思主要针对理论与实践的关系展开，学者们在讨论中或多或少有所涉及，但第三重逻辑反思则与上述两点不同，将从理论联系实践和理论联系实际的区别展开。

法学是具有实践理性的学科，既有理论情怀，也有实践情怀。当下中国法学教育不仅匮乏真正的理论训练，也匮乏实践训练。因此，法学教育要求理论联系实践是应当的，但理论能否顺利联系实践，其基础尚在于法学院教育是否能够实现理论联系实际。

理论联系实践与理论联系实际上是不同的。从哲学角度解释，理论联系实践解决的是认识与实践的问题，其目的最终在于，将理论运用于有意识和有目的地改造世界的实践中。因此，在理论联系实践的过程中，很容易出现一些误解，误以为理论应当服务于实践，从属于实践，那么一旦理论与实践脱节，批评指责就会认为理论无用，或者脱离实践的理论无用。这种误解实际上是对理论和实践的关系缺乏正确理解。理论联系实践，表明的是思想与物质的关系，两者不同但互通，只是互通需要一定的管道，而一旦管道出现问题，理论就很可能与实践脱节。目前法学教育即是如此，理论与实践之间貌似搭建了桥梁，如实践基地等，但这些桥梁主要是法学院一厢情愿，实务部门缺乏足够的动力刺激在理论与实践的联系之间投入太多精力，导致这些桥梁没有发挥真正的互通作用。

而理论联系实际，解决的是矛盾的普遍性和特殊性的问题，理论所蕴含的普遍性，需要结合特殊的实际加以解释和阐发，其最终目的在于实现理论可解释、可预测和可运用的特性。理论联系实际，联系的对象是客观物质世界，是实践的对象，通过联系实现理论的“理论性和理论功能”，以便实践运用。理论联系实践，则是将已经具备理论性的理论直接作用于客观物质世界，联系的目的在于改造。因此，两者虽然不同，但具有深刻的内在联系。

---

① 参见汪习根：《美国法学教育的最新改革及其启示：以哈佛大学法学院为样本》，载《法学杂志》2010年第1期。

理论联系实际的难度要远小于理论联系实践。因为将静态的理论与静态的实际相联系,并加以解释、预测,这对于国内法学院的教师来说相对容易。国内法学院教师的大部分来自国内各大法学院培养的法学硕士和博士,极小部分来自海外。这些教师从总体而言,沿袭从学校到学校的发展路径,其间较少参与实务部门具体工作,较少具有实践经验,因此,要求理论联系实践无疑是困难的,想要理论联系实践需要实务部门的参与,或将教师送往实务部门,或引进实务部门的业务骨干。但是,不同于联系实践,我们可以要求教师们理论联系实际,要求教师们深挖理论,结合社会实际讲解理论,阐明理论,建构学生的理论体系。对于社会实际,多数法学院教师均有一定体会,也能够将自身所学理论与实际相结合,以此说明规则、知识和理论。

当下,国内法学院教师的知识结构主要来自理论培训,部分来自实践训练,而理论培训的基础在于将理论与实际相结合,才能获得更有效的理论认知。因此,在目前绝大多数法学院教师无法理论联系实践的时候,强调理论联系实际,联系客观生活,联系社会事件,联系焦点问题,联系实际案例,运用理论去分析、解释和预测实际状况,既是可能的,也是可行的。通过理论联系实际,可以更好地增强学生对实践的理解,因为实际是实践的对象,是实践的基础。唯有理解了实际,才能去实践。

法学院在理论联系实际方面已经有所体现,如案例教学、法律诊所、模拟法庭等。理论联系实际的基础是法学院教师本身的理论培训和社会实际认知,相对理论联系实践而言容易,但问题在于:理论联系实际要求教师充分发挥教学的主体性和创造性,积极主动联系实际,这需要花费大量精力和时间。但在当下大学教师业绩评价体系中,对于教学并未给予突出重视,部分学校为了争取排名更是致力于构建科研凌驾教学的量化评价体系,并未真正重视教学在大学中的基础性、优先性地位。因此,想要真正实现理论联系实际,建构学生理论体系,就必须从顶层设计上改革现有的业绩评价体系,真正将大学的任务回归到“教书育人”的本质功能上。

三、法学教育改革基本路径——职业论的逻辑反思

(一)法学教育改革的职业论观点

从上述脱节论观点可以很容易地推导出当下法学教育改革的基本路径是将法学教育改革为职业教育的观点。这一观点即法学教育改革的职业论观点。

法学教育是职业教育吗?近年来,法学界围绕法学教育的基本属性是素质教育、通识教育还是职业教育展开了讨论,曾宪义、张文显、李龙、公丕祥等法学教育大家认为,法学教育是素质教育,应当以学生综合素质为主要关注点,①方流芳、徐显明等则更加强调

① 参见曾宪义、张文显:《法学本科教育属于素质教育——关于我国现阶段法学本科教育之属性和功能的认识》,载《法学家》2003年第6期;廖益新:《法学本科素质教育中的问题与改革》,载《法学家》2003年第6期;杨志坚:《素质教育的针对性、价值取向和法学本科教育的改革调整》,载《法学家》2003年第6期。

法学教育是职业教育，应当注重培养学生职业素养。[①] 而更多的学者如王利明等采取折中态度，认为法学教育兼具素质教育、职业教育的性质，而通识教育是素质教育的应有之义。[②]

强调法学教育是职业教育，在一定程度上确实有助于打造法律职业共同体以服务于法治建设，这种观点不仅在理论界存在，更是获得了实务界的高度强调。就现实而言，法律职业是社会正常运转无法脱离的组成部分，法律职业共同体是一个由法律人组成的一个事业共同体、意义共同体、解释共同体、利益共同体，[③]其代表者如法官、检察官、律师，还包括法学教育工作者、公证员等，这些人的基本特征是经受了法律专业训练、具有法律知识体系、法律职业技能和法律职业伦理。从法律职业的内涵可看出，法律职业三大特性——法律知识体系、职业技能和职业伦理，都是需要经历法学院专业教育之后，走向特定法律职业工作岗位才能够判断是否完全具备，这是一种事前与事后相结合，以事后为主的判断，对于仍然处于法学院教育中的法科学生来说，是否完全具备这三大特质并无法遽然定论。

但是，上述认识并未获得足够重视，反而有另一种判断获得较多认同，即认为法学教育不仅要教法律知识，更要教运用法律知识的能力和技巧。法学院培养出来的法律人才不能只是懂理论的人才，也必须是能够熟练分析现实案件提出解决方案的人才。[④] 这一判断无疑是将事后在法律实践岗位上才可能实现的结果提前到法学院教育的环节，显示出浓厚的理想主义和浪漫色彩。

体现最权威官方态度的是前述卓越计划中对法学教育的总体评价，其中明确指出当前法学教育问题不少，尤其是人才培养质量问题成为最核心和最紧迫的问题。而人才质量的衡量则以应用和复合为核心。因此，在主管部门权威主导下，加强职业教育基本上成为当下法学院改革的一个多数认识。

（二）法学教育改革职业论第一重逻辑反思

对法学教育改革职业论第一重逻辑反思的概念基点是，何为法学教育，是否等同于法学院教育，法学院教育是法学教育的全部还是组成部分，法学院教育是否等同于法律

---

① 参见方流芳：《中国法学教育观察》，载《比较法研究》1996 年第 2 期；徐显明：《法学教育的基础矛盾与根本性缺陷》，载《法学家》2003 年第 6 期；徐显明：《中国法学教育的发展趋势与改革任务》，载《法制资讯》2010 年第 1 期。

② 参见王利明：《卓越法律人才培养的思考》，载《中国高等教育》2013 年第 12 期；韩大元：《全球化背景下中国法学教育面临的挑战》，载《法学杂志》2011 年第 3 期；葛云松：《法学教育的理想》，载《中外法学》2014 年第 2 期；费长山：《法学教育若干理论与实践问题探析》，载《上海师范大学学报》（哲学社会科学版）2005 年第 4 期。

③ 参见张文显、卢学英：《法律职业共同体引论》，载《法制与社会发展》2002 年第 6 期。

④ 参见卢峻：《美国之法律教育》，载孙晓楼主编：《法律教育》，中国政法大学出版社 1997 年版，第 303 页以下。

职业教育?

当下法学界对法学教育改革基本路径认知是要加强实务训练,强化职业教育。何美欢老师指出,中国法学教育在技能训练方面是“全方位缺席”。徐显明教授认为,当前法学教育在职业化方面的两个缺陷之一是缺乏职业技能培训。① 因此,“法学教育应当培养学生的知识+技能”,“法学院必须提供给学生练习适用、归纳、评价法律及练习超越认知能力的机会”。②

单独而言,上述结论并无不妥,但从逻辑而言,其证立需要明确以下问题:一是上述结论中法学教育是否等同于法学院教育?如果不等同,是否意味着批评和改革的方向出现了偏差?二是上述结论认为法学院必须提供实践机会,但这种机会应当在法学院教育中占据何等比重,法学院如何正确处理理论与实践关系?只有解决以上问题,才能更进一步地在逻辑上证立上述结论。

对于第一个问题,国外法治发达国家法学教育的整体状况已经证明法学教育不等同于法学院教育。无论是英国、美国还是法国、德国都展现出法学教育是一个整体性系统性的教育过程,是“法学院教育+实务部门教育”的结合。孙学致总结了主要国家法学教育模式的3个共同点:一是以职业教育为主,融合素质教育或在法学教育之前完成;二是法学教育分阶段完成,即法学院专业学习和专门的职业培训两部分;三是专门的职业培训由法律实务部门承担,由此构成法学教育机构的组成部分。③ 显然,法学院的法学教育只是法律训练的一个环节,而不是全部。④ 法学院所进行的“法学教育目标在于培养具有法治思想、民主理念,且具法学专业素养与伦理之人才”。⑤ 这也说明法学院的任务是职业素养的养成,包括思想、理论、知识、道德、技能层面,法学院的重点在于思想、理论、知识和道德层面的深入教育和技能层面的初步养成。法学院应当对自身功能与定位具有清楚认识,而不应过于盲目扩张自身在职业教育方面的功能,否则很可能是自丧阵地,“干了别人的活,还吃力不讨好”。

对于第二个问题,“法学教育”也不等同于“法律职业教育”,也不应当只被等同于法律职业教育。当前很多学者试图从西方法学教育的经验中论证法学教育的最终指向是职业教育,其论证依据是当下美国、德国、日本法学教育对学生职业训练的重视,因此应

① 参见徐显明:《中国法学教育的发展趋势与改革任务》,载《法制资讯》2010年第1期。

② 何美欢:《理想的专业法学教育》,载《清华法学》2006年第3期。

③ 参见孙学致:《论我国法学教育的趋势与高校法学教育改革的方向》,载《高教研究与实践》2011年第4期。

④ 参见葛云松:《法学教育的理想》,载《中外法学》2014年第2期。

⑤ 霍宪丹:《不解之缘——二十年法学教育之见证》,法律出版社2003年版;冀祥德、孙远、杨雄:《中国法学教育现状与发展趋势》,中国社会科学出版社2008年版。

将“法学教育定位为以国家、社会和市场需求为基本导向的法律职业教育”。[①] 但问题在于,这些论述并未注意到,即便是最重视职业训练的国家,其法学教育依然是由理论教育和实务训练两部分组成的。方流芳曾指出,西方法学教育蕴含学术教育和职业培养双重意蕴;[②]王晨光也认为,法学教育的宗旨天生就具有二重性,即职业训练性和学术研究性的二重对立。[③] 这也证明,学者们对西方法学教育的双重目的是有所认识的,只是出于目前社会的现实需求,更加强调法学教育的职业属性。但强调职业属性并不等同于法学教育就是职业教育,实际上,已有学者指出法学教育与法律职业教育二者的异质性,认为两者的区别在于做人与做事、广博与精专、先验与经验,[④]即法学教育的内涵远远广博于法律职业教育。

法律职业教育确实是法学院应当承担的法学教育的一部分,但不应当是全部。一方面,法学院的法学教育应当包含法律职业教育的部分内容,并且提供尽可能多的机会对学生进行法律职业训练;另一方面,法律职业教育不是法学院能够全部承担的,它是一个法律职业共同体缔造的过程,需要投入更多责任主体力量如法院系统、检察院系统、律所系统等,需要整合各种制度力量如“法律学科教育制度、法律职业教育制度、司法考试制度、法律职业技能训练制度和终身化的继续教育制度”等,以此构建法治人才培养的共同体。[⑤]

(三)法学教育改革职业论第二重逻辑反思

第一重逻辑反思已经指出,法学院教育只是法学教育的一部分,那么第二重逻辑反思即为法学院教育在法学教育中的角色问题,即它在法学教育中能起到什么作用?

事实上,关于法学院教育的作用问题——法学院的“能与不能”,早已突出表现在学者们对职业教育和技能训练的反思中。法学院教育的“能”是可以帮助法科学生建构理论之树和职业伦理,但法学院教育的“不能”也很明显。

“在讲授式的课程中,不论教科书写得多深,老师讲得多好,都不可能让学生真正深入理解知识,更不能训练技能。”[⑥]其之所以不能,是因为课堂教育难以做到实践教育的

---

① 肖海军、傅利:《法律职业共同体构建视域下的中国法学教育转型》,载《湘潭大学学报》(哲学社会科学版)2019 年第 3 期。

② 参见方流芳:《中国法学教育观察》,载《中外法学》1996 年第 2 期。

③ 参见王晨光:《法学教育的宗旨——论案例教学模式和实践性教学模式在法学教育中的地位和关系》,载《法制与社会发展》2002 年第 6 期。

④ 参见廖永安、邓和军:《法学本科教育与法律职业》,载湘潭大学教务处主编:《高等教育研究》(第 2 辑),湘潭大学出版社 2009 年版,第 38 ~ 49 页。

⑤ 参见霍宪丹:《试析法律职业共同体与法律人才培养共同体之间的互动》,载《法制与社会发展》2003 年第 5 期。

⑥ 葛云松:《法学教育的理想》,载《中外法学》2014 年第 2 期。

精髓所在——让学生亲自处理司法难题。[①] 只有让学生亲自去做、亲手修正错误，最后才能掌握知识和技能。“讲课不能培养技能，唯一的培育方法是让学生在教师介入的情况下不断练习，知识可以用讲课传授，技能只能从练习中学习，而讲课方法根本不能教授技能。”[②]技能训练不同于课堂上知识的教与学，技能训练只能通过示范、指导，通过观察、模仿、实践等途径实现。[③] 这实际上在很大程度上指出，法学课堂教育的“不能”即无法提供职业技能训练，也意味着技能训练是在课堂外寻求，法学院应当在课堂外提供更多实践机会。

学者苏力坦言，中国当代法学院所提供的知识有许多并非法官所需要的，而法官急需的又并非法学院所能提供。[④] 但必须明确的是，再高明的法学院和再智慧的学者也因为与实践的距离而无法对法官进行直接的职业技能训练，那是实务部门的任务而不是法学院的任务。如果法官们在法学院接受理论培训，却期待因此直接获得职业技能的实际提升，那么这就是不切实际的幻想。法学院的理论培训只是奠定了法官们职业技能提升的重要基础，真正的提升还有待于法官们的实务磨炼和实践探索。因此，笔者并不赞同部分学者所指出的“法学教育的目标是培养法官能力”这一说法。[⑤]

上述论断说明，学者们陷入了一个自身可能未曾深刻体察的矛盾之中——一方面，学者们指出法学院存在培养学生职业技能的“不能”；另一方面，却又希望通过改革来实现法学院培养学生技能的“能”，如此在固守法学院阵地之时，又不用过多让渡或减损法学院地位，实则用心良苦。但这一用心想要顺利实现，必然无法回避法学院在“能与不能”之间的矛盾。

为了解决上述矛盾，目前大致有以下 3 种方案。

第一种方案是明确指出法律职业是需要终身学习的职业，特别是法学院根本不适宜全面培养实务技能。[⑥] 这一方案无疑把握住了法学教育与法学院教育的不同，对法学院教育的“不能”也有清楚认识，因此具有较强的论证力。

第二种方案是对适合与不适合法学院培养的技能进行具体区分。何美欢老师将法律技能区分为智能技能和实务技能，前者是指处理法律概念、条文和其他法律资料的能力，包含了具体 12 项能力内容；实务技能则主要是处理人际关系的能力。法学院能够培养的是智能技能。[⑦] 葛云松老师对此表示赞同，并指出法学院可以通过法教义学实现智

---

① See Robert Dinerstein, “Report of the Committee on the Future of the In-House Clinic”, *Journal of Legal Education*, 42, 1992.

② 何美欢:《理想的专业法学教育》,载《清华法学》2006 年第 3 期。

③ 参见房文翠:《法学教育中的法学实践教育原则》,载《中国大学教学》2010 年第 6 期。

④ 参见苏力:《法官素质与法学院的教育》,载《法商研究》2004 年第 3 期。

⑤ 参见葛云松:《法学教育的理想》,载《中外法学》2014 年第 2 期。

⑥ 同上。

⑦ 参见何美欢:《理想的专业法学教育》,载《清华法学》2006 年第 3 期。

能技能培育。江国华老师也认为,专业实践教育并不能解决所有的专业技能问题,相当多的法律专业技能有必要通过专业理论教育来解决。[①] 这一方案在当下法学界对职业技能未能深入研究的情况下,特别区分了法学院能培养的技能种类,对未来法学教育改革所必须培养的职业技能种类具有重要导向和操作意义。

第三种方案是当下有部分法学院正在进行的"改革",即更多地裁减法学理论课程,压缩法学专业基础课程学时,将实用性、就业性、市场性较强的课程如法律资格考试、公务员考试、外语、计算机、社会实践等纳入必修课程,限制能够深化拓展学生理论基础的选修课程,如法律社会学、法律哲学等。在授课内容上,注重法律职业资格考试、公务员考试等内容,将课堂转变为考试培训班、法条释义课、公考辅导班。这种现象在卓越计划实施后更明显,也显得更功利化。有学者据此批评道,法学教育功利化是在社会整体功利化、浮躁化和实用化风气影响下,"大学管理者对大学精神认识摇摆和政府对大学不当干预和管理的必然结果,也是大学施教者缺乏正确的法学教育理念、教学知识的集中反映"。[②] "在工具理性的助推之下,产生了法律职业主义等同于法律技能训练的倾向。忽略公共精神培育,尤其是法律精神的锻造,已经成为法学教育的重大隐忧。"[③]工具化与功利化的法学教育将极大降低大学法学院教育的整体水平,并将对未来法学教育改革产生极为不良的影响。

有些法学院在功利主义影响下,放弃了大学法学院的精神追求,将法学教育定位为高职教育,这种做法有欠妥当。大学有自身的精神追求,"大学之道,在明明德,在亲民,在止于至善"。大学应有独立风骨,应有学术和理论的批判,并非完全的职业训练场所,大学可以从事职业培训,但不应当放弃自己的使命。大学法学教育的目标,不仅在于培养适合社会需要的法律职业者,也在于培养能够批判社会的法学家,更在于培养社会的良知和良心。"宣扬法中有法,不仅仅是法理学的课题,也是法律教育的晶核。"[④]"法律职业并非简单的法律人谋生手段,它肩负推动社会公平正义实现的重任,兼具技术性和公共性双重属性。我们必须改变单纯技术主义的改革路线,以打造健全的法律人格为内核,将法律人公共精神的培育贯穿于法治人才培养的全过程。"[⑤]大学应该"创新法学教育模式,培养德法兼修的高素质法治人才。"[⑥]如果仅仅将法学教育定位于法律职业教育,将会大大限缩现代大学法学院的功能。尤其是在全面深化依法治国的时代要求下,通过法学教育提升全体公众的法律素质和法治观念,无疑具有深远意义。

上述3种方案,对法学院的作用各有不同认识。法学院教育既然允许理论与实践的

---

① 参见江国华:《法学本科教育改革研究》,载《河北法学》2012年第4期。

② 何伦坤:《法学教育中的功利化倾向及其克服》,载《教育评论》2012年第6期。

③ 冯果:《论新时代法学教育的公共精神向度》,载《中国大学教学》2018年第10期。

④ 刘剑文:《论中国法学院治理机制与法学人才培养模式的创新》,载《河北法学》2011年第9期。

⑤ 冯果:《论新时代法学教育的公共精神向度》,载《中国大学教学》2018年第10期。

⑥ 胡明:《创新法学教育模式 培养德法兼修的高素质法治人才》,载《中国高等教育》2018年第9期。

适当脱节,人才培养既然需要社会共同体的投入,那就意味着法学院在人才培养中只是具有基础性地位的重要环节而非具有主导性地位的唯一环节。法学界既不应高估自身在人才培养中的作用,也不应当自我贬低或放逐,完全沦为人才的标准化"生产车间"。

四、结语——法学教育改革的发展方向

张文显教授指出,当下中国法学教育面临新的时代方位与发展理念,依法治国从治国理政基本方式提升为中国特色社会主义基本方略,建设法治国家转变为建设法治中国,建设中国特色社会主义法律体系提升为建设中国特色社会主义法治体系,法治建设从国内延伸到国际,从法律之治发展到良法善治。① 这就要求法学教育回应新使命和新目标进行新改革,法学教育也是时候进行更加深入内部和根本的"彻底革命"了。但究竟改什么、如何改的问题仍然需要一场大规模的讨论。笔者再度深入反思当下法学教育改革中甚嚣尘上的脱节论与职业论存在的逻辑问题,通过反思指出,法学教育改革应当注重理论与实践的结合,两者不偏废,也不"独爱"。在培养过程中,可以适应现实需求适当重视和倾斜人才培养的实践性和职业性,但也不能矫枉过正,忽略人才培养的理论性和规范性。未来法学教育或可从法治中国建设的实际需要出发,将法学教育定位为法律职业教育和非法律职业教育相结合的二元教育模式,并从法学教育的目标定位、教育分类、资源分配、评估机制等方面进行一场深刻的"供给侧改革"。② 如此才是对法学这样一个具有实践理性和理论理性的学科进行教育改革的可靠出发点。

---

① 参见张文显:《中国法学教育的改革发展问题》,载《北京航空航天大学学报》(社会科学版)2018 年第 2 期。

② 廖永安、段明:《中国法学教育的供给侧改革》,载《湖南社会科学》2017 年第 4 期。

时代发展、学科交叉和法学领域拓展

——以卫生法学为例

王晨光*

摘　要：当今时代正面临百年不遇之大变局，这种变局时代对于法学和法治的发展也提出了新要求，即推动交叉学科和新领域法学的发展。我国全面推进法治国家建设的战略也要求法学进入所有重大的社会领域。法学应自觉地克服其自身具有的“守成性”，积极参与这一进程，或拓展研究领域，进行交叉学科研究，或推陈出新，开创领域法学。对于如何进入新的社会领域，进行深入的交叉学科研究，本文以卫生法学和卫生法实践为例，分析了一些卫生法学和实践的案例，试图从中提炼出交叉学科研究的路径。

关键词：时代变革　法治国家　交叉学科　领域法学　卫生法学　客观规律

一、激荡变迁的时代与故步自封的法学

高科技和大数据正在急剧改变人类的生活形态，新业态不断刷新传统的市场分工和运行模式，而新的伦理和法律难题又令人困惑甚至迷茫；财富呈几何级增长，而贫困依然困扰众多民众，分配体制的改革依然任重道远。从国际到国内，大变动带来大变革已然是当代无可回避的趋势。

面对社会的急剧变化，法律制度的变革与创新则相对滞后，法学理念和体系结构的变革更显陈旧。法律具有天然的规范性、制约性和稳定性，因而也具有“守成性”。社会的变动性与法律的守成性构成了一对现实存在的矛盾。法律是人类文明的结晶，法律有其自身的术语、原理和逻辑体系，但这并不等于法律可以脱离社会。是削足适履，还是改履适足？这是法律人面对急剧变化的社会不能不回应的问题。

法律并非凭空产生或在“真空”中运行。当代法学的繁荣和法律体系的完善容易使人产生某种错觉，以为法律可以脱离社会，甚至如魔法般塑造所有社会现象。法律源于社会实践，法律规范是社会生活规范、社会运行规律和模式在法律层面上的反映和提炼。

---

* 清华大学法学院教授、清华大学法学院卫生法研究中心主任。

德国法律社会学家尤金·埃利希认为:“离开‘活法’(living law)的社会规范,就无法理解实在法。”“‘活法’是‘联合体的内在秩序’,即与有国家实施的法律相对的有社会实践列入法律命题之中。……‘现在以及任何别的时候,法律发展的重心既不在于立法,也不在于法律科学和司法判决,而在于社会本身’。”①另一位德国法律社会学家鲁道夫·冯·耶林认为:由日常生活中成千上万相互独立甚至行动各异的参与者构成了“社会机制”(social mechanics),社会机制会形成其超越个人意志的社会目的,并排除各种干扰,推动社会车轮向新的秩序发展。② 马克思主义法学则更明确地指出,社会存在和社会实践是基础,法律是上层建筑的重要组成部分,同时又在其生成之时便具有规范、指引社会实践的反作用。

由此带来两个问题。一是法律能否正确提炼社会实践规律和时代精神的问题。由于立法者水平、立法程序和立法手段不同,对待科学立法和民主立法的态度不同,无法保证每一部法律都能准确地抓住社会实践规律和符合时代精神。因此,现行法律会出现所谓“良法”与“恶法”之分,同一部法律之中也会出现某些“不合时宜的条款”。虽然在正常情况下,这种“恶法”或“不合时宜的法律条款”不会占据多数或主导地位;但是那种把存在的都视为理所当然的,把现行法律都视为不可修改的认识,显然有违社会规律和法律实践。二是现行法律适用中的裁量问题。法律规范应当得到严格实施,这是必须坚持的基本原则。但法律规范在实施中有必要根据社会现实环境,依据法定程序和权限对那些不合时宜的法律或法律规范进行必要的法律解读,尤其是要根据社会情境的变迁和发展的需要,及时依法对不适应时代发展的法律和法律规范进行必要的能动性解读,甚至修订。

正是由于法律生成和法律适用都可能会产生与社会实践和社会发展相脱节的情况,尤其是在社会发生大变化的时代更是如此,故法律规范乃至体系的变化也是题中应有之义。正如罗斯科·庞德所说:“法律必须稳定,但又不能静止不变。”“人们必须根据法律应予调整的实际生活的各种变化,不断地对法律进行检查和修正。”③从国际法规范和体系,到国内各个部门法领域,这种法律改革的呼声日益高涨。法学再也不能置身事外,固守已有的辉煌和既定的体系。时代背景下,尤其是中国的社会实践和发展需求呼唤传统法学和法律体系的变革,同时也为法学和法律体系的改革和创新提供了丰富资源。

二、法治体系与重大社会领域法治

建设社会主义法治国家是中国改革开放的重要内容。从党的十一届三中全会提出

---

① [美]E. 博登海默:《法理学:法律哲学与法律方法》,邓正来译,中国政法大学出版社 1999 年版,第 142 页。

② See Rudolf von Ihering, *Law As A Means To An End*, The Boston Book Company, 1913, pp. 71 – 73.

③ [美]罗斯科·庞德:《法制史解释》,邓正来译,中国法制出版社 2003 年版,第 1 页。

的“有法可依、有法必依、执法必严、违法必究”[①]的老“十六字”方针到党的十八届四中全会提出的“科学立法、严格执法、公正司法、全民守法”的新“十六字”方针，中国正在从“法制国家”迈向“法治国家”。

上述“十六字”方针是对现阶段法治发展提出的要求，也是应当实现的法治目标。不难看出，这是从法治运行维度对法治全过程——立法、执法、司法和守法有机串联的各个环节的分析和要求。尽管如此，法治，作为一种依法而治的社会治理状态，如同一块经过切割加工的宝石，具有多重棱面并折射出多彩光泽。上述法治运行维度可谓法治的第一维度。此外，法治还包括其他维度。

它的第二个维度，是法治展现其魅力和功能的社会领域维度。也就是说，法治应当存在于所有重大社会领域；任何重大社会领域都要有完善的法律框架、相应的立法、执法和纠纷解决的机构和机制，均要建立良好的法治生态。就这一维度而言，我们还有很艰巨的任务。扪心自问，在一些重大社会领域，尤其是新出现的重大社会领域，治理手段还主要是以政策或行政决策为主，法治的基础和氛围还很薄弱。不可否认，我国法治发展自改革开放以来确实取得了翻天覆地的变化；在一些传统领域，尽管仍有各种不足，但就整体而言，法治得到较广泛的关注和全面的推动，如依法行政、社会治安和惩治犯罪、市场商品交换、环境治理等领域。但是，在另外一些重大领域，如金融、高新科技、医疗卫生、社会治理等领域，法治并未受到重视，不仅缺乏完善的法律体系，法律也尚未成为主要的治理手段和方略，因此也难以真正形成法治生态。如果在一些重大社会领域中，法治仍然薄弱甚至缺失，法治国家又从何谈起？

此外，法治还有第三个维度，即地域维度。它是指法治在不同的行政区划或地域内的发展。我国各个省、市、自治区提出的地方法治，如法治北京、法治广州、法治江苏等，就是在这一维度上提出的法治发展目标。党的十九大报告提出要“打造共建共治共享的社会治理格局”，“加强社区治理体系建设，推动社会治理重心向基层下移，发挥社会组织作用，实现政府治理和社会调节、居民自治良性互动”。[②] 这也可以视作对地域法治提出的要求。地方法治发展是整体法治体系建构的基础。如果各个地方法治都发展了，法治中国的战略蓝图才能够真正实现。

法治运行维度关注的是法治运行过程的各个环节，重大社会领域维度关注的是具体社会行业和领域的法治状态，法治地域维度聚焦行政和地理区域范围内的法治状态。在任何一个维度上，如果法治不能充分得以发展，全面推进法治、建成社会主义法治国家的总目标都不可能实现。

就法治第二维度，即重大社会领域维度而言，社会的急剧变化与发展对法学和法律

① 邓小平：《邓小平文选》（第2卷），人民出版社1994年版，第147页。

② 习近平：《决胜全面建成小康社会，夺取新时代中国特色社会主义伟大胜利——在中国共产党第十九次全国代表大会上的报告》，2017年10月18日。

部门的变革与创新产生了极大影响。改革开放以来,我国传统部门法,如刑法、民法、程序法、行政法等得到了极大的提高和发展;随着市场经济和全球化的发展,一些市场经济所必需的法律部门,如商法、金融法、涉外贸易与投资法、税法等也快速跟进,不断得以发展和充实。近年来,高新科技异军突起,知识经济和新型业态发展迅速,人类生存环境和世界格局面临新挑战,法学和法律部门也在不断推陈出新,丰富变换。例如,知识产权法从传统财产法中分离,形成了一个独特的、依托知识经济而兴起的新部门法,知识产权的保护成为国内和国际经济交往中重要的法律部门。再如,为了应对工业化和城市化带来的生态危机,推动我国的生态文明,环境保护法从行政法中脱颖而出,成为新的相对独立的部门法。当前,大数据和信息社会的发展也为信息法学或大数据法学提供了发展的机遇和空间。同样,在医疗卫生领域,医疗卫生实践也不断呼吁建立相应的卫生法或健康法体系建构,推动卫生法治发展。

由于我国学科划分是由有关教育主管部门通过行政手段划定的。一些新兴的学科很难被纳入既定学科的划分范围内。这些学科,如卫生法学,是否能够被认可为独立的"部门法"并不重要,那只是行政决策的纸面结果,而非法学发展的客观规律。真正重要的是这些学科是否具有独特的社会调整领域和系统回应社会重大问题的能力,而这种社会领域具有举足轻重和基础性的地位,这种能力则体现其理论体系是否具有体系性和理论深度。例如,经济法与改革开放以来以经济建设为中心的转变和市场经济的发展紧密相连;知识产权法与高科技和知识经济密切相连;环境保护法与保护与人类生存息息相关的生态环境密切相连;卫生法则与保障公民和民众的健康密切相连。因此,可以将这些新兴的法律体系称为"领域法"。① 这种观点不仅突破了传统法学部门法学划分的窠臼,而且溯本求源,把法学置于变动不居的社会之中进行与时俱进的建构,具有很强的理论性和实践意义。正如博登海默所言:"一个法律制度,如果跟不上时代的需要或要求,而且死死地抱住上个时代的只具有短暂意义的观念不放,那么显然是不可取的。"②

三、迈入重大社会领域 推动新法学领域形成——以卫生法为例

随着改革开放的发展,健康成为我国广大民众高度关注的社会问题。"因病致贫"和"因病返贫"成为迈向小康的"拦路虎";没有健康就没有小康,已成为全民共识。基于这种共识,2015 年党的十八届五中全会公报首次提出"推进健康中国建设",把"健康中国"上升为国家战略。③ 2016 年 8 月 26 日中共中央政治局召开会议,审议通过"健康中国

---

① 参见刘剑文:《论领域法学:一种立足新兴交叉领域的法学研究范式》,载《政府论坛》2016 年第 5 期;侯卓:《领域法思维与国家治理的路径拓补》,载《法学论坛》2018 年第 4 期;杨文德:《领域法学崛起因应新兴学科挑战》,载《中国社会科学报》2018 年 11 月 21 日,第 5 版。

② [美]E. 博登海默:《法理学:法律哲学与法律方法》,邓正来译,中国政法大学出版社 1999 年版,第 326 页。

③ 参见《中国共产党第十八届中央委员会第五次全体会议公报》,2015 年 10 月 29 日中国共产党第十八届中央委员会第五次全体会议通过。

2030”规划纲要;2017年党的十九大报告进一步强调指出:“实施健康中国战略。人民健康是民族昌盛和国家富强的重要标志。”①医疗卫生领域的重要性得以充分彰显。

但是,这一重大社会领域的法治状况则令人担忧。虽然截至2017年5月,我国医疗卫生领域已经有12部法律,40多部行政法规,180余部部门规章及规范性文件,②但是这些法律法规较分散,缺乏内在的逻辑体系和统一的框架体系,医疗卫生领域也远未形成完善的法治生态环境。长期以来,即便是2009年开始至今的新一轮“医改”进程中,政策和行政决策仍然是医药卫生体制改革的主要推动力和依据,与“实现立法和改革决策相衔接,做到重大改革于法有据、立法主动适应改革和经济社会发展需要”③的法治要求相去甚远。法学和法律界对于医疗卫生领域的法治建构也关注甚少。

医学、法学和哲学(宗教)是人类历史上最古老的3个学科。医学防治人肌体的疾病,法学防治社会疾病,哲学则提升人的认知和思辨能力。但是医学与法学却是“鸡犬之声相闻,老死不相往来”,鲜有深入的沟通和交叉。

从法学视角观察,法学界往往把涉及医药卫生领域的法律,如医师法、传染病防治法、药品管理法、献血法、医疗保险法等划入行政法的范畴;把与医疗服务有关的法律法规(医事法),尤其是涉及医疗服务中的医患关系、医疗损害赔偿等划入民事合同法或侵权责任法的范畴。按照传统的法律分类理论,这种划分似乎无可厚非。但是,当医药领域在社会中的重要性不断提升,医患关系成为突出的社会焦点问题的情况下,把这些医药领域的法律法规拆分到不同法律部门的传统做法,已经无法应对社会的变化,也无法建构具有内在逻辑的、统一的法律框架,也难以在这一重大领域中打造出良好的卫生法治生态。凌乱无序的医药法律法规与日益增长的人民群众对健康的需求,与不断扩展的医药卫生事业,与健康中国的战略蓝图极不匹配。

那么,卫生领域的法律法规能够独立门户,成为我国法律体系中的一个新兴部门法吗?当下的回答以否定答案为多。卫生法学似乎很难进入传统法学的法眼。但如前所述,社会的发展和需求是法律和法学发展的驱动力和导向仪,传统法学和法律体系不应胶柱鼓瑟,故步自封;而应当顺应时代和社会的发展,改弦更张,与时俱进。

法学界公认,一个独立法律部门的成立应当具备4个条件,即该部门法调整的特定对象(社会关系)、调整的手段、相应领域的社会重要性和相应法律规范的数量。④ 如果

---

① 习近平:《决胜全面建成小康社会,夺取新时代中国特色社会主义伟大胜利——在中国共产党第十九次全国代表大会上的报告》,2017年10月18日。

② 国家卫生计生委法制司主编:《新编常用卫生与计划生育法规汇编》,法律出版社2017年版,“编辑说明”。

③ 参见《中共中央关于全面推进依法治国若干重大问题的决定》,2014年10月23日经中国共产党第十八届中央委员会第四次全体会议通过。

④ 参见沈宗灵主编:《法理学》,高等教育出版社1994年版,第326~327页;张文显主编:《法理学》,高等教育出版社、北京大学出版社2000年版,第80~81页。

用这4个标准进行衡量,满足后两个条件已经不是问题。首先,医药卫生领域的社会重要性已经凸显,并被政府、社会和民众广为接受。其次,医药卫生领域的法律规范也已经数量庞大。除前文列举的法律法规外,还存在大量的部门规章、地方法规和各种规范性文件。仅以应对艾滋病的国内法律规范而言,其数量就不下数百件之多。[①] 此外,还有很多我国参加的国际医药卫生法条约和规范性文件,如《世界卫生组织组织法》《经济社会及文化权利公约》《烟草控制框架公约》《阿拉木图宣言》等。

但是,卫生法能够满足法律部门划分的前两个条件吗?否定意见往往以医药卫生领域的法律规范已经归于行政法、民法、商法、经济法、刑法等不同部门为由,否认卫生法存在的必要性。既定的并非就具有当然甚至是永恒的合理性。

首先,运用调整的法律关系的独特性进行分析。医药卫生领域的法律规范虽然分散于各种不同部门法之中,但就其调整的社会关系的特殊性而言,即调整的对象(社会关系)则具有区别于其他部门的共同性,即调整围绕健康权而形成的法律关系,包括维护个体或公众健康和消除疾病危害的医疗服务法律关系、确保健康产品(药品、医疗器械和食品)安全、有效和质量可控的监管法律关系、规范医疗费用筹集和支付的医疗保险法律关系等。尽管卫生领域中的法律关系多种多样,既有平等主体间的横向法律关系,也有监管与被监管方之间的纵向法律关系;既有药品和器械生产领域中的经济法律关系,又有流通领域中的商事法律关系;既有涉及医疗融资和保险方面的财政和保险法律关系,又有涉及医疗机构组织和专业资格准入方面的行政和组织法律关系,但是它们都围绕健康权展开。

健康权在我国法律体系中是否存在?我国宪法文本中并没有"健康权"3个字。由于这一原因,有些国外学者把我国划入宪法没有健康权规范的类别。[②] 但是如果对我国宪法进行体系性解读,就会发现其中有一系列保障人权、促进卫生健康事业发展的条文。

《中华人民共和国宪法》(以下简称《宪法》)第33条第3款规定:"国家尊重和保障人权。"

《宪法》第21条规定:"国家发展医疗卫生事业,发展现代医药和我国传统医药,鼓励和支持农村集体经济组织、国家企业事业组织和街道组织举办各种医疗卫生设施,开展群众性的卫生活动,保护人民健康。国家发展体育事业,开展群众性的体育活动,增强人

---

① 根据本文作者2015年12月1日对"北大法宝"法律数据库的查询,在标题中包含"艾滋病"关键词的行政法规有12件、部门规章有133件、地方性法规有21件、地方政府规章有16件、地方规范性文件有902件。这些法规规章和文件中有不少已经废止或实效。即便如此,其数量也出人意料。

② See Hiroaki Matsuura, "The Effect of a Constitutional right to Health on Population Health in 157 Countries, 1970 – 2007: the Role of Democratic Governance", *Working Paper* No. 106, Program on the Global Demography of Aging, July 2013, Accessed at https://cdn1.sph.harvard.edu/wp-content/uploads/sites/1288/2013/10/PGDA_WP_106.pdf; Gunilla Backman, Paul Hunt Rajat Khosla, et al., "Health Systems and the Right to Health: An Assessment of 194 Countries", *The Lancet*, Vol. 372, Dec. 13, 2008, p. 2059.

民体质。”

《宪法》第26条第1款规定：“国家保护和改善生活环境和生态环境，防治污染和其他公害。”

《宪法》第36条第3款规定：“国家保护正常的宗教活动。任何人不得利用宗教进行破坏社会秩序、损害公民身体健康、妨碍国家教育制度的活动。”

《宪法》第45条第1款规定：“中华人民共和国公民在年老、疾病或者丧失劳动能力的情况下，有从国家和社会获得物质帮助的权利。国家发展为公民享受这些权利所需要的社会保险、社会救济和医疗卫生事业。”

把上述我国宪法条文综合在一起进行体系性解释，就不难发现“这些规定成为健康权在我国宪法上的依据及其规范内涵：第一，公民健康不受侵犯（第33条第3款、第36条第3款）；第二，公民在患病时有权从国家和社会获得医疗照护、物质给付和其他服务（第33条第3款、第45条第1款）；第三，国家应发展医疗卫生事业、体育事业、保护生活和生态环境，从而保护和促进公民健康（《宪法》第21条、第26条第1款）”。[①] 上述三方面的内容包含了健康权的特色丰富的内涵。首先，其包括传统人权中不受侵犯和干预的自由权（freedom），即掌握自己身体、健康及其相关信息的自由、未经同意不受强行治疗和试验的自由、决定自身保健或治疗方案的处分权；其主要表现形式为民法意义上“自然人享有的生命权、身体权、健康权”。[②] 其次，其包括积极人权概念中的资格赋予权或享有权（entitlement），即平等和及时获得与社会经济发展水平相适应的基本医疗服务和医疗保障、享有保持最高水平健康的机会、防治和控制疾病、获得基本药物、保障孕妇和儿童健康、获得有关健康教育和信息、参与国家和社区有关健康决策等权利；其主要表现形式为社会法和人权法意义上获得医疗、健康和公共卫生服务的权利。最后，其还包括政府为了保障积极人权所承担的发展医疗健康事业、提供人人享有的基本医疗服务和公共卫生服务、监管医疗卫生质量、筹措支付医疗费用等职责（duty）；其主要表现形式为宪法和行政法意义上政府发展和管理医疗健康事业、提供相应公共服务的责任和权限。由此可见，“健康权”作为我国法律确立和保障的公民基本权利，不仅包括公民基于民法所享有的身体完整和健康不受侵犯的内容，也包括基于社会法和公法所享有的获得相应医疗服务等权利，此外还包括政府基于宪法和行政法而承担的职责。因此，仅仅把健康权归结为“获得物质帮助权”既无法体现健康权内在的丰富内涵，也与宪法的精神和相关条文的原意不符。

健康权与其他权利相比，具有明显的重要性，在许多场合优位于其他权利。而健康权作为卫生法的核心权利，一旦进入传统的法律关系中，就会带来原来法律关系的变异。比如，提供医疗服务往往被界定为合同关系；而合同关系最明显的特征包括等价有偿、自

① 焦洪昌：《论作为基本权利的健康权》，载《中国政法大学学报》2010年第1期。

② 参见《民法总则》第110条。

愿和地位平等。但是医疗服务的范围不可能仅仅依据等价原则来提供。无论挂号费是多少,医生向患者提供医疗服务的范围和质量都不能仅仅以挂号费的价值来限定。对于具有显著公益性的医疗紧急救助、基本医疗服务和公共卫生服务等医药卫生服务来说,更不会以等价有偿为基本原则。如果完全按照等价有偿原则来引导医疗服务,就只能造成医生和医疗机构以追逐市场利润为导向,加剧医患关系恶化的局面。再如,医药服务具有其独特的性质,即具有专业性、侵入性、探索性、风险性,加上医学药学的不完善,医药服务在一定程度上还依赖医患双方的共同努力,而每个患者都有其个体的差异性,凡此种种,都使医药服务的结果带有不确定性。如果不考虑医药服务的这些特殊性,简单适用侵权责任法的规定,就会导致医患双方的戒心和不信任,导致医生为自保而选择无害也无效的"保守治疗"或"过度治疗"的乱象。

医疗服务在一定意义上是公共产品,公共产品分配的均等化是我国医药卫生体制改革的一个重大理论和实践问题。尽管不能否定医疗服务的市场运作,但也不能简单地用市场中商业或民事合同来界定医疗服务。此外,医疗服务的当事人也并非纯粹地位平等的当事人。不仅医疗服务提供方具有专业医学知识和医疗技术,从而造成双方信息完全不对等,而且在一定程度上而言,公民有权获得基本医疗服务和公共卫生服务,国家和社会有责任提供这些服务。大病医保、对艾滋病毒携带者提供"四免一关怀"等服务都不能简单地用民事或商事合同来解释。这些服务是权利人和义务人之间根据法律规定应当提供和享有的服务,而非简单的市场上平等主体间的自愿合同服务。

就医疗关系恶化的主要"导火索"——医疗责任和医疗事故而言,也不能简单地用侵权责任法来处理。俗话说"是药三分毒"。无论是药物治疗还是侵入式治疗,都会对人身造成一定的损害。医疗服务是以小害防治大害,而这其中的界限不可能截然划清。那么毒性或侵入在多大程度上才没有造成侵权?加上医药学本身是一个不断深化和拓展的学科和领域,其发展往往要应对挑战甚至有一定代价,例如,药品的临床试验或超出常规的新的治疗手段就是医学和药学发展中必须要付出代价的典型事例。因此,法律必须要给医药科学发展留有充足空间,鼓励医药科学的发展,满足民众对健康的期待。这些因素和考量也给侵权责任法在医药卫生领域的适用提出了颠覆性挑战,使我们重新考虑是否用简单的侵权法规范来处理医疗责任和事故纠纷。而卫生法调整的对象也并非传统的地位不平等的行政法律关系。因此,在医疗服务中要强调"生命和健康至上"、"以患者为中心"和"知情同意"等基本原则。

另外,从法律调整手段进行分析。就第二项标准即法律调整手段而言,卫生法涉及众多主体,即国家有关主管部门、患者、医药服务提供者、医药企业、保险公司等第三方,其调整手段必然包括民事、行政甚至刑事等调整手段。按照传统民事和行政法律关系的划分,卫生领域的立法、执法和司法不可能仅仅适用某一单项的法律调整手段,而是要综合民事、行政、商事和刑事的多元调整手段。这也为卫生法作为独特的法律领域提供了有力支撑。运用多种手段进行调整并非卫生法的独特现象,环境保护法和知识产权法也都包括了多元化的调整手段。由于在这些领域中所涉及的利益是多元的,既有个体的利益,又有群体的利益,既要发挥市场作用,又要充分认识政府作为义务主体和作为实施公权力行使者的地位。多元化而非单一的法律调整手段实际上成为新兴法律领域的普遍现象。

基于上述分析,作为一个单独领域或部门的卫生法已经呼之欲出。我国立法部门正在着手起草的《基本医疗卫生与健康促进法》和修订的《药品管理法》将会成为医药卫生法体系的基本法律。以这些卫生基本法为主干,建构和完善卫生法体系已成为我国立法的一项重大工程。而我国宪法规定的健康权为这一体系的建立和完善提供了牢固的基石。

概括而言,卫生法体系应包括以下 3 个相对独立的领域,即医事法、公共卫生法、健康产品法(食品、药品、化妆品、医疗器械和保健用品等)。此外,生命医学伦理也应成为与卫生法体系相关,并与其他学科交叉的有机组成部分。医事法或医疗服务法调整医疗服务提供者与个体患者之间形成的医疗服务法律关系;公共卫生法调整政府有关机构、公共卫生提供者与公众之间为预防和控制疾病及促进健康而形成的法律关系;健康产品法则调整政府主管部门、研发机构、企业、流通和使用者及患者之间围绕健康产品的研发、生产和使用而形成的关系。由于它们调整的对象和法律关系以及调整手段也有不同侧重,这些子部门成为构成卫生法体系的组成部分。

四、学科交叉的难题——卫生法学如何实现医学与法学的有机交叉

法律进入重大社会领域是全面推动法治国家建设的必然趋势,并进而推动新领域法学的发展。而新领域法学的发展又必然带来不同学科(包括法学与其他学科,也包括法学内部不同学科的交叉)。学科交叉打破了原先的学科格局,回应了社会发展的内在规律。当下,各种“学科交叉”并不少见,各个法学院校已成立不少的交叉型研究机构或交叉学科研究项目。但需要警惕的是,交叉并不意味着不同学科的简单“拼盘”,而意味着在分析不同学科内在规律的基础上,抓住他们深度融合和交叉的切合点,从而形成有机建构的新型法学领域。那种简单拼盘式的交叉实际上扰乱甚至阻碍了学科的深度和有机交叉,难以形成新的学科领域,也难以适应重大的社会需求。因此,如何“交叉”就成为新法学领域必须严肃对待的问题。本文以卫生法学如何实现法学与医学、药学的交叉为例,提出以下建议。

(一)学科交叉需要具备或了解相关学科的基本知识

学科交叉的首要条件是具备和了解相关学科的基本知识。从法学角度而言,了解新的科学技术领域确实有一些难度,这些科技知识的不足在一定程度上抑制了法律人进入新领域的兴趣,制约了他们的深度参与。这似乎成为阻碍交叉的第一个障碍。其实,这个障碍并非不可逾越的高山,因为法律人需要了解的仅是相关学科的基本知识,只要“知其然”而非“所以然”就行了。但如果连“知其然”都达不到,那法学的深度介入就无法实现,交叉的深度融合也无从谈起。

例如,参加《疫苗管理法》的制定,法律人必须首先了解疫苗在控制和消灭传染病方面的不可或缺的重要性,知道疫苗是生物制品,即灭活或减活病毒及基因工程疫苗,理解其增强人体抵抗力的工作原理,认识当前医学、药学和免疫预防学的局限(科学的不完善),这样才能够知道疫苗接种必然出现的极少数的"异常反应"及其伤害后果。其次,在这一基础上,结合法学中法律责任认定中"无过错责任"的原理,规定对于疫苗"异常反应"造成的伤害后果适用"无过错责任",同时还要考虑如何在法律上区别"不良反应"、"耦合性"事件与"异常反应",从而明确"无过错责任"的适用范围。如果进一步了解到疫苗接种是公共卫生的重要内容,而公共卫生又是国家财政全额负担的公共产品,那么疫苗"异常反应"的补偿就应当由国家财政承担。由于我国实行"免疫规划内"和"免疫规划外"疫苗的划分,"免疫规划内"疫苗是必须适龄者必须接种并由国家财政负担的疫苗,而"免疫规划外"疫苗是个人选择并由个人付费的疫苗,国家财政负担的应当是"免疫规划内"疫苗造成的"异常反应"伤害的补偿。法律人得出的"无过错责任"和国家财政负担的结论,离不开对疫苗基本知识的认识,否则不可能凭空得出适用何种法律规则原则的结论。

如果要进一步深入了解"异常反应"发生的概率和补偿的数额,通过卫生经济学的分析,估算出每年大约需要多少资金作为"异常反应"补偿的费用,并运用医学方法制定各种疫苗"异常反应"的伤害表,统一规定鉴定各种疫苗"异常反应"的医学标准,计算各种伤害的补偿数额。

可以看到,了解相关学科(不仅是一个,有时是多个)的基本知识是法学进入不熟悉的新领域的第一步,而这种新领域知识的了解并非系统的科班知识,而是对于法律规制和适用所必需的基本知识。

相关学科的知识浩如烟海,即便是基本知识也是范围广泛,令外行人无从下手。因此就需要做到以下几点:(1)以问题为导向,明确法学要回答的问题。法律的作用无非是定性、规范、归责、制定标准和程序等。在问题确定后,进一步明确法律在解决上述问题时需要发挥的作用,从而找准法学的切入点。(2)在切入点明确的基础上,确定要了解的相关学科基本知识的范围和深度。(3)在了解基本知识的基础上,抓住相关领域的基本规律,形成深度和有机的学科交叉。

(二)学科交叉需要抓住相关学科的规律

学科交叉在于抓住不同学科的规律。如果仅仅是学到一些术语和表层知识,但不了解其深层规律,那么就无法形成深度和有机学科交叉。再以上述疫苗法制定为例。如果仅仅知道有"不良反应""异常反应""心因性反应""耦合性反应"的概念,并不能帮助法律人形成相应的法律对策和建议,因此还需要了解这些概念背后造成反应的药学和医学的原理,即这些不同反应形成的一般规律。例如,"不良反应"是由于在生产、流通或使用中因过错而产生的伤害后果,那么相应的法律规则原则就应当是"过错原则";而"异常反应"是没有任何过错而产生且现代医学无法解决的现象,因此应当适用"无过错原则”;进而考虑到免疫规划内疫苗的公益性和政府责任,国家财政承担其伤害补偿也就是题中应有之义;而非免疫规划疫苗具有自愿性且自费承担,由企业、个人或社会通过各种保险来承担责任就成为合理选择。

再如,在解决“细胞和基因疗法”是诊疗方法还是药物的法律问题时,无论结论是什么,都必须首先了解细胞和基因疗法的基本知识,尤其要了解其运行规律,才能提出有见地的建议。细胞和基因疗法所依赖的细胞和基因都源自提供者(患者或其他人),然后经过一定的培植、修饰后再注入患者(自体或异体)体内,起到治疗或控制疾病的作用。我国卫生主管部门管理医院和医疗服务,药品监管部门负责药品的研发和生产。对于细胞和基因疗法的不同界定,直接影响部门管辖权的划分,以及是否能够确保其安全性、有效性和治疗可控性的问题。在向医药界专家学习的基础上,了解到细胞和基因疗法可以是在同一台手术的临床中实施,也可以是把提取的细胞和基因送到实验室和企业进行培植后再注入患者体内。抓住细胞和基因技术的基本流程规律,就可以清楚地看到大多数细胞和基因的培植需要脱离临床的规模化培植,而这种培植并非由临床医生实施。如果了解细胞和基因需要独立培植的程序,了解试验室和企业必然介入的规律,是否由药品监管部门负责的问题也就自然清楚了。再考虑到卫生主管部门与药品监管部门监管的侧重点和专业性不同,考虑到细胞和基因疗法的申请方,除少数是医生发起外,多数是由研发机构和企业发起的,哪个机构能够进行有效监管也就更清楚了。这种法律对策研究必须抓住相关领域的规律,才能提出有见地的科学建议。

(三)学科交叉需要建立在实证研究的基础上

传统的法学研究和法律实践往往依赖“定性”研究路径,而轻视“定量”或“实证”研究路径。当法学进入一个新领域时,法律人也有必要进入这一领域,至少要获取些基本知识,或获取一定的数据,从而进行实证或量化分析研究。

比如,远程医疗服务是网络和数字技术应用到医疗领域的新生事物,也是国家主管部门力推的、解决看病难的措施。① 为此,国家投入了大量经费,购买了很多设备充实到基层卫生院所。但在实践中,这一措施并未发挥出应有的效能,②尚且存在缺乏顶层设计、信息规范不统一无法互通、基层医疗机构缺少技术人员无法维修、个人信息和隐私保护不力、无法纳入医保、大医院专家的时间保证和费用无法保证、互联网医疗中的法律责任分配等一系列现实问题。如果没有经过实地考察,坐在研究室里就不会了解这些实际发生的问题,也就无法提出对于互联网医疗中种种问题的法律规制与对策设计。

---

① 参见国务院办公厅《关于促进“互联网+医疗健康”发展的意见》(国办发〔2018〕26号,2018年4月28日)。

② 参见高庆:《我国远程医疗存在的问题》,载华律网:https://www.66law.cn/laws/276171.aspx,最后访问日期:2019年5月16日;罗宗阳:《清水铺镇远程医疗存在的问题和困难》,载华律网:http://www.bjqixingguan.gov.cn/zwgk/xzxxgkml/qspz/gzdt_71357/201902/t20190225_3400592.html,最后访问日期:2019年5月16日。

再如,健康权的可诉性是一个广受争议的法律问题。如果仅仅从法律层面上对其进行分析,研究就还是局限在"定性"分析的范围内;但是如果进行实证研究和定量分析,健康权可诉性则具有更为坚实的社会基础。以健康权诉讼流行的巴西为例,从20世纪90年代末开始,健康权诉讼急剧增加,并影响到其他国家(主要是拉美国家)。根据巴西联邦卫生部发布的信息,"在2003年至2009年间,联邦政府是5323件诉讼案件的被告,为此花费了159,303万雷亚尔(8000万美元)"。"从2009年至2012年间,案件数量(全国)增加了25%(10,498件至13,051件)。""国家司法会议(*Conselho Macional de Justica*)发现,巴西所有法院和裁判所在2015年共有854,506件与健康有关的诉讼案件,其中470,000(略少于50%)件是针对国家健康体系的诉讼,其他是针对私人机构的诉讼。针对国家健康系统的案件中,有42%是仅要求获得药品的诉讼,32%是要求得到住院治疗和药品的诉讼;12%是仅要求住院治疗的诉讼,16%是一般健康服务的诉讼"。① 巴西健康权诉讼案件的绝大多数是由个人提起的诉讼,原告的胜诉率也极高,从而形成了所谓的"巴西模式"。②

对于这种健康权诉讼激增的现象,越来越多的学者提出了质疑。基于大量的数据分析,这些意见认为,诉讼并没有推动健康服务的均等化和公平化。因为数据表明,"大多数州一级的案件集中在少数几个南部和东南部富裕州",南里奥格兰德、米纳斯吉拉斯、里约热内卢和圣保罗"四个州的(健康权)诉讼加在一起占全国诉讼量的82%"。③ 因此,"巴西的健康权诉讼并没有使穷人受益。从整体而言,能够受益的是有能力雇佣律师和运用法院的少数人,他们可以迫使政府提供昂贵的治疗,而这些治疗依照任何可能对宪法健康权进行解释都无法从公共卫生体系内获取的"。④

这一实证研究,通过数据说明健康权诉讼的实际效果是有利于富人而非穷人。据此,还可以进一步分析并得出以下结论:(1)健康权诉讼使司法机构不仅审查立法和行政机构运行的合法性,而且僭越了立法和行政机构的财政决策和实施权力,通过法官关注的个案正义,取代了应有立法和行政关注的群体正义。(2)健康权诉讼增加了额外支出。健康权诉讼的诉讼成本侵占了更多的卫生支出;胜诉判决或和解只是使少数人获益;政府为执行判决需要提供健康服务项目外的药物(项目内一般为仿制药,而项目外则为更贵的原研药)和治疗手段;为少数人的大额支付造成了其他为更多公众服务的项目经费

---

① Octavio Luiz Motta Ferraz, The Right to Health in the Courts of Brazil 10 Years on: Still Worsening Health Inequities? (draft, 25. 6. 2017), May 2, 2018 downloaded from tap://www. globaljusticeacademy. ed. ac. uk/__data/assets/pdf_file/0009/233847/Ferraz2017The_Right_to_Health_in_the_Courts_of_Brazil_10_years_on_Onati. pdf. (原文数据如此)

② Ibid(该文作者认为没有系统和完整的统计数字).

③ Ibid.

④ Octavio Luiz Motta Ferraz, "Harming the Poor Through Social Rights Litigation: Lessons from Brazil", *Texas Law Review*, 89, 2011, p. 1667.

的减少。(3)健康权诉讼混淆了健康权中的积极人权和消极人权部分的区别。健康权中的积极权利需要国家和社会为其提供服务,而消极权利则不需要国家和他人干预。因此,积极权利受到侵犯时的司法救济是要求提供健康服务,判决有关机构积极作为。而法院判令行政机构进行给付,就会产生医疗资源的重新分配,并不会产生普惠大众的良性结果。

五、未结语:期许与重托

随着法学和法律实践进入越来越多的新领域,法学必须和其他相关学科和社会领域深入交融,法律人或是积极进取了解相关学科的基本知识,或是参与实证研究,真正抓住新的社会领域的运行规律及其相应的法律关系,充分发挥法学鞭辟入里的分析魅力和法律规制、引导、评价和强制的社会功能。其中,如何避免简单拼盘式的形式结合,形成实质性的有机融合,是法学发展和法治天下的关键。但这仍然仅是一种临阵磨枪式的应对;从长远而言,还需要培养既懂法学又懂其他学科和领域的复合型法律人才,以不辜负时代的期许与重托。

论法学学科分类

黄锡生*

摘　要:法学学科分类是法学领域知识政策的核心要素,其科学性与合理性直接关涉法学学科建设能否适应社会变迁和市场需求,同时还涉及学科资源的配置与格局。目前,我国的法学学科分类存在着不同层次的问题:问题之表象是法学学科门类与法学一级学科之间的交叉重叠;问题之实质则是法学强分类模式对资源流动和知识交流的阻碍。因此,有必要扩大法学一级学科的范围,从而弱化法学一级学科的边界,增加法学学科与其他学科之间资源共享和知识交流的空间,从而促使高等院校在学科建设方面更具自我管理和创新的空间。

关键词:法学　学科分类　知识政策　强分类模式

引　言

"培养一流人才是中国高等教育新时代内涵式发展的最核心的标准。"①2016 年习近平总书记在全国高校思想政治工作会议上指出,办出世界一流大学,必须要牢牢抓住全面提高人才培养能力这个核心。人文社会科学作为人们认识和改造世界的重要工具,培养新时代所需的高素质人文社会科学人才,是推动国家发展和进步的重要力量。2018 年教育部高教司吴岩司长在教育部产学合作协同育人项目对接会议上指出,我国要全面推进"新工科、新医科、新农科、新文科"等建设,形成全面、一流的本科专业集群。其中,"新文科"是相对传统文科而言的,以新型科技革命、新型经济发展以及新时代中国特色社会主义为背景,突破传统文科思维,以创新、融合、协同为主要途径,推动传统文科的更新升级。② 随着"新文科"建设战略目标的启动,人文社会科学领域的各个学科均将面临

* 重庆大学法学院院长、教授。

① 颜冰、郑克岭、史春媛:《新文科背景下公共管理学科大类人才培养模式的优化》,载《经济研究导刊》2019 年第 17 期。

② 参见王铭玉、张涛:《高校"新文科"建设:概念与行动》,载《中国社会科学报》2019 年 3 月 21 日,第 4 版。

一场深刻变革。而在教育部实施的“六卓越一拔尖计划2.0”中,[①]卓越法治人才培养计划2.0的提出,使法学学科建设在“新文科”建设领域显得尤为重要。那么,作为法学学科建设最基本的前提,法学学科的分类应当如何适应新时代中国特色社会主义的发展战略,如何配套国家高等教育改革的战略目标,是本文所要讨论的主要问题。

一、我国法学学科分类的基本概述

“学科是相对独立的知识体系”。[②] 一般而言,广义上的学科具有二重性:一是高深知识分化而成的知识类别,即作为知识的分支,具有独立的知识体系、研究方法,能够与其他已有学科相互区分;二是指围绕知识所形成的一系列社会安排,即“制度化的学科”,即基于学科所建立起来的外在制度及其组织载体。[③] 作为知识的学科逐步分化为教育专业的设置。专业的设置需要考虑科学发展的逻辑,同一专业可能涉及多个学科,同一学科也可能分设多个专业。[④] 而“制度化的学科”不仅包含了知识政策,还包含了学科组织。知识政策阐述了科学共同体的建制如何以最佳方式实现知识生产、传播和评价体制化。[⑤] 学科组织则表现为专门科研机构、大学、科学学会等基本样态。[⑥] 从学科内涵的剖析过程中可以看出,“作为知识的学科”“知识政策”“学科组织”是学科动态发展的3项基本要素。在高等教育中,作为知识分类体系的学科是通过知识政策获得在社会上传播的合法性及其成为学科组织教育的“教学科目”的合法性。[⑦] 也就是说,知识政策不仅制约学科的发展,还决定了学科在学科组织中传播的正当性。其使不同学科的知识生产、传播和评价获得了良好的制度保障。

“分类是构建社会秩序的重要法则。它既反映着社会关系与资源分配的结构,同时也凭借权力而投射到行动者的主观认知世界,成为社会运行的重要机制。”[⑧]因此,学科分类是知识政策表达的核心要素,其决定了学科场域内部资本分配格局的沉淀及其场域

---

① 参见《教育部、中央政法委发布〈关于坚持德法兼修实施卓越法治人才教育培养计划2.0的意见〉》,载教育部网站:http://www.moe.gov.cn/srcsite/A08/moe_739/s6550/201810/t20181017_351892.html,最后访问日期:2020年10月15日。

② 参见《学科分类与代码国家标准》(GB/T 13745—2009)。

③ 参见袁曦临:《人文社会科学学科分类体系研究》,南京大学2011年博士学位论文,第20~22页。

④ 同上。

⑤ 参见[德]尼科·斯蒂尔:《现代社会对知识的社会控制和政治控制》,李存山译,载《国际社会科学杂志》2004年第4期。

⑥ 参见[美]伯顿·克拉克主编:《高等教育新论——多学科的研究》,王承绪等译,浙江教育出版社1998年版,第19页。

⑦ 参见谭镜星、曾阳素、陈梦迁:《从学科到学科群:知识分类体系和知识政策的视角》,载《高等教育研究》2007年第7期。

⑧ 蔺亚琼、覃嘉玲:《学科分类与跨学科发展:基于院系组织的分析》,载《高等工程教育研究》2019年第3期。

内行动者认知的主观空间。① 例如,在不同类型的学科组织有不同的表现形式。以大学为例,其最基本的形式是“校—院系—专业”,学科分类则决定了大学“院系”和“专业”的分工,而“院系”“专业”的分工则决定了大学范围内资源分配的格局。

随着“卓越法治人才教育培养计划2.0”出台,在经历改革开放40年风雨的法学高等教育又站在了历史性转折的关口。而法学学科的分类将是引领这项变革的起点。目前,我国的法学学科分类标准主要见诸以下规范性文件当中(见表1)。

表1 我国法学学科分类的相关规范性文件及其主要内容

文件名称	制定机关	主要内容
《中华人民共和国学科分类与代码国家标准 GB/T 13745—2009》	国家质量监督检验检疫总局、国家标准化管理委员会	详细的学科分类体系
《授予博士、硕士学位和培养研究生的学科专业目录》(1997年颁布)	国务院学位委员会	授予学位的学科、专业范围划分的依据
《学位授予和人才培养学科目录》(2011年颁布)	国务院学位委员会、教育部	国家进行学位授权审核与学科管理、学位授予单位开展学位授予与人才培养工作的基本依据,适用于硕士、博士的学位授予、招生和培养
《普通高等学校本科专业目录》(2012年颁布)	教育部	规定专业划分、名称及所属门类,有设置和调整专业、实施人才培养、安排招生、授予学位、指导就业的功能
《国家社科基金申报数据代码表》(2019年版)	全国哲学社会科学工作办公室	用于国家社科基金申报工作分类

《中华人民共和国学科分类与代码国家标准 GB/T 13745—2009》将法学学科纳入人文与社会科学大类当中,并将法学分为理论法学、法律史学、部门法学、国家法学与其他法学学科。《授予博士、硕士学位和培养研究生的学科专业目录》(1997年)和《学位授予和人才培养学科目录》(2011年)将法学作为一个与哲学、经济学、医学等学科相并列的独立的学科门类。其包含了法学、政治学、社会学、民族学、马克思主义理论和公安学等一级学科。而在一级学科法学之下又分别设立了法学理论、法律史、宪法与行政法、刑法学、民商法学、诉讼法学、经济法学、环境与资源保护法学、国际法学、军事法学等二级学

① 参见[法]皮埃尔·布迪厄、华康德:《实践与反思:反思社会学引导》,李猛、李康译,中央编译出版社1998年版,第5~10页。

科。在《普通高等学校本科专业目录》(2012年)的规定中,法学依旧是大学科门类,而法学类学科下面仅有一个法学学科,而政治学类则区分了政治学与行政学、国际政治与外交学。在《国家社科基金申报数据代码表》(2019年)中,将法学学科分为了理论法学、法律史学、部门法学、国际法学和法学其他学科。

上述文件基于不同的学科建设目标、教育目标、学术研究目标对我国法学学科进行了分类。其中,《普通高等学校本科专业目录(2012年)》是设置和调整专业、实施人才培养、安排招生、授予学位、指导就业等工作的重要依据。而直接影响法学学科场域内部资本分配格局的学科分类标准则是《授予博士、硕士学位和培养研究生的学科专业目录》(1997年)和《学位授予和人才培养学科目录》(2011年)这两份文件。这两份文件确立了我国法学学科分类的基本格局,决定了我国研究生培养的基本方向,决定了我国法学学术研究领域的基本界线。

二、我国法学学科分类的主要问题

"学科及其学科间关系共同构成的知识分类系统,其形成不单纯是学术逻辑划分的结果,而是学术界内部和外部多种社会力量互动过程的历史产物,它具有一整套维持其生产与再生产的社会制度和组织基础。"①也就是说,社会变迁与市场需求是推动知识类型化(学科分类)的基本动力。由于国家错综复杂的国内外形势变幻及科技领域不断的革命性技术更迭,如算法和人工智能社会的到来,正在形成新的社会事实,深刻地雕刻和塑造着新的社会结构,②传统法学学科的分类体系显然在这些领域内显得无所适从。而在面对复杂国际形势当下,法学学者所能发挥的作用亦是微乎其微的。由此可见,作为法学领域知识政策与社会建构核心要素的法学学科分类,在跟随社会变迁和因应市场需求的双重标准下"尾大不掉"。目前,我国的法学学科分类主要存在以下两个层次问题。

(一)问题表象:交叉重叠的学科门类与学科分类

此处笔者所考察的法学学科分类标准是以深刻影响我国法学学术资源分配、学科建设进程、学科知识结构与学科社会建制的《授予博士、硕士学位和培养研究生的学科专业目录》(1997年)和《学位授予和人才培养学科目录》(2011年)这两份文件为对象。两份目录呈现我国法学学科分类的现实样态。

一是不合逻辑。我国的法学学科专业既是学科门类,又是一级学科,同时还将政治学、社会学、民族学、马克思主义理论与公安类纳入法学学科的门类当中,形成了一种"小法学"学科与其他一级学科综合的"大法学"学科门类(见图1)。即便是从外在逻辑的分析来看,法学学科与法学门类的交叉重叠也是不甚合逻辑。

---

① 蔺亚琼、覃嘉玲:《学科分类与跨学科发展:基于院系组织的分析》,载《高等工程教育研究》2019年第3期。

② 参见杜辉:《面向共治格局的法治形态及其展开》,载《法学研究》2019年第4期。

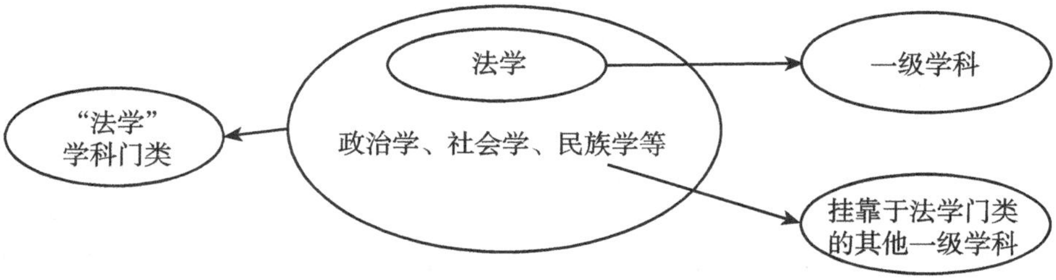

图1　学科门类与一级学科之间的交叉重叠

二是分类单一。法律是具有抽象性的普适性规则。法律的本质是社会行为体之间确立的具有国家强制力的行为规则。因此,有人类交互行为的存在领域就会有法律的存在,法律调整社会领域的方方面面。并且随着科技创新推动的新型行为空间的拓展,传统法学学科的分类已经无法回应新的社会需求。以我国目前的法学学科分类来看,我国的法学一级学科分类过于单一,无法与其他一级学科之间相互匹配。而法学二级学科的分类在 1997 年就已经确立,在中国飞速发展的 22 年都未曾有过改变。固化单一的学科分类已然束缚了法学发展与社会变迁和市场需求同步前进的步伐。例如,医学作为学科门类下设基础医学、临床医学、口腔医学、公共卫生与预防医学、中医学、药学和中药学 7 个一级学科;经济学学科门类下设理论经济学和应用经济学两个一级学科。而作为社会生活单方面领域的医学和经济学相较所涉社会生活领域更广的法学学科而言,它们均具有比法学更详细的一级学科分类。

三是不利发展。无法迎合社会变迁和市场需求的法学学科分类标准,自然无法在学科的社会建制中获取充分的物质资源。学科作为知识生产、传播和知识选择、控制的工具,①如果无法有效地获得资源和权力,学科的发展必将受到限制。法学单一的一级学科分类,压制了市场资源向法学人才培养领域的流入,进而限缩了法学学科人才培养的规模,同时也限制了市场需求的跨学科法学人才的培养。在社会精细化分工的情况下,市场无法获取有用的法学人才,资源流动的自我选择性,将不利于法学学科建设与人才培养的专业化发展。市场需求对于专业化法学人才需求的弱化,将不利于院校基于地方需求、学科特点和专长,专业化和精细化地发展具有自身特色的法学学科。

(二)问题实质:强分类模式阻碍资源的流动与知识的交流

分类强度是用来描述和分析知识分类系统内部不同学科间的关系,主要是指学科或领域间的资源流动与知识交流较少,边界较强,还是更注重资源共享与交流。② 强学科分类模式意味学科分类较单一,学科内部自我交流与外部互动较少,资源的流动与知识的

① 参见骆四铭:《学科制度与创新型人才培养》,载《教育研究》2009 年第 9 期。

② 参见蔺亚琼、覃嘉玲:《学科分类与跨学科发展:基于院系组织的分析》,载《高等工程教育研究》2019 年第 3 期。

交换较少,边界较强。而弱学科分类模式意味专业性分工明确,但学科间分类较模糊,界线不甚清晰,跨学科领域的研究更频繁,成本相较强学科分类模式而言更低。学科分类的强弱实质上代表不同学科间资本流动、知识互动与竞争关系的具体情况。而在不同分类模式之下学科的社会建制影响一系列资源的分布与配置,在很大程度上形塑学科的内在结构和学科间相互关系。学科的社会建制包含诸多学科组织要素与学科制度规范,如职业化的研究者、规范的学科培养计划、权威出版物、基金资助和相关学科的学会、学科研究成果交流机制、评价机制和相关学科学者的评价晋升机制等。①

在我国实行的国家学科制度中,学科设置的基本权限属于政府部门。高等院校只有设置相关二级学科的权力。但是真正影响资源流动和知识交流的关键在于一级学科的分类,一级学科分类关涉学位类型、学科评估和院系设置等核心问题。在我国"学科—学院—学位"的关系下,学院本身的开放性就较弱,资本配置的边界较强。而法学单一的一级学科设置使我国大学法学院设置更加封闭。在作为知识发展和人才培养阵地的学院中,基于学科分类的人才流入与严格的院系归属,不利于跨学科研究合作和教育,增加了在大学范围内整合多院系发展新型领域和跨学科教育的难度。在法学一级学科分类形成了现有体制之下,单一分类导致的精细化不足,使法学学者在交叉学科范围内对学术资源的获取也不如其他学科的学者。

由此可见,我国的法学学科分类属于学科边界较强的强分类模式。在这一模式下,意图跨学科跨领域的科研和教学所需要的资源都只能在学院边界的范围内得以满足,教学研究人员的配置在学科分类的前提下已然固化。法学学科与不同学科之间的资源流动与知识交流在强分类模式下受到了很大阻力。因此,我国现有的法学学科分类模式既无法加强多学科领域的交流与互动,又无法主动获取或吸引学术资源与社会资本的流入,进而导致法学人才的培养与社会变迁和市场需求之间出现了巨大的鸿沟。

三、我国法学学科分类的建议方案

目前,"新文科"建设战略目标与"卓越法治人才培养计划2.0"的提出因应了知识纵横交错的新时代特征。强分类模式下的法学学科分类影响了学科间资源的流动与知识的交流,但要让法学学科分类转向更注重资源共享与交流弱分类模式却又是无法单方面实现的。它需要我国整体学科体系的转变,而非单一学科的变革。为此,作为法学学科知识政策与社会建制关键性要素的法学学科分类无法单向度的实现强分类模式向弱分类模式的转变。那么,法学学科分类的社会建制就应当在这些战略目标之下,以有利于知识的交流与融合为目标,内在地寻求适配社会变迁与市场需求的学科分类方式,其主要应当体现以下两方面特征:一是法学学科分类应当有利于嵌套新的学科增长点,能够有利于实现对传统法学学科的转型与升级,能够有利于交叉学科新型领域的理论创新与制度创新;二是法学学科分类应当做到能够涵盖不同学科甚或是多个学科知识的融合、

① 参见方文:《社会心理学的演化——一种学科制度视角》,载《中国社会科学》2001年第6期。

渗透与发展,能够实现及时调整科学技术发展所塑造的新型社会结构和社会关系。因此,笔者认为,我国的法学学科分类可以有以下两种完善方案。

方案一是将法学作为独立的学科门类,与其他如政治学、民族学等予以区分,下设理论法学、实体法学、程序法学和国际法学4个一级学科。理论法学下设法理学、法律史、立法学等二级学科;实体法学下设民商法学、刑法学、宪法与行政法学、经济法学、环境与资源保护法学、军事法学等二级学科;程序法学下设民事诉讼法学、刑事诉讼法学、行政诉讼法学、仲裁法学等二级学科;国家法学下设国际公法学、国际私法学、国际经济法学等二级学科。其实,以理论法学、实体法学、程序法学和国家法学作为一级学科的分类模式,与英国JACS(Joint Academic Classification of Subjects)人文社会科学学科领域与一级学科(法律)的分类模式有相似之处。英国JACS将法律作为学科门类,下设4个一级学科,即法律领域的一般性学科、地区法律、专题法律和法律领域的其他学科,而各一级学科下属共计22个二级学科。① 理论法学的一级学科设定为法学理论与科技变迁提供了很好的知识交流和资源共享平台;实体法学的一级学科设定为算法法学和人工智能法学等新兴法学领域的诞生提供了知识政策与社会建制的制度环境;程序法学的一级学科设定为实体法过渡提供了有效的衔接机制;国际法学的一级学科设定为培养服务国家应对当今错综复杂的国内外形势的法学人才提供了有效的知识传输渠道。这一方案的法学学科分类实质上弱化了法学一级学科的边界,增加了法学学科与其他学科之间资源共享和知识交流的空间,同时使高等院校在国家设定的法学一级学科范围内对于相关二级学科更具自我管理和创新的空间,有利于优化了校内学科资源的配置和格局。

方案二是将法学作为独立的学科门类,下设理论法学、民商事法学、刑事法学、宪法与行政法学、经济法学、环境与资源保护法学、国家法学和军事法学共计8个一级学科。理论法学下设法理学、法律史、立法学等二级学科;民商事法学下设民法学、商法学、知识产权法学、民事诉讼法学、仲裁法学等二级学科;刑事法学下设刑法学、刑事诉讼法学、犯罪学、监狱法学等二级学科;宪法与行政法学下设宪法学、行政法学、行政诉讼法学等二级学科;经济法学下设宏观调控法学、市场秩序法学、社会保障法学等二级学科;环境与资源保护法学下设环境法学、自然资源法学、能源法学等二级学科;国家法学下设国际公法学、国际私法学、国际经济法学等二级学科;军事法学下设兵役法学、国防法学等二级学科。此模式的法学学科分类更加偏重对法学学科社会资源的获取,在一定程度上可以繁荣法学研究的范围,促使各类法学一级学科扩张学科研究范围的边界,为寻求与其他学科之间的交流与融合提供有效的空间和资源。此种模式的法学学科分类使高等院校对于法学人才的培养具有了更大的自主性空间和充分的资源流动空间,有利于各地方院校发展基于地方特色的法学优势学科,有利于培养适应社会发展和市场需求的交叉型法学人才。

---

① Universities and Colleges Admissions Service[EB/OL],http://www.ucas.com/figures/archive/trend96/supply.html. Accessed Oct. 5,2020.

试论我国法律专业博士学位的设置

袁　钢*

摘　要：自1995年批准设置法律硕士专业学位至今，法律硕士学位授权点数量和授予学位人数稳步上升，已成为我国法学研究生教育体系重要组成部分。为建设高素质法治工作者队伍，有必要提高法律专业学位的培养规格，探索设置法律博士专业学位；为完善我国法学学科体系，有必要明确法律专业博士的培养目标；为深化法律专业学位研究生教育改革，有必要实现法律专业博士的分类培养。符合专业博士学位设置基本条件的现有法律硕士的培养基础、法律专业学位培养的经验总结、部分院校开展法律博士的设置试点、法律博士学位设置基本原则的探索确定，可为设置法律专业博士学位提供可行性基础。

关键词：法学教育　专业学位　研究生教育　法律博士

为拓展人才培养的类型和规格，加快培养社会急需的复合型、应用型高层次专门人才，1995年国务院学位委员会第十三次会议批准设置了法律硕士专业学位。根据全国法律专业学位研究生教育指导委员会（以下简称法律教指委）提供的数据，近年来，全国法律硕士每年招生规模均在2万人左右，累计授予法律硕士专业学位近16万人。经过多年试点和持续发展，法律硕士专业学位研究生教育已成为我国法学研究生教育体系的重要组成部分。在全面建设社会主义现代化国家的新征程上，面向经济社会发展需求提供高层次法治人才供给，完善法学研究生教育的整体布局，借鉴国内外专业学位发展状况，研讨设置法律专业博士学位（以下简称法律博士）的必要性和可行性，已成为法学和法律工作者共同关注的热点问题。

一、设置法律专业博士学位的基本背景

我国从1950年即招收法学研究生，①1950～1965年通过"师资研究生"和"副博士"试点，为法学高等院校培养了一批师资和科研人员。1978年之后，以"五院四系"为代表

* 中国政法大学法学院教授，法学博士。

① 参见冯玉军、孙国华：《法是理与力的结合》，载《光明日报》2017年6月5日，第16版。

的法学高等院校恢复招生,标志着我国法学研究生教育进入规范有序发展阶段。探索设置法律博士问题,应首先研判我国法律硕士专业学位、法学博士学位以及国外法学教育发展状况。

(一)法律硕士学位授权点布局合理并逐步增加

截至2019年5月,全国共有法律硕士专业学位授权点247个。从全国法律硕士专业学位授权点地区分布上来看,华东地区以占比29%位居第一,华北地区以22%位居第二,除华南(7%)、西北(8%)地区稍弱之外,华中(14%)、西南(11%)、东北(9%)地区法律硕士专业学位点数量占比均在10%左右,其分布情况与全国法学硕士学位授权点地区分布情况基本一致,也与地区经济发展水平和法学教育资源状况相匹配。在2017年和2018年新增的48个法律硕士学位授权点中,华东和华北地区分别新增15个和10个,继续在存量和增量上领先其他地区;西北地区从原有12个学位点增加至21个,增长幅度为75%,并实现了除我国港澳台地区外,全国各省份法律硕士专业学位点的全覆盖(见图1)。

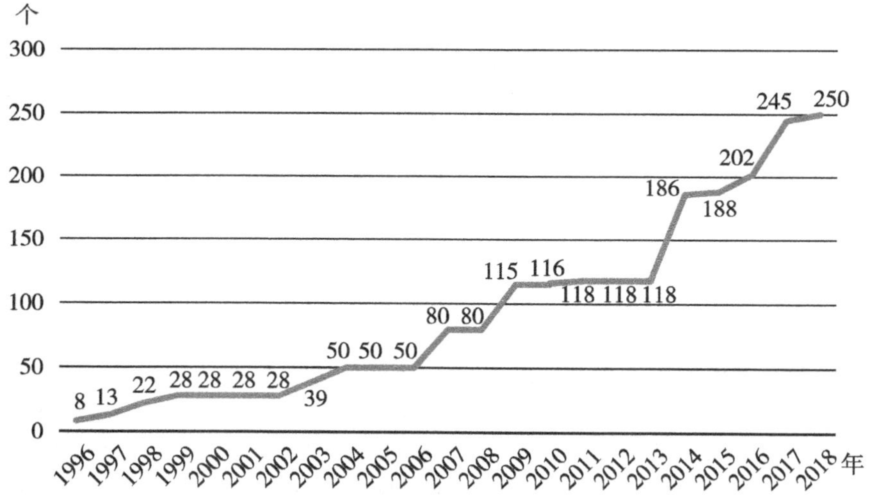

图1 全国法律硕士专业学位点新增情况(1996~2018年)

法律硕士专业学位从1996年首次批准8个学位点直到2006年,全国法律硕士专业学位授权点仅有50个。历经2007年和2009年两次授权审核,到2010年全国法律硕士专业学位点达到116个,2007~2010年这两次新增数量超过法律硕士专业学位授权点设立前10年的总和。在2014年学位授权点管理权限下移后,2014~2016年新增学位授权点84个,2017年和2018年新增学位授权点48个。近5年以来,共计新增学位授权点132个,新增数量超过法律硕士专业学位授权点设立前15年批准设立学位授权点的总和。随着学位与研究生教育质量保证和监督体系建设和完善,2014~2018年学位授权点专项评估撤销1个法律硕士专业学位授权点(河海大学①),学位授权点动态调整撤销2个法律硕士专业学位授权点(东北大学②和中国农业大学③)。因此,随着学位授权点授权审核制度与质量保障制度进一步完善,法律硕士学位授权点将会在局部层面进行小幅调整。

(二)法律硕士授予学位人数稳步增加

法律硕士研究生是目前法学研究生的主体,是法律实务部门所需人才的主要供给渠道,也是法学高等院校人才培养的重心。

根据法律教指委的数据,从1998年授予法律硕士学位66人,到2001年达到1375人,2004年迅速增加到4282人,2010年达到10,361人,从2011年开始每年授予人数均在17,000人左右(见图2)。从2016年非全日制研究生改革举措全面推开,原在职法律

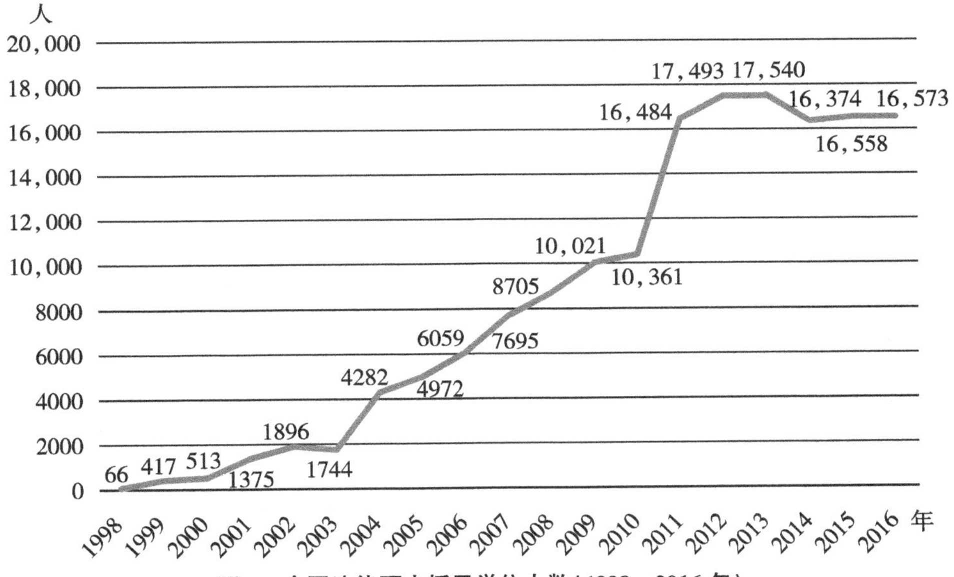

图2 全国法律硕士授予学位人数(1998~2016年)

---

① 参见国务院学位委员会《关于下达2014年学位授权点专项评估结果及处理意见的通知》(学位〔2016〕5号),载教育部网站:http://www.moe.gov.cn/srcsite/A22/moe_818/moe_820/201603/t20160325_235327.html,最后访问日期:2019年7月5日。

② 参见国务院学位委员会、教育部《关于下达2017年学位授权点专项评估结果及处理意见的通知》(学位〔2018〕1号),载教育部网站:http://www.moe.gov.cn/s78/A22/A22_gggs/A22_sjhj/201803/t20180302_328436.html,最后访问日期:2019年7月5日。

③ 国务院学位委员会、教育部《关于下达2018年学位授权点专项评估结果及处理意见的通知》(学位〔2019〕15号),载教育部网站:http://www.moe.gov.cn/srcsite/A22/yjss_xwgl/moe_818/201906/t20190603_384228.html,最后访问日期:2019年7月5日。

硕士停止招收,预计2019年及之后数年毕业人数会有大幅增加。仅以上述数据与对应年份教育部教育统计数据①中法学类硕士研究生毕业人数进行简单比较,2001年法律硕士占比超过30%,2009年达到51%,近年来一直保持45%左右。

(三)法学博士一级学科授权点布局基本完成

根据教育部教育数据统计,全国法学类博士招生人数在经历1998年393人至2010年3529人较快增长之后,从2010年开始,招生人数处于稳步上升,2010~2016年基本保持每年3500~3800人,甚至2016年比2015年招生人数略少39人,2017年和2018年招生人数均过4000人(见图3)。

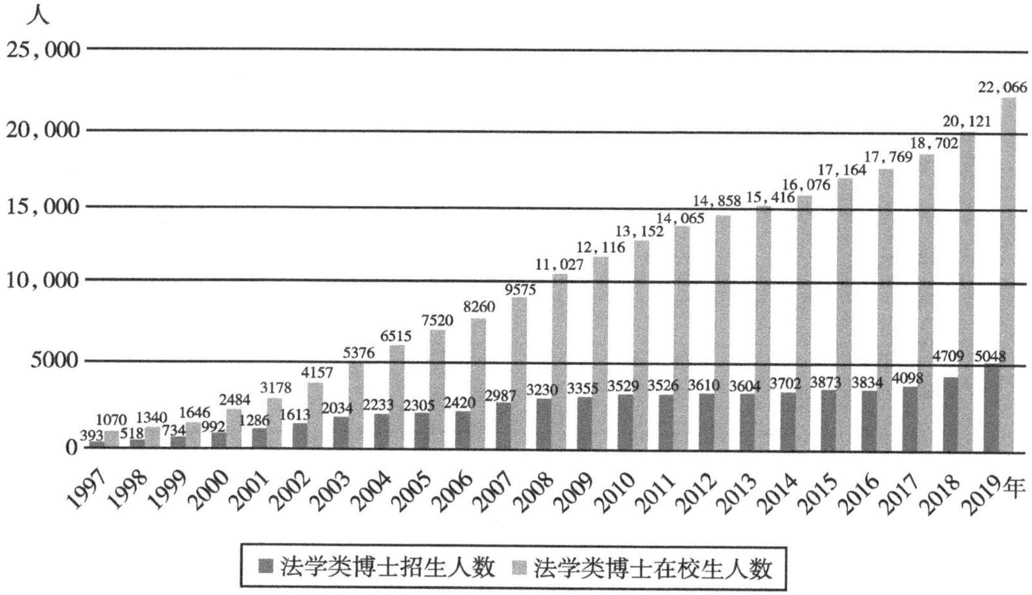

图3 全国法学类博士生招收和在校人数(1998~2019年)

法学类博士招生人数随着全国法学博士一级学科授权点增多而逐步增加。目前,从全国法学博士一级学科授权点地区分布来看,华北地区、华东地区各有15个法学博士点,分别占比29%并列第一;华中地区有7个法学博士点,占比为13%;西南、东北、华南和西北地区4个地区法学博士点数量之和等于华东地区或者华北地区一个地区的法学博士点数量。从全国法学博士一级学科授权点省份分布来看,北京以11个法学博士点位列第一。湖南、江苏和上海以4个法学博士点并列第二。广东、辽宁、四川、重庆等8省市

① 教育部教育统计数据,载教育部网站:http://www.moe.gov.cn/s78/A03/moe_560/jytjsj_2019/,最后访问日期:2020年6月10日。

以2个法学博士点的数量紧跟其后。以上省市基本都是传统的法学教育重镇。除我国港澳台地区外,全国现共有25个省份拥有法学博士一级学科授权点,仍有西藏、甘肃、青海、广西、内蒙古、宁夏6个省(自治区),尚未实现法学博士一级学科授权点"零"的突破。根据目前全国法学教育资源的分布情况,法学博士一级学科的整体布局已经完成,仅会有微小增减变动。

(四)国外法学研究生教育以职业教育为导向

第二次世界大战以后,一些发达国家调整法学研究生教育结构,积极发展法律专业学位教育。

1. 美国法学教育体系。美国早期法学教育采用传统英国学徒制(Apprenticeship),在现实主义法学影响下,以1870年哈佛法学院院长兰戴尔(Christopher C. Langdell)开创案例教学法为代表的法学教育革新,大学在现代美国法学教育居于主导地位。学生本科毕业后在美国律师协会认证的法学院学习3年取得J. D. 学位(Doctor of Juris,多译为法律博士)。J. D. 学位培养目标就是培养律师,法学院采用案例教学法、法律诊所、模拟法庭和研讨课等方式,培养学生能够"像律师一样思考"和进行"批判性思维"。另设有学制1年L. L. M. 学位(Master of Law,法律硕士),主要是供外国学生攻读的学位。极少部分学生选择继续攻读法律科学博士(Doctor of Judicial Science, S. J. D.)或者法学博士(Doctor of Philosophy, Ph. D.)。尽管美国主流法学院一直在职业教育与学术教育之间寻求"脆弱的平衡",①但毋庸置疑的是,美国法学教育主体属于职业教育范畴,学术型的法学教育和研究,主要在其他系、科或法学院附属研究所、中心进行。② 此外,英国、澳大利亚等国家也已形成了较完善的专业学位教育体系。日本、③韩国④20世纪90年代开始改革,几乎照搬了美国法学院教育模式,建立法科大学院制度,招收具有多样专业知识背景的学生,开展研究生层次的职业化教育。

2. 法国法学教育体系。法国法学教育仍处于新旧教育体制交替阶段。形成于1966年法国法学教育旧体制为2年基础教育阶段可取得普通大学学习文凭;再经历2年专业教育阶段,分别授予学士文凭(Licence)和硕士文凭(Maitrise);进行深入培养阶段之前要经历用1~2年的时间取得"深入研究文凭"(Diplôme d'é Tudes Approfondies, DEA)或"高等专业文凭"(Diplôme d' Etudes Supérieures Spécialisées, DESS)的博士预备阶段;取得博士预备资格后,通常需要4~5年时间完成论文,最终授予博士文凭(Doctorat)。为了与欧洲其他国家高等教育体制协调统一,法国从2002年开始进行高等教育学位制度

① 聂鑫:《美国法学教育模式利弊检讨》,载《环球法律评论》2011年第3期。

② 参见苏力:《美国的法学教育和研究》,载《南京大学法律评论》1996年第1期。

③ 参见丁相顺:《日本法科大学院教育制度及其特征》,载《法制与社会发展》2006年第3期。

④ 参见陶建国:《韩国法学专业大学院教育制度运行状况及其借鉴》,载《学位与研究生教育》2016年第1期。

改革,即设置学士学位(Licence)、硕士学位(Master)和博士学位(Doctorat)3个基础文凭,累计修业年限分别为3年、5年和8年。① 原硕士文凭(Maitrise)被列为学士学位范畴,原DEA和DESS分别列为研究硕士(Master de recherche)和专业硕士(Master professionnel)。此外,公立大学法学院还颁发具有补充性质的非国家文凭的大学文凭(Diplôme d'University,DU),主要用于继续教育和职业培训。

3. 德国法学教育体系。德国法学教育的中心任务之一,是培养法科学生具有严密地进行逻辑推理和精确地使用法律用语的能力,并且形成了学术教育与职业教育相结合的独树一帜的阶梯式法学教育制度。德国法学教育分为4年大学教育和2年的实务实习两个阶段,并分别以两次国家考试为结。其中,大学学习包括中期考试为结束的基础教育学习阶段,以及通过中期考试之后的进阶学习阶段。"传统上,德国法学第一学位相当于硕士研究生,无本科学位。"②为建立欧洲统一教育体制,德国引进学士与硕士学位的学制安排,但是仍将适用国家考试的师范、医学、法学等专业排除在外。尽管以培养律师为目标是当前世界主流法学教育模式,2003年德国《法学教育改革法》虽然也肯定了法学教育的律师实践导向,回应了对外语能力的要求,但是仍固守法官型法律人才的培养模式,属于职业教育培养类型。德国法学教育重在培养学生研究能力,其职业目标并不仅仅是教授,也是为了增强律师等职业竞争力。③

二、设置法律专业博士学位的必要性

2007年国务院学位委员会第二十三次会议提出,要适应经济社会发展需要,宏观设计,总体规划,积极发展专业学位教育,积极探索和建立中国特色的专业学位教育制度。2010年国务院学位委员会第二十七次会议审议通过《硕士、博士专业学位研究生教育发展总体方案》提出,作为现代高等教育学位体系的重要组成部分,专业学位(professional degree)是针对社会特定职业领域的需要,培养具有较强的专业能力和职业素养、能够创造性地从事实际工作的高层次应用型专门人才而设置的一种学位类型,其具有相对独立的教育模式和特定的职业指向性,是职业性与学术性的高度统一。随着中国特色社会主义法律体系逐步完善,原有法学研究生教育体系难以满足社会需求,无论是为建设高素质法治工作队伍和我国法学学科体系,还是为深化法律专业学位研究生改革,都迫切要求设立更高层次的法学类学位。

(一)建设高素质法治工作者队伍的需要——提高培养规格

全面推进依法治国,实现科学立法、严格执法、公正司法、全民守法,需要一支高素质的法治工作者队伍。习近平总书记视察中国政法大学时强调,"法学学科是实践性很强

---

① 参见张莉:《道器一体、学以致用——法国法学高等教育模式研究》,载《中国法学教育研究》2010年第1期。

② 吴香香:《德国法学教育借镜》,载《中国法学教育研究》2014年第2期。

③ 参见王洪亮:《德国法学博士教育及其对我国的启示》,载《法学教育研究》2018年第1期。

的学科,法学教育要处理好知识教学和实践教学的关系"。[①] 相较法学本科教育而言,法学研究生教育重点承担为法治中国建设培养创新型、开拓性、复合型的高层次法治人才的职责和使命。一方面,法学毕业生供给结构性过剩,法学本科连续3年被列为"红牌专业";另一方面,精通涉外、知识产权、高科技等法律业务的高层次法治人才不足,部分领域法律服务人员急缺。在建设社会主义法治国家背景下,法学研究生教育体系已经滞后于形势发展需要。随着我国法治建设步伐加快,法学教育越来越跟不上形势发展的需要,出现法学教育定位不清,通识教育、精英教育、职业教育等争论未定、法学本科与法律硕士、法学硕士层次界定不清楚、课程体系和教学内容设置不合理、学生法律技能缺乏训练、法律职业道德培养缺位、法学院校特色不鲜明、法科毕业生就业难、社会急需的复合型法治人才、高端法治人才缺少供给等诸多问题。[②]

存在以上问题的主要原因在于法学教育与法治人才需求多样性之间的矛盾,解决矛盾的基本路径是对我国的法学教育进行多元化改造,以满足社会对法治人才的多样性需求。除对法治人才的服务基层的需求和应用型、专业型和复合型高层次需求外,多样性需求还包含具有硕士学位并长期从事法律实务的法律工作者,提升自身法律职业素养和接受更高层次在职继续教育的更高层次需求,也包含法律实务部门需要招录、培养具有多元学科背景,具有应用对策研究的知识和能力,能处理重大复杂或特殊关键问题的法治人才的更高层次需求。

根据2018年中国政法大学[③]、西南政法大学[④]、华东政法大学[⑤]、中南财经政法大学[⑥]和西北政法大学[⑦]的毕业生就业质量报告,3成左右法学博士研究生通过公务员招考或者事业单位招聘,就业于党政机关及其事业单位。根据教育部教育数据统计,2012~2018年每年法学博士毕业生约为2800人。通过简单类比计算,近年来每年大约有800

① 《习近平在中国政法大学考察时强调:立德树人德法兼修抓好法治人才培养,励志勤学刻苦磨炼促进青年成长进步》,载《人民日报》2017年5月4日,第1版。

② 参见王新清:《论法学教育"内涵式发展"的必由之路——解决我国当前法学教育的主要矛盾》,载《中国青年社会科学》2018年第1期。

③ 参见《中国政法大学2018年毕业生就业质量报告》,载中国政法大学网站:http://career.cupl.edu.cn/openinfo/news?id=300410,最后访问日期:2019年7月5日。

④ 参见《西南政法大学2018届毕业生就业质量报告》,载西南政法大学网站:http://jyb.swupl.edu.cn/docs/20190110160053428001.pdf,最后访问日期:2019年7月5日。

⑤ 参见徐慧:《华东政法大学发布2018届毕业生就业质量报告——总体就业率基本稳定、结构更合理》,载《上海法治报》2019年1月30日,第B06版。

⑥ 参见《中南财经政法大学2018年毕业生就业质量报告》,载中南财经政法大学网站:http://xxgk.zuel.edu.cn/_upload/article/files/c0/5c/d36249ff4423ad23e31de87d0f04/e3d6a2e6-ce3d-4668-b2b7-e220e701165d.pdf,最后访问日期:2019年7月5日。

⑦ 参见《西北政法大学2018届毕业生就业年度质量报告》,载西北政法大学网站:http://js.bysjy.com.cn/default/quality_report/viewer.html?fileUrl=http://o.bysjy.com.cn/document/1546003747-7501.pdf,最后访问日期:2019年7月5日。

名法学博士毕业生进入法律实务部门,但这远远不能满足法律实务部门的需求。并且法学博士的培养过程重点培养其学术研究能力,以理论创新为目标,法学博士毕业生绝大多数是从“校门”到“大门”,没有法律实务经验,也难以满足法律实务部门对具有法律实务经验法治人才的需求。因此,笔者认为,为满足我国经济社会快速发展和全球化发展,高素质法治工作者队伍不仅需要扩大高层次专门法治人才数量,更需要提高培养质量和培养规格。法治人才更高层次需求在客观上要求高等院校和科研院所应当整合自身资源,主动适应社会经济发展需要,科学设置不同层次法治人才的培养方案,推进法学与政治学、经济学、管理学、社会学、计算机工程学、网络安全学等学科融合。①

(二)建设完善我国法学学科体系的需要——明确培养目标

习近平总书记视察中国政法大学时指出,“法学学科体系建设对于法治人才培养至关重要……在法学学科体系建设上要有底气、有自信。要以我为主、兼收并蓄、突出特色,深入研究和解决好为谁教、教什么、教给谁、怎样教的问题,努力以中国智慧、中国实践为世界法治文明建设作出贡献。对世界上的优秀法治文明成果,要积极吸收借鉴,也要加以甄别,有选择地吸收和转化,不能囫囵吞枣、照搬照抄”。② 学科是大学教学培养的基本单位,学位点是高等教育基本制度,二者相辅相成,学科是学位点的前提、基础,学位点是学科发展的内在要求、重要平台和阶段性成果。③ 因此,我国法学学科体系建设也必须重视法学学科的学位点建设,除已经建设的法学本科、法学硕士、法律硕士和法学博士学位授权点外,我国法学学位体系中尚缺法律专业博士学位。

从 1985 年 11 所工科大学“工程类型硕士研究生”试点,到 1990 年设置工商管理硕士学位,再到 1996 年国务院学位委员会第十四次会议审议通过《专业学位设置审批暂行办法》,基本确定了我国学术学位与专业学位并轨的学位与研究生教育体系。目前,我国专业学位覆盖学士、硕士和博士 3 个层次,其中学士专业学位只有“建筑学”一种;硕士专业学位 39 种,其中“兽医”“临床医学”“中医”“口腔医学”“教育”“工程”6 种可授予博士专业学位。考察这 6 种博士专业学位的设置方案或者试行办法,④培养目标可以分为以下 3 种类型:(1)与规范化职业培训相结合,培养具有实践工作经验并能完成实践应用价值论文的执业人员,如临床医学博士、口腔医学博士和中医博士;(2)与行业企业联合培养,培养具有学术理论基础和较强实践能力的人员,如工程博士;(3)以主要招收具有实践经验在职人员,并培养其具有较高学术与实践研究能力,如教育博士和兽医博士等。

考虑到,一方面法律职业尚未建立类似执业医师、兽医等的规范化职业培训制度,另

① 参见姚莉:《为全面依法治国培养高素质法治人才》,载《人民日报》2018 年 12 月 11 日,第 7 版。

② 参见《习近平在中国政法大学考察时强调:立德树人德法兼修抓好法治人才培养,励志勤学刻苦磨炼促进青年成长进步》,载《人民日报》2017 年 5 月 4 日,第 1 版。

③ 参见王顶明:《学科、学位点的关系及其建设思路》,载《云南电大学报》2012 年第 4 期。

④ 参见《专业学位一览——博士专业学位》,载中国学位与研究生教育信息网:http://www.cdgdc.edu.cn/xwyyjsjyxx/gjjl/bsszfa/lcyxbs/,最后访问日期:2019 年 7 月 5 日。

一方面高等院校科研院所师资队伍实务经验不足。因此,笔者建议结合法学研究生教育发展现状,借鉴现有专业学位博士运行经验,拟设置的法律博士可以兼采工程博士和教育博士设置方案,即与行业联合培养为主,以高校自主培养为辅,主要招收法律实务部门在职人员,以造就法律实务领域的应用型、职业型的高级专门人才为目标。法律博士招收对象是具有硕士学位(不限于法学类硕士学位,但应在本科或者硕士阶段接受过完整系统法学教育)、有5年以上法律实务领域全职工作经历、具有优秀法律实务工作业绩的法律工作者(见图4),主要采用非全日制培养方式。此外,针对目前法学学位与研究生教育中存在种种问题,笔者建议采用"贯通式培养模式",[①]将法学硕士逐步过渡为法学博士的阶段性学位,因此,法学硕士不应再成为法律博士的主要招生对象。

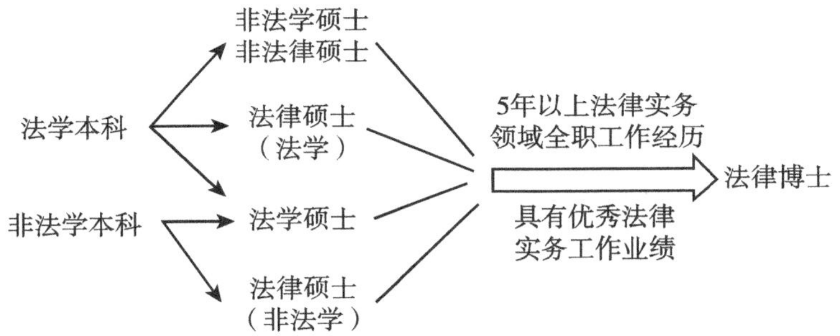

图4 法律博士的培养对象

法律博士专业学位获得者应具有良好人文素养、扎实宽广的法律专业知识,能够创造性地运用科学方法研究和解决法律实务中的复杂问题,胜任法律实务的高层次实际工作。借鉴法律硕士专业学位的英文名称,法律博士专业学位英文名称可以确定为"Juris Doctor",缩写为J. D. 。参考教育博士招生经验,[②]可以用在一定级别和范围的学术刊物上发表论文3篇或者1篇并出版1部个人专著等方式来判定法律博士申请人是否具有优秀法律实务工作业绩。

(三)深化法律专业学位研究生教育改革的需要——实现分类培养

2019年以来,我国博士按期毕业率比较低,无法按期毕业比例可能达到65%,[③]多所

① 高耀、陈洪捷、沈文钦:《学术型博士生教育的分流与淘汰机制设计——基于贯通式培养模式的视角》,载《高等教育研究》2017年第7期。

② 参见张斌贤、文东茅、翟东升:《我国教育博士专业学位教育的回顾与前瞻》,载《学位与研究生教育》2016年第2期。

③ 参见温才妃、袁一雪、许悦:《博士生延期究竟意味着什么》,载《中国科学报》2019年4月10日,第1版。

高校集中清理超期研究生等新闻,①以及教育部《关于进一步规范和加强研究生培养管理的通知》等引发社会热议。根据教育部教育数据统计,全国法学类博士生按期毕业率除2005年的39.53%外,从2003年的62.70%至今经历了逐步降低过程,到2013年开始低于40%,2019年开始低于30%(见图5)。

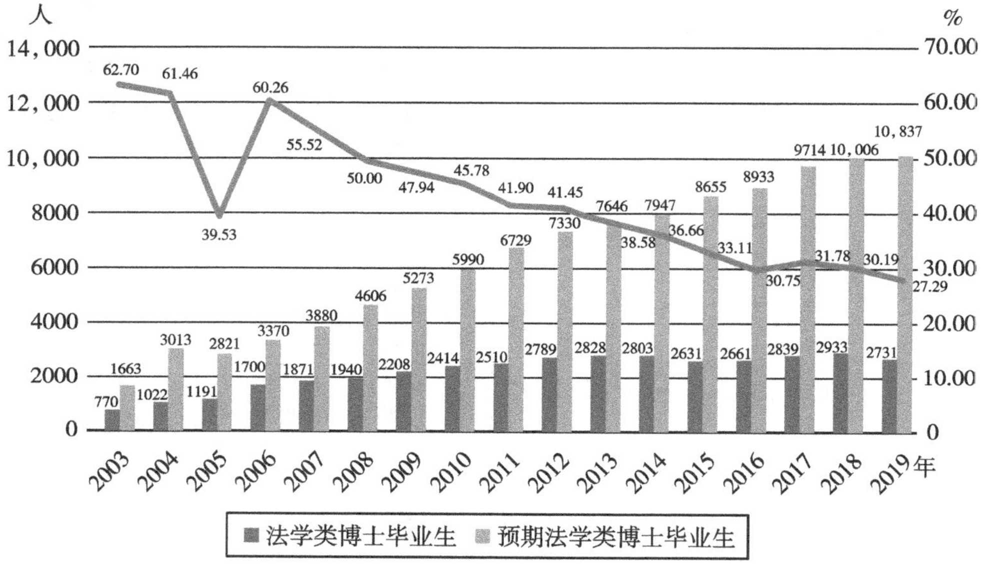

图5 全国法学类博士生按期毕业率(2003~2019年)

学习基本年限和学术成果要求设置不够合理,导师投入博士指导不足、博士生自身专业基础薄弱等是造成博士生延期的主要原因。② 但不容否认的是,导致我国法学博士生按期毕业率逐渐下降,还有一个重要原因,即在我国法学学科博士层面教育只有法学博士一种设置,对于具有在法律实务部门工作经验并且有意提升学历水平的人员,也只有选择攻读法学博士,在研究能力和工作精力牵扯下,又很难达到法学博士毕业要求的学术科研要求。设置法律博士就可以满足该群体的客观现实需求,培养单位与行业部门联合培养,既可以避免法律工作者挤上法学博士"独木桥"又恐落水的境地,又可以集中并结合行业部门的优势资源。

2010~2013年教育部组织开展了专业学位研究生教育综合改革试点工作,2015年开始推动开展深化专业学位研究生教育综合改革工作。该项工作为推动法律硕士教育

① 杨频萍、王拓:《多所高校清退超期等不合格研究生——博士"严出"混文凭将越来越难》,载《新华日报》2019年3月31日。

② 参见绳丽惠:《博士生延期毕业现象:影响因素与治理策略》,载《学位与研究生教育》2019年第6期。

改革提供了理论支持，法律教指委一直将设置法律博士作为其工作重要议题，有关专家对于提高法律专业学位研究生培养规格方面达成了共识。除法律博士培养目标和招生对象等问题外，如何准确界定法学博士与法律博士的区别，并实现分类培养，是法律教指委专家重点讨论的问题。

笔者认为，从专业学位自身定位来看，法律博士应当具有鲜明的实践特性和职业指向，应当区别于法学博士。法学博士主要为法学高等院校和科研院所培养从事教学和研究的"专业型研究人员"，更加强调学生在创新法学理论、法律制度上取得新成就与做出新贡献，能成为具有一定研究水平和国际视野的法学工作者，其基本定位是"学术性"，主要培养"理论创新型法学工作者"。法律博士则主要面向法治实务部门培养"研究型专业人员"，使已具有较丰富法律实务经验和取得优秀法律实务工作业绩的法律工作者综合掌握各种知识和方法，发展从事法治实务工作的素质和能力，养成通过研究解决实际问题的意识和方法，创造性地解决法治实务领域中的关键问题，其基本定位是"实践性"，主要培养"实践反思型法律工作者"。著名法学家霍姆斯的名言"法律的生命不在于逻辑，而在于经验"[①]更是直接指出法学研究应该扎根法律实务，法律实务问题研究不仅是法律实务工作中的问题，更应该是法学研究的对象。设置具有法律实务经验的法律博士，就是在导师指导下，完成对于法律实务问题的学术研究。

三、设置法律专业博士学位的可行性

(一)符合专业博士学位设置的基本条件

2010年国务院学位委员会第二十七次会议审议通过的《硕士博士学位设置与授权审核办法》规定，明确设置硕士、博士专业学位应具备的基本条件包括以下三个方面：(1)具有明确的职业指向，所对应职业领域的人才培养，已形成相对完整、系统的知识体系；(2)对应职业领域已形成相对独立的专业技术标准，以及相对成熟的职业规范和特定的职业能力标准；(3)对应职业领域的人才需求有较大规模。在法律硕士专业学位设置并招生培养20余年经验基础之上，法律专业学位指向更加明确，法学知识体系更加完整、系统，法律职业规范和职业能力日趋成熟，特别是社会对于更高层次法治人才有着更高的需求。设置法律博士已经完全符合以上3个条件。

2012年国务院学位办《关于深入推进研究生培养机制改革，进一步提高研究生教育质量的意见》提出"按需增加博士专业学位种类"。2013年教育部、国家发展改革委、财政部《关于深化研究生教育改革的意见》要求"稳步发展博士专业学位研究生教育"。2017年教育部《学位与研究生教育发展"十三五"规划》提出：加强博士专业学位的论证和设置工作。2018年教育部印发的"工作要点"也提出：实施博士研究生教育综合改革试点……修订印发高等学校和科研机构联合培养博士研究生工作实施办法，推进科教融

---

① 张芝梅：《法律中的逻辑与经验——对霍姆斯的一个命题的解读》，载《福建师范大学学报》（哲学社会科学版）2004年第1期。

合。这些规定是深化学位与研究生教育改革,以适应和服务依法治国的战略需要,探索设立我国法律博士专业学位的重要政策指引。

2016年为推进全日制和非全日制研究生教育协调发展,教育部发布《关于统筹全日制和非全日制研究生管理工作的通知》,明确界定了全日制研究生与非全日制研究生的概念。该项改革打破原有"双证"与"单证"研究生并行,在职攻读硕士专业学位研究生单独考试、招录局面,统筹全日制与非全日制研究生教育协调发展,坚持同一标准,保证同等质量,实现将非全日制研究生纳入国民教育序列。① 全日制和非全日制研究生的并轨,为法律博士设置提供了重要政策支持。由于法律博士招生对象主要是在职在岗的非脱产人员,非全日制研究生改革可以与法律博士招生紧密结合,即法律博士以非全日制研究生为主体。

(二)法律硕士专业硕士培养的经验总结

近年来,法律教指委在法律硕士层面开展教学案例库建设与案例教学推广、专业实践基地建设与规范化管理、与法律职业资格考试制度衔接机制、双导师制度的构建与完善、健全完善招生考试制度改革、强化法律硕士教育师资队伍建设、完善法律硕士人才培养质量评价机制等多项工作,为设置法律博士提供了理论支持和经验总结。其中,完善双导师制度、强化师资队伍建设、形成培养质量评价机制工作可以直接为法律博士教育工作开展做好铺垫,参考教育博士成功经验。笔者建议,区别于法学博士,做好法律博士的培养工作。

首先,在课程设置上,法学博士学位课程更注重基本理论的专题研讨,法律博士学位课程更要求体现综合性、广泛性和实践性,特别是针对法律实务中的热点、难点问题作出回应,同时也要对法律工作者知识体系进行更新和补缺,注重基本理论和研究方法的学习,帮助法律博士研究生夯实研究基础。

其次,在培养方式上,法学博士是在导师指导下的个人研究,法律博士则重视校内学术型导师和校外实践性导师的合作教学,以及导师组团队教学以及和师生的探究式教学方式,培养法律博士研究生团组解决问题的能力,如问题研讨、案例分析和社会调研,以帮助学生不仅能经验共享,更能发现和解决法律博士研究生本人和他人经验中的问题。探索借鉴教育博士"混合课程+专业实践"的培养模式,强化法律博士研究生与其实务工作相互作用,强调针对法律实务工作具体问题进行批判性反思,再通过反思实践将个人知识概念化。②

最后,在学位论文上,法学博士学位论文通常要求创新性,对知识体系、基本理论、基本方法等作出创新,注重研究的理论意义和深度,法律博士学位论文则应以法治实务中

---

① 参见白丽新、江莹、赵仁铃:《深入领悟顶层设计,切实做好基层实践——基于全日制与非全日制研究生招生并轨的思考》,载《学位与研究生教育》2016年第12期。

② 参见徐岚:《教育博士作为专业学位的身份再审思》,载《研究生教育研究》2013年第1期。

的实际问题为中心，其选题应与法律博士研究生实务工作紧密相关，强调运用所学知识和方法分析问题、解决问题，注重研究的实践意义和广度，并通过学术与实践结合探索创新产生新的知识。尝试将法律博士学位论文由专题论文转变为系列论文档案袋的形式，①围绕一个选题针对不同实际问题形成3～4篇论文，每篇平均2万～3万字，其研究结论应是拓展实务知识、解决实务问题，不必严格要求文献资料的完整性。

（三）部分院校开展法律博士的设置试点

2012年中央政法委和教育部联合启动“卓越法律人才培养计划”。该计划包括应用型、复合型法律人才、涉外法律人才和西部基层法律人才3种教育培养基地，探索“高校—实务部门联合培养”和“国内—海外合作培养”机制，实施高校与法律实务部门人员互聘的“双千计划”，以提升法律人才的培养质量和实践能力。2018年教育部和中央政法委发布《关于坚持德法兼修实施卓越法治人才教育培养计划2.0的意见》，其中提出“找准人才培养和行业需求的结合点，深化高等法学教育教学改革，强化法学实践教育，完善协同育人机制，构建法治人才培养共同体”等总体思路。

近年来，我国部分法学院校根据“服务需求、提高质量”研究生培养导向，主动适应我国法治建设的实践需要，积极探索并实施多类型、多层次的应用型法治人才培养模式改革，其中在与法律实务部门建立紧密联系，探索协同育人机制方面积累了丰富经验。例如，中国人民大学法学院与最高人民检察院联合培养职务犯罪侦查方向硕士研究生，南京师范大学法学院与江苏警官学院联合培养法律硕士（警务方向）研究生，上海交通大学凯原法学院与美国埃默里大学法学院联合推出“美国比较法学硕士学位”项目。2011年中国政法大学与最高人民检察院等合作尝试培养“应用型法学博士”，将校内导师与校外实务部门导师（政法部门有学术经验的一线领导）结合，共同指导和培养法学博士生，该项工作现已扩展到最高人民法院和公安部。2012年西北政法大学获批实施“服务国家特殊需求博士人才培养项目”等。这些探索回应了我国博士层次法治人才培养的最新趋势。

（四）确定设置法律博士学位的基本原则

法律教指委委员和专家经过数论讨论，已就设置法律博士学位的基本原则达成以下基本意见。

1. 先试先行原则。在布置实施法律博士工作的具体步骤上，应当采取积极、稳妥方式，在具有优秀师资和长期法律硕士培养经验，并且与法律实务部门已经建立联合培养法治人才机制的法律硕士培养单位中遴选出试点院校。由试点院校提出申请，由法律教指委全体委员会议讨论并通过，并报国务院学位委员会批准。具有法学博士一级学科授予权、参加过法律硕士专业学位综合改革试点的高等院校、科研院所应当优先列为法律博士试点院校。

① 参见徐岚：《教育博士作为专业学位的身份再审思》，载《研究生教育研究》2013年第1期。

2. 保障质量原则。设置法律博士对于我国学位与研究生教育改革具有重要意义,因此,法律教指委应当在统筹审慎研究的基础上确定法律博士设置方案,系统构建法律博士的教育标准和职业规范,制定法律博士指导性培养方案,并对法律博士学位论文提出具体指导意见。试点院校应当高度重视法律博士培养过程,依据设置方案和指导性方案,结合本校自身特色制定具体培养方案,并针对法律博士培养特色制定严格的质量评价和监督机制。法律教指委根据需求适度控制培养院校数量,试点院校应当根据控制招生规模。

3. 联合培养原则。习近平总书记视察中国政法大学时强调,要打破高校和社会之间的体制壁垒,将实际工作部门的优质实践教学资源引进高校,加强法学教育、法学研究工作者和法治实际工作者之间的交流。① 2019 年修订的《中华人民共和国法官法》《中华人民共和国检察官法》允许法官、检察官因工作需要,经单位选派或者批准,可以在高等学校、科研院所协助开展实践性教学、研究工作,并遵守国家有关规定。开展法律博士教育的院校,必须具备培养高层次应用型法治人才的丰富经验和实务导向的培养目标,必须与国家或省级政法实务部门、全国法律行业协会等建立联合培养的协同育人机制,明确协同单位在法律博士人才培养中的分工以及相应责任,必须高度重视协同育人机制配套的培养软硬件和师资队伍建设。

4. 探索标准原则。设置法律博士后,相应的法律教育上要设立法律硕士分会和法律博士分会,集中优势资源探索分类培养的要求和具体学位标准。试点院校要树立品牌意识,把法律博士作为从事法治实务工作高层次、应用型,具有专业领导力的职业型高层次法治人才的新型培养模式,严格标准,加强管理,高质量完成培养目标。

国外法律职业人员人才培养经验和我国已经开展的博士专业学位教育的有益经验可为开展法律博士研究生教育提供有益借鉴。不同于在单个学科内认知为目的的知识生产模式,法律博士的知识产生模式应当是在应用情境中运作,问题是具有跨学科或多学科的性质,因此,相较法学博士而言,法律博士的知识产生模式具有比较优势。② 随着中国特色社会主义法律体系逐步完善,法治建设重心从立法逐渐转向执法、司法,法学教育理念必须实现向职业教育的转变,法学研究生教育应当更加重视并提高其自身规格,发挥法律博士的比较优势,以回应时代需求。

---

① 参见《习近平在中国政法大学考察时强调:立德树人德法兼修抓好法治人才培养,励志勤学刻苦磨炼促进青年成长进步》,载《人民日报》2017 年 5 月 4 日,第 1 版。

② 参见李云鹏:《论教育博士专业学位研究生教育的比较优势》,载《中国高教研究》2012 年第 3 期。

脱节的中国法硕士教育体系及其发展出路

吴少璐*

摘　要：自2005年以来，中国法硕士教育已经具有14年的历史，积累了一定的经验，但也存在很多现实中的问题，诸如培养目标与课程设置的脱节、授课语言与授课效果的脱节、授课方式与文化环境的脱节等。为了使中国法硕士教育更好地满足学生的需求，可以采用严格筛选条件；增强教师队伍的英语能力；将中国本土学生引入中国法硕士教育课堂，与中国法律文化环境衔接；增设法律文书写作课程，培养实践能力；设置专门化教学，提高专业水平等方式。

关键词：中国法硕士　培养目标　课程设置　授课语言　文化环境

随着改革开放的不断发展，中国的经济快速增长，在世界舞台上发挥越来越重要的作用。在经济全球化的背景下，中国的国际影响力不断提升，越来越多的国外学生或者法律工作者在寻求机会学习中国法律。为了适用全球化进程，满足国际社会的需求，国内很多知名院校开设了中国法硕士项目L. L. M.课程（Master of Laws program in Chinese Law），在全英文的教学环境下，满足国外学生和法律工作者的需求。中国法硕士项目致力于法学教育的国际化，一方面，为国外学生和法律工作者提供了学习中国法律知识，了解中国法律文化的机会；另一方面，中国法硕士项目同样以增强国际交流和学习为重点，为学生提供了国际化视野，适应信息化和全球化飞速发展的国际环境。

中国法硕士教育课程体系是在借鉴美国L. L. M.课程的经验下展开的，①但是由于两国国情的不同，很多适合美国的经验却不一定适用于中国法学教育。例如，全英文的授课模式使学生在学习中国法律制度时面临与中国法律文化环境相脱节等问题。自2005年清华大学开创首个中国法硕士课程以来，②到目前为止开设中国法硕士课程的高

---

* 中南财经政法大学硕士研究生。

① 参见薛源：《中国法硕士项目的困境及发展对策研究》，载《研究生教育研究》2013年第6期。

② 载清华大学官网：https://www.tsinghua.edu.cn/publish/lawen/7057/index.html.，最后访问日期：2019年8月15日。

校数量依然屈指可数。在教育体系上,各高校之间独立设置课程体系、课程教材和考核方法等,并未形成统一的模式,教育部也未出台相关政策统一中国法硕士教育体系的模式。学生是学习的主体,①任何一门课程的开设必须以学生为中心,满足学生的基本需求。由于中国法硕士教育体系仍处在不断摸索阶段,以致在实际运作过程中,造成了教育模式与学生需求相脱节的问题,需要我们重视和解决。

一、培养目标与课程设置的脱节

中国法硕士教育课程是依托经济全球化的背景而展开的,世界一体化对跨国法律人才的需求激增,因此,对于任何一个国家的法律工作者来说,其面临的挑战不再局限于本国求职者,而是扩大到全球人才。② 尽管由于开设具体课程的不同,各大高校在具体培养目标上存在些许不同,但是在理念原则上各大高校保持了基本一致,即中国法硕士项目以中西法律及法律文化并重为特点,旨在同时培养学生的跨国法律知识和法律实践能力,试图满足学生在科技创新、信息化和国际化背景下的法律需求。中国法硕士的课程体系安排,一方面,增强了学生对中国法律知识的学习和理解,并且可以针对法律的某些具体方面进行深入的研究。通过对特定领域的研究,可以为学生在实践中有关这一领域的所有主要知识提供坚实的基础,并且可以集中为所选领域提供最高的机会,实现资源利用的最大化。另一方面,学生也可以通过对实践技能的学习和实习经历,培养解决跨国纠纷的能力和国际意识,获得在全球法律环境中竞争所需的技能。

培养目标的确立是课程体系建设的前提和基础,课程体系应当围绕培养目标展开。③总结而言,中国法硕士项目的培养目标有三,一是深入学习和了解中国法律知识;二是在特定领域具备专业知识;三是具备解决跨国纠纷的实践能力。

综观中国法硕士课程体系,与中国传统法学硕士生教育不同,中国法硕士课程涉及领域更加广泛。以清华大学为例,针对留学生开设的秋季课程包括中国社会与中国法律、中国宪法和行政法、中国民法、中国民事诉讼与法律冲突、中国联系法、中国刑事和刑事诉讼法、中国环境法、汉语课程。④ 课程安排既包括法律文化,也包括多领域内的具体法律制度,注重理论知识的学习,几乎没有实践课程的开设。

这样的课程安排显然与培养目标的实现大相径庭。一方面,相较中国国内的法学研究生教育的 3 年时长而言,中国法硕士项目的课程时长更短,一般以全日制的 1 年⑤

---

① 参见魏小琳:《后现代视野中的高校课程体系建设》,载《高等教育研究》2007 年第 7 期。

② See Krishnaswamy, Sudhir, and D. Chatur, "Recasting the LLM: Course Design and Pedagogy", *Socio-Legal Review*. 2013, p. 103.

③ 参见谢安邦:《构建合理的研究生教育课程体系》,载《高等教育研究》2003 年第 5 期。

④ 载清华大学官网:https://www.tsinghua.edu.cn/publish/lawen/7059/index.html,最后访问日期:2019 年 8 月 5 日。

⑤ 同上。

或2年[①]为主,在较短的时间内要想使学生熟悉和了解所有的法律制度显然是非常困难的。[②] 因此,教授几乎所有领域的法律制度的教学模式只会使学生对任何一个法律制度都只存在表面和粗浅的了解。这与培养特定领域的专业人才的目标不符,根本无法满足就业市场上对专业知识和实务技能的需求,无法实现学生就业目的。另一方面,法律硕士的教育目的在于培养学生在离开法学院后所需要的知识和技能,为下一步的职业生涯做好准备。[③] 基于现有数据分析,在完成中国法硕士课程项目之后,毕业生选择就业的人数要远远大于继续学术研究深造的人数。与对实践能力的需求相对应而存在的,是完全以理论学习为主的课程安排。学校开设的课程既不涉及实践技能,也没有强制性的实习安排。法学作为实践性很强的学科,[④]单纯的理论知识教育无法使学生体会到实践操作中的法学运用,更不必说在理论学习的过程中培养学生的实践技能。

二、授课语言与授课效果的脱节

为了改善传统留学生由于汉语能力较差,[⑤]导致课程理解和学习困难的问题,各大高校几乎所有的中国法硕士课程采用全英文授课的模式,以满足国际学生的需求。全英文授课模式设置的初衷在于解决语言困境,采用留学生更加熟悉的英语授课,可以使留学生更加便利地进行中国法律课程的学习。但是基于一些因素的考量,例如,可以熟练运用汉语的人在课程学习中会比较占优势,他们可以更加轻松地获得中文文献资料,在今后的实践活动中也会更加便利,部分学校也提供普通话课程以帮助学生更好地应对在中国的法律实践;例如,清华大学会提供汉语自费课程,学生可以根据自己的兴趣和需求自费选择汉语教学。从总体上而言,全英文授课模式被各大高校所采用,汉语课程只是根据学生自己的兴趣自主选择。各大高校也并不强制中国法硕士项目的留学生具备汉语能力。

这一授课语言的选择虽然解决了传统上的留学生汉语能力较差的问题,但却难以取得所预期的良好的授课效果。采用英文进行授课无法绕开的第一个问题就是教材编写中的翻译问题,即如何将中国的法律制度用英文准确地翻译出来。对于一些法律术语,如果无法准确翻译就很容易产生误解,例如,对于"无因管理"这个词,翻译成

---

① 参见"program structure",载北京大学官网:http://stl. pku. edu. cn/master-of-laws/program-structure/,最后访问日期:2019年8月5日。

② See Kohl, Helmut. "L. L. M. Programs: the Frosting on the Cake of Legal Education", *German Law Journal*, 4, 2003, p. 735.

③ See Belcher, Diane, Ed, and G. E. Braine, *Academic Writing in a Second Language: Essays on Research and Pedagogy*. Ablex Publishing Corporation, 355 Chestnut Street, Norwood, NJ 07648 (paperback: ISBN - 1 - 56750 - 116 - 8; hardback: ISBN - 1 - 5670 - 115 - x), 1995: xxii - xxiii.

④ 参见李喆:《法学专业学生实践教学的困境与出路研究》,载《法学杂志》2014年第9期。

⑤ 参见袁洁:《浅谈激励因素对高层次留学生学习的促进作用》,载《外国留学生工作研究》2003年第1期。

"management without reasons"远没有"management without mandate"更加准确,因为相较"reasons"而言,"mandate"具有指令、授权等含义,更加符合这一法律概念的内涵。再如,"法律规定的"翻译成"stipulated by law"显然是不恰当的,因为"stipulated"一般用于合同的规定,法律的规定翻译成"provided by law"是更合适的。诸如此类的翻译问题数不胜数。如何编写一套英文教材准确系统的介绍中国法律制度对教材编写者来说是一个重大难题。

此外,英语授课模式对授课教师也带来了巨大挑战。法律是文化的反映,法律的运行是整个社会的不同主体进行法律实践的过程。因此,法律的运行与社会背景、当地人的价值取向等存在密切联系。① 不理解当地的文化背景是很难对当地的法律制度存在清晰透彻的理解的。例如,对于中国人来说,提到儒家、道家等是非常熟悉的,可以立刻反映出其背后所体现的文化内涵。但是如何准确将这些词语背后所体现的文化翻译为英语则是很大挑战。即使是对于学术能力卓越的教师们来说,如何准确进行语言翻译,用英文传授中国法律制度也是非常困难的。另外,全英文授课模式并不是每一个老师都能胜任的,课程设置在一定程度上是根据授课教师所能教授的课程安排的,忽视了学生的根本利益诉求。缺乏统一的标准使教学质量参差不齐,同时缺乏统一的评价机制很容易导致学生在就业时受到能力的质疑,社会认可度难以满足学生就业的实际需求。②

全英文的授课模式带来的第三个问题在于,很多参加中国法硕士项目的留学生的第一语言并非英语。对于他们来说,如何准确理解英文所表达的法律制度也是非常困难的。这是因为一个人语言体系的形成受到其背后文化的影响。法律语言是对法律文化的反映,由于法律语言所形成的历史渊源、社会发展等因素的差异,不同国家的法律语言往往存在很大差异。③ 换言之,对于一个既不把英文作为第一语言,也不把中文作为第一语言的学生来说,他将面临两次语言转换的困境。再次以汉语为例,英文单词"litigant"不仅代表诉讼当事人,也包括诉讼参与人;"mistrial",是指因重大失误而被宣告无效的审理,而非简单的错误审理;"final judgment",是指本身法院最后的判决,仍然存在上诉的可能,而非终审判决。这些翻译的差异体现在法律制度的各个方面。任何一个知识与它所处的环境之间具有密切联系,对任何一个法律制度的学习都离不开其本身的思维模式和自身经验的结合。④ 而这些对于本身就不处在中国法律文化背景下的人来说,无疑是压力巨大的。他们面临的困境不仅包括翻译的难题,还包括语言文化、思维模式甚至是上课习惯的差异。

---

① 参见高鸿钧:《法律文化的语义、语境及其中国问题》,载《中国法学》2007 年第 4 期。

② 参见郭鹏:《与改革开放同步伐,育三千弟子遍天下——北京语言大学留学生汉语本科学历教育 30 年》,载《北京教育》2008 年第 10 期。

③ 参见李明倩:《参见法律语言转换的文化制约》,载《法学研究》2016 年第 10 期。

④ 参见夏扬:《中国法硕士对外学历教育的困境与出路》,载《学位与研究生教育》2014 年第 7 期。

全英文授课模式所带来的难题如果无法得到有效的解决，那么无论是对于授课教师还是对于授课学生，授课效果都无法保障。

三、授课方式与文化环境的脱节

目前，各大高校针对中国法硕士项目的留学生采取的授课方式为单独授课的方式。例如，清华大学分别设置了秋季课程和春季课程，①每一门课程都是专门针对中国法硕士留学生所开设的，中国本土的法硕士生并不会参与课堂教学。也就是说，上课的学生仅仅只有留学生，他们没有与中国法硕士生共同学习和交流的机会。单独授课的第二个表现为单独的教材和考核方式。各大高校之间针对中国法硕士项目并没有统一的教材安排和编写要求。课程所用教材都是各大高校按照自己需求进行编写的，没有统一标准在一定程度上也就很难确保教材质量。同时，针对留学生的考核也完全按照各大高校自己的标准，这就意味着不同高校的留学生之间很难存在对比的可能性，更不要说留学生和中国法硕士生之间了。

毫无疑问，基于授课语言的不同和留学生与中国法硕士生之间的差异等因素的考量，中国法硕士项目采用单独授课的方式也是有理可循的，是尊重差异性的表现。但是这种单独授课的方式也会带来巨大的问题。

我国所采用的单独授课的模式，完全由各大高校自主安排课程和考核方法。这种授课模式所产生的关键性问题在于，法律制度并非孤立存在的，任何一项法律制度的设置，其背后都体现了这个国家现实民风民情、立法价值的取舍和历史发展的影响等多重因素。法律制度反映的是这个国家的国民整体的思维模式、情感趋向、行为习惯和文化价值等多方面的诉求。因此，孤立的学习法律制度是不可取的，法律必须与文化相结合。对于英语并非第一语言的学生来说，本身就不了解中国的文化传统。在学习的过程中还缺少与中国学生交流的机会，处于一种完全孤立的状态，也就减少了了解中国法律文化和传统习惯等途径，对于其学习法律来说显然是不利的。此外，教学的核心在于学生自主学习，②学生通过自我阅读、自我研究、发现问题并解决问题。因此，在这一过程中无法避免的是同学之间需要进行交流与合作。③ 文献是进行研究学习的前提和基础，作为外国留学生其本身就由于不熟悉中文等原因而在文献获取方面存在很大难度，需要中国学生的帮助。

单独授课的方式使学生与中国的文化环境几乎处在一个完全隔离的状态。中国法硕士课程的留学生缺少学习中文的语言环境，也就无法在研究中国法律制度过程中进行中文文献检索；缺少与中国学生交流的机会意味着他们无法获得中国学生的帮助，更具

---

① 载清华大学官网：https://www.tsinghua.edu.cn/publish/lawen/7059/index.html，最后访问日期：2019年8月20日。

② 参见魏汉涛：《法学研究生培养方式的革新》，载《研究生教育研究》2014年第2期。

③ 参见伍新春、管琳：《合作学习与课堂教学》，人民教育出版社2009年版，第9页。

体而言,无法在交流沟通过程中体会中国独特的文化和法律制度。

四、中国法硕士教育的发展出路

(一)严格筛选条件,选拔方式与法学推免研究生衔接

优势生源是教育成功的第一步。① 中国法硕士项目的社会认可度不高的重要原因之一在于,学生素质和水平参差不齐。审核书面材料的选拔方式并不能对学生的真实水平进行准确的评估。因此,各大高校应当严格选拔程序和要求,使中国法硕士留学生的选拔向推免研究生的选拔方向靠拢。

中国传统法学推免研究生在进行选拔时往往需要3个程序。一是书面材料审查,与中国法硕士项目的书面材料审查大致相同,学生同样需要提交个人陈述、学位证明、推荐信、成绩单以及其他可以证明学生学术水平和英语水平的材料。二是统一笔试。笔试以主观题为主,既包括理论知识也包括案例分析。三是面试。在面试的过程中,通过与学生交流提问判断学生的学术能力和英语水平。在美国,部分学校提供了3~4周的暑期课程,介绍美国的法律体系,包括法律英语的研究、写作和普通法程序等内容。② 开设美国法律体系和法律写作课程。通过对学生学习课程的评估,判断学生是否满足学习L. L. M. 课程的条件。

美国的暑期课程虽然可以实现对学生能力的准确评估,但是也存在成本过大等诸多问题,需要进行试点,总结经验教训逐步实现。吸收借鉴法学推免研究生的选拔模式,材料审查作为考核的第一环节可以对申请者的水平进行初步预判,进行第一轮筛选。统一笔试方面,由于中国法硕士项目的申请者往往来自不同的国家,其所接受的法学教育自然也存在较大差异,因此很难设置内容一致的笔试。首先,增加面试环节是可以采取的措施。由于地理位置等原因无法实现线下面试的,可以安排线上面试。考核学生的语言能力、学术水平、综合素质等,判断学生是否可以适应中国法硕士项目的课程,根据申请者的表现判断他们的能力是否适合进行科研研究。其次,增加对中文能力的审查。尽管各大高校采用全英文授课模式,但是中国法硕士项目的留学生在进行学术研究时无可避免地要搜集、使用、研究中文文献,在未来就业时也要具备中文交流的能力。因此,在考察申请者的语言水平时,不仅要求其具备英语能力,也要通过汉语水平考试(Hanyu Shuiping Kaoshi,HSK),具备汉语水平。基于授课语言并非汉语的考量,可以适当放宽要求,以通过汉语水平考试四级为最低要求,具备使用汉语进行沟通交流的能力。

(二)完善教学队伍,师资力量与英文教学衔接

英语成为世界上传播最广的语言。因此,法律英语也成为法律领域内使用最多的语

① 参见张继延、白泽朴:《高校生源管理中的市场营销模式及其实现路径》,载《江淮论坛》2017年第5期。

② See Spanbauer, Julie M., "*Lost in Translation in the Law School Classroom: Assessing Required Coursework in LL. M. Programs for International Students*", Social Science Electronic Publishing 2007, p. 412.

言,[①]国际通用的法律术语也是以法律英语的结构模式和语法确定的。[②] 因此,采用英语作为授课语言也是无可厚非的。但是这一授课模式不仅是对英语非母语的学生的考验,也是对授课教师的考验。法律制度是依托语言文化而存在的。中国法硕士项目的英文授课模式造成了法律知识与语言文化的脱离,需要授课教师建立两者之间的联系。因此,教师队伍中需要增加既了解中国法律知识,熟悉中国文化背景,法律英语水平也突出的人。对此问题,国家可以设置相关政策鼓励优秀的高校教师外出留学,提高自己的英文授课水平;各大高校可以聘请有国外留学经验或者授课经验的教授和学者开展课程,或者是潜心钻研中国法律制度和法律文化的外国学者。这些同时具备中英法律教育背景的教师可以有效地缓解语言障碍问题。[③]

一流的师资队伍是培养一流人才的保障。[④] 具备英语能力的教师也应当帮助学生克服语言障碍问题。学生面临的语言障碍体现在很多方面,包括语言学、阅读体系、结构构成、跨语言跨文化的沟通技巧等。其中,最基本的体现为修辞习惯(rhetorical conventions)。[⑤] 为了缓解由于语言而导致的不利地位,需要正确认识到这种差异,既不能片面的否定,也不能夸大。[⑥] 首要的是,应当尊重学生母语的写作经验和技巧,[⑦]片面强调英语的写作方法可能会在无意识中降低学生的写作水平。早期的教育者认为,纠正学生的方法在于专注学生的语法错误,通过分析语言结构的问题,将这一问题与学生本身的语言背景结合起来。这些问题的根本原因在于,学生的第一语言对第二语言的干扰作用,即如何正确地由第一语言转换(transfer)为第二语言。研究表明,第一语言对于学习第二语言并不是单纯的阻碍作用,而是要根据语言之间的不同、文化的差异和学习的环境等因素结合起来进行考量。[⑧] 因此,学者提出的有效方法是,根据学生第一语言的修辞方法进行解释和理解,而非对学生的英语技能的错误进行纠正分析。

(三)统一教学,教学模式与文化环境衔接

趋同式教学是目前教育界的主流观念,针对特殊群体可以采用特殊的教学方式,但

---

① See Mattila, Heikki E. S., U. O. Lapland, "Comparative Legal Linguistics", *Target* 21, 2012, pp. 150 - 156.

② 参见李明倩:《参见法律语言转换的文化制约》,载《法学研究》2016 年第 10 期。

③ 参见郭剑晶:《专门用途英语教学研究》,知识产权出版社 2012 年版,第 53 页。

④ 参见徐胜萍、田海鑫:《法律硕士(法学)专业学位研究生培养模式探讨》,载《研究生教育研究》2016 年第 5 期。

⑤ See Lafford, Barbara A., U. Connor, "Contrastive Rhetoric: Cross-Cultural Aspects of Second-Language Writing", *Modern Language Journal* 81, 1998, p. 255.

⑥ See Boylan, Jean, "Crossing the Divide: Why Law Schools Should Offer Summer Programs for Non-Traditional Students", *B. M. J.* 319. 7216, 2002, pp. 22 - 24.

⑦ See Eichhorn, Lisa A., "Writing in the Legal Academy: A Dangerous Supplement?", *Ariz. L. Rev.* 1998, p. 126.

⑧ See Rose, Mike, "The Language of Exclusion: Writing Instruction at the University", *College English* 47, 1985, pp. 341 - 359.

是不能人为地阻断特殊群体与普通群体之间的联系。① 统一教学的首要措施在于,将中国法硕士项目留学生带入中国学生的课堂,不再专门安排教师单独授课,而是采用和中国学生上同一个课,采用相同老师的方法。但是由于存在授课语言、教学目标、教学方法等差异,完全实现统一教学在目前显然是困难重重的,可以考虑先扩大招生范围,允许中国学生申请中国法硕士项目,将中国学生引入留学生课堂。② 统一教学一方面可以增加留学生与中国学生的交流机会,另一方面也可以提高中国学生的英文能力和国际化水平。

统一教学的另一个重要举措在于统一实习。各大高校对于中国法硕士项目留学生的实习要求比较宽松,允许学生自由选择实习地点。学生可以自主选择实习地点是在中国还是在本国。但是这种自主决定实习的方法,缺少相应的监督机制,在很多情况下实习成为一种形式。统一实习将实习地点限制在中国。各大高校与律所、法院等之间存在合作关系,便利留学生在中国找到实习机会,也可以确保实习质量。例如,北京大学设置了公共利益法基金会(Public Interest Law Foundation),为学生创造机会与法律界的优秀人士相处。同时,基金会还为接受公共利益公司和组织暑期实习工作的学生提供一定数额的补助金。一方面缓解了校外机构人力资源短缺的问题,另一方面为学生提供了优质的实习资源和补助。③ 这样的设置实现了校内校外双向共赢的互利局面。统一实习最重要的目的在于,通过实习可以加强学生与中国法律工作者之间的交流,实现两者之间特定的互动模式,同时这也是一个体验中国法律文化的机会,可以真实地投入法律工作环境之中,成为学生课程外学习中国法律制度的延伸工具。

(四)增设法律文书写作课程,课程设置与实践教学衔接

目前,各大高校的法学教育并不十分重视对法律文书的写作。本科阶段,法律写作课程一般只有一学期,在这一学期之内学生将学习所有领域内的包括起诉书、上诉书、判决书等在内的所有法律文件,而研究生阶段几乎没有学校会开设法律写作课程。但在司法实践中,任何一个法律工作者都无可避免地需要进行法律文书的写作。对于中国法硕士留学生来说,法律术语和法律概念的学习并不是难点,难点在于由于不同语言和文化背景的思维模式的差异,留学生很难充分熟练地运用所学知识。④ 因此,增设法律文书写作课程是十分必要的。

开设法律文书写作课程的一个重要目的在于,希望他们可以体会到不同文化背景之下对于法律文书表达方式的不同,在学习知识的过程中克服语言障碍问题。如果学生没

---

① 参见刘全礼:《特殊教育导论》,教育科学出版社2009年版,第87页。

② 参见夏扬:《中国法硕士对外学历教育的困境与出路》,载《学位与研究生教育》2014年第7期。

③ 参见"International Exchange Pragram & Fund",载北京大学法学院:http://en.law.pku.edu.cn/sf/sin/index.htm,最后访问日期:2019年8月21日。

④ Canavan, Marcia, "Using Literature to Teach Legal Writing", *Q. L. R.* 23, 2004, pp. 3-4.

有进行阅读、写作或类似的课程，那么他们将很容易恢复到原本的学习习惯之中。这将带来的问题是他们原本的教育体系、社会文化环境将会影响他们的思维过程，同时也会影响他们的学习习惯和学习方法。因此，采用比较和跨语言的研究和阅读训练，可以培养学生在写作的过程中比较研究第一语言和第二语言之间的联系和区别，避免将一种语言直接翻译成另一种语言的学习方式，而是采用某种语言整体思维的方式进行写作。换言之，避免纯粹的进行语言翻译而忽视实质的内容。

法律文书写作课程的开设也是留学生接触中国法律英语和法律文化的机会。在这一过程中留学生熟悉了解在不同的实践领域内制作各种文件的规范性需求，以及相关的诉讼程序。学习法律文书写作本身就是一个体验该国法律文化和规范、政治组织的机会。在这一过程中，学生收获的不仅包括知识和技能，也是一个学习中国律师处理法律问题、分析法律问题方式的机会。并且在这一过程中，学生会接触到权威性文件、惯例等，通过分析批判进一步了解中国法律体系，促进法律的变革，也培养学生独立思考的思维、批判意识和质疑权威的精神，培养学生更加广泛的视野。需要强调的是，教师在授课过程中仅仅通过法律文件的写作模板和范文进行讲解是完全不够的，更重要的是解释理解为什么需要这样的模板和示例，借此透析其背后的文化价值和历史传统。

为进一步完善法律文书写作的课程，可以专门设置一名中间人员，每周与学生会面并讨论写作技巧，担任写作教练。高校提供更多的机会使学生与老师进行一对一的会话，得到老师一对一的反馈和指导，针对个人问题得到个性化、专门化的指导。[①]

（五）专门化教学，课程设置与特定领域的专业知识衔接

专门化的课程体系不再追求跨学科的普遍课程，而是针对特定领域进行学习研究。[②]法学硕士相对本科教育而言应当进行更加深入的理论研究和学习，因此，对于硕士的教育应当以研究方向为重点是毫无争议的。中国法硕士项目可以借鉴中国传统法学硕士课程安排，进行领域区分，如民商法、刑法、经济法、知识产权法、国际法等，便于学生针对专门领域进行深入研究和学习。

但是对于知识的学习来说，系统全面的理论基础是深入研究的前提和基石。中国法硕士项目课程设置也应当满足相对完整性的要求。中国法硕士留学生由于缺少相关的法律文化背景，一些基础性的法律文化课程是不可或缺的。学校可以开设中国文化、中国语言、法律文书写作等课程，帮助学生熟悉了解中国法律文化背景，为学习专业知识打下良好基础。同时，法学这一学科与社会各方面都存在紧密联系，不同的法律制度之间也存在相互贯通的可能。因此，片面地学习单个制度在遇到实践中较复杂的法学问题时，必然会存在一定难度。对专业领域进行深入研究是离不开其他领域的基础理论知识

---

① See Charles, M. , *English for Academic Purposes*, Cambridge University Press, 1997, p. 168.

② 参见赵炬明、高筱卉：《论大学教学研究的科学化、学科化与专业化》，载《中国高教研究》2018 年第 11 期。

为其铺垫背景。专业课程的设置目的在于引领法学硕士学生进行深入研究;而交叉性、边缘性的跨学科的课程安排帮助学生扩展思维,提供知识背景。为了避免专门化所带来的知识面过于狭窄的问题,学校可以开设选修课程,增设跨学科课程,便于学生根据自己的需求自由安排。

五、结语

中国是拥有世界上最大的经济和金融市场的国家之一。在国际市场上具有越来越大的影响力。全球化的发展趋势成为世界发展的主流。在世界经济、政治、文化一体化的背景下,国际上的各个力量都在发生重大变动,对传统的规则提出了挑战,法学高等教育的国际化成为发展的必然趋势。开放背景下跨国的商业交流和政治交流愈加频繁和复杂,随之而来的法律纠纷日益增加,新类型的法律关系层出不穷,各个主体依靠法律制度解决相关纠纷,需要更多和更高水平的具有国际化视野的法律工作者。中国法硕士项目为所有外国学生提供了独特的机会和丰富的资源,使其得以了解中国法律制度和社会文化,并培养国际化视野。同时,中国法硕士项目所培养的法律工作者基于他们在中国学习的经历,对中国的文化认同感更加强烈,在国际上也会加强与中国的交流与合作,对提高中国在国际上的地位起到声援帮助的作用。对于国家来说,有利于输出国家的价值观,增加中国法律制度在国际上的影响力;对于学校来说,拓展了优秀的国际校友资源,提高学校的综合实力和国际化水平;对于学生来说,则可使其具备更强的竞争力,培养了国际化的视野和解决跨国纠纷的能力。

涉外法治人才培养

涉外法治研究生人才培养情况报告

华东政法大学研究生教育院课题组*

摘　要：针对培养适应国家经济社会发展需要的涉外法治人才的总体目标，华东政法大学在涉外法治研究生人才培养中从坚持国际化的办学理念，建立具有前瞻性、开放性的教育教学体系，实施科学合理的培养模式、课程体系和教学内容等方面，加强研究生在特定专业领域科学研究能力的培养，依托国际学生交流项目、国际科研合作项目等，培养研究生关注国际学术前沿的能力；加强法律职业教育，强化国际化的实践平台，提高学生涉外法律实践能力，培养理论与实践并重的高层次法治人才；培养研究生的国际战略意识、独立从事科研和独立处理重要国际法律实务的能力，进一步加强培养过程的国际合作与交流，为我国深入实施对外开放和“一带一路”建设服务。

关键词：研究生教育　涉外法治　人才培养

华东政法大学自1981年起创办研究生教育。是华东地区第一个获得法学（国际法学）博士学位授权点的单位，是首批法律硕士专业学位教育试点单位。法律史为国家级重点学科，法学一级学科为上海高校一流学科（B类）（原上海市重点学科）。2006年获得法学一级学科博士、硕士学位授予权。在教育部学位与研究生教育发展中心第四轮学科评估中，学校法学一级学科排名等级为A，在首次专业学位水平评估中，学校法律硕士专业学位排名等级为A。截至2019年6月，学校法学一级学科下共有15个博士点，16个硕士点并具有法学博士后流动站，同时具有法律专业学位授权点［含法律（法学）、法律（非法学）］。

一、我校培养学术型研究生涉外法治人才情况

学校学术型硕博士阶段涉外法治人才培养的总体目标是：加强研究生在特定专业领域科学研究能力的培养，依托国际学生交流项目、国际科研合作项目等，培养研究生关注国际学术前沿的能力；加强法律职业教育，强化国际化的实践平台，提高学生涉外法律实

---

* 课题主持人：洪冬英，华东政法大学研究生教育院院长，教授。课题组成员：张勇、史红光、缪志心、朱彦、戴国立。撰稿人：缪志心。

践能力,培养理论与实践并重的高层次法治人才;培养研究生的国际战略意识、独立从事科研和独立处理重要国际法律实务的能力。

结合学校实际情况,针对培养适应国家经济社会发展需要的涉外法治人才的总体目标,华东政法大学从坚持国际化的办学理念,建立具有前瞻性、开放性的教育教学体系,实施科学合理的培养模式、课程体系和教学内容等方面,进一步加强了培养过程的国际合作与交流,为我国深入实施对外开放和"一带一路"国家战略服务。

目前,学校国际法博士学位研究生在校生数62人,开设的方向有国际经济法、国际私法、国际公法、国际商事仲裁、国际竞争法、国际刑法、国际投资法、世贸组织法、国际金融法、国际海商法、国际环境法、军事法学、国际航运法、国际条约法、国际海洋法等,国际法硕士学位研究生在校生数312人,开设的方向有国际公法、国际私法、国际经济法、国际航运法等。涉外法治人才培养校外实践教学基地22个。

(一)课程情况

学校学术型国际法学专业博士研究生应修学分为33分,其中,学位课程22学分、必修课2学分、选修课4学分、科研5学分。开设的主要课程有国际投资法、世界贸易组织研究、当代国际法理论动态、国际人权法律问题研究、国际商事争议解决程序、当代国际私法理论动态、欧洲联盟法律制度研究、国际贸易法等。博士研究生的培养以科学研究为主,鼓励个性化研究和学术创新。博士研究生应当担任导师的科研助理,参与导师承担的科研课题研究,并定期举行专题学术沙龙。通过参加科研实践,培养独立分析能力、科研水平和文字表达能力。

学校学术型国际法学专业硕士研究生应修学分为46分,其中,学位课程22学分、必修课14学分、选修课程10学分。开设的主要课程有国际投资法专题、国际贸易法专题、国际金融法、国际公法专题、冲突法专题、知识产权国际保护、欧盟法律制度、外国公司法、世界贸易组织、外国商法、国际商事仲裁、国际环境法、国际反垄断法律制度、国际人权法等。研究生在校学习期间,必须从事所学专业的学术研究。研究生可在导师的指导下进行学术研究,鼓励研究生参加导师所在的课题组,参与课题研究;根据研究生的科研成果或工作量给予科研学分,研究生的科研学分应达到5学分。研究生应积极参加各类学术活动,其中,参加校内学术讲座的场次不得少于15场。通过学术活动,提高研究生的研究能力和专业水平。根据研究生参加学术活动的场次给予讲座学分,研究生的讲座学分应达到3学分。研究生应完成社会实践和教学实践。学校和导师应为研究生参加社会实践和教学实践提供各种帮助。根据研究生参加社会实践和教学实践的情况给予实践学分,研究生的实践学分应达到5学分。

目前,学校共开设全英文课程(外语基础课、专业课除外,下同)32门、双语课程27门,参与授课外聘教师21人,校内专任教师25人,主要来自国际法学院、经济法学院、法律学院、知识产权学院、国际法律金融学院、外语学院、国际交流学院等,大部分师资均有海外留学背景,并能胜任全英文授课及学位论文指导等工作,是全英文硕士培养的有力保障。

2019 年经各学院申请,学校选拔审批,共有来自美国、加拿大、英国、法国、波兰、日本等国家的 20 余位教授获得“重点引智”项目资助。按照项目要求,教授将在特定时间来校为我校本科生或研究生开设一门课程,课时量不得低于 32 课时。

2013～2019 年学校上海高校外国留学生英语授课示范性课程建设项目近 20 门课,包括中国合同法、中国法律制度、中国知识产权法、国际贸易法与中国对外贸易法律制度、中国公司法与证券法、中国法律文化概论、世界贸易组织法、中国商法、金融学、中国刑法学、中国刑事诉讼法、中国投资法律与政策、中国民法、民事诉讼与仲裁、涉外行政法与行政诉讼、电子商务创新创业管理、中国涉外税法等。

(二)师资情况

学校涉外法治人才培养的知名导师有曹建明教授、林燕萍教授、贺小勇教授、王虎华教授、李伟芳教授、周汉民教授等。学校涉外法治人才培养的教师队伍是一支富有时代责任感和使命感,富有生气和战斗力的优秀群体,目前,有博士研究生导师 15 名,硕士研究生导师 30 名,90% 的教师曾在美国、英国、德国、加拿大、澳大利亚、比利时、瑞士以及荷兰等国家进修或攻读学位,学校已形成一支专业学科配套齐全、结构合理、素质较高的师资队伍,先后有 20 多人次被授予“国家级有突出贡献的中青年专家”“国务院政府特殊津贴”“全国优秀教师”“司法部优秀教师”“全国司法行政系统英雄模范”“上海市高教十大精英”“上海优秀中青年法学家”“上海市师德标兵”“上海市育才奖”“上海市曙光学者”等荣誉称号和奖励。在最近几年里,涉外法治人才培养教师参加了国家《反不正当竞争法》《领海和毗连区法》《公司法》《担保法》《对外贸易法》《仲裁法》《反倾销、反补贴条例》《保障措施条例》等许多重要法律的论证、修改工作;参加了《上海市进出口产品责任条例》《上海市反暴利和价格欺诈规定》《上海市保护和发展邮电通信条例》《上海市港口货物疏通管理条例》等地方法规、规章的起草、论证和修改工作,并提出了详尽的建设性建议,得到政府有关部门的好评。同时,教师参与的许多重大科研项目,如“欧洲共同体统一大市场变化及中国对策”“中国海外投资法律问题”“上海地方立法研究”“‘复关’对我国引进外资的影响及法律对策”“中国‘复关’与上海地方立法”“上海外高桥自由贸易区法规研究”“中国—欧盟法律和司法合作项目”“WTO 争端解决机制”等,这些课题紧密联系我国对外开放实际,积极服务于我国经济建设,对我国法制建设和政府决策起了积极的推动作用。

近年来,研究生教育院通过中外合作办学项目,加大力度做好引进国外优秀的师资,通过我校与新加坡国立大学的国际商法项目、威斯康星大学麦迪逊分校联合举办的高级法律硕士项目,每年都有至少国外知名高校的 10 名左右教师来我校授课,让在校研究生们能接触国际最新学术信息与国际顶尖教学模式,同时也邀请华东政法大学优秀教师为项目授课,为华东政法大学优秀人才提供了一个展示自我和锻炼的平台,并推动和提升了华东政法大学师资队伍的国际化水平。

(三)社会实践

学校高度重视学术型研究生的教学社会实践教育,每年组队参加国(境)内外高层次国际法模拟法庭竞赛,曾获"贸仲杯"国际商事仲裁模拟仲裁庭辩论赛冠军、"Jessup"国际法模拟法庭竞赛中国赛区冠军等。学校积极推进教育国际化进程,不断开拓学生海外学习、交流、实训项目,每年都有被选送到国外或境外大学学习、交流以及海外实习的机会。

学校积极与上海市静安区司法局、上海市律师协会静安工作委员会签署合作协议,共建涉外法治人才校外社会实践基地。例如,实践基地已在静安区内召集了15家知名律所参与共建,为在校研究生和留学生提供校外实践岗位。通过新增校外实践导师、创新培养模式、实行"校内+校外"双导师实践人才联合培养机制等等,积极配合我国"一带一路"倡议实施和总体外交布局,培养涉外经贸法律领域的高层次、复合型、应用型的法治人才。

二、我校培养法律硕士涉外法治人才情况

学校法律硕士中涉外法治人才培养主要包括法律(非法学)专业学位中的国际经贸法律实务、国际航运法律实务,法律(法学)专业学位中的法律与国际经济、国际经贸法律(涉外高端法律创新人才实验班)4个方向。目前,在校生国际经贸法律实务方向51人,国际航运法律实务方向10人,法律与国际经济42人,国际经贸法律(涉外高端法律创新人才实验班)70人。法律(非法学)学制为3年,法律(法学)学制为两年,国际经贸法律(涉外高端法律创新人才实验班)是法律(法学)硕士专业学位的一个专业方向,是学校重点打造建设的一个项目,学生除来自华东政法大学本科卓越班的同学外,还包括参加法律硕士联考的法律(法学)研究生,这些学生外语水平较高,第二外语基本为英语,水平都在大学英语六级以上。

(一)课程与教材建设

为了实现国际化人才培养目标的需要,学校在法律硕士的4个专业方向中,设置了诸多国际化的课程,如在法律(非法学)国际经贸法律实务方向中设有公司并购法律实务、境外上市法律与实务、国际贸易救济与实务、跨境破产法律与实务等10门涉外课程;国际航运法律实务方向中设有国际海上运输法专题、国际航空法专题等11门法律实务课程;法律(法学)法律与国际经济方向有国际贸易法专题、世界贸易组织法、国际商事仲裁制度、国际金融法专题等6门专业深化课,以及国际结算、国际运输与保险等6门复合课程,国际经贸法律(涉外高端法律创新人才实验班)的课程中有国际商法专题、美国法律制度体系等近10门涉外法律课程。学校在法律硕士教育中重视外语教学,大力发展全英语教学,进一步研究全英语教学的特点,同时为强化教学强度、培养创新实验班同学的意志力、开阔国际视野,学校利用寒假举办4~5周的冬令营,学校组织校外律师(包括多位外籍律师)来为项目开展教学训练活动,进行全英文授课,传授高端法律实务知识,极大提升了学生的综合素质。

鉴于研究生教学的性质和特点，目前法律硕士研究生未使用统一教材，均由相关任课教师指定书目，同时教材建设由研究生教育院培养办公室统筹。

（二）师资建设

学校法律硕士中的4个涉外方向充分依托国际法学院等相关学院的师资优势，目前从事法律硕士专业学位研究生指导、授课任务的专业教师有27人，专业教师全部具有国际法专业背景，其中教授12人（含1位校聘教授），副教授15人，讲师7人，具有博士学位的有32人，占专业教师人数的94%。年龄上，以中青年教师为主，结构合理，能与学生规模相匹配。从专业教师的职称结构层面来看，高级职称教师27人，占专业教师总数的79.4%。其中，教授占35.3%，副教授占44.1%。为充实导师队伍建设，弥补校内导师在实务经验方面的“短板”，学校在所有法律硕士中推行双导师制度，每名同学配备校内、校外两名教师进行指导，制定了相关规章制度，明确校内外导师职责分工等事项。全国律协的两位副会长、金杜、中伦、君合等国内顶级律师事务所的诸多高级合伙人担任导师（市政府聘请作为法律顾问的律师两年来都在担任项目的校外导师）。尤其是在实验班中，校外合作律师全方位参与项目设计、方案制定、招生复试、入学教育、课程教学、专业实训、过程指导、论文答辩等全部环节，成为国内专业学位研究生教育改革的政产学研“高级合作”的典型。

（三）实践教学

学校高度重视教学实践，除加强传统的实践基地建设外，充分利用各种国际竞赛等提升法律硕士研究生的国际视野，法律硕士研究生在各项模拟法庭竞赛屡获佳绩。每年组队参加国（境）内外高层次模拟法庭竞赛，如“贸仲杯”国际商事仲裁模拟仲裁庭辩论赛、维也纳国际商事仲裁模拟仲裁庭辩论赛（Willem C. Vis International Commercial Arbitration Moot）、国际替代性纠纷解决模拟竞赛、国际刑事法院审判竞赛、“CASC杯”国际空间模拟法庭比赛、国际人道主义法模拟法庭竞赛、“Moot上海”国际商事模拟仲裁庭上海邀请赛、国际人道主义法竞赛等，曾获“贸仲杯”国际商事仲裁模拟仲裁庭辩论赛冠军、“Jessup”国际法模拟法庭竞赛中国赛区亚军、2016年第五届中国WTO模拟法庭比赛冠军等。模拟法庭竞赛课程化建设已形成独具特色的教学管理模式。

三、涉外法治研究生人才培养的创新模式

（一）推进学科专业融合发展

学校积极配合国家和上海“五个中心”建设与“四个品牌”发展需要，借力高水平地方大学建设，科学合理调整和设置涉外法治人才培养学科专业，从学科定位、学科队伍、学科研究、人才培养、学科基地、学科管理六个方面，加快培养满足国家“一带一路”发展和区域经济转型发展所需的复合型、应用型、国际化涉外法治紧缺人才。一是在国际法学科下，设立国际航运法方向，专门培养涉海涉外法治人才，设立国际金融法律学院，专门培养国际金融法律人才；二是在会计硕士点设立司法会计与舞弊调查和会计与商事法专业方向，培养“法律+非法律”型复合型人才；三是成立国际文化交流学院，集中全校高水平专家学者,加强涉外法律文化的研究;四是构建"法律语言+"和"法律英语+"的创新模式,满足"一带一路"建设国家语言多样化的现实需要;五是针对法学教育与法律职业之间脱节情况比较严重的现象,成立律师学院,强化法律实务能力的培养。

(二)促使人才培养模式创新

学校建立科学多样的涉外法治人才成才评价标准,注重明法笃行、知行合一、因材施教,探索改革以课堂教学为主的传统教学组织形式,构建"思政教育—分类培养—综合能力"紧密结合的一流"国际法学+"人才培养路径,全面提升涉外法治人才培养质量。实施拔尖创新人才培养"明珠计划",建立健全拔尖创新人才选拔和培养机制;设立以管理学、经济学、文学等学科(专业)人才培养改革创新试验区,探索"国际法学+"创新人才培养新模式;实施个性化培养计划,大力推进创新教育,满足研究生个性化发展需要;开展法律助理项目,提升涉外法治人才实践能力;进行研究生创新能力培养资助计划,加大对研究生课题研究、实习实践、学术论坛等的支持;开展法律硕士分方向培养,试点创新实验班建设计划,在培养方案、课程体系、实践能力、创新训练等方面进行改革。

(三)加强教育质量内涵建设和教学管理

学校积极探索并形成与社会需求相适应的课程体系、教学内容和教学方法,以"课程思政"为抓手,构建以就业为导向的多层次、多模块课程体系,形成注重品格养成和能力培养并举的涉外法治人才培养课程及教学内容,努力创建"国际法学+"一流教学品牌。密切结合学科发展前沿,着力加强以启发式教学、研究式教学、案例式教学为主的多样化、现代化教学方法和手段改革,实施研究生教学督导制度,加强教学质量评价,加强教改支持力度。加强合作培养单位、科研实践基地建设,重视政产学研相结合培养涉外法治研究生的路径,试点涉外法治交叉学科高层次人才培养项目,建立"三区(大学、企业、社区)融合、联动发展"机制,创新研究生实践教学机制,完善多种形式的涉外法治人才培养合作项目。建立有利于重视涉外法治人才培养和教学工作的体制机制,切实提高以人才培养为中心的学校管理水平,深度优化研究生二级管理的制度建设,对涉外法治研究生人才培养实施全过程、全方位、立体化的监督与管理。

(四)实施中外合作办学和出国学习交流升级计划

学校持续保持与现有欧美高水平法学院的良好合作,重点发展与日本、韩国高水平法学院的合作,在原有中新、中美两个项目的基础上,开拓与金砖国家高校的合作与交流,形成覆盖全球主要国家和地区的国际合作网络。学校推进"4+2"卓越法律人才实验班项目在研究生阶段的国际化,保证项目班学生至少有半年的出国实践机会;学校实施赴海外游学资助计划,每年投入150万元左右支持研究生出国访学;学校开展法律硕士一年制留学生项目,进一步推进本科、硕士研究生、博士研究生的一体化培养,深化各职能部门、各学院之间的合作,集全校之力,开拓国外办学资源,列出专项经费,用于支持研究生参加国际重要学术会议、国际学术比赛与交流,每年资助20项左右,开展多样化国际学术交流活动,每年至少举办5次,稳步扩大研究生出国交流人数的受益面,努力培养一批具有国际视野、通晓国际规则、能够参与国际法律事务、善于维护国家利益、勇于推动全球治理规则变革的高层次涉外法治人才。

四、涉外法治研究生人才培养的若干建议

(一)坚守社会主义法治理念的初心

要让学生国际化,要先让学生本土化。要把社会主义法治理念教育融入涉外法治人才培养的全过程,深入推动社会主义法治理念进教材、进课堂、进头脑,增强学生贯彻落实社会主义法治理念的自觉性和坚定性。加强学生职业意识、职业伦理教育,增强学生服务社会主义法治国家建设的责任感和使命感。必须培养学生具备较高的政治思想素质和健康的心理素质,能经受多元文化的冲击,在做国际人的同时不至于丧失中华民族的人格和国格。

(二)坚持人才培养目标反向设计、正向实施

涉外法治人才培养要根据我国国际政治、经济交往的现实及跨国法律需求,明确其职业素养和实践能力的具体标准,进而设计涉外法治人才学科建设及培养计划。要进一步区分一流综合性大学、五大政法院校和部分专业特色院校在涉外法治人才培养目标和类型上的要求,进行分类培养,要加强小语种法律人才的培养机制,要进一步推动卓越法律人才培养基地建设,区别国家各省份、各区域、各经济圈不同要求,培养特定国际法务市场需求型人才。

(三)以培养学生的国际化实务能力为主要内容

涉外法治人才是具有国际化意识和胸怀以及国际一流的知识结构,视野和能力达到国际化水准,在全球化竞争中善于把握机遇和争取主动的高层次法律人才。涉外法治人才的培养要始终对接国家对外战略、对接“一带一路”宏伟规划、对接上海全球卓越城市发展等需要,以国际实务能力培养为要,如办理跨境投资、并购业务的能力,办理“双反双保”业务的能力,办理涉外知识产权保护业务的能力,在世贸组织上诉机构独立办理业务的能力,办理境外上市业务的能力,办理海事海商业务的能力,在境外仲裁机构代理案件的能力以及在境外仲裁机构担任仲裁员的能力等。

(四)提高师资的国际化、专业化水平

涉外法治人才培养有赖法学师资的国际化。只有高素质的教师才能培养出一流的国际化人才,这就要求教师具有在国际上较前沿的法学理论知识和创新成果,并能紧跟时代和世界发展的趋势。涉外法治人才师资国际化主要有两条途径:首先,师资培养的本土化,即通过鼓励现有的法学骨干教师到海外学习、进修、学术交流等活动强化其教育教学的国际化理念,使之具备国际化师资水平;其次,利用多种渠道(聘请兼职教授,聘请长、短期外专、外教,与国外研究机构进行国际项目的合作研究,举办短期培训班等)引进世界一流法学专家学者到国内从事教学、科研工作,以此提高涉外法治人才师资人才队伍的整体水平,提高专业水平和教学能力。

(五)加强国际法律文化交流与合作

法学教育要向世界开放,要主动服务国家对外开放战略,加强国内法学院校与海外高水平法学院校的交流与合作,积极推进双方的教师互派、学生互换、学分互认和学位互授联授,积极利用海外优质法学教育资源,充实涉外法治人才教学内容,引进国外先进的教学设备,教学管理理念,学习借鉴国外先进的教学管理模式,要加强与国外律师事务所的合作,进行学生的海外实地培训,密切与国外远程教网和中国远程教育网的合作,开展国际学术研讨、国际竞赛与比赛,探索形成灵活多样、优势互补的涉外法治人才培养机制。

西南政法大学“一带一路”涉外法治人才培养的探索

付子堂*

学校针对教育部“涉外法律人才教育培养计划”开展创新试点，主要围绕涉外法律人才教育培养基地推进建设。通过近几年的努力，此项工作取得了一定的成果。

一、着手东盟法律人才培养学制改革

2017年学校开办创设“一带一路”法律人才实验班，培养具备扎实的国际法理论基础，并能够熟练掌握一门以上东盟国家语言以及英语，能够熟练运用我国法律、东盟国家法律，从事国际谈判、处理国际法律事务的“双语双法”涉外法律人才。依据教育部、中央政法委员会《关于实施卓越法律人才教育培养计划的若干意见》（教高〔2011〕10号）中“鼓励具有推荐优秀应届本科毕业生免试攻读硕士学位研究生资格的参与高校，在本校推免名额内重点支持法律硕士专业学位的发展”的相关要求，“一带一路”法律人才实验班每届选拔推荐20%以内名额的学生，参加本硕连读，学制5～6年，取得法律硕士学位。

二、配套学制改革的专向性课程体系设计

学校立足案例教学、双语教学、实践教学的高比例覆盖等课堂教学改革的阶段成果，逐步摸索出并成功实践融萃本校经验又广纳外来新风的教学模式。

1. 全英文法学专业课的持续开设与推广

学校搭建平台，引入外教授课，进一步推广全英文教学模式。提供英语教学的课堂环境，是涉外法律人才顺利开展境外交流学习、海外实习，以及未来展开涉外法务专业工作的必需。目前，WTO（World Trade Organization，世界贸易组织）系列课程已经实现全英文教学，效果良好。

2. 实务导师进课堂的灵活推进与兼容

积极推进实务导师参与课堂教学环节。一是由实务导师通过案例教学法独立授课；

---

* 西南政法大学校长，教授、博士研究生导师。

二是以“双师同堂”模式,由实务导师和校内教师同堂配合,互动教学;三是在课堂学时外,积极举办系列实务讲座、涉外实验班系列讲座,充分发挥实务导师专长。课堂教学方面,当前已添设案例教学、双语教学、实践教学环节的多门课程主要包括《国际公法案例思辩策略》《国际私法案例思辩策略》《国际经济法案例思辩策略》《WTO 法(全英文)》《涉外投资法专题(全英文)》《国际贸易法成案分析(全英文)》《辩论与口才》《涉外法律实务技能训练》《国际模拟法庭技能培训》《国际商事仲裁实务》《涉外商事、海事诉讼实务》等。在实务讲座方面,已开办的讲座主要有国际关系专家赫伯特・简(Herbert Jian)教授实务讲座“宋连斌教授坐客西政”“新加坡钟庭辉律师坐客国际法”等。

3. 海外教学资源的挖掘与利用

(1)“走出去”的教学模式

通过教学资源共享,将部分专业课程直接开设在海外高校。学校先后与澳大利亚悉尼科技大学、美国德雷克大学签署合作协议,根据协议合作事项和涉外法律人才实验班培养方案要求,2013 级涉外实验班全体同学于 2015 年 3 月赴悉尼科技大学进行了为期 3 周的海外课程学习项目;2014 级和 2015 级涉外实验班同学分别于 2016 年 9 月 4 日至 10 月 2 日、2017 年 9 月 3 日至 10 月 1 日在美国德雷克大学(Drake)顺利完成了为期 4 周的海外课程学习项目,学习了《普通法》《公司法》《知识产权法》《美国法律概述》《美国商事法律概述》等课程。这一教学方式通过在教学环境、教学内容及授课师资与海外高校的合作,令相关学生在较短时间内有效开拓视野、体验涉外法律人才培养的专业导向。

(2)“引进来”的教学模式

采取“引进来”的教学模式,在主动融入海外课堂教学之外,一方面,通过聘请国外名师,为学生讲授国外法律知识;另一方面,利用 MOOC(大型开放式网络课程,Massive Open Online Courses,即“慕课”或 MOOC)课程,以远程教学途径接触海外优秀教育资源,拓宽学生知识面。

此外,还利用校内实训平台精细打造“论辩文化”。

鉴于基地相关校内专项实训基地建设仍在推进之中,学院立足自身特色,结合西南政法大学浓厚的辩论文化氛围,依托多项校内实训平台倾向性地磨炼涉外法律人才的论辩技巧与实务技能。主要活动包括:第一,承办和组织学生参加“全国 WTO 模拟法庭竞赛(全英文)”,自 2012 年 12 月全国第一届“WTO 模拟法庭辩论赛”至今,“一带一路”均代表学校参加,并在 2015 年获得冠军。第二,2014 年和 2015 年西南政法大学成功举办两届“炜林杯”辩论赛,为培养辩论人才,选拔优秀辩手参加校“天伦杯”辩论赛等校级比赛打下坚实的基础。第三,学生组织社团化,通过设立 WTO 模拟法庭辩论社、翻译社等学生社团,学生自主创办英文期刊,同时配备专业指导教师团队,丰富学生课余生活,寓教于乐,打造重要的教学辅助载体。

三、配套学制改革的专业化师资队伍的建成

(一)形成适当规模的外聘法务专家队伍

以专兼职结合的方式选聘、充实匹配涉外法律人才教育需求的师资力量,聘任适当数额的教师为外聘法务专家。

学校根据涉外法律人才教育需求,从相关的国际组织机构、政府实务部门、司法机关、大型律师事务所中聘请一批充满工作热情、富有工作经验、具有专业素养的实务专家走进课堂。

(二)师资队伍的国际化为提高专业素养

学院通过教师挂职、教师进修、域外交流等途径不断提高教师素养,不断提高有海外背景的教师比例,尤其以与东盟国家各大学联合培养为突破口,开展与国际知名法学学府共同培养人才的积极实践,提升适用涉外法律人才特色培养需要的师资品质。目前,西南政法大学师资队伍年轻并具活力,专任教师大都有国外留学访学经历,师资队伍留学率在学校处于领先地位。数据显示,西南政法大学在国外获得硕士以上学位的有8名教师,占专任教师19.51%;留学访学及境外交流多达30人次,占73.17%。同时,学院与国外高校合作,每年定期派送教师国外学习交流。

同时,还注重小语种师资的引进与培育。围绕中国—东盟法律人才培养的特色需求,在语言教学上,学校以区域涉外交流为主线带动小语种师资的引进与培养。中国—东盟法律研究中心已经与东盟各国的司法界、律师界和高校建立了紧密联系。在现有基础上,我院积极引进了解东盟国家法律和语言的师资队伍,以培养完全适应东盟国家语言和思维习惯的涉外人才。目前,学校已经培育和引进6位小语种教师。

四、配套学制改革的专门化教材体系齐备

西南政法大学教材已覆盖国际法学科所有核心课程,根据全球化下的理论和实践的发展变化,组织编撰了《国际公法》《国际私法》《国际经济法》。其中,《国际私法》已于2015年8月出版第2版,《国际经济法》已于2017年1月出版第2版。在内容和教材体例上有所创新,并已投入使用,学生满意度高。为切实贯彻卓越法律人才教育培养基地建设实施方案,推动教学方法改革,强化教材建设,西南政法大学以实务专家和骨干教师为班底,立足培养学生的涉外法律事务的实践应用能力,专门编制了9本涉外法律人才教育培养基地系列“涉外法律实务教材”,该系列教材以涉外法律案例为基础,以“实践性、针对性、权威性”为特征,可谓填补了国内学术市场和高校涉外法律教材著作成系列用书的空白。

已经编写出版的配套教材的主要特色包括以下几点:第一,实行双主编制,主编分别由来自实践部门和教学研究机构具有高级职称以上的专家学者担任,部分教材同时结合国外知名学者和实务专家意见,形成中英双语教材的方案,最大限度地保证教材体系的完整性、充实性与实用性;第二,运用丰富的涉外案例,将知识讲授与案例评析有机结合,力求以案说法,用案例突出、引导和解释重点知识,突出案例与知识的互动;第三,重视教

材中实务思维和实践能力的培养设计,引导学生进行法律思维训练,并逐步培养其处理涉外法律事务的技能。

五、高端涉外和东盟法律人才培养

学校已经达成30~50名优质"一带一路"法律硕士人才的培养目标。毕业学生具有较系统全面、扎实深厚的法学基础理论水平和专门知识水平,具备服务于我国实施区域贸易一体化战略和中国—东盟自贸区建设的法律实务知识;能够熟练掌握英语并了解一门东盟国家语言作为第二外语;具有一定国际法以及国内涉外法律的应用技能,有一定从事科学研究工作的能力,有跨文化环境下交流、竞争与合作的较强能力,能适应相关法律职业要求。

严格准入条件,学制全面配套,阶段分层淘汰,实践打磨提升。2012~2015年连续4年间开设研究生涉外实验班每年招收10名优秀的学生,已连续毕业4届,达到44人次。

自2013年开始,招收东盟籍留学生到我校攻读学位,已资助20多名东盟国家实务届律师、司法部官员来华攻读硕士、博士学位以及本科"1+4"项目学生。目前已有8名硕士研究生顺利毕业,并取得硕士学位,另有40名余名学生正在就读。为每位东盟在职留学生配备1~2位学生志愿者并对留学生进行定期辅导,在学习和生活上提供必要的协助。经过2~3年时间的学习,东盟留学生能够具备系统全面、扎实深厚的法学基础理论水平和专门知识水平。在实践中,具备国际法以及国内涉外法律的应用技能,为中国—东盟自由贸易区的建设和中国与东盟关系的发展提供法律专业服务。

六、"一带一路"法律人才高层次培训基地的基本建成

(一)"中国—东盟法律研究中心"为东盟高端法律人才培养提供学术支撑与智力支持

以规律性学术研讨和大范围的成果共享为依托,"中国—东盟法律研究中心"的发展成果为涉外人才培养,尤其是东盟高端法律人才培养提供了核心学术支撑来源与智力支持平台。

中国—东盟法律研究中心从设立之初,即将创新智库建设作为中心全部工作的重中之重,通过凝聚研究领域、整合专家人才和推出显示成果等措施,初步打造成特色专业智库。中心研究本区域的法律变革、合作与发展的问题,突出以现实问题的研究为导向,服务国家战略。主要开展三个方面的研究:第一,中国—东盟自贸区法治研究;第二,东盟成员国别法律制度研究;第三,海洋法律政策研究。

中心定期出版学术出版物《中国—东盟法律评论》,作为中国乃至东南亚地区唯一的以中国和东盟法律为专门研究对象的定期专业刊物,集中反映当前中国—东盟自贸区发展过程中亟待探索的前沿问题研究成果,已聘请东盟国家组稿编辑7名,组织东盟国家法律法学界稿件近20余篇。评论已逐渐成为中国与东盟地区涉及东盟法律以及中国—东盟自贸区法律研究方面最重要的特色平台受到国内外相关研究机构的关注和重视。

研究中心和西南政法大学图书馆共同策划和建设了《中国—东盟法律文献数据库》,

可以为国内外中国—东盟法律研究提供帮助。中国—东盟法律文献数据库系国内首个针对东盟的法律文献数据库已经试运行,影响较大,获广泛好评。数据库目前收录数据量约3000条,内容涵盖了“东盟组织”“中国与东盟”“东盟十国的法律法规”“其他区域组织”“热点专题和研究文献”等专栏。

中心已推出与东盟国家法律组织合作“东盟国家法律大全”编译工作。该项目的翻译工作目前正在充分利用中心与东盟机构的合作有条不紊进行中。已确定与泰国法政大学、老挝司法部等组织编辑翻译出版《东盟民商法律大全》泰国卷、老挝卷、越南卷和缅甸卷,相关翻译工作已着手开展。

(二)为东盟国家培育“中国—东盟”自由贸易区专门化法律实务人才成果显著

“中国—东盟高端法律人才培养基地”通过多方合作为东盟国家培育“中国—东盟”自由贸易区专门化法律实务人才,并吸引国内东盟法律人才教育研究及教学资源的集中。

为扩大我国在本地区法制建设和中国法律的影响力,中心和基地将组织相关法律教授、并与东盟高校合作,制作涵盖WTO法、中国—东盟自由贸易区规则、中国主要法律的公开视频课,以中文讲授,分别辅以8种东盟国家小语种和英文字幕。公开课程将面向中国与东盟国家,同时上传基地网站上供下载。视频课程首批计划制作8门,已经启动制作。

除与东盟国家高校合作开展学位项目外,基地拟每年面向东盟国家政府和法律界,目前有40余名在读本科、硕士研究生、博士研究生。目前,“中国—东盟法律培训基地”东盟学员研修班业已成为中国和东盟各国法学法律界沟通信息、增进了解、扩大合作、加强友谊、促进交流的有效平台,成为研究中心和基地对外宣传、有效联络、扩大影响力的一个显著标志。

基地依托中国—东盟法律研究中心分别邀请了来自东盟国家和中国的政府界、法学、法律界和商业界的48名官员和学者组成中心咨询委员;聘请了来自中国与东盟各国的法律实务界和学术界的153名专家学者为客座研究员,其中来自东盟10个国家的有126人。国内研究人员有来自西南政法大学、云南大学、广西民族大学等涉及东盟国家和精通东盟国家语言的一批国内著名研究学者,中心对东盟国别法律与政策研究领域和方向在全国居于领先地位。

总体来说,华东政法大学涉外法治人才培养以“中国—东盟法律培训基地”为依托,通过学制改革、课程资源、教材等建设,基本形成了独具特色的涉外法治人才培养体系。

面向全球治理创新　培养国际组织人才*

喻　玲**

摘　要:培养具有国际视野、中国情怀的涉外法治人才既是国家战略发展的需求,也是现代法学教育培养的目标。在我国积极参与和创新全球治理的过程中,国际组织法治人才的培养和输送至关重要。国际组织法治人才需要满足政治素养、专业知识、语言水平、实践技能和跨文化交际与合作能力五个方面的要求。面向全球治理创新,需要转变培养理念,从国际化的学科与专业建设、全球视野的课程体系建设、多元师资队伍建设、面向全球的交流项目以及国际化的实习实践环节等方面努力培养和输送更多的国际组织人才,进一步提升我国参与制定国际规则和全球治理的能力。

关键词:全球治理　国际组织法治人才　学科建设　课程体系　师资队伍　实习实践

新时代对高等教育人才培养的目标定位、核心内涵、支撑体系和质量特色都提出了新要求,法学教育人才培养的目标从培养法律人才向培养德法兼修的法治人才转变。党的十八大以来,党中央、国务院对于我国积极参与并创新全球治理高度重视,习近平主席多次在多边国际舞台阐述中国全球治理观。在我国"日益走近世界舞台中央"的今天,亟待探索如何面向国家战略发展需求,培养具有国际视野、中国情怀的涉外法治人才。

国际化是世界各国法学教育共同面临的重要课题,2002 年德国法学教育改革的 3 个目标之一即法学教育的国际化。① 欧盟的伊拉斯姆斯项目计划还引发了对"欧洲法律

* 本文为 2016 年湖南省普通高等学校教学改革研究项目和 2019 年湖南大学教学改革研究项目阶段性研究成果。

** 湖南大学法学院副教授。

① Peter M. Huber, Beiträge zu Juristenausbildung und Hochschulrecht, Richard Boorberg Verlag GmbH & Co KG 2010.

人”区域涉外法律人才培养的大讨论。①

我国法学教育一直以来重视涉外人才的培养,2011年国家卓越法律人才培养计划明确提出“把培养涉外法律人才作为培养应用型、复合型法律人才的突破口”。② 2012年公布的卓越人才法律教育培养基地中包括22个涉外法律人才教育培养基地。2014年党的十八届四中全会通过的《中共中央关于全面推进依法治国若干重大问题的决定》强调,要“建设通晓国际法律规则、善于处理涉外法律事务的涉外法治人才队伍”。

从以往的人才培养实践来看,法学专业涉外人才的培养重点在于对外语水平高、熟悉国际规则的涉外律师和法律实务人才的培养。在培养机制上,主要是对传统的法学课程体系进行调整,侧重国际法课程和法律英语课程,并注重国际交流与合作,注重学生实践能力的提高。出国升学率、外教引进和英文教材引进数量成为重要指标,“总体上尚未形成一套整体性、系统性的涉外法治人才培养机制”。③

一、新时代涉外法治人才培养的新要求

党的十九大报告明确指出:“中国特色大国外交要推动构建新型大国关系,推动构建人类命运共同体。”这为我国政府广泛依托现有国际制度完善全球治理提供了政治保障和逻辑依据。国际组织是制定国际规则的重要平台,是全球治理的重要阵地。目前,我国在国际组织代表性不足、话语权受限,④很难参与国际规则的制定和修改。⑤ 作为参与全球治理的重要支撑之一,国际组织人才的培养和输送问题已经被提到了新的历史高度。2016年4月中共中央办公厅、国务院办公厅印发《关于做好新时期教育对外开放工作的若干意见》强调,“通过提升发展中国家在全球教育治理中的发言权和代表性,选拔推荐优秀人才到国际组织任职”。

法治人才是国际组织全球治理不可或缺的人才,国际组织法治人才培养已经成为我国法学教育中越来越受到重视的课题。涉外法治人才的培养在新时代有新的使命,特别表现在向国际组织输送人才,为国际组织赋予新的能力,构建新价值、传播新价值和践行新价值,推动全球治理体系改革。⑥

---

① Michael Martinek, Der Eurojurist-Zum Paradigmenwechsel in der deutschen Juristenausbildung vom natinale-staatlichen Justizjuristen zum kosmopolitischen Rechtsmanager, Risumeikan Law Review, 2013(30), 214ff.; Andreas Voßkuhle, Das Leitbild des “europäischen Juristen”-Gedanken zur Juristenausbildung und zur Rechtskultur in Deutschland, Rechtswissenschaft-Zeitschrift für rechtswissenschaftliche Forschung 2010(Heft 3), 326.

② 参见教育部、中央政法委员会《关于实施卓越法律人才教育培养计划的若干意见》。

③ 贺赞:《涉外法治人才培养机制创新——以课程体系建设为中心》,载《中国法学教育研究》2017年第2辑。

④ 参见贾文键:《助力中华民族走向世界舞台,大力培养和输出国际组织人才》,载《中国大学教育》2017年第6期;阚阅:《全球治理视域下我国的国际组织人才发展战略》,载《比较教育研究》2016年第12期。

⑤ 参见吴德胜:《中国人才何时能在国际组织中长袖善舞》,载《光明日报》2016年2月16日,第16版。

⑥ 参见尤佳:《我国国际组织人才培养和输送的内涵与路径思考》,载《世界教育信息》2018年第20期。

二、国际组织法治人才培养目标

新形势下的国际组织法治人才已经不再局限于单纯的法律外语人才[1]或"法学+外语"人才,[2]而需要站在全球治理的高度和需求,培养具有国际视野、中国情怀的卓越法治人才。具体而言,国际组织法治人才需要满足五个方面的要求,即政治素养、专业知识、语言水平、实践技能和跨文化交际与合作能力。

1.政治素养

思想政治素质是社会主义法治人才第一位的要求。国际组织法治人才首先是有中国情怀的法治人才。

2.专业知识

专业知识是国际组织人才安身立命之本。国际组织对于法学专业人才的需求较大,联合国秘书处、联合国教科文组织、世界知识产权组织等每年发布的职位空缺中都有对法律人才的需求,要求具有法学专业的基本素养、基础知识、法律思维能力和专业实践能力。

3.语言水平

语言水平是国际组织法治人才的门槛要求。不同国际组织的不同岗位对语言的要求略有不同,但都要求至少精通一门外语,较多要求两门以上外语。在联合国相关岗位招聘中,一般要求应聘者具有熟练使用英语或法语的能力。

4.实践技能

实践技能包括交流技能、谈判技能、诉讼技能等。实践技能属于国际组织人才要求具备的国际可迁移能力的重要内容,即从事法律专业相关职位需要具备的基本能力。一方面,通晓国际规则,能够参与国际法律事务,维护国家利益;另一方面,具有国际视野,能熟练运用外语(特别是英语和法语),进行有效的交流与谈判,在国际事务中发出中国声音。

5.跨文化交际与合作能力

"中国声音"要走向世界话语舞台,跨文化交际与合作能力至关重要,需要国际组织人才具有与不同文化背景的人、多种利益相关者交流与合作,有多角度思考问题的能力。

三、国际组织法治人才教育培养的具体举措

(一)创新人才培养理念

国际组织法治人才的培养不等于"外语+法学"专业人才的培养,而是从具有国际视野与中国情怀、掌握扎实的法律专业知识、通晓国际规则、精通外语、具有跨学科知识储备、跨文化沟通实践能力和富有创新合作精神等方面育人。国际组织人才的培养应当与争办世界一流大学、一流法学学科的教育改革进程相结合,将政治素养、专业知识、语言

---

① 参见屈文生:《建设涉外法治工作队伍需要法律外语人才》,载《中国高等教育》2017 年第 7 期。

② 参见王文华:《论涉外法法治人才培养机制创新》,载《中国大学教学》2015 年第 11 期。

水平、实践技能和跨文化交际与合作能力落实到人才培养的全过程，以立德树人厚植家国情怀，增强学生的社会责任感和职业伦理意识。

（二）“进入端口”和“毕业端口”的设计与探索

国际组织法治人才培养生源的选拔可以从高校法学院新生中择优遴选，已有涉外法律人才培养基地或者涉外人才实验班的高校也可以从现有涉外班的人才中选拔，培养合格的毕业生输送到各国际组织机构实践实习，根据各岗位要求应聘国际组织职员。

（三）国际化的学科与专业建设

与时俱进，建设面向未来、面向新一轮科技革命和产业革命的重点学科，以学科建设支持人才培养的需求，在法学专业课程基础上融入从事国际组织工作所必需的能力和技能培养。

（四）全球视野的课程体系建设

全球视野的课程体系包括三个方面。一是课程设置国际化，吸纳国际一流高校和一流法学学科有益经验，增开国际前沿课程；二是课程内容国际化，在现有课程中充分关注国际规则，融入全球化思维；三是强化法律外语课程。

（五）多元师资队伍建设

师资队伍是培养国际组织法治人才的重要保障，要实现培养目标，应当建立专业师资与国际组织中从事实务工作的专家师资相结合的多元师资队伍。一方面，要提升专业教师的国际化程度，鼓励专业教师海外访学交流，引进优秀海外博士充实师资队伍；另一方面，可以各种形式积极聘期在任或卸任的国际组织职员，采用灵活的授课和指导方式向学生传授国际组织工作经验与方法。

（六）面向全球的交流项目

在人才培养的过程中加强国际交流，与国际知名高校开展形式多样的人才培养合作模式，包括国家留学基金委面向全国高校的海外交流项目，校级和院级国际交流合作项目，让更多的学生在校期间有机会从短期国际交流中获益。①

（七）国际化的实习实践环节

法学是一门实践性较强的学科，需要探索多层次的实践育人途径，提升实践技能，全面提高人才培养质量。参考其他国家成效突出的做法，对于校内实践，需要强化已有模拟国际法庭、模拟联合国等教学方法的运用。校外的实习实践除传统的校地、校企协同外，还需要多方搭建海外实习平台，特别是将专业见习、实习和实践活动拓展到国际组织的实习岗位中。② 2014 年中国联合国教科文组织全国委员会与国家留学基金委员会合

---

① 德国柏林洪堡大学直接将外国法作为学生可以选择的国家考试专业领域，学生可以选择到该校的国外合作院校学习外国法，在国外的学习成绩也允许直接载入毕业成绩，鼓励学生参加各种国际交流项目。

② 例如，美国高校将第二课堂拓展至国际组织实习，通过模拟联合国活动提升学生国际问题意识。参见郦莉：《国际组织人才培养的国际经验及中国的培养机制》，载《比较教育研究》2018 年第 4 期。

作,首次推出选拔优秀青年赴联合国教科文组织实习的项目。[1] 2017 年 8 月起,国家资助既面向经选派赴国际组织实习的学生,也涵盖自行联系获得海外国际组织实习岗位的学生。[2] 国家的相关政策已经为法学专业学生赴国际组织实习提供了契机,真正实现了国际化的实习实践训练。这一系列政策都将有助于学生熟悉国际组织运作、加深对国际规则的理解,实现专业成长。

① 参见国家留学基金委《2014 年国际组织实习项目选派办法》(留金发〔2014〕3052 号),该项目是我国首次以政府行为的方式开展青年国际组织人才培养的尝试。

② 参见 2017 年《国家留学基金资助全国普通高校学生到国际组织实习选派管理办法(试行)》(留金发〔2017〕3148 号)。

“一带一路”倡议下中国涉外法治人才的供求现状、培养目标与行动方案

王祥修[*] 赵永鹏[**]

摘 要:“一带一路”倡议顺利实施的6年时间里产生了巨大的辐射带动作用,中国与沿线各国在互联互通方面取得显著成就。“一带一路”的巨大成功对中国高质量涉外法治人才的需求不断增大,但是当前中国涉外法治人才的有效供给仍然严重不足,并且其素质还难以胜任“一带一路”中复杂的法律事务。在“一带一路”倡议下,应当着重培养涉外法治人才的道德底色、法律本色、语言特色和人文亮色,通过德法并重、增强办学实力和建立涉外法治人才高校联盟等方式,不断提升中国涉外法治人才培养的质量。

关键词:“一带一路” 涉外法治人才 人才培养

2013年习近平总书记提出共同建设“丝绸之路经济带”和“海上丝绸之路”的“一带一路”倡议。作为从中国发端,联通亚欧的古代商贸路线,“一带一路”成为东西方之间经贸、人文联系的重要通道。中国与沿线各国在政策沟通、设施联通、贸易畅通、资金融通和民心相通五个方面开展务实合作,形成国家间合作新模式,为世界经济发展和各国人民富裕贡献了“中国方案”。

6年来,“一带一路”倡议的顺利实施,离不开沿线各国全方位互信和国家实力的支持和保障。以法治文明为代表的国家软实力,成为沿线各国公认的合作前提。法律作为一种保障手段,可以为当事方设置合理的权利与义务,可以明确相关主体的责任范围,为可能出现的利益纠纷做好预案,从而引导合作行为稳步推进。① 法治人才在“一带一路”建设过程中,承担重大项目法律风险预判和评估、利用国际国内法律规则维护正当权益、保障倡议顺利实施的重大任务,早已引起政府和学界的高度重视。但是,目前能够胜任

* 上海政法学院国际法学院副院长、教授。

** 上海财经大学法学院2019级博士研究生。

① 参见李亚、窦衍瑞:《“一带一路”背景下高层次法治人才培养创新》,载《经济研究参考》2018年第8期。

“一带一路”法律工作的涉外法治人才数量仍然不足、质量仍旧不高,为此,加强对“一带一路”倡议下的中国涉外法治人才培养方案进行研究仍十分必要与迫切。

一、“一带一路”倡议下涉外法治人才的需求与供给

随着“一带一路”建设的持续推进,中国与沿线各国的互联互通取得了实质性进展,“一带一路”实现了从合作理念到合作实践的巨大跨越。从基础设施到能源合作,从货物贸易到国际投资,从金融开放到教、科、文、卫的互动交流,“一带一路”的合作领域不断扩大。项目合作的参与主体众多,各国的国家政策、法律法规、利益诉求也不尽相同,因此,合作项目的顺利实施,需要大量涉外法治人才在各个关键环节把控风险、处理争端。但是,当前涉外法律人才在供给方面仍然不能满足为“一带一路”倡议提供法治保障的需要。

(一)“一带一路”建设取得显著成效法治人才需求不断增大

第一,政策沟通。政策沟通是共建“一带一路”的重要保障,是形成携手共建行动的重要先导。[①] 首先,联合国、亚太经合组织及二十国集团等重要国际组织将“一带一路”纳入组织文件,呼吁为“一带一路”建设提供国际保障;其次,在“一带一路”框架下,众多国家和国际组织与中国协商一致,签署有关互联互通的政府间合作文件,“一带一路”走出亚欧,与拉丁美洲、非洲等国家建立合作关系;[②]最后,在数字丝绸之路、税收合作、能源合作、知识产权和法治合作等专业领域,中国与沿线国家签署多项合作文件,[③]组织成立了国际商事法庭,建立了解决涉“一带一路”争端的“一站式”纠纷多元化解决机制。

一系列合作文件的签署使“一带一路”建设的具体规则以文字形式确定下来,为进一步加强合作减少政策屏障,提供法律保障。在协议的协商谈判和最终签署的过程中,需要大量通晓国际规则和各国法律规定的涉外法治人才参与,确保不同领域合作纲领的签署,从源头防范合作风险。同时,“政策沟通”也是国际规则制定权和国际话语权的体现,中国涉外法治人才应当为中国争取国际话语权和主动权贡献力量。

第二,设施联通。作为促进“一带一路”建设的核心内容和关键环节,“设施联通”合作也取得了诸多成果。2018 年亚吉铁路开通运营,阿联酋阿布扎比码头成为共建“一带一路”项目典范,马来西亚关丹深水港码头的正式试运营,被誉为巴基斯坦“三峡工程”的巴基斯坦最大水电站首台机组也于 2018 年 4 月实现并网发电。根据亚洲开发银行的评估报告显示,2010～2020 年亚洲各国累计需要投入 7.97 亿美元用于基础设施的建设

---

① 参见“推进‘一带一路’建设工作领导小组办公室”:《共建“一带一路”倡议:进展、贡献与展望》,载中国一带一路网:https://www.yidaiyilu.gov.cn/zchj/qwfb/86697.htm,最后访问日期:2019 年 10 月 3 日。

② 截至 2019 年 3 月底,中国政府已与 125 个国家和 29 个国际组织签署 173 份合作文件。

③ 共建“一带一路”专业领域对接合作文件包括《“一带一路”数字经济国际合作倡议》《标准联通共建“一带一路”行动计划(2018～2020 年)》《阿斯塔纳“一带一路”税收合作倡议》《关于进一步推进“一带一路”国家知识产权务实合作的联合声明》《“一带一路”法治合作国际论坛共同主席声明》《共同推进“一带一路”建设农业合作的愿景与行动》《“一带一路”建设海上合作设想》等。

与维护，涉及989个交通运输和88个能源跨境项目。[①]

“一带一路”倡议在基础设施建设方面的投入解决了发展中经济体进行经济建设的障碍，畅通的公路、铁路和码头成为经济发展的“大动脉”，为沿线国家的经济发展带来重要机遇。中国应当凭借自身技术、资金和地缘优势，借助专业领域人才资源的支撑抓住发展机遇。但是，“一带一路”框架下的基础设施建设人才比传统的国内同类行业从业者要求更高，必须具备项目融资、国际合同审核、运营管理等专业知识，这更加突出了培养专业涉外法治人才在推进“一带一路”建设，维护国家利益中的重要地位。

第三，贸易畅通。共计83个国家和国际组织参与了由中国发起的《推进“一带一路”贸易畅通合作倡议》促进沿线各国贸易投资的便利化，引导世界经济走向更广、更深的发展领域。2013～2018年中国与沿线国家货物贸易进出口总额超6万亿美元，占中国货物贸易总额比重达27.4%。[②] 2018年中国对沿线国家直接投资达156亿美元，沿线国家对华投资60.8亿美元，[③]中国企业“走出去”规模不断扩大。

“一带一路”倡议的提出极大地激发了国内企业走出去的热情，但是中国企业借助“一带一路”的“东风”走出去会面临诸多风险，其中，法治人才不足及对国外投资法律规范认识不够是重要挑战。[④] 在中国企业“走出去”进行国际经贸活动中，急需合格的涉外法治人才防控贸易、投资风险，利用外国法律和国际规则维护企业合法利益。2017年司法部发布《关于发展涉外法律服务业的意见》（以下简称《涉外法律服务业意见》）指出，积极发展涉外法律服务业要以为中国企业和公民“走出去”提供法律服务为主要任务。但综观近年来的实际情况，中国律师事务所在各种涉外业务竞争中都处于劣势地位，即使收费低廉也少人问津，无法为中国企业提供强有力的支持。[⑤] 涉外法律人才不足问题较严峻。

第四，资金融通。2014年中国倡议设立亚洲基础设施投资银行（以下简称亚投行）为基础设施建设提供融资支持，截至2019年亚投行成员增至100个，遍布世界各大洲。2014年中国成立丝路基金，截至2018年年底，丝路基金协议投资金约110亿美元。习近平总书记在第二届“一带一路”国际合作高峰论坛的主旨演讲中指出：我们将继续发挥共

---

① 参见文君、蒋先玲：《用系统思维创新高校“一带一路”国际化人才培养路径》，载《国际商务——对外经济贸易大学学报》2015年第5期。

② 参见《一图读懂2019“一带一路”建设成果报告》，载中国一带一路网：https://www.yidaiyilu.gov.cn/zchj/tjzc/86722.htm，最后访问日期：2019年10月3日。

③ 国家统计局：《对外经贸开启新征程，全面开放构建新格局——新中国成立70周年经济社会发展成就系列报告之二十二》，载国家统计局官网：http://www.gov.cn/shuju/2019-08/27/content_5424966.htm，最后访问日期：2019年10月3日。

④ 参见刘晓红：《“一带一路”战略与法治人才培养机制改革——以上海政法学院深化人才培养模式改革创新为例》，载王瀚主编：《法学教育研究》（第16卷），法律出版社2017年版，第68页。

⑤ 参见李孟：《“一带一路”背景下涉外卓越法律人才培养模式探究》，载《改革与开放》2018年第23期。

建“一带一路”专项贷款、丝路基金、各类专项投资基金的作用,发展丝路主题债券,支持多边开发融资合作中心有效运作。①

资金融通是确保基础设施建设、贸易投资稳定发展的重要支撑。为了保障“一带一路”基建、对产能合作提供稳定的资金支持,国际化资本运作人才成为重要的稀缺资源。由于“一带一路”倡议所涉国家众多,必须确保资金流动性,维护金融稳定。因此,为了更好地保障资金融通顺畅,除需要国际金融专业人才外,还需要掌握国际金融运行规律和金融市场法律规则的国际金融法律人才。

第五,民心相通。“一带一路”倡议实施以来,合作共建的人文根基越发稳固,在文化交流、医疗卫生、旅游合作、扶贫救灾以及教育培训等领域取得重要成果。特别是教育培训领域的合作共建,已经成为沿线国家重要的民心工程。中国高等院校也借助“一带一路”合作共建的人文东风,与沿线国家开展教育合作。厦门大学于2013年在马来西亚开设分校,培养东盟国家学生,已经成为中国和马来西亚在教育领域合作共建的品牌项目。厦门大学的成功尝试,为中国高等学校的人才培养合作提供了成功的范例,“一带一路”建设需要大批当地人才作为支撑,可以针对当地学生开设汉语和法律课程,引导外国学生主动对接“一带一路”法律业务,同时还可通过教育合作的形式实现中外学生的双向交流,开拓学生的国际视野,有利于提升中国涉外法治人才的培养质量。

从基础设施到经贸往来,从金融互通到人文交流,“一带一路”的共建合作在取得显著成绩的同时,也为中国的法治建设提供了重要的发展机遇,对涉外法治人才特别是熟悉“一带一路”沿线国家法律和文化的高质量法治人才的需求不断上升。近年来,中国国内出台了以《外商投资法》为代表的一系列保障经贸投资的法律法规,涉外经贸法律制度不断完善,但在涉外法治人才培养方面仍然处于理论构建和实践探索阶段。新时代背景之下的中国涉外法治人才培养仍大有可为。

(二)“一带一路”倡议下涉外法治人才培养的有效供给不足

“一带一路”倡议下法治人才培养是跨境商贸活动的重要保障,是政治交往活动的重要前提,是多元文化交流的重要基础。② 为了更好地培养涉外法治人才,为共建“一带一路”提供法律保障,2014年党的十八届四中全会通过《中共中央关于全面推进依法治国若干重大问题的决定》(以下简称《依法治国决定》),着力打造善于处理涉外法律事务的专门法治人才队伍;2015年通过的《中华人民共和国国民经济和社会发展第十三个五年规划纲要》在推进“一带一路”建设中指出:“广泛开展教育、科技、文化、体育、旅游、环

① 参见习近平:《齐心开创共建“一带一路”美好未来——在第二届“一带一路”国际合作高峰论坛开幕式上的主旨演讲》,载新华网:http://www.xinhuanet.com//politics/leaders/2019-04/26/c_1124420187.htm,最后访问日期:2019年10月3日。

② 参见杨军:《“一带一路”倡议背景下法治人才的培养》,载《学术论坛》2018年第3期。

保、卫生及中医药等领域合作。”[①]2016 年《推进“一带一路”教育行动》发布,2019 年教育部与山东、辽宁、重庆、宁波 4 个省市签署合作备忘录,鼓励地方参与“一带一路”教育国际合作;2017 年《涉外法律服务业意见》在“主要措施”中指出,要发展壮大涉外法律服务队伍,加快涉外律师人才库建设,为发展涉外法律服务业储备人才。[②] 2017 年习近平总书记在中国政法大学考察期间发表重要讲话,体现了最高领导人对法治人才培养的高度重视;2018 年《关于坚持德法兼修实施卓越法治人才教育培养计划 2.0 的意见》(以下简称《卓越法治人才教育培养计划 2.0》)由教育部和中央政法委共同发布,明确提出卓越法治人才的教育培养要构建涉外法治人才培养的新格局,更好地服务“一带一路”建设。[③]

一系列官方文件为高校培育涉外法治人才提供了明确指引,高校作为法治人才教育培养的主要阵地,承担了向社会供给合格涉外法治人才的重要任务。高校人才培养质量和法治人才有效供给可以从法学本科毕业生就业数据中反映出来,2013 ~ 2018 年全国法学本科毕业生人数及 2016 ~ 2018 年法学专业毕业生就业情况详见图 1、图 2 所示。

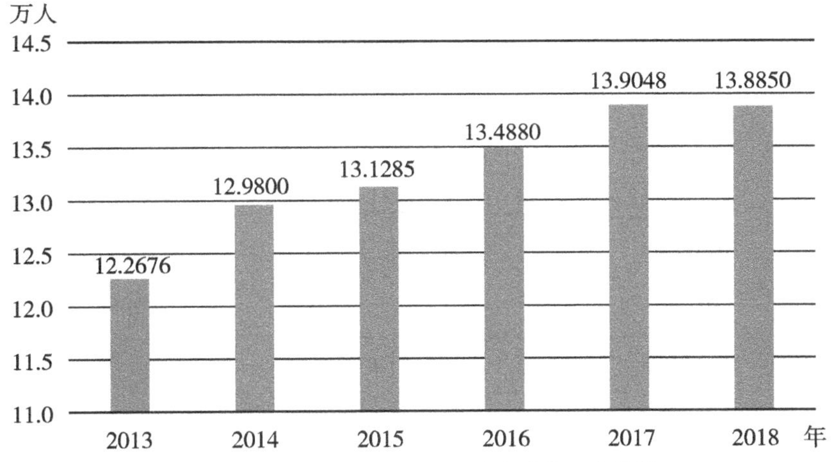

图 1 2013 ~ 2018 年全国法学本科毕业人数[④]

---

① 《国民经济和社会发展第十三个五年规划纲要》,载共产党员网:http://www.12371.cn/special/sswgh/wen/#11,最后访问日期:2019 年 10 月 4 日。

② 参见《关于发展涉外法律服务业的意见》,载《中国司法》2017 年第 7 期。

③ 参见教育部、中央政法委《关于坚持德法兼修实施卓越法治人才教育培养计划 2.0 的意见》,载中华人民共和国教育部网站:http://www.moe.gov.cn/srcsite/A08/moe_739/s6550/201810/t20181017_351892.html,最后访问日期:2019 年 10 月 5 日。

④ 资料来源:载教育部发展规划司网站:http://www.moe.gov.cn/s78/A03/moe_560/jytjsj_2018/qg/201908/t20190812_394287.html,最后访问日期:2019 年 10 月 5 日。

从1954年“五院四系”形成后,到1983年全国法学院校达到90余所。从1992年改革开放新时期到2012年党的十八大,中国法学教育进入快速成长期,法学院校的数量和规模都在加速扩张。① 目前,全国大约有600余所院校开设法学专业,众多法学系升格成为法学院,法学专业招生人数和毕业规模必然上升。法学本科毕业生人数从1977年、1978年的1299人发展到2018年的138,850人,增长约100余倍。图1数据显示,自2013年“一带一路”倡议提出以来,中国法学本科毕业生人数逐年攀升,法学教育规模不断扩大。毕业生人数的绝对增多,在一定程度上反映了国家对法学教育的重视和投入在不断增多,为中国依法治国建设提供了较为充足的人力储备。但是,由于办学层次不一,导致法科学生质量差别较大,人才培养质量较低,法科毕业生“同质化”、过剩现象突出,高层次法治人才严重不足。就业市场对普通法科学生需求量和满意度降低,大批法科毕业生就业困难,最终导致图2反映的法学专业毕业生就业率严重低于全国平均水平和同为人文社科专业的经济学就业率。

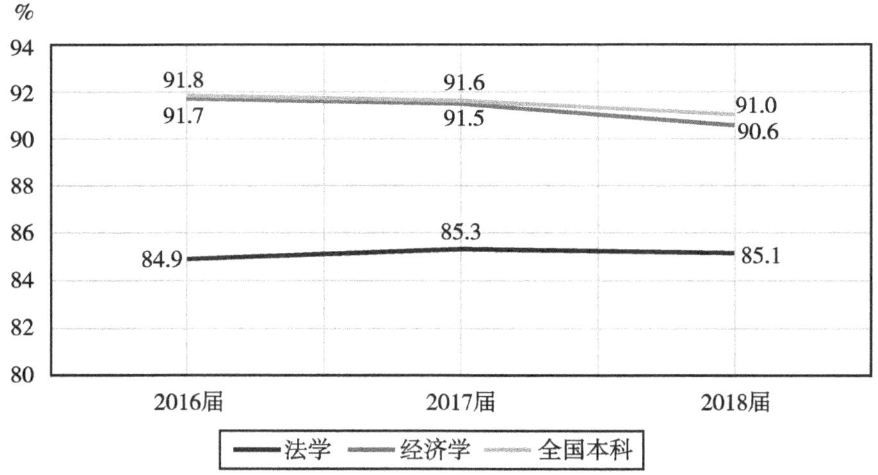

图2 2016~2018年法学院就业率②

在“一带一路”倡议对涉外法治人才需求不断增大的背景下,高等学校法科学生较低的就业率说明当前中国涉外法治人才培养存在基数较大质量不高的现实问题,能够胜任“一带一路”法律服务工作的有效人才供给严重不足,据统计,目前中国律师群体有能力

① 参见徐显明、黄进、潘剑锋、韩大元、申卫星:《改革开放四十年的中国法学教育》,载《中国法律评论》2018年第3期。

② 参见余甜:《麦克斯发布〈2019年就业蓝皮书〉,2018届大学生就业率91.5%》,载多知网:http://www.duozhi.com/industry/201906108850.shtml,最后访问日期:2019年10月5日。

将业务拓展至国外的仅有1%，剩余99%只能将国内法律业务作为其主要谋生手段。① 因此，在社会发展日新月异的当代社会，如何确保大学培养的人才能够符合社会经济发展的需求，已成为大学人才培养亟待解决的问题之一。②

二、"一带一路"倡议下涉外法治人才的培养目标

为了解决如何培养"一带一路"建设的中国涉外法治人才，即"怎么培养人"的问题，应当先明确"一带一路"建设到底需要什么样的法治人才，即"培养什么人"的问题。回答好了培养什么人的问题，实际上怎样培养人的问题也就迎刃而解了。③ 想要回答好这个问题，就需要厘清"一带一路"法律服务工作者的必备技能要求。关于技能要求，不同学者的观点基本一致，差别只在细微之处。有学者从宏观角度进行论证，认为卓越的"涉外法律人才"必须具有国际化的视角、国际化的知识体系和国际化的思维模式，换言之，高端的"涉外法律人才"一定是"国际化的法律人才"。④ 有学者从法治人才基本能力的角度出发，列举了涉外卓越法律人才应当具有的五大基本素养。⑤ 也有学者将必备素养高度概括为宽广的国际视野、浓郁的本土情怀和娴熟的技术能力。⑥ 在"一带一路"倡议提出6年后的今天，为了进一步确定"一带一路"倡议下法治人才培养目标，有必要再次总结和归纳"一带一路"涉外法治人才的必备技能。

（一）明确涉外法治人才的必备技能是确定培养目标的前提和基础

如果将"一带一路"倡议下涉外法治人才比喻为一张画布，则涉外法治人才的必备技能将成为画布上最亮眼的色彩。在前人已有研究的基础上，结合近年来"一带一路"建设的新发展以及中国关于涉外法治人才培养的文件精神，笔者将"一带一路"框架下中国涉外法治人才的必备技能总结为：坚守传统美德的底色、强化法律技能的本色、发展多种语言的特色、融合多元文化的亮色。

第一，坚守传统美德的底色。"勤于道义，则刚健而日新"，传统美德教育是大学教育的根基，涉外法治人才应当具备中华民族传统道德底色。2017年5月3日习近平总书记在中国政法大学考察时，专门就法治人才道德素养问题强调指出，全面推进依法治国作为一项历史性工作，需要以中国特色法治理论为指导，坚持立德树人、德法兼修的教育原则，展示出中国法律人的优秀道德素养。⑦ 目前全世界共有138个国家同中国签订共建

---

① 参见邹爱华、张燚：《开放理念与中级涉外法律人才培养研究》，载《大学教育》2017年第12期。

② 参见黄进：《实施"一带一路"战略培养一流法治人才》，载王瀚主编：《法学教育研究》（第16卷），法律出版社2017年版，第8页。

③ 参见黄进：《新时代高素质法治人才培养路径》，载《中国大学教学》2019年第6期。

④ 曾令良：《卓越涉外法律人才培养的"卓越"要素刍议》，载《中国大学教学》2013年第1期。

⑤ 参见王祥修：《论涉外卓越法律人才的培养机制》，载《职业时空》2014年第3期。

⑥ 参见罗培新：《"一带一路"法律人才长啥样》，载《解放日报》2017年7月4日，第10版。

⑦ 参见杨军：《"一带一路"法治人才需求与我国法制教育的冲突与调试对策》，载王瀚主编：《法学教育研究》（第21卷），法律出版社2018年版，第80页。

"一带一路"合作文件,合作范围覆盖亚非拉和大洋洲,国家众多、价值多元,涉外法治人才必须坚守民族精神,具备高尚的道德品质,才能具有强烈的家国情怀和复兴意识,在国际化思潮中保持中国本色,将严谨的法治思维应用到"一带一路"建设中。此外,法治对公平正义等价值理念的追求也要求涉外法治人才坚守传统美德,无论是中国国内法还是国际条约均对法律职业人员的道德水平提出了要求。[①] 中国涉外法治人员在为"一带一路"建设提供法治保障的同时,应将公平正义、诚实信用的传统道德素养内化于心、外化于行,向沿线各国树立中国法治人才的优秀道德形象,为"一带一路"建设营造良好的国际法治环境的同时,提升各国对中国法治的信心,促进各国法治互信的建立。

第二,强化法律技能的本色。扎实的法学知识是涉外法律实务的基石,拥有过硬的法律技能是涉外法治人才应有的"本色"。

首先,强化法律本色要求涉外法治人才具有全面、合理的知识结构。在这一知识体系中,处于核心的是国际法主要部门,即国际公法、国际私法、国际经济法的基础理论和知识。[②] 近现代的中国在国际社会和外交舞台上处于劣势地位,在与外国政府交涉、维护中国国家主权的过程中,国际法就扮演了重要的角色,并且推动形成了中国近现代的法学教育。在社会主义新时代,在"一带一路"框架下的多边国际合作中,国际法依然是国家合作最基本的法治保障和合作基础,在有关合作的重大问题上发挥重要作用。在前文提及的"政策互通"的合作领域,急需通晓国际规则的法治人才弥合国家间的政策冲突,为国际合作铺平道路,同时在新的国际规则制定中掌握主动权。但是,在 2018 年教育部发布的《普通高等学校法学类本科专业教学质量国家标准》中,对法学专业核心课程进行了"10 + X"分类设置模式的改造,国际私法、国际经济法并未列入 10 门专业必修课程,而是各高校根据办学特色选择开设由学生自愿选修。这样的课程模式从各高校的办学实力和培养特色角度出发,但在一定程度上削弱了两门重要国际法学课程在法治人才培养中的重要地位。

其次,强化法律本色要求涉外法治人才熟悉沿线国家的法治文化和法律规则。在"一带一路"法治实务中,仅掌握中国法律和国际法规则还不能够为企业进行海外投资保驾护航,对于合作国家国内法律制度知识的匮乏将使企业无法事先预估法律风险,导致在跨国投资中处于劣势地位,不利于"一带一路"倡议的持续健康发展。"一带一路"沿线各国涉及苏维埃社会主义法系、英美法系、大陆法系、印度法系和伊斯兰法系,几乎当今世界现存的法系均有涉及。[③] 不同法系下的法律制度、法治文化千差万别,因此,"一带一路"下的涉外法治人才能够做到"专精一面"已属难得,难以做到"面面俱到"。此

---

① 例如,《国际律师协会调解规则》第 3 条第 1 款规定:调解员需保持中立和独立。《联合国贸易法委员会调解规则》第 7 条第 1 款同样规定:调解员以独立公正的方式尝试帮助当事方友好解决他们的争端。

② 参见洪贺:《"一带一路"背景下涉外法律人才培养问题研究》,载《课程教育研究》2018 年第 37 期。

③ 参见王志华:《"一带一路"法律图谱分析》,载《扬州大学学报》(人文社会科学版)2018 年第 2 期。

外，沿线国家法律受宗教法影响极大的特点，加之各国法律政策的不稳定性也对法律服务工作者了解不同国家的法律法规造成极大困难。以往中国法学教育较多关注大陆法系和英美法系，对伊斯兰法系和印度法系研究不足，[①]为了使涉外法治人才能够真正参与沿线法治建设、为经贸合作提供有价值的法律建议、提升法治人才的有效供给、克服"同质化"过剩问题，必须要在不同国家国内法律制度上下足功夫。

最后，强化法律本色要求涉外法治人才有妥善解决法律争端的能力。沿线各国在"一带一路"倡议下进行经济合作中所追求的利益各不相同，项目实施过程中经常受到各种外力的阻挠、干涉，一部分项目遭遇搁浅危机，使中外企业蒙受损失，高效、公正、完善的争端解决机制将对"一带一路"倡议的实施产生极大的推动作用。因此，"一带一路"建设对律师除在数量上有所需求外，更加迫切的要求是设立和培养一批具有国际视野、专业水准和诚信勤勉的涉外律师。[②]

第三，发展多种语言的特色。良好的沟通能力是互联互通、合作共赢的前提和基础，掌握除英语外的另一门外语是涉外法治人才的"特色"。"一带一路"建设涉及国家的国语和国家通用语有近 50 种，再算上这一区域民族或部族语言，不下 200 种。[③] 截至 2016 年年初，仍有 11 种语言专业尚未在中国国内高校开设，外语教育的注意力仍聚焦在英语等强势语言学科上，"一带一路"语言互通之路仍存在现实障碍。从日常用语中抽象、浓缩出的法律语言，是法律工作者在法律实务中的通用语言和日常语言，"一带一路"法律服务的重要内容就是与沿线各国法律同仁进行学术探讨和实务互动，面对一些母语非英语国家，再高超的英语水平也难以发挥作用。在笔者赴吉尔吉斯斯坦国立民族大学进行学术交流的过程中，语言成为中吉两国法科学生进行学术交流和互动的障碍，以吉尔吉斯语和俄语为母语、从未受过英语教育的吉方法科学生和擅长英语不懂俄语的中国法科学生几乎无法自主交流，即使依靠翻译软件也难以进行有效沟通。"一带一路"倡议在为沿线各国带来发展机遇、促进贸易投资自由化的同时，外语刚性化、语种多元化也使法治人才的语言标准发生了巨大变化，要想为"一带一路"供给高质量的涉外法治人才，外语特色必须得到强化。

第四，弘扬法治文化的亮色。推广中华文化、实现文化交流融合是"一带一路"倡议的应有之义，涉外法治人才应当具备厚重的人文亮色。首先，涉外法治人才应当拥有坚定的法治信仰，从内心深处尊崇法律。法律外交是"一带一路"外交工作的重要组成部分，涉外法治人才都是法律外交的重要参加者。只有在中国特色社会主义法治理念的指

① 截至 2019 年 10 月 5 日，以"印度法系"和"伊斯兰法系"作为主题在 CNKI（中国知网）数据库中，分别检索到文献 34 篇和 68 篇。以"印度法系"和"伊斯兰法系"作为篇名在 CNKI 数据库中，分别检索到文献 0 篇和 9 篇。由此可见，我国对二者研究的成果不多。

② 参见胡晓霞：《"一带一路"建设中争端解决机制研究——兼及涉外法律人才的培养》，载《法学论坛》2018 年第 4 期。

③ 参见李宇明：《"一带一路"需要语言铺路》，载《人民日报》2015 年 9 月 22 日，第 7 版。

导下进行理论研究和法律实践,才能在复杂的国际环境中更好地维护国家利益,为"一带一路"建设提供法律保障。其次,随着时代发展,国与国之间的交往不只是硬实力的较量,文化软实力的博弈在国际合作与交流中日益突出。文化是法律生存的土壤,是法律生命力的来源,灿烂的中华文化包含法治文化。法律要素成为"一带一路"倡议下中国文化海外输出的一部分,对"一带一路"建设起到规范、促进和保障的积极影响。涉外法治人才需要做到法律与文化相互融合,在明法的基础上具备人文内涵,在熟悉运用法律规则的前提下熟悉背后的法治精神,做法律服务的提供者和中华文化的传播者,为沿线各国交往贡献力量。

(二)以涉外法治人才能力需求为导向确定人才培养目标

党的十八届四中全会《依法治国决定》中第一次使用了"培养法治人才"的表述,习总书记在中国政法大学的讲话中再次强调了法治人才对依法治国建设的重要意义。《卓越法治人才教育培养计划2.0》实现了对1.0版本培养计划的系统升级,突出了法学教育要着力于对"法治人才"培养的要求。从"法学人才"到"法律人才"再到"法治人才"的转变,体现了中国法学教育理念从学术型法学教育到职业化法学教育的转变,培养目标上也从法学人才培养向法治人才过渡。与强调法学理论教育的法学人才以及理论和实践并重的法律人才相比,法治人才更加突出职业化的特征,是前两类人才基础之上的人才培养质量的升级,强调法治人才对经济社会发展的适应性,法治人才必须是具备从事法律实务的能力。这意味着,中国法学教育正转向职业型法学教育,职业型法学教育有利于"一带一路"倡议下的法治人才法律技能的培养,以职业为导向的人才培养为涉外法治人才的有效供给贡献力量。

关于法学教育应当是精英教育还是大众教育的讨论在"一带一路"的语境下也具有现实意义,随着法治人才培养单位的增多和法学专业的不断扩招,法学教育大众化的趋势十分明显。2018年首届法律执业资格考试的报名人数达60.4万余人,[①]越来越多的人接受法学教育,法学教育逐步"大众化",这在一定程度上提高了法治人才储备的基数。但在规模扩大的同时,人才培养质量却未必能够同步得到提升,法治人才质量呈现低端人才过剩、高素质人才稀缺的现象,难以满足司法实务界的需求。其实,教育模式的选择应当取决于社会对法治人才的具体需求。"一带一路"倡议对中国涉外法治人才提出了极高要求,大众教育的培养模式培养出的法律工作者无法从事"一带一路"相关法律服务工作,大众化教育模式下的法治人才缺口仍然无法补足。因此,"一带一路"的法治人才的培养目标应当坚持以人才能力需求为导向,坚持精英教育模式,培养适应"一带一路"建设需要的精英人才。可以将"一带一路"倡议下中国涉外法治人才培养目标归纳为:通过职业型法学教育,培养坚守传统美德、拥有过硬法律技能、具备良好语言能力、善于弘

① 参见蒋安杰、蔡长春:《践行习近平新时代中国特色社会主义思想,建设高素质社会主义法治工作队伍,首届国家统一法律职业资格考试顺利进行》,载《法制日报》2018年9月25日,第1版。

扬法治文化的精英人才。

三、"一带一路"倡议下涉外法治人才培养行动方案

"一带一路"倡议为卓越法律人才的培养提供了一个良好契机,如何紧随"一带一路"倡议的实施,优化现有的卓越法治人才培养机制,意义非常重大。[①] 科研机构、高等院校作为法治人才培养的重要阵地,应当转变教育观念,借鉴国际思维。但是借鉴绝非照搬照抄、舍本逐末,而应当以中国经济社会的现实需求为导向,树立正确的涉外法治人才培养理念,以培养高素质涉外法治人才为重点目标,制定科学合理的培养方案。结合"一带一路"建设对法治人才的需求以及培养过程中的具体问题,对涉外法治人才培养的行动方案进行如下设计。

(一)坚持德法并重,提升法治信仰和人文情怀

强化法治人才培养不能只注重法律知识的传授和法律技能的训练,优秀道德品质的培养与法律技能的提升同样重要。在人才培养过程中,高校应当注重德育在大学教育中的根本地位。"德法兼修、明法笃行"是习近平总书记考察中国政法大学时的重要命题。[②] 加强中国特色社会主义法治理论的引领作用,强调法治人才的道德修养的重要地位,打好道德底色,才能在复杂的法治环境中不改法治初心。同时,涉外法治人才在法律服务、国际规则制定方面肩负维护国家利益的重要使命,是否信仰社会主义法治,是否拥有家国情怀,关系"一带一路"的持续推进。因此,对法治的信仰成为涉外法治人才应当具备的"第一品质"。高校作为涉外法治人才培养的前沿阵地,必须加强法科学子法治信仰教育,增强学生对依法治国理念的认同,树立良好的法治人格。建立多元化法治教育应当注重课堂教学与课外活动的有机结合。第一,增加《思想道德修养与法律基础》的课时数量,进行直接的信仰教育。第二,法学教师在授课过程中应当引导学生树立正确的法治理念,理解社会主义法治理念的深刻内涵。第三,发挥"第二课堂"的功能,举办法律知识竞赛、法律征文活动,辅助课堂教学深化法治信仰教育。

涉外法治人才应当具有"世界眼光、中国情怀"。[③] 涉外法治人才不能脱离中国文化根基,为增强法治人才的文化底蕴,更好地在法律服务过程中传递中国声音、传播中华文化,提升文化自信,应当注重文化融合。例如,上海政法学院通过举办"丝路文化节"活动展示中华优秀传统文化的同时也将沿线各国风俗习惯、风土人情引入校园,让法科学子受到潜移默化的人文熏陶。同时,笔者也建议高校面向法科学生开设"一带一路"沿线国家文化概况课程,为学生日后从事相关法律工作奠定人文基础。

---

① 参见潘俊武、潘洁:《"一带一路"倡议下卓越法律人才培养新探》,载王瀚主编:《法学教育研究》(第18卷),法律出版社2017年版,第16页。

② 参见黄进:《培养德法兼修的高素质法治人才,引领中国法学教育进入新时代》,载《中国高等教育》2018年第9期。

③ 王文华:《论涉外法治人才培养机制的创新》,载《中国大学教学》2015年第11期。

(二)增强办学实力,坚持育人特色培养法治精英

从法治人才培养单位的角度来看,各高校应当根据国家的整体部署,营造"一带一路"法治人才的培养环境。① 具体而言,各高校应当在评估自身办学实力的基础上制定符合"一带一路"法治人才要求的培养标准。同时,各高校不应一味贪大求全,应当结合自身办学特点发挥区位优势,有针对性地分类培养涉外法治人才。此外,各高校应当采取精英教育模式,开设"一带一路"法治人才实验班,加大经费、人员投入,利用现有资源全方位培育优质涉外法治人才。

第一,各高校应当合理评估办学实力,不断提升法学教育的质量和水平。近年来,法学院系的不断扩张和招生规模的持续扩大,使人才培养"同质化"过剩问题较突出,涉外法治人才有效供给严重不足。为了控制招生规模、提升人才培养质量,应当从内、外两个方面着手。一是高校自身应当根据自身办学实际进行自我考察,主动评估本校法学专业办学质量。"一带一路"倡议对涉外法治人才素养要求远远高于普通法治工作者,高校应当合理评估经费投入、师资队伍、课程建设和教学水平,具有较强竞争力的高等院校可以将培养高层次涉外法治人才作为努力方向,竞争实力较弱的法学院校将目光放在国内法律实务工作者的培养之上,为依法治国建设和社会发展输送一批具有较强法律实务技能的国内法治人才。二是进一步发挥教育部法学学科教学指导委员会(以下简称教指委)的监督和指导作用,持续推进法学教学评估,保证法学院校的人才培养质量。

第二,各高校应当制定人才培养标准,培养符合"一带一路"建设需要的涉外法治人才。2018 年由教指委发布的《普通高等学校法学类本科专业教学质量国家标准》为各高校的法治人才培养提供了国家标准,该标准适用于全国法学本科人才培养单位,是法学本科办学的最低标准。为"一带一路"倡议培养涉外法治人才应当在最低标准上,结合办学实际和特色,制定更加科学有效的人才培养标准。在培养标准制定过程中,应当注重外语能力的培养,强调"英语+沿线语种"的语言技能训练;注重国际法学专业知识的培训,强化学生解决国际争端的能力,培育国际仲裁、调解方面的人才;注重国别文化、民族传统和宗教社会等人文知识的培养。

第三,各高校应当坚持育人特色,结合地缘优势培养"专精一面"的涉外法治人才。从中国法学本科教育层次来看,开设有法学本科教育的学校可以分为 3 类,即专业性政法院校、综合性大学法学院和专业大学的法学院。各类高校育人特色如表 1 所示。

① 参见聂帅钧:《"一带一路"倡议与我国涉外法律人才培养新使命》,载《重庆高教研究》2019 年第 2 期。

表1　3类法治人才培养单位比较

院校类型	培养目标	院校特点	培养优势
综合性大学	实务型+研究型人才	综合实力较强	借助其他学科优势
专业政法院校	公检法司公职人员	司法职业导向	传统司法部门资源
专业大学法学院	专业复合型人才	专业特色较强	注重学科之间融合

表1鲜明地反映了3类高校法治人才培养的特点和优势,学生在不同的人才培养单位学习法学知识的过程中,必然受到院校风格和学术氛围的影响,从而带有鲜明的院校特色。但是,在"一带一路"人才培养过程中,许多高校为了追求法治人才的复合性特点,一味求全,违背本校教学实际、盲目转型,既没有发挥自身办学优势,也未能补齐自身"短板"。当前,各高校应当重新审视自身的人才培养方案,充分利用自身优势,对标"一带一路"建设要求,培养具有一技之长的涉外法治人才。综合性大学应当利用多元学科背景培养学生的人文素养,在国际政治经济交往、文化交流中提供优质人才;专业政法院校应当充分利用自身优势,注重法学知识的完整性,利用丰富的司法资源培养法律实务人才,为政治交往和经贸交流提供法律咨询、风险防控和争端解决贡献力量;专业大学的法学院则应做好"法学+其他学科"的"复合型"人才培养工作,为"一带一路"的五通建设保驾护航。

由于"一带一路"所涉国家多,覆盖范围广,任何一所法律院校都无法保证培养对口的法治人才。因此,应当注重发挥高校区位优势,利用好与沿线国家的地缘关系,将不同地区的需求与法治人才的培养有机结合,培养"专精一面"甚至"专精一国"的涉外法治人才是"一带一路"倡议下涉外法治人才培养的可行方案。例如,西南政法大学依托中国—东盟研究中心,打造具有西南政法大学特色的涉外法治人才培养,学生毕业基本掌握一门东盟国家语言,才能熟练知晓东盟国家法律,为中国与东盟地区国家官方民间交流提供了人才保证。①

(三)建立人才培养联盟,形成法治人才培养合力

"一带一路"法治人才队伍建设是一项投入巨大、周期漫长的系统性工程。这项系统工程对涉外法治人才素质的要求是系统性和多元性的,因此,高校在人才培养过程中既要注重学生法学专业技能的培养,又要融合不同学科的知识背景还要重视对学生人文素养的熏陶,对一所高校的学科建设和教学资源提出了极高要求。以外语特色为例,专业

① 参见付子堂:《"一带一路"战略中法治人才培养模式分类探究》,载《法学教育研究》2017年第1期。

政法院校虽然设有外语学院,但是开设的语种专业较有限,①而语言类大学的法学院又存在司法资源较欠缺的情况,一所院校仅靠自身的努力难以很好地完成新时代、新背景、新要求下的中国法治人才培养的历史使命。根据当前统计,我国高等教育领域,专门针对"一带一路"的高校战略联盟已成立多个,②但是已有的高校人才培养战略联盟集中于职业教育、工程教育、标准化教育等学科领域,中国政法类专业院校只有甘肃政法大学加入了丝绸之路大学联盟,因此,有必要建立"一带一路"倡议下的中国涉外法治人才培养共同体,即"一带一路"涉外法治人才培养高校联盟。

首先,涉外法治人才培养高校联盟应广泛吸收3个类别的法治人才培养单位,吸收有代表性的专业法学院校、综合性大学和专业大学法学院,特别是语言类、财经类以及其他"一带一路"相关行业领域的知名院校。同时,还应当吸收"一带一路"沿线国家的知名院校,打造成员覆盖面广、学科背景丰富的法治人才培养联盟。其次,联盟应以为"一带一路"建设提供高质量法治人才为目标,在教学资源共享、师资队伍共建、法科学生交流等方面开展务实合作,互通有无,保证人才培养的系统性和全面性。最后,涉外法治人才培养联盟以服务"一带一路"倡议为出发点,成员涵盖国内各类法治人才培养单位和沿线知名学府,其成员的代表性、综合性更强,合作领域更为集中,具有合作建立的重要意义。

四、结语

"一带一路"倡议的成功实施需要大批能够胜任涉"一带一路"法律事务的专门法治人才。加强"一带一路"涉外法治人才培养的研究和实践已成为国家部委和地方高校的共识,宏观文件的指引和地方高校的实践也陆续开展。但是,中国涉外法治人才培养还有许多问题亟待解决,完善涉外法治人才培养,服务"一带一路"倡议建设还有漫长的道路要走。笔者相信,随着"一带一路"建设的深入推进和中国法治人才培养的不断探索,终将解决涉外法治人才培养的困境,中国涉外法治人才培养的数量和质量终将取得大幅提升。

---

① 笔者在立格联盟成员高校官网进行搜索,各专业法学院校开设的外语语言专业情况如下:中国政法大学5门(英语、俄语、德语、西班牙语、法语)、中南财经政法大学4门(英语、日语、俄语、法语)、华东政法大学3门(英语、日语、德语)、甘肃政法大学1门(英语)、上海政法学院2门(英语、俄语)、山东政法学院2门(英语、日语)、河南财经政法大学2门(英语、俄语)。与沿线54个语种相比,专业政法院校语言教育资源十分有限。

② "一带一路"高校战略联盟主要包括丝绸之路大学联盟、"一带一路"高校联盟、"一带一路"中波大学联盟、丝绸之路职业教育联盟、"一带一路"职教联盟、中巴经济走廊大学联盟、"一带一路"标准化教育与研究大学联盟、"一带一路"工程教育国际联盟。参见朱以财、刘志民:《"一带一路"高校战略联盟建设的现状、困境与路径》,载《比较教育研究》2019年第9期。

具有国际化视野的“双师型”高水平师资队伍建设是我国涉外法治人才教育培养的关键环节

崔艺红*

摘　要：在经济全球化不断加深的时代背景下，由于中国政治、经济、社会的国际化发展，具有涉外因素的政治冲突、经济利益矛盾与社会关系纠葛随之愈益频繁和激烈，客观上形成了对涉外法治人才的巨大需求，因而促使法学教育的国际化发展。尽管在互联网科技突飞猛进的背景下，教师并非知识的唯一来源，但在学院教育中，教师作为知识的输出者、学生作为知识接受者的基本关系仍然是无法否认且无法改变的客观存在。基于法学专业师资队伍是法学专业理论课、法学专业实践课的传授主体，更是法科生专业理论素养、专业实践能力、创新精神与国际化人才培育的导师。因此，具有国际化视野的“双师型”高水平师资队伍建设是我国涉外法治人才教育培养的关键环节。

关键词：涉外法治人才培养　国际化视野　双师型教师

改革开放以来，特别是自中国加入世贸组织以来，经济全球化对我国政治、经济、社会乃至法律与文化均带来了全面而深刻的影响。由于中国政治、经济、社会的国际化发展，具有涉外因素的政治冲突、经济利益矛盾与社会关系纠葛随之愈益频繁和激烈，客观上形成了对涉外法治人才的巨大需求，因而促使法学教育的国际化改革与发展。而“一带一路”倡议构想的内容更是与法律息息相关，给中国法学教育的国际化提出了新要求和严峻挑战，也为中国涉外法治人才的培养带来了新机遇。受制于高等教育的本质属性，在构成教育活动的三大基本成分或构成要素中，较之受教育者和教育影响（包括教育媒体、教育内容、教育手段、教育活动方式、教育环境等成分），教育者起到了决定性作用，因此，“双师型”高水平师资队伍建设因而是我国涉外法治人才教育培养的关键环节。

一、法学师资队伍建设是我国涉外法治人才教育培养的前提和基础

教师作为一个古老职业，其职业行为方式在世代传递上比较稳定。有人描述说：如

---

* 西安财经学院法学院教授。

果一个穿越到今天的100年前的医生已经不可能再去给今人治病,但是一个100年前的教师来到今天的学校,只需掸去身上的尘土,同样可以成为今天的教师。① 此说或许过于偏颇,却真实反映了当今教师的教学方法并未与时俱进的客观事实,但同时却形象地表明了教师在学院教育与人才培养中不可撼动的基础要素地位。

"师者,所以传道授业解惑者也。"任何先进的教育教学理念的贯彻实施,都要依靠一支稳定的专业教师队伍来实现。尽管1个世纪以前的教师,是以传授先人知识、延续社会文化为己任,但这并不影响其在下一个100年,仍将以传授和加工、生产知识、延续和创造社会文化为其主要任务。当然,其教学方式、地位与权利会大有不同。因为教师将由知识的传授者转变为学习的指导者、促进者、塑造者。教师是教练,学生对他们自己的教育具有更多的权利和责任。②

涉外法治人才培养的前提和基础必定是要拥有一支高水平的专业师资队伍,进而承担起法学专业基础课、专业核心课与专业选修课等共计20余门专业课程的传授任务,从而为涉外法治人才培养提供法律环境、法律氛围,循序渐进地培养他们的法律意识、法律思维、法治观念和法律分析能力,使其逐渐具有法律人的基本专业知识与理论水平,为其从事涉外法律实践活动奠定坚实的专业理论功底。为此,高校法学专业教师作为法律专业知识的讲授者,必须具有深厚的法学理论功底和教师职业素养是确定无疑的。

近年来,随着我国经济社会对外开放程度的不断深化,各种新型社会矛盾和具有涉外因素的利益纠纷客观上对法学专业教师的专业理论水平和专业实践能力提出了新诉求。为此,各专业性法学院校和综合性大学的法学院系对法科教师的任职资格有了更高的标准和更严格的条件,如对本单位现有教师在职称评定上提出了博士学位、较高科研水平甚至应具有海外留学背景等新要求。此外,要求新进教师必须是法学博士且获批主持省部级以上课题或业已出版专著,或在核心期刊公开发表论文数篇等,有些院校甚至要求应聘者的本科、硕士、博士均为法科,即所谓的"根正苗红";若是人才引进现职教师,除要求博士学位外,还必须具有副教授以上职称并在科研方面具有一定的建树。上述要求无疑确保了法学专业教师的专业理论素养,为涉外法治人才教育培养奠定了坚实的师资队伍基础。

二、"双师型"高水平师资队伍建设是我国涉外法治人才教育培养的核心

众所周知,法学是一门专业性、应用性、实践性极强的学科。因此,法学专业教师除拥有深厚的专业理论知识外,还必须具有能够灵活运用专业理论知识应对和解决司法实践中的现实具体问题的专业实践能力,即司法实践技能与经验,该专业技能的水准可以其是否获得法律职业资格考试A级证书并是否持有律师(兼职)执业证为准。很难想象,一个仅有法律专业理论知识却没有司法实践的技能与经验积累的教师,就能够承担

① 参见傅道春:《大学教育要素的重新确认与组合》,载《北方论丛》2009年第3期。

② 同上。

起涉外法治人才培养的重任。因此,“双师型”高水平师资队伍建设是我国涉外法治人才教育培养的核心。

实际上,1988 年教育部出台的《面向 21 世纪深化职业教育教学改革的意见》就明确提出了“双师型”教师的概念,是指既懂理论又懂实践,既能教授理论课程又能指导实训课程,既具备高校教师资格,又具有相关的专业等级证书的教师。① 从 20 年后的今天来看,法学“双师型”教师应当是具有硕士及以上法科专业教育背景并具有教师任职资格证书以及中级以上职称和法律职业资格证书或律师执业证书,具有法律执业能力,并长期或曾经在司法一线工作,具有较丰富的司法实践技能与经验的高水平专业教师。目前,法学专业课程中的专业实践课模块所设置的一些课程,如律师与公正实务、仲裁实务、司法文书写作实务等,尤其需要高水平的“双师型”教师来担当,从而将课本与学院教育中缺失而“双师型”教师在司法实践中累积的执业经验与教训传授于学生,强化在校生的专业实践能力培养,增强他们社会化、职业化的竞争力,使他们得以快速成长。

在实践中,由于“双师型”教师队伍的建设时间短,特别是很多高校存在建设理念偏差、简单效仿、脱离实际、投入不足等问题,导致“双师型”教师的培养出现师资能力不强、结构不合理、来源渠道狭窄、教师培训环节薄弱、教师评估环节缺失等问题。加之各高校职称评定体系重科研、轻教学以及实践型教学劳动投入得不到应有的尊重和认可等原因,导致法学专业教师不能同时在理论和实践两条线上并驾齐驱、均衡发展,②降低了青年教师参加国家统一法律职业资格考试的积极性,进而导致国内多数高校法学专业“双师型”教师数量普遍偏低,连教育部 2003 年《高职高专院校人才培养工作水平评估方案(试行)》中“优秀高职高专院校的专业基础课和专业课中的具有‘双师’素质的教师比例应达 70% 以上、合格级应该过半”的要求都无法达到。调研发现,多数院校法学专业“双师型”高水平教师的占比甚至达不到 20%,的确堪忧。

三、具有国际化视野的“双师型”高水平师资队伍建设是我国涉外法治人才教育培养的关键

目前,法学教育需要国际化,几乎成为主流法学院校的共识。这种共识的主要基础是经济全球化,因为经济全球化对法律人的素养提出了全新要求,其典型表述是:“经济全球化要求造就通晓国际法律规则和实务、具有极强的外语交涉能力的外向型、国际型、复合型法学人才。”③因为国际秩序的建构涉及国际规则的制定和运用,因此,法律人才应该具有国际眼光和战略,通晓国际条约和国际惯例等规则,外语语言能力是其基本素养。

邓小平曾经指出:“一个学校能不能为社会主义建设培养合格的人才,培养德、智、体

① 参见赵相岐:《“双师型”师资队伍建设的意义及途径》,载《宁夏教育》2009 年第 3 期。

② 参见黄维:《法学专业双师型教师队伍建设探讨》,载《南阳师范学院学报》2019 年第 2 期。

③ 参见韩大元:《全球化背景下中国法学教育面临的挑战》,载《法学杂志》2011 年第 3 期。

全面发展,有社会主义觉悟的有文化的劳动者,关键在教师。"[①]这说明,在知识经济愈益发达的当今世界,任何先进的教育教学模式的实施,都离不开一支高素质的教师队伍来实现。党的十八届四中全会明确提出了加强涉外法治建设的意见,为此,2019 年 2 月 25 日习近平总书记在中央全面依法治国委员会第二次会议的重要讲话中指出,要加快推进我国法域外适用的法律体系建设,加强涉外法治专业人才培养,积极发展涉外法律服务,强化企业合规意识,保障和服务高水平对外开放。在此背景下,拥有一支专业理论功底扎实,司法实践经验丰富且具有国际化视野的"双师型"高水平师资队伍更是涉外法治人才的培养教育的关键。

涉外法治人才严重短缺是我们面对的严峻现实。总体而言,中国法学人才的国际性、应用性、复合性、创新性存在诸多问题,确实无法满足日益发展的国际化法治的需要。而且,由于涉外法治人才的培养是一个系统工程,不能一蹴而就,因此,法学教育的国际化对学生和老师均提出了很高要求,相关办学成本很高。虽然相关建议提出了多年,但法学教育的国际化发展仍然有限。国家发展迫切需要优秀的国际性法律人才,而既有的法学教育体系并没有承担相应的重任,未能做出应有的贡献,因而未能呼应社会现实的需求。[②]

不容乐观的是,我国法学专业"双师型"高水平教师的占比较低的现实,法学专业具有国际化视野的"双师型"高水平教师的占比则更少。涉外法治人才的内涵要求,决定了其人才培养不能仅靠法学院系。因为涉外法治人才必须是具有国际视野、通晓国际规则、善于处理涉外法律事务、能够参与国际合作与国际竞争的高端复合型法律人才,其至少需要具备三个方面的能力:一是能熟练运用外语进行有效交流与谈判,即精通外语(尤其是英语);二是通晓国际规则,精通国际谈判,能够参与国际法律事务并能发出自己的声音,维护国家利益;[③]三是具有灵活适用国际法及其原理解决国际关系领域新的矛盾、纠纷与问题,甚至参与创制新的国际规则的创新能力。涉外法治人才这 3 种能力的培养是相辅相成、不可偏废的,客观上对师资也有了更高的要求。

面对国家外向型经济发展对涉外法律人才 3 种能力培养的现实需求,一些院校通过"走出去请进来"的政策,加大具有国际化视野的"双师型"高水平教师的培养与引进力度。其中的"走出去",一是增加法学专业教师国内进修发展机会,鼓励教师通过教育进修、培训,提升"三国课"(国际法、国际私法与国际经济法)教师的"双语"(母语和某种外语)能力、双师能力和素质。例如,通过参加外语与职业能力培训,到高水平院校访学或学历学位进修,通过"双千计划"到实务部门挂职锻炼培养司法实践能力。二是走出国

① 邓小平:《在全国教育工作会议上的讲话》,载邓小平:《邓小平文选》(二),人民出版社 2001 年版,第 108 页。

② 参见杨灿明:《"一带一路"与中国法学教育的国际化》,载《法学教育研究》2017 年第 1 期。

③ 参见张法连:《我国涉外法治专业人才培养是系统工程》,载《法制日报》2019 年 3 月 13 日,第 12 版。

门，利用出国访学或国外交流培训等形式，有计划、分批次选派各级教师深造，鼓励教师获得海外留学背景或取得相应的学历或从业资格证书。而“请进来”，一是通过合同制引进本地区在业界有一定影响力、实践能力强的专职或兼职法学专业带头人，这些专家、教授多具有很高的理论研究水平与丰富的司法实践经验，可以带领本专业培养更多的“双师型”高水平教师，从而突破个体层面的培养，进而推动教师队伍整体素质的提高。二是通过校、院合作实践模式，引进司法机关的职业法官、检察官，引进经验丰富、热心教育的执业律师参与法学实践性课程的讲授，从而在学校和法律实务部门之间建立合作实践的交流模式，以互帮互助，互相配合，互相交流与学习，使法学理论与司法实践紧密结合，从而服务于我国涉外法治人才的教育培养。

上述的“走出去请进来”的政策对于提升涉外法治人才的前两种能力无疑是有效的。但是，关于涉外法治人才法律英语能力的提升，目前很难在我国的法学院系实现，尽管有些院校法学专业的“三国课”已开展“双语”授课。因为法律英语并非“法律 + 英语”，而是英美法国家以普通英语为基础，在立法和司法过程中逐渐形成的、具有规约性的语言变体。法律英语是专门用途英语（English for Specific Purposes，ESP）领域最重要的分支，是系统独立、内涵丰富、实践性很强的新兴交叉学科。法律英语是法律和英语有机融合的专业语言，绝不能把法律和英语割裂开来学习。因此，涉外法治人才的培养要从培养坚实的法律英语语言基础开始。① 由于法律外语能力的培养目前很难在我国的法学院系实现，客观上必须与外语院系联手才能承担起法律外语能力培养的重任，也才能有效夯实涉外法治人才的国际竞争力。

综上所述，由于教师与学生这两个教育关系的基本主体之间客观存在“教”与“学”的基本关系，因此，尽管在科学技术、知识经济突飞猛进的当下，教师并非学生获取知识的唯一来源，但在学院教育中，教师作为知识的输出者、学生作为知识的接受者的基本关系仍然是无法否认也无法改变的客观存在。基于法学专业师资队伍是法学专业理论课（包括专业基础课、专业核心课、专业选修课）、法学专业实践课的传授主体，是法科生专业理论素养、专业实践能力与创新精神培育的导师，因此，具有国际化视野的“双师型”高水平师资队伍建设是我国涉外法治人才教育培养的关键环节。

---

① 参见张法连：《我国涉外法治专业人才培养是系统工程》，载《法制日报》2019 年 3 月 13 日，第 12 版。

敬畏规律,熟悉规矩,遵守规则

——高素质涉外法律人才培养的思考和建议

刘　驰*

摘　要:本文着重讨论中国法学院教育如何提高毕业生就业率和雇主满意度。第一部分讨论中国涉外法律人才市场的可能规模,不同雇主的潜在涉外法律服务需求,以及高素质涉外法律人才需要在中国法和外国法两个领域平衡发展的专业要求;第二部分讨论中国法学院如何有针对性地调整课程设置及教学方法,学生如何扬长避短,在中国主场用汉语母语学好40年改革开放发展起来的中国法,立足成为优秀的中国律师并且在机遇和财力允许的情况下留学外国;第三部分讨论高素质涉外法律人才在工作中如何应对中国国内的营商环境与国际营商环境的差异化所带来的挑战;第四部分讨论中国涉外律师在具体涉外案件审理和项目谈判中所需要具备的职业操守和专业要求。

关键词:涉外法律人才　就业率　雇主满意度　法学院教育

全国政协主席汪洋在2020年4月17日双周会中指出:“当今世界正经历百年未有之大变局,中国日益走近世界舞台中央,这是一个需要也一定能够产生大批高素质涉外法律服务人才的时代。”笔者认为,如能围绕提升法学院毕业生就业率和雇主满意度这两个关键指标进行涉外法律人才培养,这个战略目标是可以实现的。

一、涉外法律人才市场的规模和分类

本部分围绕3对核心利益相对方的3个核心要求——客户要求、雇主要求和教学要求进行分析。第一对利益相对方,我方客户及其外国相对方对于涉外法律服务的要求;第二对利益相对方,各类雇主的用人要求及毕业生和有工作经验律师的应聘策略;第三

* 北京市君泽君律师事务所合伙人。1980年考入北京大学法律系,1986年赴美国费城天普大学(Temple)法学院学习,1987年获得第一个美国法学硕士学位。毕业后在中美律师事务所从事涉外律师执业,期间曾担任过美国和中国跨国公司的法务总监,数个国际仲裁中心仲裁员和国际组织官员,以及北京数家法学院的客座教授及研究生课外导师。2011年赴美国加州大学洛杉矶分校(University of California,Los Angeles,UCLA)法学院学习,2012年取得第二个美国法学硕士学位。

对利益相对方，中国法学院及其主管机关根据客户和雇主要求做出的教学及教程调整。因为篇幅所限，一部分内容将在以后讨论。

（一）客户要求、雇主要求和教学要求简述

图 1 中讨论中国涉外法律服务人才培养中几个核心要素：客户/雇主分类及规模、中外法律业务需求比例以及涉外法律教育门槛等。图 1 中所有分类及数据仅为方便讨论而随意选取，读者需要进行独立调查取得独立数据后作出独立判断。这个示意图所设定的假设数字 4 万人，既可能包括了现在所有的“全职” + “兼职”的涉外法律人才数量，也有可能是未来某个时点的规模。这里想要提出的问题是：国内法律业务和涉外法律业务各占比多少时才能保证涉外法律人才的质量？

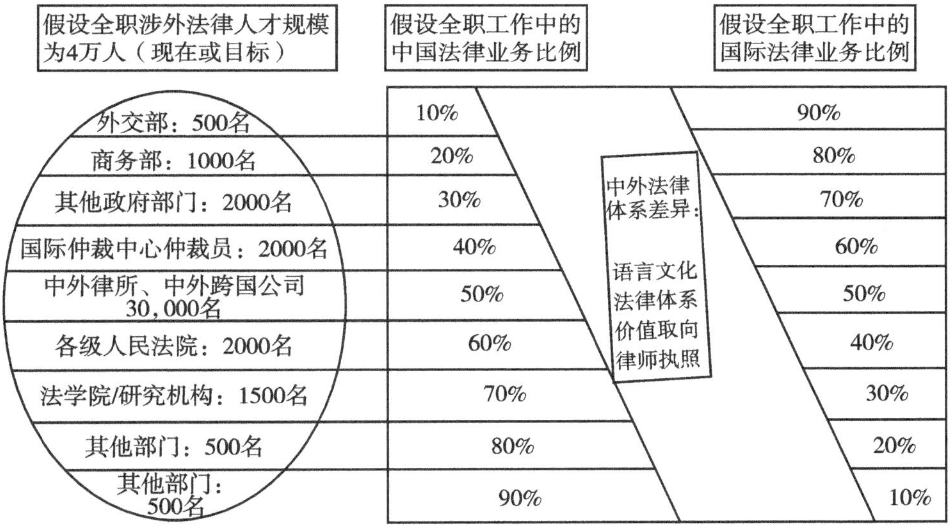

图 1　涉外法律人才市场规模及业务构成（所有分类及数字均为假设，供讨论使用）

如何阅读图 1？

1. 选择 4 万人为讨论数字是因为中国 14 亿人口中大约有 40 万名律师，美国 4 亿人口中大约有 400 万名律师，这 4 万人相当于中国律师总数的 1/10，美国律师总数的 1%。选择律师作为对标群体是因为律师是涉外法律人才中对抗性最直接和最强的群体，他们的表现与客户利益直接相关。既然中国客户的谈判相对方主要是美国、日本、欧洲等国，特别是美国的政府、公司、组织和个人，他们多从这 400 万律师人才库中选择代理律师，为保证中国客户利益，中国高素质涉外法律人才的群体培养和衡量标准必须对标那些优势突出的英美法国家的律师群体。

2. 4 万人的分布仅为描述涉外法律人才市场的橄榄型构成。中间 3 万人为涉外法律人才最集中的中外律师事务所，中外跨国公司法务部，他们既是涉外法律服务的最大客户,也是最大雇主。本文重点讨论这部分人群的供求关系,涉及公务员考试和硕博学位考试的部分人才培养参照涉外律师的培养。

3. 选择外交部的500名人员配置是假设条法司聘用100名各类国际法专业律师和人员,派遣400名律师和人员进驻400个驻外使领馆及加入国际组织法律部或争端解决部门。这个数字只是用来确定国际公法作为一个"生物种群"存续和发展的最低数量,即有多少需求才有可能吸引学生报考,维持就业和复兴国际法。国际公法是一个典型的需要经过在职培训才能成才的领域,因此,没有设立国际法专业的法学院的教育重点在于,保证那些找到国际公法领域工作的学生和律师具备扎实的法律基本功,可以通过有效在职学习和培训最快进入工作状态。

4. 图1显示在中国境内执业的涉外法律人才在工作中会同时涉及各种形式的中国及外国的法律服务,而其中外国法律内容的比例势必会影响所谓的"全职或者半职"的问题。如何定义涉外法律人才,判断标准是什么?是由客户、雇主、同行还是客户的相对方或者竞争对手来判断?如何解决涉外法律人才的"可信度"和"含金量"问题?如何避免因为夸大宣传或者无能代理而给客户所带来的"虚假安全感"?

5. "中外法律体系差异"展现了客户需求、雇主期望和培训难度:需要经过什么样的外国法培训和有多少涉外法律服务实战经验才能成为高素质涉外法律服务人才。两个法律体系的教育,外国律师执照、实习、工作、实战和在职培训中哪些环节是可以减少或者忽略而仍然不影响成为一个高素质的涉外法律人才?在现行的国内外政治和经济形势下,哪些是连接两个法律体系教育和培训的有效路径、桥梁和窗口?

(二)中国法学院毕业生和律师的就业规划调整

这道"中外法律体系差异"鸿沟决定了中外客户对于高素质涉外法律人才的需求跨越两个法律体系,也就决定了中国法学院毕业生必须经过在中外律师事务所和中外跨国公司的实习,工作以及在职培训才能成为高素质涉外法律服务人才。因此,学生的职业规划就有了以下3种可能性。

上策是先成为优秀中国律师,再成为优秀外国律师,这对于绝大多数学生来说是不可能的,故不讨论。下策是成为普通中国律师,之后成为优秀外国法律翻译,因为一部分优秀学生把有限的在中国法学院学习时间放在了学习英语和准备留学上,没有专注于打下坚实的中国法基本功基础,到了外国法学院学习时发现自己没有"中国法"这根"拐棍"来提高学习效率,中外法学院毕业之后既丧失了成为优秀中国律师的可能,也把外国法学院留学变成了加强版的法律翻译课程。

笔者建议学生选取中策,首先成为优秀的中国律师,然后在有机遇和财力情况下经过"实战"再成为合格的外国律师。在中国主场用母语中文学习改革开放40年发展起来的中国法,并从4万名中国涉外律师中脱颖而出已经很不容易,想在外国客场作为外国人用外语了解别国400年积累下来的英美法,然后从数量众多的外国律师,特别是从400万名美国律师中脱颖而出的概率可想而知。

这就要求学生在中国法学院学习期间专注于学习中国民商法，学习外语和外国法不能挤占学习中国法时间。之后能否留学并取得纽约、加州或者外国律师执照，能否得到机会在中外律所和中外跨国公司法务部实习和工作，从而成为一个优秀的中国律师加合格的外国律师在很大程度上取决于机遇、财力、努力，而非完全取决于个人努力。

在现行国内外政治、经济和疫情防控形势导致出国留学和可选择的外国法学院受到影响和限制的情况下，法学院学生需要寻找有效的桥梁和窗口来继续外国法部分学习。清华大学与美国天普大学合作举办的法学硕士学位教育项目是一个符合各项期望的选项。该项目于1997年启动，至今已超过20年，是迄今为止在中国执行时间最长的合作办学法律项目，至今共培养美国法学硕士学位学生823名(含在读)，在职人员377人，短期培训毕业生超过1500名。笔者作为该校硕士学位毕业生，以外部律师身份为该项目取得中国政府批准提供了法律服务。①

(三)中外雇主对于学生和律师的不同满意度期望

除非一些外国律师事务所和跨国公司有明确要求，否则取得外国律师执照并非成为优秀涉外法律人才的必备条件，但在职工作和在职培训是必备条件。这些雇主虽然业务领域不同，但从根本上来说都会考评毕业生和有工作经验的律师是否具备与其年龄、资历相等的法律检索、分析、写作、策略制定和实施以及快速学习等方面的能力，是否具有可持续发展的上升空间以及学生和律师对于中国法和外国法“你中有我，我中有你”的理解掌握和实际运用能力。因此，学生和法学院都要围绕客户和雇主的这些要求进行教和学。

(四)中国法学院对于学生就业和雇主需求的支持

经过前述分析，笔者认为，法学院应以保证学生就业率和雇主满意度为核心进行课程调整，从外国法学院引进更多法律方法和写作等方面的课程和师资，在两个法律体系之间搭建一个桥梁，便于中国学生去外国法学院留学时以最快速度进入状态，并对那些具有工作经验的涉外法律人才进行持续性培训。如果涉外法律人才培养的最终目标是对标美国律师或者其他外国律师，则中国法学院的涉外法律人才教育也应对标这些外国法学院，这是对现有法学院教材、教学和教师的一个重大挑战。这部分问题将在下一部分中详细分析。

二、培养法学院学生“像律师/法律人那样思考”

本部分标题所述“律师/法律人”包括了律师、法官、检察官、政府律师和法学教授等，律师在这里只是法律专业人士的一个统称或简称。笔者不了解公检法和政府部门对于

---

① 在1979年邓小平历史性访美期间，天普大学在美国首都华盛顿授予了邓小平荣誉法学博士学位。邓小平称其“不仅是个人的荣誉，也象征着美国人民对中国人民的友谊”，由此拉开了中美两国法律交流的序幕。20多年过去了，中美两国现在比以往任何时候都需要维持和加强人民和人民(people to people)之间的交流，而“清华—天普项目”可以为加快培养中国高素质涉外法律人才队伍提供急需的帮助和珍贵的桥梁。

法学院毕业生的要求,故在此只就律师行业的要求进行讨论。法学院教育和学生就业后的雇主“在职训练”是法学教育紧密相连的两个部分:法学院培养学生的法律思维和方法论,以便于学生在工作中能够生存并成长;雇主在职训练是把毕业生这个半成品锻制成可以解决实际问题的专业人士。

因此,“像律师/法律人那样思考”有两个层面,一个是理念,另一个是技术。技术层面在后面再讨论。首先,理念层面是指律师事务所聘用最多的法学院毕业生,因此,法学院教育应当首先为学生就业打下基础。其次,客户不会为律师的废话付费,律所及合伙人也不会为律师的无效工作支付工资,因此,法学院教育要围绕提高包括律师事务所在内的雇主的满意度而服务。最后,律师可以为非诉交易双方的任何一方或争议双方的原被告任何一方提供服务,律师的服务范围和客户群体要比其他法律领域人士更加广泛和不确定,而且有了律师事务所的训练之后可以去从事其他法律工作,这就是为什么国际上一些法官和教授和企业首席执行官(Chief Executive Officer,CEO)都是律师出身,因此,法学院在培养学生的职业操守和专业精神方面是第一责任人。最后,律师要面对客户、对方当事人、竞争对手、政府、法院、媒体和律师协会的监督,有因无能代理或者不当行为而被吊销执照的执业风险,这样的工作环境使“像律师/法律人那样思考”不仅是法律人的最高职业要求,也是最低的生存避险要求。因此,“像律师/法律人那样思考”为法学院教学提供了一个准确的行业标准和完整的标尺体系。

目前,中国的法学院教育有4年制本科加3年制研究生,3年制的非法学法律硕士,2年的法本法硕,非全日制的法律硕士等各种课程设置。报考4年本科的学生在高考之后18岁进入法学院学习,几乎没有多少社会经验,而3年制的非法学法律硕士的学生已有其他本科学位,甚至有社会经历,这和美国法学院3年J.D.(Juris Doctor,J.D.)教育有些类似。因此,中国法学院的重要目标就是如何在4年或者7年的教育中将这些高中生培养成比美国3年J.D.学生还要优秀的法学毕业生。本文只讨论4年制本科和3年制的非法学法律硕士的课程设置和学习计划。

从法学院教程设置角度而言,如何保证法学教材体系,授课内容体系和社会需求相结合,既教授学生体系化知识、培养法律逻辑思维,又兼顾问题解决和快速学习能力,在传统的法学院教育基础上发展诊所式律师教育学院,甚至是以诊所式教育为主的法学院是今后中国法学院改革的方向。从法学教师和教材角度而言,如何通过培养学生独立思考,运用法律和对案件评判的能力来有效和务实地增加学生做人和做事的道德诚信基本素质是其关键。从学生和教师角度而言,能否有意愿、意志、体力和知识结构来承受远比现在的学习强度高很多的新的法学院教育方式是有待确定的问题。

1.学分设置

在一些中国法学院本科的160~200个学分中,目前约有40~60分涉及学生广泛就业所需要的中国民商法基础课,这只相当于4年之中只有1年的法学院教育。一些冷门的部门法课程设置如果不能帮助学生提高就业率和雇主满意度,那就至少应当在教授法律方法论而非“屠龙知识”方面有所侧重。如果在本科时期没有打好基础,进入研究生之后因专业方向更加狭窄而没有通过法律方法论扩展自己学习领域的可能,反而从就业上越走越窄。从这个意义上来说,要慎重扩大双学位教育,因为任何一个专业都极为博大精深,专注学习一门都难达到雇主期望,何况双学位学习,所以复合型人才培养应当基于保证学生就业和提高雇主期望值和满意度来进行。

2. 以方便学生就业为目的设置课程和论文要求

目前,一些过细的法学院专业划分不一定有利于毕业生就业,一些法学院开课的重点是服务教师而非学生,而不是教师服务学生。无论如何,都要着重培养学生的快速学习能力以保证学生在找到工作后,在法学院期间没有选修过课程的工作领域仍能够独立学习,快速进入状态。这就意味着调整课程设置,即便是开设的某些部门法课程,也应当放在培养学生的学习能力而非灌输知识上。在这个基础上,毕业论文写作也应当侧重于帮助学生找到合适的工作,加强学生就业后的法律检索和文章写作能力,避免为了写论文而写论文,而允许学生选择一些看似前沿或者边缘的“屠龙之术”题目。

3. 教材、教学与教师改革

教学改革最难在于教材,教学和教师的改革。目前,一些法学院的教科书是按照法律体系讲述为主,案例为辅,教学以理论体系介绍为主,案例教学为辅。学生阅读教科书及听课,似乎每句话都认识,每个案例都明白,考试成绩也很好,容易导致学生的虚假安全感和成就感,不再花时间阅读案例。在这种情况下,一些教材和参考书就成为摆设。但是到了工作岗位如律师事务所,主管或者客户提交的散乱文件和海量信息很少是按照法律教科书形式和体系出现的,学生必须从头开始学习归纳整理证据、制定方案及写作文件。如果教科书体系改革为以帮助学生培养法律方法论和就业为核心,以案例教学为主,同时多聘用一些执业律师或者公司法务总监来进行授课,安排大量案例和文章阅读,扩充小组学习、讨论和辩论机会,培养学生总结和全局把握能力,就可以减少学生参加工作后再学习成本。

4. 像律师一样思考

笔者在美国天普(Temple)法学院和加州大学洛杉矶分校(UCLA)法学院的教授教会我很多知识,印象比较深刻的是教授们反复强调的几句话:“作为一名律师,问正确的问题,把事情联系起来思考、写作和辩论。”(Ask the right questions, connect the dots, and think, write and argue as a lawyer.)

经过多年的律师实践,才明白“询问正确的问题”(asking the right questions)很难,因为这既需要法律基本功,又需要法律想象力。具有法律训练的基本功,才能问出在法律体系之内的正确的问题,而具有法律想象力,才能将这些正确的问题组织连接起来,最终才有可能找到正确答案,否则仅凭经验和感觉难免有“瞎猫碰不上死耗子”的时候。

而“连接缺失的法律点”(connecting the dots)更难,因为问什么问题是自己可以控制的,但对方的回答或是支离破碎或是有意误导的信息,辨别对方回答对错,将对方回答连接成为完整的故事,从中找到缺失的法律点而进一步提问并不被对方带偏,最终还原当初的事实和证据,找到其中的适用法律,为今后解决问题制定策略和方案,这既需要法律判断力和想象力,又需要既见树木又见森林的全局把握能力。

而最难的是像律师一样思考、写作、辩论(thinking, writing and arguing as a lawyer)。因为高手过招,已经不是会与不会的问题,而是做与不做和如何做的问题,是分析、判断、策划、实施、应变和抗压能力的综合体现,是职业素养和价值观的体现。这需要建立在逻辑思维的基础上,通过反复大量的实践和写作获得。

5. 高强度学习和考试

美国法学院在3年的J. D. 学位学习中,安排了高强度课时学习,高强度阅读、案例分析和写作练习,高强度幻灯片演示及辩论以及高强度开卷和闭卷考试。只有通过这样的训练,才能培养学生的独立思考和对抗性思维,提升综合归纳能力,对于案件全局和证据细节的把握能力、检索和写作能力以及策略制定和实施能力等。

6. 学习强度的一些定性指标

(1)专注于教授和学习基础课;

(2)专注于教授和学习法律方法;

(3)专注于教授和学习法律检索和写作,确保在工作培训(on job training)中的快速和有效学习效率,特别是总结归纳和整合能力;

(4)专注于教授和学习争议解决(诉讼仲裁)方法和策略;

(5)专注于教授和学习中国法而非法律英语。

7. 学习强度的一些定量指标

(1)基础课程课时数;

(2)基础课程与部门法的比例;

(3)阅读教科书页数及其他辅助材料页数;

(4)案例数量;

(5)小作文次数;

(6)小组讨论次数;

(7)法律检索标准和要求;

(8)论文写作要求;

(9)考试时间;

(10)考试题目对于独立思考和整合能力的考验。

法学院的教学安排要保证学生在法学院学习期间把法学基本功打牢(改革开放40年的法律文献已经浩如烟海),特别注重民商法学习,培养和提升自身的法律思维、表达、法律写作和法律检索能力。改变教程设置涉及各方利益博弈,改变教学方法涉及教师去留,只有经过12年教育和高考磨炼的学生具备最大的适应能力,足以应对新式的高强度法学院教育。希望学生们可以通过几年的法学院学习,学到自由之思想,独立之精神的价值体系，并把它用在工作和生活中，成为专业和有正义感的高素质法治人才。

三、建设良好的涉外法律服务市场环境

本部分讨论中国涉外律师在国际客场实战、国内主场备战以及中国法学院学习的全局把握。敬畏规律，是指对待法律应如敬畏医学和自然科学；熟悉规矩，是指了解包括价值观判断在内的不成文行业惯例；遵守规则，是指信守不同利益相关方妥协之后所达成的书面协议。三者合一构成良好营商环境，三足鼎立建设良好涉外法律服务市场环境。

中国改革开放40年所培养的中国涉外律师最多只有30多年涉外执业经验，难以与面向全球客户的欧美律师群体进行全面竞争，特别是在外国执业和出庭需要取得当地律师执照的情况下，需要将自主培养涉外律师和借力外国律师相结合，所谓“韩信将兵，多多益善；刘邦将将，此乃信之所以为陛下禽（擒）也”。具体而言，就是在国内主场和法学院加大对涉外律师长期培养，多多益善的同时，在特定情况下或者在国际案件中委托外国律师为中国客户服务，但由可以做到“刘邦将将”的中国律师牵头、协调、配合、管理和监督外国律师。

（一）在国际客场中提升中国涉外律师的全局掌控能力

“知己知彼”既是经验上的推断，更是价值观的预判。根据笔者参与的国际案件调查和审理经验，很多重大问题决策都需要考虑政治、法律、商业和技术等几个基本层面（有时需要考虑其他层面，如宗教和媒体等）。虽然中外利益相关方都把政治考量放在首位，但因其内容不尽相同，因此，其各自作出的决策也不相同；交易各方虽然注重商业考量，但各自的价值优先可能不一样；技术考量虽然内容相同，但是目标不同，技术应用也就不同。设想一下，如果100多个国家中的几百个民族在国际舞台上都强调自己的特殊国情和政治考量，那么在上千种语言和无数文化之间，要么达不成协议，要么就是依靠“丛林法则”解决分歧。因此，法律考量，包括法律手段、法律文件和法律争议解决就成为国家、企业、群体和个人等各个利益相关方求同存异和实现各自目标的最佳路径。这就是王贵国委员在发言①中提到的1648年威斯特伐利亚和约所建立起的当代国际法律秩序基础，即主权原则、条约必须遵守原则和和平解决争端原则的实际体现。

中国客户往往在政治、商业和技术考量方面着力较多，法律考量关注不够。但法律考量这个弱项，特别是在“条约必须遵守”原则的理解和执行上的不足，已经成为中国客户在国际舞台上实现其根本利益的“瓶颈”。如果各方在上游的政治和法律考量方面已经产生重大分歧，特别是在价值观方面出现分歧之后，哪怕在下游的商业和技术考量投入再多也无济于事，因为上游政治及法律的价值观博弈决定了下游商业和技术的是否

① 即全国政协委员、浙江大学国际战略与法律研究院院长王贵国教授在2020年4月17日全国政协“建设高素质的涉外法律服务人才队伍”双周协商座谈会上的发言。参见王贵国：《疏论国际话语权》，载《国际法研究》2020年第3期。——编者注

交易。

成功项目或案件的结果都是一样,失败项目或案件的原因各有不同。笔者对于中国客户的建议是:在政治方面,多从国际利益相关方的治理结构,如权力制约与平衡、组织选举与表决、程序公正与实体公平、决策透明与媒体监督、个人荣誉和信仰等方面入手了解对方根本利益及其局限所在;在法律方面,多从合规、诚信和"条约必须遵守"等方面入手弥补自身的法律"短板";在商业方面,以基于原则的谈判代替基于立场的谈判;在技术层面,以中国律师联手外国律师,取长补短从而共同实现客户目标。中国客户使用中外律师的最佳方式就是举一反三,借助中外律师从决策机制、奖惩机制和纠错机制等方面帮助客户从根源上完善治理,从制度上避免客户再犯同样或者类似的错误。

在国际项目或者案件中协调中外各方关系的中国涉外律师作用至为关键。限于篇幅,这里仅提几点意见。

1. 会问正确的问题,并做到"既见树木、又见森林"。国际项目和案件还涉及法律之外的诸多因素,任何律师过往的知识和经验都不足用,会问正确的问题考验的是律师掌控细节的法律基本功和把握全局的想象力,如若做不到将给客户带来虚假的安全感,导致无法判断对错,进退失据。

2. 专业精神。在互联网时代,律师仍然是一个需要时间和经验打磨的工匠职业,是与医生、会计师和建筑师一样需要执照的专业人士。在与国际律师合作和其他利益相关方交往的过程中,亲力亲为必不可少。每个人的水平可以不同,努力却是一样的。

3. 能力越强,责任越大。高手过招往往是价值观博弈,客户与相对方的竞争也同时考验律师的价值观。"刘邦将将"中唯不惜代价毫无底线的做法需要抛弃外,律师需要在利益和原则之间做出正确的选择。

(二)在国内主场加强中国涉外律师的诚信与合规训练

美国、日本、欧洲各国营商环境差异极大,唯诚信与合规极为相似。如果中国主场诚信环境无法尽快改善,中国客户和律师在这方面没有经过国内主场的反复训练和备战,到了国际客场则难以制胜。相反,如果在诚信与合规方面国内主场缩小了与国际客场的差距,则中国客户与涉外律师的国际竞争力将得到极大提升,至少中国律师在客户管理,特别是期望值管理方面会省力不少。

1. 律师服务招标制度急需改革。包括笔者在内的很多律师在招标过程中经历过的"劣币驱逐良币"经验说明,只认低价、不以专业能力为选聘律师核心标准,表面合规的各种形式主义使最适合的中国涉外律师难以培养出核心优势。

2. 地方保护主义急需改正。例如,笔者数年来代理某外国客户追讨山东某国企所侵占几百万美元投资款,现该公司聘请一家著名律所在当地法院起诉,意图阻止外国投资者的合法退出。这样的诚信环境与这样的客户所培养出来的中国涉外律师就难以在国际市场打赢诉讼或者仲裁。

3. 鼓励中国客户更加关注合规和反商业贿赂。根据笔者在美国和中国跨国公司担任法务总监的经验，中国公司进入国际市场就要面临竞争对手、公益团体及律师、消费者、媒体和政府的各种法律挑战，如果中国客户关注最终结果甚于重视法务部和外部律师作用，在国际市场上将面临一系列涉及法律考量的“决策困境”，而遭受由此引起的损失就将是一起大概率事件。

4. 在证人出庭和伪证罪处罚方面急需更加严格规范。在笔者代理的国际案件中，由于中国客户较少受到这方面的训练，到了国外出庭时就可能给自己和自己的律师设置障碍；中国律师在国内主场较少盘问证人经验，到了国外客场就难以跟上庭审攻防节奏并进行有效代理。

5. 在涉外项目中增加按小时收费的比例来支持涉外法律研究，培养律师的工匠精神。在笔者代理的一些重要国际争议案件和项目中，中国客户按照小时费率支付外国律师，从每小时500欧元或美元起步到1000多欧元或美元不等，但却与中国律师按照项目收费，这在一定程度上造成了对中国律师的反向歧视。近期热播的电视剧《精英律师》中的一些场景或者收费并不完全反映中国涉外律师群体的典型工作环境和条件。在律师投入越多亏损越多的情况下，律师的一些自我保护做法不一定能够帮助客户实现利益的最大化。

不同于上一节讨论，国内主场的复杂性和特殊性决定了无法用一套方法解决所有问题，如何改善国内主场营商环境和律师工作环境考验所有人的智慧。

（三）在中国法学院培养学生像“律师那样思考”

根据多年的法学院学习和律师执业经验，笔者认为，培养中国涉外律师的最佳路径就是培养学生像律师那样思考，因为客户不会为律师的废话和失误付费，而律师必须在客户、相对方及其律师、法院、政府、同行和媒体以及律师协会职业操守要求等多重压力下有效工作。用培养律师的高强度专业训练教育学生，可以使其更能胜任不同法律领域的各种工作，从而方便学生就业及增加雇主满意度。根据笔者在中美法学院的学习经验，笔者认为目前中国法学院教育应当进行一定的改革。

综上所述，笔者认为，在国际客场由中国律师牵头，中外律师相互配合，在国内主场缩小与国际客场在诚信及合规方面的差距，并在法学院对标律师进行人才培养是落实党的十八届四中全会通过的《中共中央关于全面推进依法治国若干重大问题的决定》中关于“积极参与国际规则制定，推动依法处理涉外经济、社会事务，增强我国在国际法律事务中的话语权和影响力，运用法律手段维护我国主权、安全、发展利益”的有效手段。

四、中国律师在国际反兴奋剂争议案件中的全局观

用“西餐刀叉做开颅手术”是喜剧，“合不上”是悲剧，“砸医院”是闹剧。医学和科学领域敬畏规律是常识，但在法律和其他社会科学领域未必如此。令人痛心的是，一些客户和律师本人需要付出无可挽回的损失和代价才知敬畏“专业人办专业事，外行指挥内行会出事”的规律。

对于很多只从媒体报道上了解“反兴奋剂丑闻”的人来说，运动员检测结果差不多和普通人去医院体检时几个小时出结果一样简单直接,但实际上反兴奋剂检查、调查和辩护工作的复杂和昂贵程度远超普通人想象。比如,仅世界反兴奋剂组织(World Anti-Doping Agency,WADA)和中国反兴奋剂中心颁布的规章制度、禁用药品和方法清单、标准和程序等文件就超过1600多页,各方律师和各类专家需要依据这些规则在体育、医学、科学、法律、伦理、公关和政治等多个领域进行立体和全方位的博弈。

本部分是笔者作为体育仲裁员和辩护律师,审理和代理了一些国际和国内反兴奋剂和其他类型案件后的一些感悟和思考,即如何在有限的案件业务量情况下快速提升专业能力,在与外国律师和仲裁员的案件合作中静心领悟专业判断,在与以客户为中心的案件利益相关方的互动中培养自己和客户的规则意识,避免和减少不必要损失。

(一)敬畏规律

由于中国在预防和根除兴奋剂方面取得巨大成就,有限的兴奋剂违规案件数量难以使中国体育律师在短期内积累起丰富的辩护经验并在复杂的反兴奋剂案件中和一些可以在国际体育仲裁院代理全世界体育客户律师相竞争。但这并不妨碍中国律师对所代理的复杂国际性兴奋剂案件进行全局性协调。

第一,熟练使用英语或者法语阅读法律文件和与外国律师及仲裁员交流是前提条件。在不具备语言能力情况下代理客户的涉外争议案件并因此而导致不利后果,是构成律师"无能代理"的一个重要因素。

第二,基于法律方法论建立起来的快速学习能力是实现全局性把控的基础,只是涉外法律及国际出庭经验是无法用阅读案例所替代的。

第三,案件管理是中国律师全局把控的核心,包括法律检索、策略制定、文件起草、多方谈判、双语互译、客户管理、外国律师管理、风险控制、庭审询问、后续跟进、媒体博弈等。鲜为人知的是翻译质量对于庭审效果和效率,对于客户胜负的影响至关重要。在挑选和培训翻译上,中国律师必须要根据之前的涉外庭审经验作出预判,并在现场翻译无法跟上节奏的时候,要么要求放慢庭审节奏,要么自己代替翻译而挽回翻译质量所造成的庭审脱节和客户失利的局面。

(二)熟悉规矩

在与外国律师和仲裁员同行的合作中,笔者对他们把握行业惯例和职业操守的判断力多有敬意。这些规矩既有书面执业准则,又有行业数百年沉淀所形成的惯例,既保护客户利益,更控制律师执业风险。

比如,律师对内不向客户承诺不切实际的目标期望,对外除非案件必要而向媒体保持沉默。客户期望值管理实际上是对双方道德底线的考验:是否牺牲律师原则来满足客户要求,是否要求律师不惜代价争取客户胜利。

再如,某个证人是案件胜负的关键,所有的信息通过庭上取得就是制胜法宝,庭下取得就是威胁证人。所以说高手过招,胜负进退有时就是价值观的博弈。越是复杂和危险的"开颅手术",越是需要各专业人员的默契配合。在这个浮躁的"网红时代",越是需要敬重默默耕耘的工匠精神。

(三)遵守规则

经过多年的体育争议审理工作,笔者的切身观察和体验是,在有内部案件审核、竞聘或选举机制,特别是独立媒体监督的情况下,那些由资深律师或退休法官组成的仲裁庭比较珍惜自己的职业声誉,不轻易贪赃枉法或偏袒某个当事人、故意误判某个案件,而是要通过裁判来表现出自己的专业性和独立性。

但这并不排除某些仲裁员对于某些问题有不同认识或偏好,比如,在挑选仲裁员时就要考虑其更倾向反兴奋剂组织还是运动员等。中国客户应当谨慎把握自己的期望值,接受中外律师团队给出的专业判断,尊重裁决结果,在法律框架内行使自己的合法权利,拒绝被中外媒体利用也是影响案件胜负的关键因素。

此外,增加中国当事人在国际体育争议解决胜诉概率的关键在于从决策机制、奖惩机制和纠错机制入手,使规则意识成为"家教"的核心,保证当事人在国内和国外赛场内外"行为"的一致性,管理机构在训练比赛和争议解决的国内和国际成文不成文规则"执行"的一致性。

中国在国际体育治理中的地位特殊,是体育大国,但又不是规则制定者,所以中国体育律师必须引导中国当事人适应国际大环境,通过个案胜诉来提升整体管理水平,进而从全局提升中国体育代表团在国际体育赛事中的话语权。在国际体育争议解决中需要理解和掌握的全局观,恰如扁鹊三兄弟行医故事所言:"上医治未病,中医治欲病,下医治已病。"

法治人才培养机制

“学院—书院对接”视域下法律高端领军人才培养机制探讨

蔡科云[*] 邹爱华[**]

摘 要:领军人才是“关键少数”。眼界、魄力、气度是其“领军力”的外在表现。法律高端领军人才领军力的底蕴在于“德法兼修”。法学教育在专业化的同时,也应强调德法融合。通过“学院—书院对接”,以极具传统精英教育的精神记忆、文化符号——法学书院,突破高校专业分科、校内外办学壁垒,助力法学教育的全人教育、高端领军人才的智识教育。法学书院与法学院对接,其基本路径在于对内整合、对外拓展,运用大学能够沟通内外、整合“人、财、物”优势,适当突破高校“人事、师资、教务、学工、后勤”的壁垒,为法科精英的“主体探究、深度参与、德业兼修”提供精选师资、团队、项目的“全天候”卓越育人平台。

关键词:法治人才培养 法学院 书院 卓越法律人才

“千军易得,一将难求。”我国人才资源数量位居世界第一,但领军人才较匮乏,是发展人才战略的“短板”。习近平总书记指出,要充分认识培养领军人才的重要性,多在让领军人才具备“领军力”上花精力。《中共中央关于深化人才发展体制机制改革的意见》也强调,要改进战略科学家和创新型科技人才培养支持方式,抓紧培养造就青年英才等领军人才培养支持机制。对于法学教育的新时代新要求来说,“德法兼修”是习近平总书记在视察中国政法大学时对我国法学教育“坚持立德树人,培养高素质法治人才”的殷切期望。当前,中国法学教育的改革发展要回应“从法律之治到良法善治”的新发展理念,建设更高水平的法治文明。① 改革开放40年的法学教育从恢复到繁荣,既有学贯东西也有本土主体化意识的彰显。从法学人才培养到法治人才培养目标的转型,需要坚持质

---

* 湖北大学政法与公共管理学院教授,法学博士。

** 湖北大学政法与公共管理学院教授,法学博士。

① 参见张文显:《中国法学教育的改革发展问题》,载《北京航空航天大学学报》(社会科学版)2018年第2期。

量、特色和内涵式发展之路。[①] 法律高端领军人才培养,是法学教育金字塔的顶端,更应在厘清法律高端领军人才的核心要素基础上,因材施教、因才施策,重视法学院和法学书院"学院—书院对接"教育。

一、法律高端领军人才:职业道德+专业信念+团结思想

领军人才是"关键少数"。眼界、魄力、气度是其"领军力"的外在表现。政法队伍掌握权力大、社会关注度高,是社会公平、公正的守望者,更是抗腐拒变的"关键少数"。因此,政法队伍领军人才外树形象的同时,也要内强素质。"胸藏文墨怀若谷,腹有诗书气自华"描述的是传统仕君子修身、治国、平天下的由内之外、由近及远之内省之道。在全面建成小康社会进入决定性阶段、改革进入攻坚期和深水区、"一带一路"国家战略全面铺开的伟大民族复兴时期,政法队伍中的领军人才作为社会主义法治事业建设共同体中的决策者、衡平者,更应在职业道德、专业信念和团结思想方面具备一"端"、二"牢"、三"固"的领军人才素质。

(一)忠诚担当的职业道德要"端"

法律事业因为有了法治共同体才有了灵魂。而法治事业共同体的思想凝聚力中重要一环就是法律职业道德。波斯纳曾提出,各行各业不会因与"权力、金钱、地位"联系而丧失职业的特征,相反,随着职业规范的发展和有效的外部规制,能更加"职业化"。因而对领军人才的职业道德素质的自律与他律规范的科学结合,成了各行各业领军人物,也使其能够在纷繁复杂的利益冲突的环境中保持清醒头脑、理性方向判断。领军人才"职业论与个人论的争议、职业利益与法治利益的对峙"的化解,需要的是端正的事业心和职业道德心。也就是说,"端正"应当是领军人才的一贯优良作风。习近平总书记指出:"干事业要坚持正确用人导向,真正让那些忠诚、干净、担当的干部得到褒奖和重用。"一个政法单位、机构得到褒奖和重用的领军人物,对单位要真心实意、对工作要真抓实干,对群众要表里如一、真情实感、光明磊落、襟怀坦白,言行一致。亚里士多德曾经说过:"人类由于志趋善良而有所成就,成为最优良的动物,如果不讲礼法、违背正义,他就堕落为最恶劣的动物。"领军人物身处高位,手握权力,更应有强烈的正义感和使命感,忠于宪法和法律、忠于职守,政治强、作风正、品行端,从世界观、价值观方面深层次来要求自己,从灵魂深处保证职业道德水平和执业境界。

(二)追求卓越的专业信念要"牢"

领军人才有"德"是前提,但有"才"是其处于不败之地的根本保障。习近平总书记指出:"我们党历来高度重视选贤任能。要寻觅人才求贤若渴,发现人才如获至宝,举荐人才不拘一格。"在新的时代背景下,政法改革就是要让政法机关急需的"高精尖人才"在法学院校、法律职业教育机构中能享受到卓越培育,在国家的高精尖人才招录政策、绿

① 参见徐显明、黄进、潘剑锋、韩大元、申卫星:《改革开放四十年的中国法学教育》,载《中国法律评论》2018年第3期。

色通道中能进入政法队伍。① 而从根本上来讲,有技艺精湛的专业素质才是领军人才有平台、有岗位、有“赛道”的基础。“没有金刚钻揽不了瓷器活。”在法学院、法院、检察院、律师事务所等单位的领军人才转化为领军人物,其“领军力”的核心就在其“智识的运用能力”“语言的使用能力”“职业的掌控能力”三大方面的专业度和卓越度。首先,在专业知识上不仅要“广而博”,而且要“精而专”。也就是说,法律专业信念的“牢”不仅在于眼界、思想上的开阔,而且要追求智识、技术上的精专。其次,领军人才还要有卓越的“书面语言的运用能力”和“口头语言的应用能力”,能够在立法、执法、司法过程中说理清楚、说话精准、有理有据、以理服人,而不是有理说不出、固执己见或诡辩。最后,事业的竞争性、开放性、国际性决定了领军人才执业掌控能力的综合性和多层次性。领军人才不能仅仅埋头于本单位、本领域的小圈子,更要执着于知法之意,正法之术,有紧盯国内外先进法治理念、法制知识和政法科技大数据人工智能的高度和气魄,进行互联、互通、互鉴。领军人物拥有追求卓越的专业信念,才能立于潮头、带领团队、锐意改革,进而把事业提高到新水平。

(三)合人为群的团结思想要“固”

能力大者,责任也大。任何国家、民族都需要一群能力大的法治精英承担矛盾纠纷化解、合人为群的责任,这是人际形成和谐秩序,进而维持良性互动状态的社会治理、国家治理之关键。建设社会主义法治事业,团结才有凝聚力、向心力。作为政法单位某一领域的领军人才要虚怀若谷,以远大眼光,认识我们的时代并带领我们的时代。法治领军人物充当“风向标”,以上率下,没有稳固的包容心和团结思想是无法成行的。习近平总书记在《之江新语》中说:“懂团结是真聪明,会团结是真本领。”领军人才要有合人为群、和衷共济的真聪明和真本领,关键就是交心,能将心比心、以心换心。在政法事业中积极主动营造“团结、心诚、气平、量大、行正”的上下关系、人际关系、工作氛围。政法领军人物大事讲原则,小事讲风格,切实关心群众、支持成员、维护团队。与团队成员相互了解、相互尊重、相互包容,才能赢得更多的“谅解、支援和友谊”,消减怨气、戾气、不平之气。万丈高楼平地起。政法队伍中的领军人物只有靠“众人拾柴”之力,靠大家帮衬,才能做好。“孤家寡人”、包打天下的“超人”,是不能长久的。因此,正如习近平总书记指出:“用一贤人则群贤毕至。”这一贤人之所以能招引群贤,一定是能合人为群,己达达人,善用物质和精神激励,集合众人之力一起“撸起袖子加油干”的人。

二、一流法学教育内涵式发展的要求:“卓越主体”培育

当前,高等教育内涵式发展对大学的生命力和竞争力建设有新的、战略性的“指挥棒”作用。大学法学教育内涵式发展,需要在改革开放40多年的法学教育历史积淀中寻找比较优势,为中国特色政法事业培养后备军。目前形成共识的是,适应高等教育发展的新形势,大学法学院开展“卓越主体”培育,发展正义正气校园法治教育文化,引导法学

① 参见黄文艺:《新时代政法改革论纲》,载《中国法学》2019年第4期。

师生追求卓越。

一是“卓越学生”培育。大学的根本任务是培养人才。大学卓越计划,首先是提高人才培养质量,进行“卓越学生”培育。即从学生培养体系的视角、社会大环境的视角以及时代和未来需要的视角,大学相关部门和学院在优化培养方案和凝聚育人两个方面,坚持教书育人、育人为本这一核心办学理念,重视发挥学生主体性,重视法学本科人才培养,重视从校门到行门的法律职业精英教育。很多高校根据实际情况不断调整和完善实施方案,采取成长指导和人文关爱,做好学生的学术、人生引路人,主动关心关爱学生,帮助学生解决实际问题和困惑。学工部门、教学学院通过专题培训、社会实践、出国出境研修、课题立项和调查研究、学生组织挂职锻炼等途径,从思想政治素质、心理素质、写作表达能力、组织领导能力、人际交往能力、实践创新精神、国际视野等方面,开展系统的专业化教育,培养学生良好人格、意志、情感,提升学生综合素质,努力将学生培养成为主体人格完备、自育意识突出、热爱学校、全面发展的卓越之才。

二是“卓越教师”造就。大学的灵魂在大师而非大楼。一流大学教育是“道、学、技”的有机统一,大学的内涵式发展更需要培养、造就“卓越教师”。卓越教师应该有一定影响力,在专业领域有作为,取得了较显著的工作成效。卓越教师是教师中的“领导者”,必须有比其他教师更高的道德素养,能为其他教师真心追随,在同事中有信服力。卓越教师,要眼界开阔,“教养”深厚并能引领变革,在“道”这一理念层面上应该是先进的,在“学”这一规则层面上应该是科学的,在“技”这一行为层面上应该是带有艺术性的,三者作为一个整体。一流大学内涵式发展的一个根本性方面是重视教师的发展,凸显魅力教师、明星教师、卓越教师在大学教育中的引领力、示范力和影响力,让其成为学生健康成长的良师、教师共同体高尚人格的楷模。也就是说,以教师发展为本位,教学严谨、科研工作精益求精的大学学术氛围应当浓过大学行政氛围。造就“卓越教师”应在教师追求卓越和示范引领两个方面努力,培养大学教授卓越的思想政治品质和理论实践能力,并积极在全校起到示范引领作用。这样的教师才能在成长指导和人文关爱两个方面引导关爱学生,帮助学生解决实际问题和困惑,做好学生的学习引路人、学术引路人和人生引路人。

三、法学院—书院对接:“知”“情”“理”相结合的卓越教育

卓越主体培育,出发点在人,落脚点也在于人。而法学,本质上亦是人学。法学教育的人文素质的培养包括人文精神、人文情怀和健全人格塑造。① 问题的关键是,卓越教育,如何进一步优化体制、机制,整合资源,把法学院明法笃行的学院法科知识教育,与更高人文层面治理哲学、法治方法、法律思维等智识,通过高等教育系统传递给法科学生。让未来的法律执业者乃至政法领军人才,享受到端品行、明法理、重辩判、务笃实的全人

① 参见王利明:《法学教育的使命》,载黄进主编:《中国法学教育》(2017 年第 1 辑),中国政法大学出版社 2017 年版,第 6 页;王利明:《读书人的家国情怀》,载《财经法学》2016 年第 2 期。

教育。当代大学办法学书院,是一个改革的思路。而把法学书院实体化,需对接现有的法学院,进行“知”“情”“理”相结合的卓越教育。

(一)大学办法学书院的轨道化:从合理到合法

高校办书院,既涉及理念、模式、体制,又涉及工作机制、开展方式和活动规则。书院涵养大学人文教育,首先就涉及大学书院的实体化、大学书院的平台化之合理性问题。就书院与当代高等教育的整合与契合与否,有以下两种观点。

一种观点认为书院退出中国历史舞台是历史选择。从现实的“学统”角度来说,中国近现代的高等教育是外源性的。到了清末随着科举的废除及光绪诏令“书院改学堂”,书院历史发展就此中断。京师大学堂一出场便是站在传统的对立面,是以对中国传统的反动而被定位的。辛亥革命之后的激进思潮中,废止师范、中小学读经科,支撑学统的传统教育体系被全面改造乃至废止。① 1912 年元月 19 日蔡元培就任教育总长,下令“小学堂读经科一律废止”,5 月再下令废止师范、中小学读经科,当年 7 月又提出:各级学校不应祭孔,因为“忠君与共和政体不合,尊孔与信教自由相违”;中华人民共和国成立后教育培养的目标是“螺丝钉”“革命的砖”,20 世纪 90 年代以来教育培养的目标是经济建设人才。“学好数理化,走遍天下都不怕”成了高中分科时最流行的宣传语。学生个人成功的目标被家长和学校定为“成才 + 成财”。因此,在高等教育大众化、实用化、实效化的背景下,书院的小范围精英化的讲会、面授一定会被更有效率的实施班级授课的学校所取代和功能吸收,因此没有整合的必要。

还有一种观点则思考现代学校的短处以反观传统书院的长处,前有蔡元培、胡适及毛泽东等的亲身体验,张学良的萃升书院,梁漱溟、熊十力的勉仁书院等的返本开新。胡适曾经指出,书院是中国一千年来逐渐演化出来的一种高等教育制度。书院和学校的最大区别就在于,前者注重自修,后者注重讲授;前者提倡自动地研究,后者奉行“被动地注射”。改革开放之后,我国的书院也得到一定程度的复兴,如 20 世纪 80 年代岳麓、白鹿洞书院的修复以及梁漱溟、张岱年、季羡林等创建了中国文化书院。

2011 年前后,我国书院与高等教育的融合掀起一波热潮。理论界的观点支撑主要是:九江学院白鹿洞书院文化研究中心主任李宁宁教授《古代书院教育的现代启示》认为,传统的为学之序、修身之要、处事之要、接物之要需要在书院中深入挖掘,传统书院教育对现代教育有重要补充。② 中央民族大学教授、尼山圣源书院院长牟钟鉴认为,毋庸置疑,我国今天和未来的教育要以体制化的国民学校教育为主。书院的好处是不必受现有教育体制在招生、学制、专业等方面的限制,尤其是可以弥补当前体制内教育中民族文化的比重较小的不足。湖南大学岳麓书院教授、中国书院研究中心主任邓洪波提出,千年

① 参见何毅:《现代大学书院的内涵、产生背景及存在逻辑》,载《现代教育管理》2016 年第 6 期。

② 参见王剑敏:《古代书院制的精髓及对我国现代高等教育的启示》,载《扬州大学学报》(高教研究版)2014 年第 6 期。

学府岳麓书院以正统居于湖南大学,拥有学位授予权,在现代高等教育体制内开展教学与学术研究,足以表明,当代书院完全可以立于现代高校之林,并为高等教育事业的多样性增添光彩。综合以上仁人志士的观点可以认为,现代大学法学教育领军人才培育与传统书院教育的契合,其核心就在卓越智识传承上。① 而书院制重归现代大学,需要理念突破,更需要摒弃形式主义,保障制度落实到位。即要为大学办的法学书院定规制、轨道化运行,让其取得国家高等教育政策、法制及大学章程的“认可”。

大学办书院从“人文化成、智识教育”的层面为国家培育人才,具有现实的合理性。而具体到法学教育,法学书院从合理性到合法性的转换,首先是国家立法层面的承认和认可。在社会的大系统中,高等教育作为一个子系统,大学办学的运行轨道无法超越社会而独立存在。高等教育学院制教育与书院制教育的内容与分工,不仅取决于其自身的规律和要求,而且更多地受国家顶层设计和国家教育制度的影响。自上而下的政策支持、行政支持、制度支持,能有效推动有条件的高校进行力所能及的书院制、学院制综合改革。如果没有自上而下的配套、引导,大学书院制改革就不可能取得成功。因为整体而言,我国大学还走在专业教育、学年制、教研室制度、统一教学计划、统一专业分班等苏联式大学的“辙”中。② 其中,教育行政支持,就是要教育部在承认高等教育学科分化,即“文、理、法、教育、农、工、商、医”学科分类的基础上,亦认可高等教育学科综合的发展趋势,为院系管理模式之外的、宽跨度的通识人文教育的书院管理模式进行顶层安排,并出台大学办书院的实施意见。

除国家层面的教育行政主管部门的支持外,国家层面的支持还体现在大学书院在教学内容、培养目标、合格生源的获得等方面进行改革的合法性问题。比如,在高等教育“双一流”建设、高等教育深化综合改革,以及众多大学的全日制大学生的招生制度中规定,大学按学科大类招生、不分具体专业方向,推行完全学分制、淡化行政班级和专业班级,学生自主选择和转换专业等制度,为作为通识、人文、德性、智识教育的书院制推行提供政策选择和现实生源基础。用制度激励更多的大学办法学书院,并利用大学书院的平台落实好卓越培育和智识传承问题。新时代,中国大学的书院教育功能定位应是“清新雅正”的全人教育,引导法科学生追求正义、节制、宽容、平和的卓越精神,拥有尊重关心他人权利、和人为群的优秀品质。

大学书院实体地位的确立,还需要大学章程的落实。即高校在分配学校“人、财、物”教育资源时,从组织架构、考核制度、奖励制度、沟通制度等多个方面,着力构建多维、立体的双院(学院、书院)协同育人保障制度。在当前的高校“校院系”三级建制的基础上,应一定程度上渗透分权管理理念,把书院与学院的“人、财、物”并立、分立。书院主要落

---

① 参见蔡科云、邹爱华:《“德法兼修”式法学教育与传统书院精神的契合与对接》,载王瀚主编:《法学教育研究》(第25卷),法律出版社2019年版,第197页。

② 参见邬大光:《台湾地区之旅:两岸大学发展的时间差》,载《复旦教育论坛》2019年第4期。

实课外生活、全人教育,而学院主要落实课内教学和专业。二者的经费都由学校进行垂直管理。

(二)法学书院"学务、教务、总务"互联互通:决策执行从无序到有序

书院学务、教务的落实,重要的是整合课内与课外的教学资源,处理好专业教育与全人教育的关系,尤其是要以大学的"宿舍"作为书院教育的基点进行学生社区、生活空间、学习空间的整合。在现行高等教育体制下寻求书院的嵌入,"大学、学者(明星教师)、学生"三者关系塑造的关键就是打通大学"学务、教务、总务"的隔离状态。当书院面临即时问题或相关组织沟通不畅的问题时,高校也可以通过设置学院、书院协同委员会,书院和学院的无碍沟通联席会议的方式予以解决。为了把学务与教务联通,重要的是在考核制度设计上,以宿舍为基点,以学院管理为纵线,以书院管理为横线,建立学院、书院双院人员的相互考核机制,如在对书院学业导师的考核中,加入学院对辅导员的考核,而在对教务员和班主任的考核中,加入书院的考核指标,以激励学院、书院双院的学务、教务人员更好的投入。在书院学院的教务学务沟通上,可以建立书院副院长和学院党委副书记互任机制。此外,还可以尝试学校层面教务处长和学工处长一人任职等模式,促进教务和学务双线合一。

书院层面的教务与学务,可以直接采用教务长和学工长一人任职模式,促进教务和学务双线合一。一是组织架构上,传统书院管理人员的设置及主持人的名称有"山长""院长""洞主""山主"等,还有副山长、堂长、讲书、学录、堂差、直学、司计、斋长、斋谕等。现代大学办法学书院亦应当在大学书院的实体地位上进行明确,规定大学的书院是一个自治的非法人团体,有自己的领导机构、章程,自己的财产和收入,在大学总章程的约束下,按自己的章程行事。类似湖南大学岳麓书院的高校书院,可以赋予其具有本科生和研究生招生权、培养权,有书院自己的内部治理模式。二是在教学管理模式和执行力上,规定书院院长为书院的院务行政中心。教导长管理学生的生活。导师是质量中心(师生相长)。书院严格落实导师中心制。大学章程中规定书院应有专职导师队伍,通常由来自各个学科的专职教师构成。导师对学生多采用开放式的指导方式,虽不提供一对一的教学服务,但会组织小型的团体性教学。三是在书院学生的举荐、考核和分配上,规定大学的所有学生都可以自主选择一个书院,而且必须要选择一个书院。学生对于加入哪所书院有举荐权,书院有对书院学生的甄别、录取、考核权。四是通过制订学规强化法学书院的教务、学务管理。即面对"吃、住、学、思"实践中的师生群体,亦需要在一定程度上借鉴传统书院中的知本、识性、审正和戒条,进行日常学习氛围的营造和违反教学纲纪的惩戒,从而保障书院教育"同时同地"的人文化成、德性修炼以及智慧传承的教学秩序。当然,在制订、颁布、执行法学书院"吃、住、学、思"礼仪学规制度的过程中,也应处理好以下几个问题:一是应与时俱进,二是要有令必行,三是应以人为本,四是要灵活运用。

大学的总务主要涉及大学宿舍管理和服务。传统高校宿舍管理实行的是多级管理,管理部门不愿意把权力下放或转移给教学执行机构。高校后勤管理推向市场后,宿舍管

理主要交付物业管理部门负责,服务人员只提供简单的日常管理,重管理轻育人、重管理轻服务,忽略了对宿舍的学生发展功能的拓展。大学书院恰恰是要通过宿舍中的团队活动室、多媒体互动室、微格教室、学生创意活动室、导师互动交流室,建立宿舍楼里的研讨、社团、生活等公共空间。因此,大学书院制下的后勤与宿舍管理,也应打通过去的科层化管理模式,而由书院接管宿舍,把书院的学业导师、思想导师、朋辈引领者嵌入宿舍公共空间,把人文教化、德性修炼以及社区交流、创新创业的教学单位区前推至学生的宿舍生活空间,真正落实师生共同体"吃、住、学、思"在同一空间下的总务管理和服务。

由此,专业学院的学术、行政一体的"一院制"转型为学院书院"二院制"(打通课内外、打通教务学务总务),能够对接一体的卓越培养方案及灵活学习计划。即将知识性教育与进德修业的学习计划与人才培养方案进行对接,以形成师生共研共处共同体。在学务上,书院是与学院平行的作为一个实体的学校的二级单位。大学书院在学务的落实,应秉持"中体西用"原则来设计全人教育体系,探索专业学院的法学专业教育之外的,能实现现代全人教育的社会公共性模块。习近平主席在《之江新语》中提到"处处有历史,步步有文化"。挖掘儒家现代性的儒家理念,彰显的就是对传统文化的信心。因此,大一的法学书院,进德修业是以中国经典为中心。中国经典可以理解为中国的传统学问,可以理解为与洋学对称的中国学,也可以狭义地理解为华夏诸子百家学术。大二之后以及在研究生阶段,书院进德修业再以专业构筑全人教育的法科体系,练其艺能,以应实用。现代大学的书院教育要把"为人"与"为学"的教育集合起来,旨在培养"有道德情怀、有实用技能、有文凭证书"的,既传承传统文化又能紧握时代脉搏的,职业道德、专业信念、团结思想兼具的卓越法治人才。

(三)法学院—书院对接:从"知""情""理"相结合的"德法兼修"

大学卓越主体培育背景下的"德法兼修"式法学书院,营造的应当是卓越师生"共处共学"的场域和环境,是以德性、智识修炼为主线,小班化、个性化法学教育的典范。与大班、普适的法学院专业教育相比,法学书院能提供给受教育者求学的个性选择与深度探求的可能。比如,建立人文底蕴深厚的修德明法、精研学术,追求人文真谛、人生价值的讲习、法哲学、国学等的专修,或者建立回应时代,与政道、商道、管理之道对接的进德修业的课程或教育项目。这些特色书院体现了当代大学教育的多元化和书院模式功能的灵活多样化。一些高校采取高端游学、移动课堂,[①]采用网上开庭教室、电子刑侦模拟等司法大数据教育资源,与法院检察院司法机构、知名企业、海内外著名高校进行协同联合培养,这些都可以整合到法学书院的浸入式德性、智识、人文教育功能当中。整体而言,大学办法学书院与法学院对接,其基本路径在于对内整合、对外拓展,运用大学整体的"人、财、物"优势,适当突破高校"人事、师资、教务、学工、后勤"的体制壁垒,为法科精英

① 参见孙正嘉:《基于导师制的大学生创新创业教育实践研究——以苏州大学敬文书院为例》,载《人才资源开发》2016年第4期。

学生、卓越师生团队"主体探究、深度参与、德业兼修"提供精选师资、团队、项目的"全天候"书院育人平台。从一定程度上来讲,大学书院的全天候育人平台与剑桥大学学院制"共处共学共研"有异曲同工之妙,发展好了,甚至会成为高校吸引一流人才加盟的软实力。比如,原剑桥大学校长布鲁斯教授就曾说过:在剑桥的学院制下他不用每天和学工程的打交道,而能够与历史、医学、哲学、语言学不同领域的学者共进午餐。而他正是冲着这剑桥书院制,才放弃 IBM 高薪职位回归剑桥。①

法学书院学术导师和社会导师的确定,首先由法学院选拔本院学者、教师或推荐校外适宜人选,然后法学书院对法学院推荐的学术导师人选,进行"择优、公开"聘任。学校层面则以年度专项预算配套专项经费培育书院聘任的魅力学者和各类明星教师工作室。按照聘任制明确责任权利的魅力学者、明星教师,既应是书院组织学术研究的引领者,又应是书院学生在学术研究上的导师。每一年度由法学书院和法学院协同进行考核。年度考核结果是下一年度经费配套的重要依据。另外,法学书院的学生来源,则面向全校公开选拔,经各学院审核推荐、书院的笔试和两轮面试环节后,最终确定来自不同专业的大学二年级的学生进入法学书院的"卓越法律人培育团队",团队成员 80% 以上为法学专业学生。在书院师生联系、导师选择和师生共同体组建问题上,实行"公开、互选"的导师制,让师生自主选择并组建团队。魅力学者、明星教师在书院的工作室除自己的学术研究外,有一个重要的岗位职责是为书院的精英学生培养和创新创业团队成员解惑答疑,进行卓越培育。书院办公室通过组织化的读书会、讲会及各类校内外理论与实践活动和竞赛,密切师生关系。

与法学院实施的"专业为基""学科为本"的法学专业教育课堂对接,"人文化成、德性修炼"的书院对法科精英学生课外课程模块和法科智慧学习的落实有重要补充意义。② 首先,在教育内容的对接方面,法学院的专业知识教育以及大部分专业知识课堂教学,更多的是面向大部分甚至全部的法科学生学习的普遍性学习需求,是普适性教育。法学院专业教育讲究的是法学教育的标准化、系统化,尤其凸显的是其专业性。而法学书院教育,则是回应"法学是杂家"的特质。在教授的内容上只要求与该大学的人文底蕴和法学院办学历史和渊源一致,法学书院所开授的课程可以不拘一格,可讲求特色和地方性。例如,可以是中华法系律家精神解读、商事财规资本运营的认知、人工智能及电商合规性的前沿探索、司法裁判文书的研判,也可以是国学、儒释道法家应用、组织管理、领导艺术领导力修炼、为学之道探讨、经典名著名作研读等模块。其次,在学术团队建设和师生共研共同体的组建上,法学书院师生一方面可以是追求"阳春白雪式"的法哲学、法历史、法社会领域的基础性"大道之知"共同体,另一方面可以是"务实致用式"的针对民

① 参见赵静一:《象牙塔里的凿壁人——剑桥大学前校长布鲁斯爵士访谈录》,载《科学文化评论》2019 年第 2 期。

② 参见王会金:《书院制人才培养——逻辑架构与系统创新》,载《南京审计学院学报》2015 年第 6 期。

商法、经济法、环境法、知识产权法、劳动与社会保障法等部门法的“对策之问”共同体,甚至还可以是对接国家各级各类“大学生创业创新项目”“辩论赛”“知识竞赛”等的综合训练和比赛的团队。法学书院是以分层教育、特色培养、因材施教、重点培育等“个性化”教育、“项目式”指导,来弥补法学院普适性专业教育“过度标准化”的不足。尤其是在突破“专业枷锁”“学科外套”方面,法学书院能把师生以“兴趣点”“项目”为纽带进行特色化平台整合,配套资金和扶持政策。这对推进“卓越法律人”培育计划具有重要意义。这也是学校加强大学生多元化教育、个性化培养和卓越化教育的有益探索。①

作为对书院特色化、个性化教学模块内容落实和师生共同体平台化、项目化的后台保障,书院应在办学空间和财权上“实体化”,就成了应有之义。在办学空间上,以相对独立的书院建筑和办学空间为中心,大学的后勤部门应保障书院师生自主学习、学生生活日常对接、互动的物理空间便捷性。无论是法学书院的讲会中心、图书中心、自主学习教室、书院导师工作室,还是斋舍、宿舍、公寓,都应发挥“第一社会、第二家庭、第三课堂的共处功能”。② 在资源分配力方面,法学书院应提供专项津贴,激励朋辈领航、创新创业导师入住书院宿舍、公寓,与青年学生有共住空间和日常交流。用制度落实书院学术导师工作室开放日和师生见面制。研究活跃的学者通过书院连接卓越学生,让学生真正参与多学科研究式教育过程,培养可迁移技能。③ 以奖代立,对师生共同体的学术联谊、思辨讲会、读书会、司法实践团队、创业创新项目等进行制度化奖励。

四、结语

人才是富国之本、兴邦大计。领军人才干事业的眼界、魄力、气度要“外求”“专修”。高等院校对政法领军人才的培育,需要重点关注一“端”、二“牢”、三“固”的培养,即政法领域将帅之才的职业道德要“端”、专业信念要“牢”、团结思想要“固”。新时代背景下,“后发世界一流大学建设需要以世界标准、中国特色为引领”。④ 中国特色社会主义的政法人才教育以及卓越培育,可以尝试在法学院的专业为基、学科为本的教育基础上,构书院、诠宗旨、定规制,让具有中国特色文化符号的“书院”在新时期的大学里承担德法融合、人文化成、守正安天下的教育功能。当前,在“大学、学者、学生”关系中建立“学院”与“书院”对接的卓越智识传承教育系统,是系统工程,涉及宏观、中观、微观三个层面。宏观层面上,大学的书院实体化,需要有国家自上而下的大学办书院的激励,在行政支

---

① 参见张玉虎:《文化承继——内地高校书院制学生管理模式的思考》,载《高等理科教育》2014年第5期。

② 王太芹:《高校学生公寓文化建设的历史梳理及当下发展——以北京大学为样本》,载《中国政法大学学报》2018年第2期。

③ 参见[英]迪丽·范:《通过连接课程让学生参与研究——一种创新的制度方法》,郑宏译,载《国际高等教育研究》2019年第2期。

④ 薛珊、刘志民:《“后发型”世界一流大学建设的路径及启示——以新加坡两所大学为例》,载《高等教育管理》2019年第4期。

持、制度支持层面，推动有条件的高校进行力所能及的书院制、学院制综合改革；中观层面上，大学书院实体地位的确立，需要大学章程的落实和大学内部治理的调适，还需要有“守正、安天下”法治人才教育、“知”“情”“理”相结合卓越教育的书院功能定位和定轨；微观层面上，书院需要有与法学院“人、财、物”并立的建制与编制，有“共处共学”场域环境的空间形态及建筑特征，有书院魅力学者、明星教师的打造、卓越学生的选拔及授徒讲学制度，以落实卓越培育。总而言之，国家立法与大学章程的“认可”让书院地位从合理到合法。“学务、教务、后勤”互联互通，“吃、住、学、思”的书院学规则保障书院运行从无序到有序。

法学实践教学模式存在问题与对策

许中缘*

摘　要:现有法学实践教学模式存在以下四大认识误区:法学实践能力等同于知识;法学实践教学等同于实习;法学实践教学只能在实习基地进行;课堂教学不能融入实践。学生的实践能力得不到增强、理论得不到提高,背离了法学实践教育和人才培养的初衷,凸显出现有实践教学模式存在的弊端。教育管理部门和教育者应当清晰地认识到实践教学所具有的特殊性,严格恪守培养实践性人格的要求,构建理论型相结合的实践教学模式。法学实践教育需要进行准确定位,承认法学教学需要同法学实践相结合,建立起以裁判为中心的课堂实践教学模式,建立司法实践与社会实践相结合的实践模式,最终回归到法学实践教学的本质。

关键词:法学实践教学　实践教学误区　课堂实践教学模式　实践教学

"职业化"人才培养是法学教育未来发展的趋势。"实践育人特别是实践教学依然是高校人才培养中的薄弱环节,与培养拔尖创新人才的要求还有差距。"①实践是理论的来源也是进一步检验理论的重要手段。"法学学科是实践性很强的学科,法学教育要处理好理论教学和实践教学的关系。"②与教育部、中央政法委员会《关于实施卓越法律人才教育培养计划的若干意见》(以下简称教高〔2011〕10号)相比,教育部、中央政法委《关于实施卓越法治人才教育培养计划2.0的意见》(以下简称教高〔2018〕6号)中,明确增加了"实践教学等关键环节改革取得显著成效"的内容。但在现有的实践教学模式中,存在为实践而实践,为实习而实践,将司法实践作为实践的全部的现象。因此,建立契合法学实践本质的实践模式,对于培养符合法学建设需要的社会主义法治人才极为重要。笔者拟对此进行探讨。

---

* 中南大学法学院院长,教授、博士研究生导师。

① 参见教育部等部门《关于进一步加强高校实践育人工作的若干意见》(教思政20121号)。

② 习近平:《决胜全面建成小康社会夺取新时代中国特色社会主义伟大胜利——在中国共产党第十九次全国代表大会上的报告》,载《人民日报》2017年11月28日,第1版。

一、现有实践教学模式目的以及问题

（一）现有实践教学目的

著名教育家陶行知曾直言："不做无学，不做无教。不能引导人做之教育，是假教育。"①"事怎样做便怎样学，怎样学便怎样教。教与学都以做为中心。"②实践教学作为教育的方式，更是关于"做"的教与学。从根本意义上而言，实践教学之目的服务于教育之目的，是关于人的教育。教育的根本目的是培养人，实践教学在"培养人"的总目标之下蕴含其独特的目的价值。实践教学旨在实现"才"的培养，促成知识结构的完整性，在应用和检验显性知识的同时，获得相关的缄默知识。英国著名思想家波兰尼将人类的知识结构划分为两种：一是以书面文字、图表和公式加以表述为知识的显性知识；二是在做某事的行动中所拥有的，未被表述为知识的缄默知识。③ 甚至认为，缄默知识事实上支配人的整个认识活动，为人的认识活动提供了最终的解释性框架乃至知识信念。④ 显然，显性知识主要通过理论教学活动得以传递，缄默知识却由于连其拥有者都无法清晰表达且不能通过明确的推理过程获取的原因，强调个体的参与和主体性的发挥。实践教学在这其中的独特目的主要体现在以下两方面。一方面，实践是获取相关缄默知识的最佳途径，实践教学通过问题研讨、深度体验和批判反思等过程能帮助学生认知、理解乃至获取大量的缄默知识。想要学会游泳，阅读 100 本关于游泳教学的书籍，都不如在游泳池扑腾学习有效。波兰尼强调学徒式教学模式的道理即在此。另一方面，实践教学能防止知识的分裂，保障"高分高能"。"高分"意味着掌握大量的显性知识，"低能"则表明在实践中同未受过同等教育的人一样，应用的仍是缄默知识。⑤ 在传统的教学模式中，实践通常被视作对显性知识进行理解和检验的工具，一旦完成了其工具价值就被抛弃，这导致在掌握显性知识的同时，缄默知识仍处于原始水平，得不到检验和修正。实践教学目的在于将完整教学过程的两方面实现内在统一，即在传递、检验和批判显性知识的同时，侧重发挥使缄默知识显性化并得以认知、修正和运用的作用。⑥

（二）现有法学实践教学存在问题

误区一：法学实践能力等同于知识。按照我国学术界的一般看法，"知识是在实践的基础上产生并经过实践检验的认识成果，这种认识成果是客观事物固有属性或内在联系在人脑中的一种主观反映"。⑦ 诸多高校管理者与司法实践部门认为，学生们的实践能力普遍薄弱，应届毕业生通常不能很好地分析案件，因此需要加强实践教学。把法学学

---

① 陶行知：《陶行知教育名篇》，方明编，教育科学出版社 2013 年版，第 92 页。

② 同上书，第 90 页。

③ Polanyi M. *The Study of Man*, London: Routledge & Kegan Paul, 1957, p. 12.

④ 参见时伟：《论大学实践教学体系》，载《高等教育研究》2013 年第 7 期。

⑤ 参见石中英：《缄默知识与教学改革》，载《北京师范大学》（人文社会科学版）2011 年第 3 期。

⑥ 同上。

⑦ 夏正江：《论知识的性质与教学》，载《华东师范大学学报》（教育科学版）2000 年第 2 期。

生做成办案的工具是诸多法学实践教育派所持的观点,其实这是法学实践教育认识的庸俗化的表现。燕树棠先生称,该种职业教育是一种“以取得法律专门知识而能谋生为目的”的教育。[①] 万俊人先生也认为,该种职业技术是人格化、人文化的全面教育和精神教养的“不断蜕变”。[②] 法学实践能力实质上是一种区别于日常生活技能的专业性技能,是受在先的理智意识指导的智能操作,是将法律思维能力、法律知识和法律实践经验综合于一体的能力。[③] 在极具专业性知识的传授领域,理论教学的核心内容实际上就是“在实践的基础上产生并经过实践检验”的知识,实践能力则更多的是对知识的运用和检验。

误区二:法学实践教学等同于实习。教育部等部门《关于进一步加强高校实践育人工作的若干意见》(以下简称教思政〔2012〕1 号)规定,教育部、各高校要结合专业特点和人才培养要求,分类制订实践教学标准,增加实践教学比重,确保人文社会科学类本科专业不少于总学分(学时)的 15%。各大高校纷纷在实践教学中增加了实习比重,部分院校甚至将法学实习时间增加至一年半。增加实习时间的“跟风”现象对原本已任务繁重的功课学习进行不断地压缩,也在一定程度上影响了司法实践部门的正常运作秩序。特别是寒暑假期间,一些法院、检察院学生人满为患,司法实践部门正常的生活秩序与工作秩序均受到不同情形的阻碍。同时,由于法学实践教学基地建设被确定为“人才培养基地”申报和考察的重要条件,缺乏科学规划和合理布局的“院企合作”“院所合作”呈爆发式签约的现象。[④] 法学实践教学在某种程度上被泛化为实习的形式。人文社会科学的实践被等同于理工科单位的实验。

误区三:法学实践教学只能在实习基地进行。诸多教学管理工作者认为,法学是实践性的学科,实践教学只能在实习基地中实现,学生只有进入实习基地才能提高实践能力。因此,学校相关教学管理部门在制订学生的培养计划时,均将学生到法学实践部门实习作为其中的重要环节。但随着我国高校法律院系和法学专业招生人数的不断扩张,实践单位的供不过求的客观现状很难容纳数量庞大的法学生,必然不能对所有学生进行精英化的实习指导。此外,由于缺乏整体统一的实习基地建设标准,不同实习基地的建设经费、实践教学队伍、实践教学的课程安排均参差不齐,缺乏科学规划的实践教学管理体制使得实习基地中的实践教学流于形式,难以达到预期效果。[⑤] 换言之,教高〔2011〕10 号文件中提出的“积极开展覆盖面广、参与性高、实效性强的专业实习,切实提高学生

---

① 参见燕树棠:《法律教育之目的》,载许章润主编:《清华法学》(第 9 辑),清华大学出版社 2006 年版,第 313 页。

② 万俊人:《教育作为一项人文使命》,载《现代大学教育》2018 年第 2 期。

③ 参见房文翠:《法学教育中的法学实践教学原则》,载《中国大学教学》2010 年第 6 期。

④ 参见叶永禄:《论法学实践教学与卓越法律人才培养教育》,载《云南大学学报》(法学版)2013 年第 3 期。

⑤ 参见罗辉勇:《法学教学实践基地建设的研究》,载《福建农林大学学报》(哲学社会科学版)2010 年第 3 期。

的法律诠释能力、法律推理能力、法律论证能力以及探知法律事实的能力”的要求在实习中难以得到实现。

误区四:课堂教学不能融入实践。很多高校管理部门甚至诸多教师认为,课堂教学本身不能融入实践教学,实践教学只能在实践单位进行。也有诸多观点认为,实践教学只能请实践专家才能进行。因此,理论与实践教学的相结合的模式只能是双师同堂。一方面,双师同堂的亮点在于其采取的是分享型的教学模式,法学教学中主要采取的是理论与实务同堂、实体与程序同堂以及多学科同堂。但由于实践教学本身所具有的局限性,尽管将“施教者—受教者”的信息双向传递转变为“施教者1—施教者2—受教者”循环互动的三角形信息传递,①仍受限于双师同堂具体内容与形式的有限性。另一方面,欲达到整合师资优势、激发教学灵感、实现多学科融合的分享互动型教学模式,需要对课外专家进行专业教授能力考核,双师需要耗费大量的精力进行充分沟通和排演以实现相互配合,在没有长期合作与缺乏配合型讲授经验的双师之间难以实现同堂应有的效果,导致双师同堂在很多情形下仅仅只是噱头。

(三)现有法学实践教学问题

第一,学生们的实践能力得不到增强,理论能力得不到提升,背离了法学实践教育的初衷。在知识理论教学与实践教学的关系认识和定位上,传统的“先后关系”思维习惯性地将二者割裂,形成理论教学与实践教学内容的“孤岛化”。② 在现行的实践教学模式探索中存在低年级学生过早实习和理论教学同实践教学呈“先后”的阶段化割裂等现象。客观而言,低年级学生在相关课程学习不够深入或缺失的情况下去短期实习,难免沦为司法实践部门的“茶水工”“文档装订工”。③ 间或能旁听几次庭审,但这只是给他们的枯燥的生活添上一两滴润滑油而已。整个实习期间下来,诸多学生甚至对实践产生出厌倦情绪。而有些学生在实习期间,仅仅只是走过场以满足学校培养方案的要求,看的是自己的书,做的是与实践学习无关的事情。而在现行院校的法学生培养方案中,诸多采取“前3年为知识学习阶段,最后1年为实习实践阶段”的阶段化割裂模式,其中实践教学极易偏向成学徒式教学,突然性的“实然角度”会导致学生养成“存在即合理”的片面思维,而忽略前期知识教学成果的转化问题。④

第二,学生们实践并不能检视既有知识,背离法学实践的初衷。法学教育并不能等于技工教育。“尽管一个人可能并不了解多少一项活动技能何以进行、何以有效的有关

---

① 参见李欣:《“双师同堂”法学教学模式研究》,载《安徽工业大学学报》(社会科学版)2018年第6期。

② 于志刚:《法治人才培养中实践教学模式的中国探索:“同步实践教学”》,载《中国政法大学学报》2017年第5期。

③ 邓勇胜:《关于法学实践教学的思考》,载《厦门广播电视大学学报》2018年第2期。

④ 参见于志刚:《法治人才培养中实践教学模式的中国探索:“同步实践教学”》,载《中国政法大学学报》2017年第5期。

理论或原理,他仍然可能成为一个熟练的技工。”①但法学教育是基于已有理论与规则,对不断变化的案件事实作出合乎法理的解决。实事求是而言,大量的司法工作可能并不需要很多高深知识。学生在所谓的法学实践过程中,面对的也是大量同质化、简易型的案件,对扩展自身法律知识的思考深度、法律思维的有效训练和法律经验的积累难以产生实益性的增幅效果。而且在很多情况下,司法实践人员对案件处理可能并不仅仅只是在适用法律,如调解结案。但这些并不能等同于法学司法实践的全部。如因为理论知识的欠缺,法学生在直面职业化司法实践时,可能遇到法律规则供给不足的情形,对相关案件的适用并不能找到相应的法律条文时,不能有效厘清在彼概念与此概念的差异,不能从多种法律关系找出确定法律关系的主线,这将严重阻碍今后的职业生涯发展。

因此,有学者认为,尽管这些年诊所式教育此伏彼起,各种提高法学实践方法的活动也层出不穷,但就提高本科生法律实践能力为核心的法学教育而言,其本身并未及预期,“改革的举措愈多,法学教育的实际效果与改革举措的立项预期似乎愈远,大有恶性循环而致中国法学教育困境无解的局面”。②

二、法学实践教学模式的特殊性与要求

(一)法学实践教学模式的特殊性

第一,法学的体系性、庞杂性、多元性,凸显需要加强理论学习而不是弱化理论教学的重要性。法学是实践之学,也是理论之学。理论把握不够,基础掌握则不牢。对于法学实践来说,既定的规则如何适应不断变化的现实,主要在于理论运用。我们从实务界接收到的“高分低能”的投诉,反馈法学毕业生在面对现实生活中的具体情境时,难以从庞杂、多元、浩瀚的法律知识体系中找到准确的解决之道。实务界往往就此认为法学生只懂理论,不知实践。“实则不然,法学生不懂的是理论,即只懂得背诵理论而不懂得活用理论。”③因此,理论的深入决定认识的高度,理论的广度决定实践的深度。法理掌握不充分,规则运用就不能保障正确。理论的说理不充分,司法实践效果就会受到阻滞。“脱离法学基本知识与方法,就不可能有法学实践教学,脱离了法学知识与方法的所谓实践教学就只能是停留在形式上的观摩。”④

第二,法学专业的学生终生实践,法学教育允许理论与实践存在一定差距。基于司法实践本身的实践性与成长性,不能盲目地期待法学本科生乃至硕士研究生一毕业就马上成为办案专家、办案能手。应当考虑到法学实践的自身特性,允许或承认毕业生蜕变成专业办案能手所必经的成长周期的存在。同时,现行的司法制度设计也充分考虑到法学专业毕业生对该成长周期的“刚需”,通过律师助理、法官助理、检察官助理等岗位的设

---

① 夏正江:《论知识的性质与教学》,载《华东师范大学学报》(教育科学版)2000年第2期。

② 姚建宗:《中国法学教育的若干问题与可能出路》,载《大庆师范学院学报》2013年第5期。

③ 何美欢:《理想的专业法学教育》,载《清华法学》2006年第3期。

④ 蔡立东、刘晓林:《新时代法学实践教学的性质及其实现方式》,载《法制与社会发展》2018年第5期。

置来保障实践能力的提升。专业的办案能手并非一蹴而就，其成长需要一个过程，而这个过程是本科教育乃至研究生教育所不能单独完成的。本科教育乃至研究生教育不直接养成办案专家，而是为其提供强劲有力的助力。再者，理论与实践之间从来不是严丝合缝的关系。"理论本身的发展要通过指导实践来获得，在实践中才能产生新的理论质点。通过实践的运用和检验，理论发生新陈代谢，过时的不符合新实践需要的成分被丢弃，同时加入适应新时代的新的理论质点。"①任何一名办案专家都需要进行终生实践和理论的再学习，才能保持其过硬的实践能力，以应对瞬息变化的社会现实情境，又何必期待其能在短暂的时间内完成终生的实践学习？

第三，法律知识的不确定性与实践案例的复杂性要求学生不仅要掌握丰富的法学理论，也需要掌握理论形成、论证与说理的过程，需要养成学生辨析事物的判断力、公正裁决的思维与充分说理的能力。"以现代的眼光看来，除纯逻辑、纯数学的知识外，绝大部分知识均不确切的。"②法学也是如此。尽管确定性是法律规范追求的目的，但基于法律概念规范的是社会中复杂的权利义务关系，本身需要一定的涵摄性，由此导致法律概念的抽象性，使法律概念本身不具有确定性。因此，法律概念首先需要经过解释才能得以适用。法学实践教学不能仅仅停留在基础的认知层面，而要从法律解释方法、辩论技巧、法律推理、实际应用等不同方面对学生的法律职业素养与技能进行深度训练。"实践性应当是法学教育的基本特征，但实践性、应用型不等于低层次。"③

（二）实践型教学应有助于培养学生们的实践人格

第一，课堂教学的理性需要结合实践的感性。理性教育在于说理，确保逻辑正确与道路正确；感性教育是直观、具体的，能够通过人的行为直接转化为具体行动。因此，理性教育需要同感性教育进行有机结合，才能培养人的完美人格。法学知识体系中的法律概念、法学原理具有高度概括性和抽象性，要想真正地理解和融会贯通，必须将现实而具体的感性实践融入理性之中，学会运用概念和原理来分析和解决实际问题，才能真正把握概念之所指、原理之依据，把握各个理论范畴之间的内在的规律性关系。④ 基于课堂教学本身所具有的局限，学生们的完整人格塑造需要通过行为进行感性认识。因此，社会实践是培养人的具体人格的重要内容。

第二，法学教育具有规则教育单一性与教育内容多元性的特征。规则教育构成法学教育的核心，但社会是利益多元、主体多样、形态复杂的多元共同体，法科学生仅仅掌握法律知识是不够的。就我国法学教育的目的而言，法学教育不仅培养具有良好职业技能

---

① 刘林元：《关于理论与实践相结合问题研究提纲》，载《学海》2003 年第 4 期。

② 夏正江：《论知识的性质与教学》，载《华东师范大学学报》（教育科学版）2000 年第 2 期。

③ 王文华：《卓越法律人才培养与法学教学改革》，载《中国大学教育》2011 年第 7 期。

④ 参见李麒、王继军：《实践教学与卓越法律人才培养》，载《中国高等教育》2012 年第 24 期。

和职业价值的法律人,[①]而且要肩负培育全体公民法律信仰以及提高公民法律素质的使命。[②] 法学教育培养出来的高层次法律人才,首先是高素质的优秀公民,因此,人文精神、道德情操、社会素养、政治立场、时代意识等教育内容同样构成了法学教育的重要内容。法学教育内容的多元性不可能在课堂中全然实现,法治信仰的塑造、法律思维的形成、道德情操的养成等难以单凭书本和教条即可获取,而是需要一个培育、训练和积累的实践过程。实践教学能够将象牙塔的教学进行有效结合,从而实现法科学生的多样化培养。

第三,法学教育具有内容单一性与社会主体多元性的特征。社会主体是多元主体,专业学习是工作的重要内容,但专业不是法科学生的全部,因此,为培养社会主义合格的建设者与接班人,法科学生不仅是参加规则教育,也需要对社会运行的基本样态具有充分理解。不理解社会的法律人单纯成为法匠,不能有效适用法律与实现对法的遵守。法律人如果“不食人间烟火”,在思维模式和研究习惯上会形成纯粹的理论构建和空洞的司法想象,国情和社情意识的缺乏会导致法学生迷恋国外的模式和理论,进行只破不立的思考和研究,这对国家和社会的发展是无益甚至有害的。[③] 通过法学实践教学,能使学生对基本国情和社会现实进行深刻的关注和认识,从而引导学生立足于国情和社情,从现有制度框架出发,针对实际问题展开踏实稳重、具有实践意义的建设性研究。

三、建立理论型实践教学模式的要求

(一)准确对法学实践进行定位

第一,法学短期司法实习不能解决的问题。

首先,法学短期司法实习本身并不能获取知识。诸多法学教育者主张通过司法实习来培养法学生的法律职业技能,但实际上“法律技能来源于知识,是对知识的实际运用。法律技能是一种直接经验,它依赖于人们在法律实践中的逐渐领会、以致精熟”。[④] 基于法学实践本身所具有的局限性与目前司法实践的具体情况,法科学生短时期的实践并不能促进学生的实践能力。换言之,即使实习一年甚或一年半,学生在法学实践活动并不能获取有效知识。

其次,法学短期司法实习并不能检视理论。一种颇具误导性的观点认为,法学司法实践能够对学校所学理论与实践进行紧密结合,“通过实践教学能深化学生对法学基本知识和原理的理解”。[⑤] 但如前所述,学生通常并不能真正地参与到司法实践中,其大多停留在整理材料、装订案卷等表面工作,即便参与到案件的审查立案、证据分析和法律文

---

① 参见许身健:《卓越法律人才教育培养计划之反思与重塑》,载《交大法学》2006 年第 3 期。

② 参见韩大元:《全球化背景下中国法学教育面临的挑战》,载《法学杂志》2011 年第 3 期。

③ 参见于志刚:《关于重视和强化法学教育中实践教学问题的思索》,载《昆明理工大学学报》(社会科学版)2009 年第 7 期。

④ 房文翠:《法学教育价值研究——兼论我国法学教育改革的走向》,北京大学出版社 2005 年版,第 62 ~ 63 页。

⑤ 同上书,第 73 页。

书的撰写等实质性工作中，也仅仅是被分割化的碎片式接触。同时，司法实践活动本身呈现“碎片化”的特点，学生在司法实习中大多接触到的是“依葫芦画瓢”的规则式流程，并不能实现对既有理论的检视，也不能促进理论水平的提高。

最后，法学短期司法实习并不能建立司法人格。基于大学生所处的年龄阶段，他们正处在形成世界观、人生观和价值观的关键时期，对司法实践中存在的问题并不能很好地认识与理解。一方面，涉世不深的学生缺乏对国情和社会情况的深刻认知，难以理解国家法治建设的特殊性和复杂性，在做不到精英化深入指导的情形下，可能对司法活动形成不正确的认识；另一方面，大学生处于“三观”塑成的关键期，刚从理论知识的象牙塔出来走向实践，思考方式和角度由“应然状态”转向“实然状态”是存在难度的，而在这个转变过程中若缺乏有效指导，将会导致学生面对问题百思不得其解，甚至破坏法学学生心中所谓的“公平圣地”，对司法人格的建立毫无益处。

第二，法学实践活动所应该解决的问题。

首先，培养对法治的信仰。法科学生是法治中国建设的主力军，“法律信仰不是别的，不过是一种法律爱国主义”。① 习近平总书记在中国政法大学考察时指出：“全面推进依法治国是一项长期而重大的历史任务，要坚持中国特色社会主义法治道路，坚持以马克思主义法学思想和中国特色社会主义法治理论为指导，立德树人，德法兼修，培养大批高素质法治人才。”②法学实践活动是高素质法治人才不可缺失的环节。司法实践活动要形成学生对法治精神的追求，要培养学生肩负建设社会主义法治国家的使命感与责任感，因此需要以社会实践活动辅助课堂教学。③

其次，培养学生的社会人格。“要把立德树人的成效作为检验学校一切工作的根本标准。”④法学学生终究要走向社会，通过司法实践活动能够帮助学生形成主体对社会的初步认识，能够在一定程度上处理人与人、人与集体之间的关系。“通过实践教学，可以使学生亲身体会作为一名法律职业者所应当承担的社会责任。”⑤社会责任是社会人格养成的基础，更是法律人格在社会人格的重要体现。学生在实践中接触到各种现实存在的干扰因素，提高社会意识、现实意识和问题意识，深刻认识到社会现实和社会发展规律，以养成完整的社会人格。

最后，达成掌握专业教育的理性认识。“法学实践教学首先应当坚持的原则是与理

---

① 许章润：《法律信仰与民族国家》，载《读书》2003 年第 1 期。

② 习近平：《习近平在中国政法大学考察时的讲话》，载《吉林人大》2015 年第 5 期。

③ 参见刘海芳：《我国法学教育模式的创新研究——评〈法学专业实践教学的理论与创新〉》，载《高教探索》2019 年第 9 期。

④ 习近平：《在北京大学师生座谈会上的讲话》，载《人民日报》2018 年 5 月 3 日，第 2 版。

⑤ 余涛：《从法学的学科属性谈卓越法律人才培养——法律职业能力导向下的法学教育改革》，载《阳法律评论》2012 年第 2 期。

论教学相衔接,构建理论教学与实践教学相互支撑的体系。”①只有掌握理论才能进一步掌握实践。有学者指出:“法律职业为社会所提供的是社会制度正常运转的维护,是公平和正义的价值输送。这一技术化的活动只能由具备特殊技能和特殊职业道德者来履行。同时,法律职业所处理的是社会关系,而社会关系的理解需要长期的生活经验和社会阅历,这就决定了法律职业必须经过特殊的经验训练。”②培养造就一大批宪法法律的信仰者、公平正义的捍卫者、法治建设的实践者、法治进程的推动者、法治文明的传承者,为全面依法治国奠定坚实基础的中国特色法治人才培养共同体。专业理论学习具有枯燥与短期无用的特点,只有进入实践,才能进一步认识到掌握理论的重要性,而反之又会促进理论的深入认识。

(二)法学教学需要与法学实践结合

大学的任务不是直接传授纯粹的必需知识,“如果只学习那些必需知识,一年的时间还嫌太长”。③ “教师领着学生,他讲什么,学生就学什么。即便讲课的方式是好的,也比不上经过加工修饰将其内容印制成书进行的阅读。”④如马克思·韦伯所认为的,老师的任务是提供一些蔬菜水果商所不能提供的东西。⑤ 俗语“授人以鱼不如授人以渔”,道理就在于此。因此,大学法学教育需要给予学生理论思维、人文素养以及思想的训练。而这种训练仅仅依靠法学教学或实践实习方式之单方面是提供不了的。

以案例教学为例,能给予学生实践的营养成分极为有限,学生所接触案例材料通常是经过厘清的案件事实、经过分析筛选后的证据链、已从错综复杂的关系中分拣出的法律问题,在此基础上的案例教学无非是增加了零星的“实践点缀”的课堂教学而已。而这被加工处理的部分恰恰是法学实践教学的关键所在,牵涉探知法律事实的能力、厘清法律关系的能力、法律推理论证能力等。而且案例教学只有在学生深刻掌握理论的基础上才具有意义,脱离理论的案例讲授,尽管能带来课堂气氛的活跃与获取知识的暂时欢欣,换来的却是理论知识的浅陋与贫瘠。法学教学一定要同法学实践相结合,法学实践能将理论学习的成果置于真实的事实环境之中,培养学生结合社会现实分析的方法,使学生的法律技巧、从一般到具体的实际操作能力、思维方式的灵敏性、雄辩的口才能力等得到训练,同时增强教学中的启发性、互动性和试验性。⑥

---

① 房文翠:《法学教育中的法学实践教学原则》,载《中国大学教学》2010年第6期。

② 刘坤轮:《中国法学教育改革的理念层次——深埋在“卓法计划2.0”中的金丝银线》,载《中国大学教学》2019年第6期。

③ [德]萨维尼、格林:《萨维尼法学方法论讲义与格林笔记》,杨代雄译,胡晓静校,法律出版社2008年版,第62页。

④ [德]萨维尼、格林:《萨维尼法学方法论讲义与格林笔记》,杨代雄译,胡晓静校,法律出版社2008年版,第62页。

⑤ 参见[德]马克思·韦伯:《社会科学方法论》,杨富斌译,华夏出版社1999年版,第27页。

⑥ 参见王晨光、陈建民:《实践性法律教学与法学教育改革》,载《法学》2001年第7期。

（三）建立课堂实践教学模式

第一，教高〔2018〕6号对实践教学的内容作出了修正。

与教高〔2011〕10号相比，教高〔2018〕6号对实践教学提出了更高要求。首先，教高〔2018〕6号在总体思路与要求上指出要"强化法学实践教育"，实现实践教学改革环节"取得显著成效"。其次，在目标上，实践教学环节作为高等法学教育教学质量显著提升的重要内容，也是协同育人的重要机制，是培养造就一大批宪法法律的信仰者、公平正义的捍卫者、法治建设的实践者、法治进程的推动者、法治文明的传承者，实现中国特色法治人才培养共同体形成的重要过程。最后，在方式与方法上，教高〔2018〕6号明确提出要加强实践教学的比重，支持学生参与法律援助、自主创业等活动，积极探索实践教学的方式、方法，切实提高实践教学的质量和效果。而在实习单位的实习中，则以法学专业学生担任实习法官、检察官助理等制度来保障实习质量。

第二，课堂教学是实践教学的重要路径。

课堂教学是实践教育的重要环节。"不管对法学实践教学进行怎样的定位，都不能改变其系属教学的性质，既然是教学，那就是以知识的传授为根本。"①教高〔2018〕6号明确指出，要着力强化法学专业知识教育，将中国法治实践的最新经验和生动案例、中国特色社会主义法治理论研究的最新成果引入课堂、写进教材，及时转化为教学资源。课堂教学需要与实践教学相结合。"每个理论研究者都要保持和发展实践意识，而每个实践者也都要保持和发展理论意识。如果没有做到这一点，理论和实践完全分裂，那么这样一种危险就必然会产生，即理论降格为空洞的游戏，而实践降格为单纯的技艺。"②任何知识、方法与技能都是通过一定的教学方式传授的，作为教学方式的法学实践教学可以是传授知识与方法的载体。③

法学面向实践的教学，就是以裁判为中心，面向司法的思考。"法律，特别是私法，在其所承担的一定范围内，对社会生活关系依法进行处理，换句话说，就是以最广泛意义的裁判作为其中心职能。"④以裁判为中心的法学教学具有重要作用，这不仅是因为裁判在法律适用中具有终局性，而且是因为"法学的复杂技术是以审判为中心发展而来的"，⑤所以这是中国特色法治人才培养共同体所应实现的内容。在法学传统教学中，存在两种方式：一是以法条为中心的授课方式；二是以理论传输为导向的授课方式。这两种教学方式各具优劣。在我国法律体系已经基本完备的今天，法条理解与理论传输不可偏废。

---

① 尹茂国：《法学本科实践教学功能的重新审视》，载《黑龙江教育》（理论与实践）2017年第12期。

② ［德］萨维尼：《当代罗马法体系Ⅰ》，朱虎译，中国法制出版社2010年版，第6页。

③ 参见蔡立东、刘晓林：《新时代法学实践教学的性质及其实现方式》，载《法制与社会发展》2018年第5期。

④ ［日］我妻荣：《债权在近代法中的优越地位》，王书江、张雷译，中国大百科全书出版社1999年版，第351页。

⑤ 陈金钊：《法学的特点与研究的转向》，载《求是学刊》2003年第2期。

笔者认为,无论是以法条还是理论传输方法为中心,都必须以司法裁判为主导,注入实践教学的内容。

以司法裁判为中心的法学教育,应当在教学中注重以下几个方面的问题。

一是加强法律规范的教学。加强法学基础理论的教学一直是法学教育的题中之义,包含法律的基本原理和法律规范。以司法裁判为中心的法学教育,要求在教学工作中加强对法律规范的认识,不仅要阐明规范的要素和结构,还要对规范背后的历史沿革、现实考量、使用要义进行深入解读。只有"知其然,更知其所以然",才能够熟练运用法律规范分析方法。

二是提高法律解释艺术。法律非经解释不得适用,只有在解释中,才能使纸上的法律变成活法。法律解释方法的运用是实现法律客观化的必经途径,但"所有的能够或者可能用的这些标准解释方法会达到自相矛盾的解释",①所以在适用法律时,要掌握法律解释的艺术,并且能够使之正确证成,从而实现待决案件的解决。法律解释是一个修复和完善法律的机制,法律解释的艺术更多的是指那种富有创造性的思维或行为方式。但在法学教育中,则要明晰"律解释艺术中的技艺成分更多的是应用而非欣赏",法律解释是受原则、规则、程序和具体情景规制的艺术。②

三是加强法律适用方法的掌握。法律的目的在于适用。如何使学生掌握适用的方法成为教学中的一个主要问题。以司法裁判为中心的法学教育,可考虑设置情景让学生置身于裁判一线,或让学生接触原始的案件材料,有助于培养学生探知法律事实的能力、法律推理和论证的能力、法律渊源识别和判例区分的技术、定分止争的说理能力等高素质的法律职业技能。③ 在法学教育中,主要通过引导学生如何厘清案件事实所包含的法律关系,如何根据案件事实来确定所适用的法律规范,如何实现法律事实与法律规范的契合,从而达到法律规范的正确适用方法的掌握。

四、建立司法实践与社会实践并重的教学模式

法律更不能机械地使用,所以燕树棠先生主张,法律教育于训练所得专门知识外,尚需培养学生的"法律头脑",才能对法律准确适用,至少有相当的把握而不致有大错。作为有"法律头脑"的主体,需要有社会的常识、剖辨的能力、远大的思想、历史的眼光。④法学教育的目的,在于服务社会,"因为法律是社会组织的纤维,所以法律的事业,是公益的事业,是社会的事业"。⑤ 法律人需要了解社会,"一个法律问题,都是人事问题,都是关于人干的事的问题"。基于法科毕业生未来所从事的职业主要是法律职业,在学业阶

① 王利明:《法律解释学导论——以民法为视角》,法律出版社2009年版,第414页。

② 参见陈金钊:《法律解释的艺术——一种微观的法治实现方法》,载《法商研究》2009年第5期。

③ 参见胡玉鸿:《法律技术的内涵及其范围》,载《现代法学》2006年第5期。

④ 参见燕树棠:《法律教育之目的》,载许章润主编:《清华法学》(第9辑),清华大学出版社2006年版,第314页。

⑤ 孙晓楼等:《法律教育》,中国政法大学出版社2004年版,第11页。

段，应该有一定机会让其具有对社会具有一定了解，而在法学教育过程中，以社会实践的方式乃是最好的途径。因此，教思政〔2012〕1号规定要系统开展社会实践活动。而社会实践活动包括社会调查、生产劳动、志愿服务、公益活动、科技发明和勤工助学等社会实践活动，是实践育人的有效载体。因此，需要各高校把组织开展社会实践活动与组织课堂教学摆在同等重要的位置，并与专业学习、就业创业等结合起来，制订学生参加社会实践活动的年度计划。教高〔2018〕6号明确指出，要“结合社会实践，积极开展理想信念教育、社会公益教育、中华优秀传统法律文化教育，让学生在感悟法治进步中坚定理想信念，在了解群众疾苦中磨炼坚强意志，在奉献社会中增长智慧才干”。因此，笔者认为，社会实践和司法实践都是实践的重要内容，前者理解社会，后者理解司法，两个都不能少。教育工作者们在教学中，不能简单粗暴地用司法实践取代社会实践。司法实践纵然有益于增强学生对专业知识的加深理解，能在一定程度上提升学生的实践能力，但社会实践本身具有的广泛而深层的内涵是其所不能涵盖的。毛泽东同志在《实践论》中指出：“人的社会实践，不限于生产活动一种形式，还有多种其他的形式，阶级斗争，政治生活，科学和艺术的活动，总之社会实际生活的一切领域都是社会的人所参加的。”①简而言之，在法学实践教学模式之中，围绕理论主题进行相关事项的调查，就是最好的实践。只有转向科学的社会实践，回归生活世界，才能解决科学的非理性运用成分，使科学造福人类。②

---

① 毛泽东：《实践论》，商务印书馆1965年版，第6页。

② 参见张雁：《科学研究的社会实践转向：贝尔纳科学学的当代解读》，载《河海大学学报》（哲学社会科学版）2015年第5期。

立法工作者人才培养机制研究

汪全军*

摘 要:立法工作者是法律职业共同体不可或缺的一员。然而,当前的法学教育却存在司法中心主义倾向,并不利于培养立法工作者。具体而言,当前的立法工作者人才培养机制存在学科定位偏低、课程开设不足、教材侧重理论、师资力量薄弱以及教学方法单一等问题,并导致立法工作者人才培养与立法实践需求脱节。为解决上述问题,可以采取提高立法学学科定位、强化立法学相关课程设置、编写立法学实用教材、优化立法学师资队伍以及丰富立法学教学方法等措施,以完善我国的立法工作者人才培养机制,进而推动建立一支正规化、专业化、职业化立法工作者队伍。

关键词:立法工作者 立法学 法学教育

一、问题的提出

立法工作者是法律职业共同体的重要组成部分。① 法律职业共同体是以法律为纽带而形成的意义共同体、事业共同体、解释共同体和利益共同体。② 通常而言,法官、检察官以及律师等被视作法律职业共同体的主要成员。值得注意的是,"法律职业共同体的最大的'共同'点,并不仅仅在于他们具有共同的法律知识,而同时在于他们运用法律专业知识的方式的共同性"。③ 知识背景和思维方式的同质性是法律职业共同体得以聚合的关键因素,也是其区别于其他职业共同体的主要指标。从这个角度来看,法律职业共同体的成员绝不仅仅局限于法官、检察官以及律师,立法工作者也是法律职业共同体的一员。党的十八届四中全会通过的《中共中央关于全面推进依法治国若干重大问题的决

* 湖南大学法学院助理教授,法学博士。

① 值得注意的是,立法工作者与立法者是两个完全不同的概念。立法者,是指依法享有立法权的主体,如人民以及人民的代表所组成的代议机关等;而立法工作者,是指在立法过程中从事立法辅助工作的人员,如议员助理、全国人大常委会法制工作委员会的工作人员等。参见汪全军:《论立法工作者的职业伦理》,载王瀚主编:《法学教育研究》(第22卷),法律出版社2018年版,第375页。

② 参见张文显、卢学英:《法律职业共同体引论》,载《法制与社会发展》2002年第6期。

③ 葛洪义:《一步之遥:面朝共同体的我国法律职业》,载《法学》2016年第5期。

定》(以下简称《决定》)指出,法治工作队伍包括法治专门队伍、法律服务队伍和法治人才培养队伍。其中,法治专门队伍包括立法队伍、行政执法队伍、司法队伍。中共中央办公厅、国务院办公厅印发的《关于完善国家统一法律职业资格制度的意见》(以下简称《意见》)进一步明确了法律职业共同体的范围,并列举了法官、检察官、律师、公证员、法律顾问、仲裁员(法律类)、立法工作者、行政执法人员、法学教育研究工作者等属于法律职业人员。由此可见,立法工作者无疑是法律职业共同体中不可或缺的一员。

然而,当前的法学教育却带有明显的司法中心主义色彩。"司法中心主义体现在当下法学院校教育的各个环节、各个方面,从法学教育目标确立、人才培养方案制定、教学资源组织与管理、教育的考核和评价等法学教育全过程。"①一方面,当前的法学教育以培养法官、检察官和律师为主要目标。甚至有学者认为,"法学教育应以训练法官能力为主"。② 以在第四轮学科评估中评估结果为"A+"的两所法学院校为例,中国政法大学法学专业培养目标中关于专业能力的表述为"能较熟练地应用有关法律知识和法律规定办理各类法律事务,解决各类法律纠纷",具有明显的司法色彩;而中国人民大学法学院法学专业培养目标中虽然全面提及"培养从事立法、行政、司法、法律服务等法律实务人才",但在培养计划中仅将立法学安排为一门2学分的选修课。另一方面,当前法学院校的教学活动是围绕司法展开的。在教学内容上,法学专业核心课程(10+X)中,除法理学、宪法学以及中国法律史等少数课程外,其余大部分课程均与司法活动直接相关。并且在教学过程中,案例讨论也以司法案件为主。同时,在实践教学中,法律诊所、模拟法庭、专业实习等均围绕诉讼程序展开。此外,"双千计划"等理论界与实务界的师资交流也主要存在于法学院与法院、检察院、律师事务所之间。简而言之,当前的法学教育忽视了司法领域之外的其他法律职业,尤其是无法胜任培养立法工作者的重大任务。

在此背景下,深入剖析我国立法工作者人才培养的现状与问题,并有针对性地提出完善意见,具有十分重要的意义。从法学教育的角度而言,立法工作者人才培养机制可以从学科定位、课程设置、教材建设、师资队伍以及教学方法等几个方面进行分析。

二、我国立法工作者人才培养机制的现状与问题

在立法过程中,立法工作者的作用不容忽视。尤其是在立法规划、法案起草、法案审议以及立法解释等领域,立法工作者的角色十分关键,甚至被称为"隐性立法者"。③ 我国的立法工作者主要分布于人大专门委员会、人大常委会法制工作委员会、政府法制工作部门以及政府各部门的法制工作处室等。特别是2015年《中华人民共和国立法法》

---

① 邓世豹:《超越司法中心主义——面向全面实施依法治国的法治人才培养》,载《法学评论》2016年第4期。

② 葛云松:《法学教育的理想》,载《中外法学》2014年第2期。

③ 卢群星:《隐性立法者:中国立法工作者的作用及其正当性难题》,载《浙江大学学报》(人文社会科学版)2013年第2期。

(以下简称《立法法》)修改之后,设区的市的人大和政府获得了地方立法权,立法工作者队伍进一步扩容。然而,立法工作者的培养却无法满足立法工作的实际需要。目前,我国的立法工作者人才培养方面主要存在如下问题。

(一)学科定位偏低

长期以来,立法学并非一个独立的二级学科,而仅仅是一个研究方向。根据1997年教育部学位管理与研究生教育司颁布的《授予博士、硕士学位和培养研究生的学科、专业目录》,法学一级学科下设法学理论、法律史、宪法学与行政法学、刑法学、民商法学、诉讼法学、经济法学、环境与资源保护法学、国际法学以及军事法学10个二级学科,其中未见立法学。2009年国务院学位委员会和教育部颁布了《学位授予和人才培养学科目录设置与管理办法》。其中第10条规定,博士、硕士学位授予单位可以在一级学科学位授权权限内自主设置与调整二级学科。然而,截至2019年5月31日,仅华东政法大学、中山大学以及广西师范大学自主设置了立法学二级学科。① 由此可见立法学的科学定位普遍偏低,与其重要性不相匹配。

同时,作为一个研究方向,立法学的学科属性也不甚明确。在立法学未能成为一个独立的二级学科之时,应当将其纳入哪一个二级学科之下？有的法学院校将立法学归入宪法与行政法学二级学科,如华东政法大学等。② 也有法学院校将立法学归入法学理论二级学科,如西南政法大学、江西财经大学法学院等。③ 一方面,立法权是一项宪法权力,而立法权的配置则应当属于由宪法规定的事项。"在一切国家权力中离宪法最近的是立法权,宪法直接管束的是立法权,而宪法对其他国家权力的管束通常是通过立法机关制定的法律实现的。"④通常而言,《立法法》也被称为宪法相关法。从这个角度来看,立法学是可以被纳入宪法与行政法学二级学科的。另一方面,立法活动的直接目的在于制定法律规范,因而一切立法活动都是围绕法律文本展开的。在法律文本的起草、修改等环节,法律概念、法律规则、法律原则、法律关系、法律责任、法律程序以及法律体系等理论是制定一部良法所不可或缺的。从这个角度来说,将立法学归入法学理论二级学科也是可以被接受的。正是由于立法学并非一个独立的二级学科,因而其被迫归入相近的二级学科之中。这种做法不仅模糊了立法学的研究对象,更进一步降低了立法学的学科独立性。

---

① 载教育部网站:http://www.moe.gov.cn/s78/A22/A22_gggs/s8476/201907/t20190724_392053.html,最后访问日期:2019年7月31日。

② 参见《华东政法大学2019年招收攻读硕士学位研究生专业目录》,载华东政法大学研究生教育院:http://yjsy.ecupl.edu.cn/2018/0913/c3799a92079/page.htm,最后访问日期:2019年7月31日。

③ 参见《西南政法大学2019年硕士研究生招生简章》,载西南政法大学官网:http://yjsy.swupl.edu.cn/zsgl/qrzssszlxx/251775.html,最后访问日期:2019年7月31日;《江西财经大学2019年硕士研究生招生简章》,载江西财经大学研究生院:http://grs.jxufe.cn/news-show-2639.html,最后访问日期:2019年7月31日。

④ 马岭:《宪法权力解读》,北京大学出版社2013年版,第31页。

（二）课程开设不足

立法学课程并非专业核心课，且远未实现全覆盖。以教育部学位与研究生教育发展中心公布的第四轮学科评估结果为参照，通过收集、分析各高校法学专业人才培养方案和教学计划等文件资料，可以得出如下几个结论。一是立法学课程开设比例不到一半。在培养方案或教学计划中明确列出立法学课程的法学院校仅占比44%，而未明确列出立法学课程的法学院校则高达41%。二是已开设的立法学课程均为选修课。根据教育部发布的《普通高校法学本科专业教学质量国家标准》中有关课程体系的规定，立法学课程并未纳入法学专业核心课程（10+X）之中。因而在各法学院校的培养方案或教学计划中，立法学课程均以选修课的形式出现。由于师资力量薄弱、选课人数不足等主客观原因，选修课可能面临无法开课的窘境。因此，虽然有44%的法学院校将立法学课程列入培养方案或教学计划，但实际开课比例可能还要更低。三是以学科评估结果为参考，排名靠前的法学院校开设立法学课程的比例高于排名靠后的法学院校。在A档（包括A+、A和A-）法学院校中，立法学课程开课比例达71.43%；在B档（包括B+、B和B-）法学院校中，立法学课程开课比例为48.84%；而在C档（包括C+、C和C-）法学院校中，立法学课程开课比例仅30.23%。由此可见，是否开设立法学课程与法学院校的办学质量具有一定的关联性。四是鲜见立法学课程之外的其他立法学相关课程。立法活动纷繁复杂，涉及面极广，这对立法工作者提出了更高要求。除立法学基础理论外，立法工作者还需要接受立法程序、立法技术、立法解释等方面知识的专门教育（见表1）。

表1　立法学课程开设情况①

学科评估结果	已开设	未开设	数据缺失	总计
A+	2	0	0	2
A	4	1	0	5
A-	4	3	0	7
B+	9	2	3	14
B	6	8	1	15
B-	6	6	2	14
C+	5	7	3	15
C	6	6	3	15
C-	2	8	3	13
总计	44	41	15	100

① 本表的数据根据各法学院校官方网站所公布的培养方案、教学计划、课程表等文件资料整理而来。

(三)教材侧重理论

通过分析常用的立法学教材可知,当前的立法学教材侧重构建完备的立法学理论体系。[①] 一般认为,“立法学体系应当由立法原理、立法制度和立法技术三要素构成”。[②] 在当前常用的立法学教材中,有些教材直接将其内容划分为立法原理、立法制度和立法技术3编,[③]而有些教材虽未明确划分为立法原理、立法制度和立法技术3编,但其章节内容却并未超出上述3编的范围。[④] 就立法原理部分而言,一般包括立法的概念、立法的指导思想与基本原则以及立法的历史发展等内容;就立法制度而言,一般包括立法主体、立法程序、立法监督、立法解释以及中央立法、地方立法、授权立法等具体立法制度;就立法技术而言,一般包括立法方法、立法预测、立法规划、立法决策、法案起草、法的构造、立法语言以及立法完善等内容。一方面,上述内容是从理论视角归纳整理的,基本遵循了“本体论—认识论—方法论”这一理论体系建构框架;另一方面,对上述内容的具体阐释也是从理论到理论的,采取了“内涵—外延”这一惯常的理论阐释路径。对立法工作者来说,当前常用的立法学教材虽然能够给予一定的理论支撑,但却无法指导具体的立法工作实践。可以说,当前常用立法学教材的受众主要是立法学研究者,而非立法工作者。

(四)师资力量薄弱

整体而言,当前立法学的教学与研究队伍相对较弱。一方面,立法学课程教师数量不足、类型单一、专任化程度低。以中国人民大学法学院为例,该院在职教师共129人(教授78人、副教授36人、助理教授/研究人员15人),其中,并无教师专门从事立法学的教学研究工作,而仅有朱景文和冯玉军两位教师的研究方向涉及立法学,占全院教师比重仅为1.55%。[⑤] 同时,在高等院校法学院从事立法学教学工作的教师一般为专职教学科研人员,鲜见立法工作者兼任。另一方面,立法学研究的学术资源投入不足。以2019年国家社科基金立项情况为例,涉及立法学的重点项目立项1项,占比3.85%;一般

① 本文主要分析了6种常用的立法学教材,即周旺生:《立法学教程》,北京大学出版社2006年版;朱力宇、张曙光主编:《立法学》,中国人民大学出版社2009年版;徐向华主编:《立法学教程》,北京大学出版社2017年版;邓世豹主编:《立法学:原理与技术》,中山大学出版社2016年版;刘莘主编:《立法法》,北京大学出版社2008年版;曾粤兴主编:《立法学》,清华大学出版社2014年版。

② 周旺生:《立法学教程》,北京大学出版社2006年版,第5页。

③ 参见周旺生:《立法学教程》,北京大学出版社2006年版;徐向华主编:《立法学教程》,北京大学出版社2017年版。

④ 参见朱力宇、张曙光主编:《立法学》,中国人民大学出版社2009年版;邓世豹主编:《立法学:原理与技术》,中山大学出版社2016年版;刘莘主编:《立法法》,北京大学出版社2008年版;曾粤兴主编:《立法学》,清华大学出版社2014年版。

⑤ 根据中国人民大学法学院官方网站公布的数据统计而来,载中国人民大学法学院:http://www.law.ruc.edu.cn/sz/shizhi.asp,最后访问日期:2019年8月26日。

项目立项2项,占比0.93%;青年项目立项1项,占比1.16%。① 国家级科研项目立项不足极大削弱了科研人员从事立法学研究的积极性。此外,立法学论文发表数量也比较少。以“三大刊”为例,2018年度仅《中国法学》发表了1篇立法学论文(金梦:《立法性决定的界定与效力》,载《中国法学》2018年第3期),而《中国社会科学》与《法学研究》则没有发表立法学相关论文。② 由此可见,立法学研究的学术资源投入是不足的,而学术资源投入不足必然影响立法学师资的成长,从而导致立法学师资力量进一步弱化。

(五)教学方法单一

当前,立法学课程主要以课堂讲授为主。在教学过程中,任课教师以教材为基础,通过口头讲授的方式进行教学,并辅之以多媒体进行教学内容展示。实际上,这种传统且单一的教学方式并不适合立法工作者的培养。立法工作者应当“熟悉立法实务,通晓立法理论和技术,能够有效地认识、判断、处理和解决各种立法问题”。③ 立法是一项实践性很强的工作,仅仅通过课堂讲授是无法让立法工作者充分获取从事立法工作所必须具备的知识的。然而,在课堂讲授外,当前的立法学教学鲜有实践教学环节。通常而言,高等院校法学院的实践教学主要围绕司法活动展开。不仅校外实践教学主要是通过选派学生赴法院、检察院以及律师事务所等单位实习的方式进行,而且校内实践教学也主要是采取模拟法庭、法律诊所等案例教学的方式展开的。鲜有法学院选派学生赴人大常委会法工委、政府法制机构等立法机关实习,也少有法学院开展模拟立法等实践教学活动。可以说,当前法学院的立法学教学方式过于单一,且不适应立法工作者的人才培养要求。

总体来说,我国当前的立法工作者培养机制存在学科定位偏低、课程开设不足、教材侧重理论、师资力量薄弱以及教学方法单一等问题,进而导致法学院的立法工作者人才培养与立法实践需求严重脱节。对于立法机关来说,其不得不主动承担起立法工作者的培养任务。“实际上,我国各级各类有权立法机关,都非常重视立法工作人员的培训。”④ 甚至形成了“地方立法人才培养过分依赖地方人大常委会”的局面。⑤ 由此可见,法学院的立法工作者人才培养机制亟须变革。

---

① 涉及立法学的项目分别为重点项目“新时代加强道德立法的理据与进路研究”(19AFX001);一般项目:“公共利益的立法表达与司法考量研究”(19BFX001)、“西藏民族自治地方立法理论与实践研究”(19BFX014);青年项目“地方性立法事务与央地立法权分配研究”(19CFX025)。参见《关于2019年国家社科基金年度项目和青年项目立项名单的公示》,载 http://www.npopss-cn.gov.cn/n1/2019/0625/c219469-31187315.html,最后访问日期:2019年8月26日。

② 参见《〈中国法学〉2018年总目录》,载《中国法学》2018年第6期;《〈中国社会科学〉2018年总目》,载《中国社会科学》2018年第12期;《〈法学研究〉第四十卷(2018年)总目录》,载《法学研究》2018年第6期。

③ 刘风景:《需求导向的立法人才培育机制》,载《河北法学》2018年第4期。

④ 同上。

⑤ 参见胡弘弘、白永峰:《地方人大立法人才培养机制研究》,载《中州学刊》2015年第8期。

三、我国立法工作者人才培养机制的改革与完善

(一)提高立法学学科定位

根据我国高等教育管理相关规定,学科目录是高等学校进行人才培养和学科建设的重要指导依据。能否被纳入学科目录之中以及在学科目录中的具体定位是某一专业能否独立开展人才培养的决定性因素。在本科教育与研究生教育阶段,学科目录的编制各有不同。在本科教育阶段,学科目录即专业目录,其划分为学科门类、专业类和专业三级。依据《普通高等学校本科专业目录(2012年)》,法学门类下设6个专业类,即法学类、政治学类、社会学类、民族学类、马克思主义理论类以及公安学类。其中,法学类下设一个基本专业(法学)和两个特设专业(知识产权与监狱学)。从知识体系、人才培养、招生就业等多个因素来看,立法学并不具备从法学专业中独立出来的必要性与可能性,因而无法像知识产权与监狱学一样成为独立的本科专业。

在研究生教育阶段,学科目录划分为学科门类、一级学科和二级学科,而立法学应当成为一个独立的二级学科。一方面,立法学具有成为二级学科的必要性。从社会需求来看,立法工作者人才缺口很大。仅就地方立法层面而言,2015年我国《立法法》修改之后,设区的市获得制定地方性法规和地方政府规章的权力。"截至2018年3月,已有273个设区的市经相应省、自治区确定开始行使地方立法权。"①这些获得地方立法权的立法机关需要补充大量掌握立法学知识的立法工作者。从知识结构来看,立法学与民法、刑法等学科具有明显区别,即立法学是以立法为中心的,而非以司法为中心。从人才培养的角度来看,只有成为二级学科,立法学专业才能够制定专门的培养方案并独立招收研究生。总体来说,立法学应当独立于传统的法学二级学科,成为一个独立的二级学科。另一方面,立法学具有成为二级学科的可能性。根据2018年4月更新的《学位授予和人才培养学科目录》,法学门类下设的6个一级学科与本科教育阶段的专业类一致。根据1997年颁布的《授予博士、硕士学位和培养研究生的学科、专业目录》,法学一级学科下设法学理论、法律史、宪法学与行政法学、刑法学、民商法学、诉讼法学、经济法学、环境与资源保护法学、国际法学以及军事法学10个二级学科。在目录外,许多高校在法学一级学科之下又自主设置了一批二级学科,如中国法(中国人民大学)、体育法(武汉大学)以及金融服务法(中央财经大学)等。目前,共有59所高校在法学一级学科下自主设置了123个二级学科。② 其中,华东政法大学、中山大学以及广西师范大学自主设置了立法学二级学科。由此可见,将立法学设置为二级学科是完全可行的。

---

① 毛雨:《设区的市地方立法工作分析与完善》,载《中国法律评论》2018年第5期。

② 根据《普通高等学校自设二级学科名单》(截至2019年5月31日)中的数据统计而来。其中,虽然某些高校自主设置的二级学科名称相同,但培养方案等却不一定相同,因而均作为单独的二级学科处理,载教育站网:http://www.moe.gov.cn/s78/A22/A22_gggs/s8476/201907/t20190724_392053.html,最后访问日期:2019年9月3日。

(二)强化立法学相关课程

一方面,应当积极争取将立法学列入法学专业核心课程体系之中。立法学是法学知识拼图中不可或缺的一块。在法学专业"10 + X"核心课程体系中,立法学既不在法学专业学生必须完成的10门专业必修课之中,也不在各院校根据办学特色开设的其他专业必修课"X"之内。然而,立法是执法与司法的前提。作为研究法律规范之"立改废"的学科,立法学的重要性并不亚于列入"10 + X"之中的核心课程。因此,应当积极争取将立法学列入法学专业核心课程体系之中。实际上,法学专业核心课程体系并非一成不变的。在1998年教育部高等教育司发布的《全国高等学校法学专业核心课程教学基本要求》中,法学专业核心课程共14门。[①] 而在2012年教育部高等教育司发布的《普通高等学校本科专业目录和专业介绍(2012年)》中,法学专业核心课程则增至16门,其中,环境资源法和劳动与社会保障法为新加入的核心课程。[②] 在2018年教育部高等学校教学指导委员会发布的《普通高等学校本科专业类教学质量国家标准》中,法学专业核心课程则演变为"10 + X"体系,其中,法律职业伦理、证据法和财税法成为新的核心课程。[③] 那么,在下一次法学专业核心课程体系调整时,应当积极争取将立法学列入核心课程之中。而在立法学列入法学专业核心课程之前,应当全面提高立法学选修课的开课比例,实现立法学课程全覆盖,避免立法工作者人才培养课程出现空白。

另一方面,还应当开设一批与立法学相关的选修课程。通常而言,一门专业课为2~4学分,换算成课时量则为32~64课时。可以说,单独一门立法学课程的容量是有限的,其无法全面覆盖立法学的重要知识点,也无法满足立法工作者人才培养的需求。因此,在立法学课程之外,还应当进一步开设一批立法学相关课程作为补充。总体而言,立法学相关课程应当主要涉及如下几个方面的内容。一是立法体制。相关课程应当以我国《立法法》确立的立法权限为核心,重点讲述各类立法主体的立法权限范围,以及各类法律规范之间的位阶效力等内容。二是立法程序。相关课程应当以我国《立法法》以及地方立法程序条例所确立的立法程序为核心,重点讲述立法程序的各个步骤,以及该步骤所应当完成的立法任务。三是立法技术。这一类课程占立法学相关课程的比例最高,是立法学相关课程中内容最细致、可操作性最强的课程,主要包括立法规划、草案起草、公众参与、立法解释、法的完善、备案审查等内容。通过开设一批立法学相关课程可以更加全面地讲授立法学知识,进而培养更加优秀的立法工作者。

---

① 参见中华人民共和国教育部高等教育司编:《全国高等学校法学专业核心课程教学基本要求》,高等教育出版社1998年版。

② 参见中华人民共和国教育部高等教育司编:《普通高等学校本科专业目录和专业介绍(2012)》,高等教育出版社2012年版,第67页。

③ 参见教育部高等学校教学指导委员会编:《普通高等学校本科专业类教学质量国家标准(上)》,高等教育出版社2018年版,第34页。

(三)编写立法学实用教材

在立法工作者人才培养过程中,不仅需要体系完备的理论教材,还需要紧贴立法工作实践的实用教材。实际上,目前已经出现一些由立法学研究者与立法工作者合作编写的实用教材。例如,惠州学院地方立法研究院与惠州市人大常委会法制工作委员会联合编写的《设区的市地方立法实用教程》。① 该书并未采取立法原理、立法制度和立法技术3编模式,而是从设区的市地方立法实践出发,针对设区的市地方立法实践中的具体问题进行阐释。除概述部分外,该书还包括设区的市地方立法体制、立法程序、立法立项、立法调研、地方性法规起草、立法论证与听证、立法技术、立法清理、立法评估、立法监督以及立法能力建设等内容。同时,针对每一部分的内容,该书并未进行过多的理论阐述,而是紧扣立法实践。以设区的市地方性法规起草为例,该书并没有大篇幅论述地方性法规起草的概念、特征以及意义等内容,而是直接阐述了政府部门起草、人大主导起草、委托第三方起草和联合起草等四种起草模式,以及"提前介入机制"这一我国《立法法》第53条规定的并在立法实践中必须面对的立法工作机制。同时,该书在"设区的市地方性法规起草"一章还直接提供了设区的市地方性法规的起草流程,包括组建起草班子、开展起草基础工作、起草草案文本及说明、起草条文注释稿、征求各方意见、报送送审稿并进行审查以及形成正式议案等。《设区的市地方立法实用教程》这类教材是围绕立法实践编写的,具有很强的实践指导价值。对于立法工作者来说,其在立法实践中面临的问题可以从《设区的市地方立法实用教程》这类教材中得到解答。

总体来说,编写立法学实用教材应当满足以下3个要求。一是从编写人员来说,立法学实用教材应当由立法学研究者与立法工作者联合编写。一方面,只有立法工作者实质参与立法学实用教材的编写工作,才能保证立法学实用教材真正符合立法工作的实践;另一方面,立法学研究者往往是教学经验丰富的法学院教师,其参与编写工作有助于立法学实用教材贴合教学规律。二是从教材内容来说,立法学实用教材应当围绕立法过程编写。通常而言,立法过程可以划分为立法准备、由法案到法、立法完善3个阶段,包括立法规划、立法决策、法案起草、提出法案、审议法案、表决法案、公布法、法的解释、法的修改、法的废止以及法的编纂等具体制度。立法学实用教材应当针对立法过程中每一阶段的具体制度进行阐释,而不应仅仅停留在宏观理论叙事层面。三是从教材受众来说,立法学实用教材的受众应当以潜在的立法工作者为主。也就是说,法学院开设立法学课程的目的不应仅仅局限于培养立法学研究者,还应当包括培养立法工作者。那么,立法学实用教材的逻辑体系、具体内容以及语言表达等都应适应培养立法工作者的需求。

---

① 参见惠州学院地方立法研究院、惠州市人大常委会法制工作委员会编:《设区的市地方立法实用教程》,中山大学出版社2019年版。

（四）优化立法学师资队伍

一是有计划地开展师资培训工作。鉴于当下立法学课程教师数量少，且大多为理论法学、宪法学等其他专业教师兼任，因而有必要开展立法学师资队伍培训。作为一个立法学教学活动中的普遍性问题，立法学师资培训工作可以由全国性的部门或机构统一组织。实际上，自2010年成立以来，中国法学会立法学研究会已经成为联系立法学理论研究者和立法工作者的重要平台。以中国法学会立法学研究会2018年学术年会为例，该次年会共有300余人参加，收到论文250余篇。其中，不仅有全国各高校从事立法学理论研究的专家学者参会，还有来自全国人大常委会法工委、地方人大常委会法工委以及地方政府法制办的立法工作者参会。会议讨论的主题既有科学立法与民主立法、立法理论与立法方法、法律体系的完善等理论性较强的问题，也有改革问题与新兴立法问题的立法探索、设区的市立法以及海南国际自贸区、自贸港立法与区域立法创新等紧贴立法实践的问题，还有人大主导立法与立法体制创新、监察立法与备案审查制度、地方立法的理论与实践等理论与实践紧密结合的问题。由此可见，中国法学会立法学研究会已经得到理论界与实务界的广泛认可，其有能力承担立法学师资培训的组织工作。

二是加大立法学博士研究生培养力度。法学博士毕业生是高校法学教师的最主要来源。从长远来看，要解决立法学师资不足的问题就必须加强立法学博士生的培养力度。一方面，应当增加立法学博士生招生名额。在自主设置立法学二级学科的3所高校中，广西师范大学没有法学专业博士点，中山大学2019年没有安排立法学专业博士生招生计划。① 只有华东政法大学在2019年的招生计划中将立法学作为一个研究方向纳入法政治学专业招生，并与民主与法治、法政治传播学共享2个招生名额。② 在拥有法学专业博士点的其他高校中，仅有厦门大学等少数高校在法学理论专业下招收立法学研究方向的博士研究生。由此可见，立法学博士研究生招生名额还有很大的增长空间。另一方面，应当增加立法学专业的学术资源投入。首先，在国家社科基金项目、教育部人文社科研究项目、中国法学会部级法学研究课题等课题项目的招标中，应当将立法学与民法、刑法等法学二级学科同等对待，而不应将其纳入法学理论或宪法学与行政法学之中。同时，可以在中国法学会立法学研究会之下增设青年学者研究项目，支持青年教师、博士研究生从事立法学研究。其次，应当鼓励创办立法学学术刊物。目前，仅有中山大学和广东省立法研究所共同主办的《地方立法研究》一种专业的立法学学术期刊，以及北京大学立法学研究中心周旺生主编的《立法研究》和浙江大学法学院郑春燕、田梦海主编的《立法前沿》等几种连续出版物。立法学学术刊物的数量与立法学学科的重要性是不符的。

---

① 参见《中山大学2019年博士研究生招生简章及招生学科专业目录》，载中山大学研究生招生网：http://graduate.sysu.edu.cn/zsw/article/185.，最后访问日期：2019年9月4日。

② 参见《华东政法大学2019年招收攻读博士学位研究生简章》，载华东政法大学研究生教育院：http://yjsy.ecupl.edu.cn/2018/1108/c3800a94520/page.htm.，最后访问日期：2019年9月4日。

立法学界应当进一步创办更多的立法学学术刊物,并争取尽快出现立法学核心期刊。

三是加强与立法实务部门的人才交流。为了解决立法学师资不足,特别是立法学实务师资严重匮乏的问题,法学院校应当进一步加强与立法实务部门的合作。一方面,可以通过"双千计划"等人才交流项目,聘请经验丰富的立法工作者到法学院任教、兼课。通过立法工作者给本科生或者研究生讲立法学课程的方式,可以让学生及时掌握最实用、最前沿的立法知识。另一方面,可以通过选派立法学教师赴立法实务部门挂职、共同开展课题研究等形式,鼓励立法学教师直接参与立法活动,弥补其实践知识不足的缺陷。通过立法学理论研究者与立法工作者之间的双向交流,既可促进立法学师资队伍的成长,又有助于学生全面掌握立法学理论与实践知识。

(五)丰富立法学教学方法

在立法学课堂教学中,应当进一步强化案例教学。在法学专业教学活动中,案例教学被广泛应用于刑法、民法等部门法,但在立法学课程中则比较少见。究其原因,主要是因为我国的立法活动长期以国家立法为主,立法过程和立法资料公开程度较低,案例素材不足以支撑立法学案例教学。但是,随着2015年我国《立法法》的修改,设区的市获得制定地方性法规的权限,立法案例呈现爆发性增长。"从2015年3月立法法修改至2018年3月底,设区的市共制定并经省级人大常委会批准的地方性法规621件,其中立法条例205件,三个事项范围的地方性法规413件。"①地方立法工作的快速发展为立法学案例教学提供了丰富的素材。第一,地方立法过程的可参与性较强。实际上,地方立法主体与高等院校的联系十分密切。地方立法主体经常以专家论证会、委托立法等形式邀请法学教师参与地方立法实践。相较国家立法而言,立法学教学和研究人员参与地方立法过程的可能性更大、难度更低。第二,地方立法资料的可获得性较强。通过参与地方立法实践,立法学教学与研究人员可以十分便捷地接触原始立法资料。特别是在委托立法情形下,许多立法资料就是由立法学教学与研究人员直接收集、整理和起草的。第三,地方立法活动的可批判性较强。尤其是在备案审查工作持续强化的情况下,部分地方性法规或地方政府规章被备案审查机关公开督促纠正。例如,在全国人民代表大会常务委员会法制工作委员会《关于2018年备案审查工作情况的报告》中就提到了《上海市道路交通管理条例》《江苏省工程建设项目招标范围和规模标准规定》等地方性法规和地方政府规章中存在的立法问题。② 官方的公开否定拓展了立法学案例教学的讨论空间。由此可见,在设区的市获得地方立法权的背景下,案例讨论可以被广泛应用于立法学教学过程之中。

---

① 毛雨:《设区的市地方立法工作分析与完善》,载《中国法律评论》2018年第5期。

② 参见《全国人民代表大会常务委员会法制工作委员会关于2018年备案审查工作情况的报告》,载中国人大网:http://www.npc.gov.cn/npc/c12491/201812/afbfcb16af1d455b86dfb0cb4175ba2a.shtml,最后访问日期:2019年9月2日。

此外,实践教学应当成为立法工作者人才培养的重要方法。一般而言,实践教学包括校内实践教学和校外实践教学两个部分。就校内实践教学而言,模拟立法应当成为模拟法庭之外另一种重要的实践教学形式。所谓模拟立法,是指在教师的指导下,由学生分别扮演人大代表或常委会委员、立法工作者、专家学者以及社会公众等角色,严格按照立法过程模拟立法活动的一种教学方式。实际上,模拟立法以立法政策辩论等形式广泛存在于英美国家的法学教育过程之中。我国澳门科技大学法学院也曾举办过模拟立法提案比赛等模拟立法教学活动。① 通过模拟立法教学活动,可以让学生更加直观地认知和理解立法过程,提高学生的立法实操水平。就校外实践教学而言,立法实习应当成为一种重要的实践教学方式。法学院应当有计划地选派学生赴有立法权的人大常委会法工委、政府法制机构等立法机关实习。一方面,法学院应当在有立法权的人大常委会法工委和政府法制机构建立实践教学基地,为学生开展立法实习提供有力的保障。另一方面,法学院应当与实习单位共同协商,为立法实践教学配备相应的实习指导教师。实习指导教师应当从立法工作者中遴选,并全程指导学生参与立法实践活动。通过立法实习可以进一步加强学生对立法工作者这一职业的认识,并进一步加深学生对立法活动的理解。总体来说,在既有的以司法为中心的实践教学活动之外加入以立法为中心的实践教学环节,对于立法工作者人才培养具有重要意义。

四、结语

立法工作者人才培养机制的完善是建立一支正规化、专业化、职业化立法工作者队伍的基本前提。法治专门队伍的正规化、专业化与职业化建设是全面推进依法治国的重要保障。其中,立法工作者队伍的正规化、专业化与职业化显得尤为迫切。就法学教育而言,可以从学科定位、课程设置、教材建设、师资队伍以及教学方法等方面完善我国的立法工作者人才培养机制。在建立完善的立法工作者人才培养机制的基础上,才有可能进一步推动建立立法工作者准入制度、职前培训制度、人员管理制度、职业保障体系、单独的职务序列以及专门的招录和遴选制度,甚至制定立法工作者法,进而实现立法工作者队伍的正规化、专业化与职业化。

---

① 参见《法学院模拟立法提案比赛成功举行》,载澳门科技大学官网:https://www.must.edu.mo/cn/fl/news/20603-article11290810-c,最后访问日期:2019 年 9 月 2 日。

我国的法学教育如何回应法律实践需求

——由《令人心动的Offer》引发的思考

郑　宁*

摘　要:传统的法学教育存在与实践严重脱节的问题,难以培养出符合实践需求的卓越法治人才,腾讯视频的首档职场观察真人秀节目《令人心动的Offer》节目讲述了8所高校的法科学生在上海的一家律所1个月的实习生活,通过严格的课题任务考察,律师之间的交流,律师和实习生之间的交流,实习生之间的互动,集中反映了我国法律实务界对卓越法治人才的要求,包括七大能力——法律思维、法律写作能力、沟通和表达能力、法律英语能力、团队协作能力、良好的情商和自我形象管理,值得法学教育界进行反思。

关键词:法学教育　法律实践　令人心动的Offer

2019年年底热播的《令人心动的Offer》是腾讯视频首档素人职场观察真人秀,讲述了来自北京大学、中国人民大学、北京航空航天大学、上海外国语大学、西南政法大学、华东政法大学、大连海事大学、澳大利亚新南威尔士大学这8所高校的法科学生,在上海的一家知名律所经历了为期1个月的实习生活的故事,目标是争夺该律所的两个转正"offer"。上海锦天城律师事务所的柴晓峰、徐灵菱、王剑峰、金勋4位律师组成带教律师团进行指导和考核。何炅、郭京飞、蓝盈莹、周振南、岳岫山、"Papi酱"(本名姜逸磊)6位嘉宾组成加油团,通过场外观察8名实习生的职场生活和工作表现,在演播室进行点评和猜测实习生课题排名,从而决定最终的转正名额是否增加。在10期节目中,学员要单独或者以小组合作形式完成9个课题,因此既有竞争,又有合作。开播首周就直冲微博话题总榜第二名和第六名,节目首播微信指数再创新高,近555万的关注度大幅超越腾讯现象级综艺节目《创造101》和《心动的信号2》,在豆瓣网上取得8分的不错成绩,每期节目都有8000万以上的点击量,最高的一期甚至达到1.2亿点击量。

---

* 中国传媒大学文化产业管理学院法律系主任、副教授,法学博士。

《令人心动的 Offer》背景虽然设在校园之外的律所，但通过严格的课题任务考察，律师之间的交流，律师和实习生之间的交流，实习生之间的互动等，集中反映了我国法律实务界对卓越法治人才的要求，值得法学教育界作为一个样本来进行深入思考。法律是一门实践性很强的社会科学。2018 年教育部、中央政法委《关于坚持德法兼修实施卓越法治人才教育培养计划 2.0 的意见》中指出，我国高等法学教育还不能完全适应社会主义法治国家建设的需要，学生实践能力不强，应用型、复合型法律职业人才培养不足，提高法律人才培养质量成为我国高等法学教育改革发展最核心最紧迫的任务。笔者在中国传媒大学从事法学教育 10 余年，本文试图结合节目及个人多年的教学体会，讨论法律实务界对卓越法治人才的要求，以及我国法学教育的不足，并就我国法学教育应当培养法科学生具备怎样的能力进行探讨。

一、法律实践对卓越法治人才的要求

法律行业包括法官、检察官、律师、企业法务人员、政府法务人员、仲裁机构人员、立法机关工作人员、法学教师以及其他法律相关职业人士（如从事法制报道的记者、编辑，法律培训机构人员、法律数据库从业人员等）。由于笔者对于法官和律师行业进行了较长时间观察，且这两类职业是最具代表性的法律职业，因此下文主要针对这两大职业所需要具备的基本素养作出分析。

（一）法官的素养

关于法官素养的描述，我国的代表性观点认为，首先，法官必须具有良好的法学理论功底。如果没有缜密的逻辑思维，没有良好的法学理论功底，仅凭经验办不了案子。整个司法过程就是知识理性和实践理性的结合，复杂问题非常考验法官法学理论的功底。其次，法官必须能够熟练运用各种裁判方法，如请求权的分析方法、争点归纳整理方法。最后，法官应当具备全面的司法能力，能够运用多学科的原理和知识来解决问题，运用体系化思维。此外，这个社会的复杂性迫使法官不仅要了解法律、审判工作有关的各个法律分支，也要了解和学习和审判工作没有直接关系的其他领域，如大数据、互联网，以及“互联网 +”所带来的一系列的变化。①

美国司法学会在协助提名法官过程中，提出若干评价标准，具体包括年龄、健康状况、办事是否公道正派、司法素养、敬业精神、职业技能、社会责任、与人共事能力、写作能力、决策能力、表达能力以及行政管理能力、人际关系处理能力和非诉纠纷解决程序（Alternative Dispute Resolution，ADR）的精通程度等。②

英国司法研究委员会对英国法官的素质进行系统研究，提出了英国法官应当具备的六项基本能力。

1. 知识与技能：熟谙法律知识和法律适用；熟谙法律程序和程序适用；能迅速掌握不

---

① 参见许前飞：《一个法官应该具备什么样的素质？》，载《江苏法制报》2016 年 6 月 6 日，第 3 版。

② 参见黄斌：《美国对法官素养的具体要求》，载《人民法院报》2012 年 3 月 2 日，第 5 版。

太熟悉的法律领域。

2. 沟通与权威。树立并维护法庭的权威;做好庭审并对相关事项作出公平和及时处置;有效交流。

3. 决策与裁判。作出有理有据的裁判;合理行使自由裁量权。

4. 职业化与尊严。维护法院的独立和权威;保持个人的独立和尊严;以最高职业行为标准从事法庭上的各项工作。

5. 司法效率。在审理过程中对各类事项要公正、及时作出处置;积极管理案件进程,高效处理所有事务,作出公正判断。

6. 领导与管理。在规划和组织事务时有战略思维;应对变化;惜才任能;高标准,严要求;鼓励并培养团队精神。①

总体而言,优秀的法官除需要具备良好的品行、扎实的理论功底和职业技能外,还要具有出色的管理能力、表达能力、沟通协调能力,并且懂得运用新技术提高工作效率。

(二)律师的素养

由于律师从事的是法律服务行业,因此,对律师的综合素质的要求甚至比法官更加全面。君合律师事务所主任肖微律师认为,律师需要具备十一大素质。(1)专业。律师的专业化分工是法律服务市场的客观要求。(2)法律意识强、有悟性。基础知识需要灵活运用,除别人教外,更需要自己感悟。法律意识要更好,要有悟性,逻辑性要比较强,要有举一反三的能力、触类旁通的能力,接受能力要比较强。(3)语言能力。律师的中文表达能力首先要好,而熟练掌握英文或其他主要外语则是成为一流律师的基础。(4)综合知识。不仅是法律知识,还要有相当的综合知识、财务知识、经济知识和科技的一些基本知识及意识。(5)责任心。律师素质中必须首先具备的就是责任心。(6)创造力。法律不是死的,而是由人制定的。律师应学会在不违背法律的前提下,尽可能实现客户利益的最大化。(7)身体要好,要有耐力和持久力。(8)记忆力。过去的经验和案例是解决当前问题的参考,律师应该能够剥丝抽茧般看到问题关键,并适用过去的经验和案例。(9)心态。律师应该学会热爱自己所从事的职业,对自己的工作有浓厚的兴趣,是律师成功的一个关键因素。(10)社会经验。律师是一个社会性工作,必须了解政治、政策和相关的知识。要培养一定的社交能力和相当的社会经验。(11)外在形象。律师是专业人员,是专业服务行业,外在形象是一种精神面貌的体现。②

即使是律所实习生,很多律所也提出了较高要求。根据智合研究院向上百位律师发放的调查问卷,律师最看重的实习生的能力如下:首先是工作态度,认真、负责是基本的职业素养,在上百位律师当中,有2/3的律师选择了工作态度。其次是逻辑思维能力,无

---

① 英国司法研究委员会:《英国司法能力与法官素质之框架标准》,蒋惠岭译,载《人民法院报》2015年2月13日,第8版。

② 参见君合律师事务所:《律师之道——新律师的必修课》,北京大学出版社2010年版。

论是诉讼业务还是非诉业务，都需要高度的逻辑性，一半以上的律师选择了这项。再次是沟通交流能力，律师业是一项服务行业，复杂的案件和项目还需要和政府部门或者其他律师合作，因而良好的沟通能力是一项必备的基本素质。最后是写作能力，律师工作的日常就是做法律检索，出具法律意见书和备忘录，写作能力至关重要。① 也有律师认为，律所实习生需要时间观念强、不会错过时限，做出来的东西像样、不会有很愚蠢的问题（像错别字、语句不完整、句子跟句子之间的空格不一致、行距不一致等，逻辑不通顺等），并且有一定的领悟能力。②

美国律师协会（American Bar Association，ABA）对成功律师的要求如下：③

（1）建立一个专业和私人的社交关系网络；

（2）培养良好的沟通技巧；

（3）任何时候都需要保持正直；

（4）保持创新；

（5）持之以恒；

（6）保持乐观和积极的态度。

近年来，以 iCourt、无讼学院为代表的法律培训机构非常火爆，大批律师、法务心甘情愿支付价格不菲的学费，利用周末时间去学习相关课程。从他们的课程设置中也可以看出律师所关注的基本技能。

iCourt 开设的课程分为 3 类：（1）核心业务能力：法律逻辑、刑事辩护、出庭、证据、写作、合同审查、尽职调查、诉讼逆转、法律顾问。（2）市场开拓能力：谈判、演讲、心理学、客户管理；（3）法律新科技：可视化、大数据、iMac。每门课面授 2 天。无讼学院讲授的课程包括出庭、模拟法庭、裁判思维、检索方法论、诉讼可视化等。

根据笔者的持续观察，律师行业要求律师不仅具备核心业务能力（案例分析、法律逻辑、文书写作、证据、出庭、合同审查等），更需要懂管理（时间管理、知识管理、团队管理、客户管理）、懂技术（法律检索、可视化、PPT）、懂市场开拓（演讲、谈判等）。随着人工智能的发展，以罗斯（Ross）为代表的人工智能律师将承担相当一部分基础性的法律业务，而法律职业应当主要转向高端法律业务，如订制化法律服务、复杂争议解决、复杂交易模式设计等，由此对律师的专业能力和法学教育提出了更高要求。

二、传统法学教育不能适应法律实务的表现及原因

面对飞速变革的法律行业，传统法学教育模式下培养的学生很难适应社会需求，导

---

① 参见《上百位律师告诉你：我要什么样的实习生》，载智合网：https://mp. weixin. qq. com/s/v_qXbfPoocR-atjPY7rp0A，最后访问日期：2020 年 4 月 26 日。

② 参见毛珊珊：《律师需要怎么样的实习生？》，载智合网：https://mp. weixin. qq. com/s/jGthJo2eJVu1LeJZfQA6NA.，最后访问日期：2020 年 4 月 26 日。

③ See "Legal Keys to Become a Successful Lawyer", By *Cynthia Thomas on* April 13, 2018. https://www.lawpracticetoday. org/article/legal-keys-become-successful-lawyer/, visiting date: April26, 2020.

致法学专业就业率不高,据麦可思公司2018年的统计,在本科十大专业中,法学就业率依旧垫底,仅为85.3%。① 从很多用人单位的反馈意见来看,法学毕业生普遍理论基础不扎实,理论运用于实践的能力较差,对法律职业和法律行业缺乏清晰认识,也缺乏基本的法律检索能力、管理能力(时间管理、知识管理)、演讲能力、写作能力、团队协作能力,需要重新培训。然而,社会对于高端法律人才的缺口却持续扩大,复合型、国际化、应用型的法律人才供不应求,许多用人单位不惜重金招贤(数十万元甚至百万元年薪),却难以找到合适的人才。这就不得不促使高校法学院管理者和一线教师反思:为什么在法学院接受了4年甚至7年教育,培养出来的学生还是很难满足用人单位的需求,难以成为卓越法律人才,法学教育究竟存在哪些问题?经过观察和研究,笔者认为,传统的法学教育存在以下一些问题。

1.不重视职业教育。我国一些法学院没有把增强法科学生的职业能力作为培养目标和重点,教学过于抽象化、理论化,和实务严重脱节,导致毕业生很难直接从事实务工作。从法学发展起源的国家来看,无论是大陆法系还是英美法系,始终都把法律的职业性作为法学教育的基本模式,法学院的实践性很强,培养出来的学生应当足以胜任法律工作。正如医学院一样,如果医学院培养的学生只会空谈理论,不懂实务操作,显然不符合一名医务工作者的基本要求。因此,法学教育应当以职业教育为面向,以培养合格的职业法律人作为目标,这必然要求提高学生的综合素质。

2.大班教学,重教书,轻育人。法学教育应该是精英教育,高投入才能高产出,然而一些招生规模较大的法学院校往往采取的是大班教学,一个课堂动辄七八十人甚至上百人。这样的教学模式下,教师只能采取单向传授式教学,与学生课上课下的互动很少,无法经常性地布置和批改作业,无法随机大范围地提问,也无法了解每位学生的具体情况,做到因材施教;学生的学习更多的是靠自觉,导致自我约束力较差的学生很容易偷懒,培养的学生成材率、精品率不高。

3.互动式教学、案例教学、实践教学缺失,重知识传输,轻能力培养。传统法学教育模式重理论,轻实务,重单向传授知识,轻互动和实际运用,导致学生对于相关知识考过就忘,印象不深,更难以转化为能力。教育心理学的研究早已证明,教师单向传授的知识,学生吸收率最多只有30%,而通过引导学生思考和讨论后的教学效果,吸收率能达到60%,如果让学生学习之后,再教授给其他同学,则吸收率能提高到90%。由此可见加强互动,反复实践和练习对于提高学习成效的重要性。

造成这些问题的原因是多方面的,包括培养理念保守滞后、师资的数量和能力不足、保障和激励机制不足等。相当一部分法学教育者持这样的观点,法律职业能力和职业素养的培养,主要是用人单位的责任,法学院不是职业技术培训学校,只需要教会学生相关知识即可。笔者认为,这种观点没有把教书和育人统一起来,法律职业是精英职业,法学

① 参见麦可思研究院:《2018年中国大学生就业报告》,社会科学文献出版社2019年版。

教育也应当采取精英式教育,而精英式教育必然要求高投入、高成本,这也是很多国家法学院学费昂贵的重要原因。因此,转变教学理念,改革教学方法,教学管理精细化,切实提高教学效果,使学生具备基本的职业素养和职业能力,应当成为法学教育改革的方向。大学本应该是学习能力最强,学习时间最充裕,性格塑造和能力培养最有利的黄金阶段,然而,很多法学毕业生在最应该得到充分全面训练的黄金时间内却没有得到应有训练,导致其在就业市场缺乏核心竞争力,无法找到对口的理想工作,或者即使找到对口工作,用人单位也需要花很长时间来培养。

三、从《令人心动的 Offer》看法学教育需要培养的能力

《令人心动的 Offer》之所以受到欢迎,引起强烈共鸣,就是因为它较真实地还原了律师职业的各种场景,能够较为全面地考察法科学生的综合素质。节目最终给何运晨、李浩源、邓冰莹 3 位表现最优秀的实习生发放了“offer”,反映了卓越法治人才应当具备以下七个方面的能力。

1. 法律思维

法律思维是法律职业者的特定思维方式,是法律人在决策过程中按照法律的逻辑思考、分析、解决问题的思考模式,是法律职业共同体成员的重要特征,也是法学教育着力要培养的核心能力。但是法律思维的训练绝非一朝一夕,许多非法学专业的学生或在职人士即使自学通过了法律职业资格考试,如果不刻意训练,也未必具有真正的法律思维。

法律思维主要包括以下四个方面。

(1)逻辑思维。法律逻辑思维遵循大前提、小前提、结论的三段论模式,需要确定法律规则、分析案件事实,并通过涵摄推导出结论,要追求概念和论证的严谨性。因此,优秀的法律人通常能保持理性,逻辑性强。

(2)程序思维。程序正义是看得见的正义,是通向实体正义之路。因此,优秀的法律人会尊重和遵守程序,把程序公正作为价值追求之一。

(3)证据思维。法律人要以事实为根据,诉讼就是“打证据”。因此,法律人需要树立证据意识,把一切主张建立在证据基础之上,学会收集证据、质证,熟练运用证据规则,不轻易相信没有根据的事实。

(4)正义思维。法治要追求良法善治,维护社会公平正义。因此,法律人应当树立正义思维,遵守基本的法律职业伦理道德,通过自身的努力在每个案件中实现公平正义,对违法的事情勇敢说不。第一期节目,在刚入职签订实习合同时,律所故意设置了几个“陷阱”,如交每月交 600 元保证金、上缴身份证护照、每天至少工作 10 小时,每次迟到早退应当支付罚款 50 元。虽然这 8 位实习生明明觉得有问题,但也不敢指出,还违心地签署了这样的违法合同,没有展现出法律人的正义思维。

笔者在教学过程中发现,学生在没有形成法律思维之前,在评价某个人的行为时,往往凭借朴素的正义感,喜欢用对错、合理与否来判断,而具有法律思维的学生和法律职业人,则首先考虑的是法律依据、有无证据支持,是否遵守正当程序,如何进行利益平衡,实现公平正义。但遗憾地说,有相当一部分学生即使完成了 4 年的法学教育,也未必形成了法律思维。因此,法律思维的培养是一个长期的过程。

2. 法律写作能力

文字是一种高级表达。对于法律职业人来说,会写比会说可能更重要。因为法律职业需要从事大量文书工作,律师需要写起诉状、代理词、尽职调查报告、法律意见书等,法官要撰写判决书,企业法务要起草合同、会议记录。因此,必须在法学院校就接受大量的法律写作训练,才能在实务工作中游刃有余。如何提高法律写作能力?

(1)法律检索能力

一篇优秀的法律文书不是空中楼阁,必然要建立在大量收集素材并进行研读、整合,建构自己的逻辑框架的基础上。因此,法律检索是进行法律文书写作的第一步。然而,传统法学院教育对于法律检索的重视程度不够,没有传授给学生有效的检索方法,导致很多毕业生检索能力严重不足,不知道到哪里检索、检索什么,凡事只会"问百度"。笔者认为,检索的思维和能力训练应该贯穿于法学教育的始终,除开学时开设法律检索导论课外,每一门课都应当有意识地培养学生的法律检索能力。以笔者给大一本科生开设的"行政法与行政诉讼法学"课程为例,笔者在第一节课上就示范了行政法资料的检索方法,并布置了检索案例、检索政府官网信息、检索法条等数项课后作业,增强了学生学习的主动性,提升了他们的检索水平。因此,大一学生暑期在法院、律所实习时,就展现出了良好的综合素质,得到了法官、律师的高度肯定。训练法律检索能力,首先要明确检索目的,提炼检索关键词,灵活运用各种权威官网、数据库,并且进行交叉验证。在《令人心动的 Offer》节目中,每一个课题都要运用到检索能力,检索能力强的实习生就能迅速在专业的数据库、专业权威的网站上查找到大量法条、案例、论文,获得信息优势,而有的实习生则明显缺乏训练,常常感觉无从下手,差距非常明显,而这种差距并不难弥补。

(2)逻辑严谨,条理清晰

逻辑是法律写作的内核,如果没有清晰的思路和严密的论证,即使洋洋洒洒、文采飞扬,也不是优秀的法律文书。而优秀的法律文书也是法律思维的集中体现。笔者建议,在写作之前,先写好提纲,注意分层次、分段落,每一段要有主题句(论点),论点和论据有机结合。李浩源、何运晨、邓冰莹 3 位同学的法律文书的逻辑性较强。

(3)注意细节

细节决定成败。很多学生没有养成良好的习惯,在提交作业之前,没有反复校对,也没有调整格式,结果错漏百出,形式不统一,给人的第一印象不好。节目第一期,李浩源的观点和说理虽得到了律师们的高度称赞,但是没有仔细检查,存在标点符号、格式、文字等方面的低级错误,而何运晨在提交报告之前,反复检查修改,到最后一刻才提交,最终获得了第一名。笔者在平时布置作业时,就对学生作了严格的格式要求(字体、字号、行距、注释等),学生养成习惯后,自然会形成条件反射。

(4)法律文书可视化

在飞速发展的时代,人们越来越没有时间阅读枯燥晦涩的文字,而是喜欢"一张图看懂×××""有图有真相"。法律可视化是近些年法律行业的热词,通过图表方式清晰、直观、高效地展现案件事实和法律适用,要求法律人学会抓大放小,轻重缓急,化繁为简,在庭审和会见客户时得到了日益广泛的运用。然而,很少有高校有意识地训练学生的这一能力。在第七期节目中,4个小组表现都不好,把本该通过可视化方法化繁为简的案例变得更加复杂了。笔者在本科和硕士研究生教学时,经常让学生制作论文的思维导图,案件的时间轴和法律关系图,即训练学生可视化能力,取得了较好效果。

3. 沟通和表达能力

法律人要处理的不仅是案件、事情,更多的是处理人和人之间的关系,因此,沟通和表达能力是非常重要的。

首先,要学会倾听。教育心理学家研究表明,在人们各种交往的方式中,"听"占45%,"说"占30%,"读"占16%,"写"占6%,一个人倾听的能力直接影响其社交能力。我们很多人没有刻意培养自己的倾听能力,要么缺乏耐心和专注度倾听,要么充耳不闻,要么急于表达。学会倾听表现了自己对对方的尊重,容易获得对方的信任。在节目中,何运晨在会见当事人的时候,在当事人还没表达出来的时候,就喜欢接话,以致被金勋律师批评。

其次,沟通和表达要真诚,注意方式和方法。在第三期节目会见当事人时,梅桢和李浩源展现出对当事人的热情和同情心,得到了带教律师肯定。邓冰莹的提问就过于强硬,引起当事人反感。正如王律师对邓冰莹所说,同一个问题用不同的话语提问,会达到不同效果。在第五期法律援助中,何运晨和薛俊杰在和当事人沟通时,蹲下来和当事人沟通,展现了对当事人的尊重。

再次,沟通和表达要条理清晰,有重点。例如,蔡昆廷简明扼要回应了当事人的提问,就比面面俱到但表达不够简洁准确的李晨受到了律师的肯定。郭旭说话完全迎合当事人的意愿,说话过于随意,不够专业。因此,表达之前先思考清楚,不要急于表达。

最后,表达要流畅,与观众之间有眼神交流。节目中,李晨一开始说话总是"嗯嗯",表达不流畅,给人不够自信的感觉。第六期节目中,郭旭全程念稿,和带教律师之间较少眼神交流,表达效果较差。因此,徐律师建议他们上场前3次模拟脱稿,脑子里应该有思维导图。

笔者在教学过程中发现,有一些学生由于从小缺乏训练和机会,对于在公开场合的表达心生畏惧,要么声音很小,要么不敢与老师、同学有眼神交流,要么语无伦次,而这种能力是可以通过后天训练提高的。因此,笔者在课堂上,把学生分成若干小组,每组4~5人,经常布置任务让小组讨论,每个人轮流发言,每组再派代表在班级发言,并且给予反馈,这样让他们有更多开口表达的机会。

4. 法律英语能力

英语是世界通用语,熟练掌握法律英语,达到用英文作为工作语言的程度,对于我们开展涉外法律业务,了解国际最新的法治动向具有非常重要的意义。节目第八期是涉外法律业务,有澳洲留学背景的梅桢和蔡昆廷就发挥了外语优势,没有出国留学背景的李浩源考了雅思 7 分,英语也很不错。

然而遗憾的是,虽然英语课从小学就开设了,但是直到大学,对自己的英语很有自信,能够熟练运用英文进行写作和口语表达的学生比例并不高。法律英语有较强的专业性,我国法学院校能全英文或者双语教学的课程和师资都十分有限,导致学生对法律英语更加陌生。笔者所在的中国传媒大学除给本科生和硕士研究生开设专门的法律英语外,还通过以下途径提高学生的英语水平:(1)组织指导学生参加 Jessup 和英国牛津大学普莱斯杯国际传媒法模拟法庭来帮助学生提高法律英语水平。事实证明,参加国际传媒法模拟法庭比赛虽然耗时长,但却是非常好的训练法律英语的方式,可以训练法律思维,法律英语写作能力和法律英语口头辩论能力,了解国际规则。希望有更多的法学院学生主动参加这些比赛。(2)"走出去",给学生创造出国交流机会。学生通过到美国、英国、新加坡、瑞士、尼泊尔等国家参加暑期学校和担任交换学生,快速融入英语环境,对于提高法律英语帮助很大,笔者还发动校友设立了国际交流资助项目,帮助品学兼优但经济条件有限的学生出国交流。建议有条件的学生应该多参加这类国际交流项目。(3)"请进来",笔者邀请国外学者来作讲座,安排中美学生开展案例对话等方式提高学生的英语水平。

5. 团队协作能力

法律职业人往往不是一个人在战斗,法官要和法官助理、书记员、合议庭成员协作办案,律师团队包括合伙人、资深律师、实习律师、律师助理、秘书等,还要和企业法务配合。因此,团队协作能力是必不可少的一种能力,也是法学教育中容易忽略的能力培养。笔者认为,团队协作能力包括以下能力。

首先是领导力。中国人传统观念里崇尚中庸之道,觉得要低调,不要出风头,不重视领导力的培养。受传统观念影响,女性更容易忽视领导力的培养。领导力,是指带领并指引组织与个人的能力。卓越领导力需要具备 6 个要素。(1)持续成长的学习力;(2)多谋善断的决策力;(3)整合资源的组织力;(4)带队育人的教导力;(5)达成绩效的推行力;(6)凝聚人心的感召力。领导力和领导并不画等号,很多领导未必真正具有领导力。领导力可以通过后天的训练有意识地加以培养。第一天上班时,实习生之间很陌生,都感到有些尴尬的时候,何运晨率先从桌上的糖发问打破僵局,并且对别人的自我介绍作适当的注脚,穿针引线,体现了整合团队、活跃气氛的领导力,但在第二期节目中,何运晨担任组长,但他没有很好地发挥出领导力,没有作出合理分工,没有带领团队整体性梳理观点和事实,在存在观点分歧时一味妥协,不能及时作出正确决策,最终导致团队方向错误、效率低下,败给对手。反观李浩源带领的小组,分工明确、目标清晰、沟通顺畅,充分发挥了每个人的特长,最终取得了成功。在第一个课题中,李浩源屈居第二名,他马上向排名第一的何运晨虚心请教,同时向律师请教自己的不足,找到自己的提升空间,体现了持续学习力。

其次是团队协作能力。没有完美的个人,但有完美的团队。第一,好的团队首先应该确立一个共同目标,用目标凝聚人心。第二,团队负责人应该正确认识每一个人的优点和不足,扬长避短,优势互补,学会激励人,包容人,达到“1 + 1 > 2”的效果。第三,团队应该提前确定好规则,大家按照既定规则行动,减少不必要的纠纷。第四,团队应当定期总结、复盘。肯定优点,检讨不足,才能磨合得更好。在节目中,同属于一个带教律师的郭旭和薛俊杰存在性格上的不同,一个心直口快,另一个比较含蓄,在做课题时存在一些矛盾,后期经过磨合,更加深入地认识了对方,也有意识地改进了自己的不足,最终改善了关系。被公认为专业能力最强的李浩源在安排小组任务时对李晨、薛俊杰给予了很多鼓励,让他们获得了更多自信,引导他勇敢说出自己的想法。

最后是守时。团队协同作业需要每个成员严格按照时间完成自己的任务,如果有一个人不守时,就会拖了整个团队的后腿,因此,守时应成为一个习惯。参加活动、提交任务应该至少比既定时间提前 10 ~ 15 分钟,如果是重要事情更应该至少提前 30 分钟。在节目第二期中,梅桢第二天打车上班,遇上事故和大雨,虽然及时更换了地铁,还是迟到了半小时。在北京、上海、广州这样堵车是常态的大城市,堵车和大雨都不是不可抗力和迟到的借口。法律人应当养成守时的好习惯,体现严谨细致的专业品格。笔者在上课、交作业、出席活动时都要求学生严格守时,演讲时要精确计时,不守时的学生需要承担相应的不利后果,从细节培养他们的习惯。

6. 良好的情商

智商决定一个人发展的下限,情商决定一个人发展的上限。除专业能力外,情商主要是指人在情绪、意志、耐受挫折等方面的品质。除沟通能力、团队协作能力方面都能展现情商外,情商还包括以下几点。

(1)自信

自信是一种发自内心的自我肯定,是一种积极向上的态度,能够给人带来勇气和力量。有实力的人往往充满自信,如李浩源、何运晨。李浩源在面试简历上写道:我作为一只“菜鸟”,希望能得到一次宝贵的机会,我期望这里能是“菜鸟”翱翔的起点,我亦深知,若是鲲鹏,而非北海不就的道理。在回答面试律师的问题时说:我相信自己可以成为一名好律师。在最后一期总结时说:我有足够的积累,但是又一直在路上,所以有无限的可能性。从头到尾展现了自己的自信。美国著名心理学家、斯坦福大学卡罗尔·德韦克教授《终身成长》中提出要改变固定型思维模式,确立成长型思维模式,她研究了大量案例,发现人的能力、智力等是变化的,可以拓展的,因此,敢于迎难而上,敢于接受批评,听取不同意见,承担责任、不懈奋斗的人更能成功。[①] 笔者在法学教育时,注重挖掘每个学生身上的闪光点,多鼓励和肯定他们,培养他们的自信心。

(2)抗压能力

抗压能力是个体对逆境引起的心理压力和负性情绪的承受与调节的能力,主要是对逆境的适应力、忍耐力、战胜力。现代社会压力无处不在,法律行业的压力尤其巨大,如果没有很强的抗压能力,是无法在这个行业立足和持续发展的。尼采曾说过,所有杀不死我的,都会让我变得更强大。培养抗压能力,也是要树立成长型思维,善于把挫折和失败看作是成长的代价,在逆境中看到希望。

7. 自我形象管理

自我形象管理既表现在外在形象上,也体现在简历上。

外在形象体现在发型、服装、鞋帽、配饰等多方面,对法律人的总体要求是干净、得体、大方,展现出良好的形象和精神风貌。在节目中实习生大多场合都是穿着比较正式的,律师更是正装出场,给人专业和值得信赖的感觉。法科学生在一些场合是需要正装和商务休闲装的,如参观法院、律所,参加模拟法庭比赛,去法院、律所实习,组织和参加研讨会的时候。

简历是法律人最好的名片。笔者认为,每个法科学生都应该在大一入学时就准备一份简历,包括个人信息、照片、学术经历、实践经历、资格证书和专业技能、自我评价等若干部分内容,并且不断往里面增加内容,这样能够更有针对性地做好自己的学习和职业规划。在节目中,不同的实习生简历丰富度是不一样的,比如,何运晨实习经历非常丰富,既有浙江省高级人民法院的,也有金杜律师事务所这样的顶级律所的,又担任过辩论队队长,亲自代理过法律援助案件,展现了自己的专业性,让人眼前一亮。而李晨的简历中与法律相关的只有57个字(检察院实习经历),其他经历都与专业无关,因而受到了律师的质疑。

笔者以往也给不少学生的简历提过意见和建议,发现其中存在的普遍问题是没有突出自己的优点,格式不美观、有错别字,证件照不标准等,因此,希望法科学生认真对待自己的简历,反复推敲修改。

四、结语

随着人工智能、大数据、区块链等互联网技术的飞速发展,法律行业不断迎来新挑战,对法治人才的素质要求更高,法学教育者应当积极应对,通过不懈努力,不断更新教育理念,创新教学方式,提升教学效果,才能培养出更多适应法律行业的优秀人才。笔者希望更多的同行能了解法律实务界对法律人才的需求,并将法律职业人的基本要求融入到教书育人过程之中,探索出更多、更有效的方法。

---

① 参见[美]罗尔·德韦克:《终身成长》,楚祎楠译,江西人民出版社2017年版。

诉求与回应:对法学教育中教学环节的反思与优化

倪 楠*

摘 要:经过40余年的发展,法学教育的培养目标随着我国经济社会和改革发展的需求,也在不断调整。从《关于实施卓越法律人才教育培养计划的若干意见》到《关于坚持德法兼修实施卓越法治人才教育培养计划2.0的意见》,法学教育中的教学环节并没有发生根本改变。长期的法学教育经验告诉我们,法学教育的核心在教师,基础在教材、重点在课堂、生命在实践、配套在技术,这些正是法学教育中最主要的教学环节。只有高度重视法学教育中不同教学环节的质量,才能有效保障育人目标的实现,才能培养出社会主义法治国家需要的人才,才能创建世界一流的法学学科。

关键词:法学教育 教学环节 课堂教学 实践教学

一、问题的提出

从1977年我国恢复法学教育开始,至今法学教育已经走过43年的历程,主要包括恢复(1977~1985年)、发展(1986~1991年)、全面发展(1992~1996年)、超常扩充(1997~2000年)、供需尖锐(2000~2017年)和现代化(2018年以来)6个主要阶段。总体来看,我国法学教育的发展状况是中国高等教育发展的缩影,也是我国围绕社会主义法治国家建设的重要体现。法学教育的不断改革即体现了国家不断深化改革的目标,也体现了市场经济和社会发展的需求。进入新时代后,全球一体化的速度不断加快,我国与世界的融合更加深入,竞争也在各个领域不断展开,培养拥有法治信仰、职业能力精英化、能够充分参与全球治理的法治人才已成为国家和社会对法学教育的期盼。

但近年来,在以排名、科研和职称为核心的办校"功利主义"驱动下,法学教育中各主要教学环节所表现出的重科研管理轻教学,缺少教学评价指标体系,实践课堂创新不足、效果不佳,教材使用缺乏配套训练以及现代技术与法学教育结合缓慢等诸多问题,并没

* 西北政法大学经济法学院副教授,法学博士。

有得到有效解决,这也使近些年来法学教育在人才培养方面呈下降的趋势,与国家的培养目标和市场的需求也存在一定的差距。为此,2018 年 10 月教育部印发《关于加快建设高水平本科教育全面提高人才培养能力的意见》(以下简称“新时代高教 40 条”),决定实施“六卓越一拔尖计划 2.0”,其中“卓越法治人才 2.0”(以下简称“卓法计划 2.0”)是对下一个 10 年法学教育的总体规划。同时,教育部提出要实施教师革命、教室革命、技术革命和教学革命,“打造金课,淘汰水课”,这些规划和要求的出台都将提升教育的质量聚焦在教学环节的质量把控上,法学教育也不例外。法学教育的教学环节主要体现为核心在教师、基础在教材、重点在课堂、生命在实践、配套在技术五个方面。只有牢牢抓住法学教育中的各个教学环节,才能真正落实本科教育的“四个回归”,①才能真正将法学教育从数量发展提升为内涵式发展,更好地培养出社会主义法治国家所需要的德法兼修、知行合一的一流法治人才。本文在“卓法计划 2.0”下,对法学教育的重要教学环节进行反思,不断寻找优化教学环节,保障教学质量,提升教学效果,培养一流法治人才的途径。

二、“卓法计划 2.0”下对法学教育提出的新要求

2018 年教育部、中央政法委发布《关于坚持德法兼修实施卓越法治人才教育培养计划 2.0 的意见》,这是继 2011 年发布《关于实施卓越法律人才教育培养计划的若干意见》(以下简称“卓越法律人才 1.0”)后,教育部联合中央政法委第二次下发关于法学教育人才培养的全面规划和部署,标志着法学教育进入内涵式发展阶段。从“卓越法律人才 1.0”到“卓法计划 2.0”,不是简单地将法律人才提升为法治人才,而是国家对法学教育在全面依法治国背景下的主动回应,是为适应世界教育变化潮流的自我变革,也是国家治理体系和治理能力现代化的刚需。“卓法计划 2.0”是要在新时代下,明确法学教育育人的根本目标;要弥补法学教育与现阶段社会需求的“壕沟”;要牢牢把握法学教育各教学环节,打造一流学科、一流大学,这主要体现在以下几个方面。

首先,明确法学教育培养人才的根本目标。法学教育在本科阶段,既包括通识教育也包括专业教育,是素质教育和专业人才培养的结合,但无论是培养应用型人才、复合型人才还是涉外型人才,都应具备科学的世界观和正确的人生观。在一段时间里,我国法学教育中“言必称希腊”,对法治人才的思想政治导向重视不够,教材编写和教学实施过程更偏重西方法学理论。而“卓法计划 2.0”的出台,清晰地勾勒出未来我国法学教育在培养法治人才思想领域的引导目标,就是要坚持立德树人、德法兼修,践行明法笃行、知行合一,这也是社会主义国家法学教育培养法治人才的根本要求。一是有道德,自觉遵守社会主义核心价值观,这是根本。二是有法治信念,自觉遵守宪法、法律,捍卫社会公平、正义,这是法治人才的行动指南。三是有专业技能,能够将理论应用于实践,达到知

① 四个回归,是指教育部建设高水平本科教育和人才培养质量提出的“回归常识、回归本分、回归初心、回归梦想”四个回归要求。

行合一，这是法治人才的职业要求。

其次，明确法学教育人才培养的定位。目前，建设一流法学专业已成为全国各法学院校发展的动力和目标。一流的专业不仅要有一流的学科，更要能够培养一流的人才，法学教育就是要培养一批宪法、法律的信仰者，培养一批法治建设的实践者，培养一批法治进程的推动者和传承者。市场经济是法治经济，市场经济越发达，就越需要有健全的法治体系，良好的法治环境。从近年来全国各法学院校的就业方向来看，主要可以分为公务员、法律工作者和其他社会工作者三个方面。在新时代，公务员应成为法治进程的推动者和传承者，是治理国家的主体；法律工作者应成为法治建设的实践者，应使用所学到的知识主动维护社会秩序，从事法官、检察官、律师和相关法律工作，捍卫社会的公平和正义；其他社会工作者，知法、懂法，尊重宪法、遵守法律，应是最大信仰。

最后，明确法学教育中需要加强的教学环节。法学教育是高等教育的重要组成部分，标准化、科学化和系统化是法学教育质量高低的评价标准。法学教育与其他人文社会学科一样拥有教育学的共性，同样也表现出了独特的实践环节，法学是以法律为基础，以操作为目的。“卓法计划2.0”高度重视实践、教师、课堂、教材和协同育人等教学环节在法学教育中的作用，对这些环节的重视程度将直接决定教书育人的效果。

三、目前法学教育中教学环节面临的现实困境

（一）教师管理重科研轻教学

“新时代高教40条”中，教育部为提升本科教学质量提出打造“金课”，拒绝“水课”，而在人文社会科学中“金课”的打造关键是要抓住教学环节中最核心的要素——教师。大学教师的理论水平和课堂表达能力往往决定课堂教学的效果，其中，理论水平直接影响授课的深度、广度和内容，语言表达则决定课堂的氛围以及所讲授的内容是否更容易被学生所吸收。但这两种能力并不是高校老师与生俱来的，而是需要经过长期训练和积累才能形成。

目前，在现有的管理、考核、评价以及督导机制下，很少有高校将教师的课堂教学能力培养放在首位。人们往往期待教师能够全身心地投入到教学中去，但各种矛盾的“价值观”又迫使教师的精力处于“离心力”的包围之中。首先，从教师选聘开始，各高校就在追逐拥有千人计划、长江学者、杰青头衔的各种领军人才，高校高度重视应聘者的科研能力、留学背景和毕业院校的排名，这本无可厚非，但在整个选聘体系中却很少有学校系统测评教师的心理健康程度、世界观和表达能力，即使有也只是通过简单的试讲完成。其次，教师入职后自身能力的提高和授课技巧的培养主要依靠教研室和教师发展中心来实现。教研室作为院系中最小的单位，是教师、科学研究和日常教学的管理者和组织者。但在青年教师入职后，教师之间就成了同事，很少有机制能保障同事间正常开展教学研讨、进行相互批评，更有一些教师认为教案、大纲具有一定的知识产权而不愿公开。在高校中，教师发展中心应定位于教师从入职到离职，对教师整个职业生涯中的各个阶段、不同层次进行培养和塑造。但目前，国内绝大多数高校的教师发展中心仅停留在初级阶段,只是对刚入职的教师进行简单培训,而这种培训往往比较初级,只是请一些名师进行座谈或举办技能大赛,这些活动的针对性往往不强,效果也非常有限。其次,长期单一的评价机制使教学质量无法体现。在教师入职后,评职称就成为教师自身发展的首要问题,很多教师将其视为生命,但从现有的职称评审标准中不难发现,绝大多数的指标设置都规定在科研领域,对于教学方面仅规定了课时数量和是否存在教学事故的要求,对于教学质量的评价很少体现。这就形成了一种错误导向,本科教学只要完成工作量即可,对于教学质量仅是一种“良心评价”。同时,各种科研奖励层出不穷,但一般教学类的奖项不是优秀教师奖就是终身成就奖,这些奖项对于中青年教师来说往往望尘莫及,时间长了也就失去了应有的激励作用。最后,督导机制不够健全,给了教师错误的认识。常有老师说“高校的压力大,这碗饭不好吃”,这种说法往往源于对学校科研考核指标的压力,而在教学领域,每个学校都有督导专家听课制度,但大多数高校仅关注教龄10年以下的老师,这样就使部分教师的课程质量成了监管的“真空”地带。近年来,从互联网到大数据再到人工智能,科学技术日新月异的发展,使学生获取知识的途径变得比以往任何时候都更加迅速和快捷,但部分教师却长期存在教案不能及时更新,课堂案例早已不具代表性,甚至法条修改了多次但课堂教学也没有作出相应调整的情况,在学校督导组发现后,也常因缺乏具体的惩戒机制,仅采取谈话或提醒的方式去督导。这些问题已成为课堂教学的顽疾,而学生却成为最大的受害者。

(二)法学基础教材过于单一,缺乏必要的配套讲解

法学教育中教学环节的基础是教材,早在2011年教育部就发布了《关于“十二五”普通高等教育本科教材建设的若干意见》,该意见指出“十二五”普通高等教育本科教材建设,要坚持育人为本,充分发挥教材在提高人才培养质量中的基础性作用。在教学活动中,不可能每一位教师都是名师,都是教学能手,教师也不可能对自己学科中所有的知识样样精通,大部分教师都要在教材的帮助下经过长期备课才能进行讲解,而学生除在课堂学习外,更多的时间都要依靠教材自学。因此,在本科教育中就需要有体系完整、讲解清晰和编写科学的基础教材。基于法律实践性的特点,法学教材的内容不仅应包括对理论的讲解,还应有对大量操作技能的解读和说明,教材既要有深度还要有实践,因此,法学教材的编写就显得格外重要。从全国各法学院校采用教材的实际情况来看,目前按照要求“马克思主义理论研究和建设工程”(以下简称“马工程”)教材将在必修课中实现全覆盖,而非“马工程”教材主要应用于各个学校的自编教材,多在实践课堂使用,如各类案例评析、文书写作和法庭辩论类教材。

但这样简单化的设置,也在实际教学中表现出一定的问题。首先,“马工程”教材与原有的十一五、十二五规划教材相比最大的优势在于统一了一些存在争议的法学理论,更好地反映了法学界对大量基础性问题的一致看法,这有利于法学教师形成统一认识,有利于学生进行学习,特别是解决了学生跨校考研时重复选取教材和理论观点不一致时的混乱。在授课中我们也发现,“马工程”教材为了统一各方争议,基础理论部分常常表

述过于简单,甚至存在有意回避许多重大理论争议问题的现象。人们常说“文无第一,武无第二”,争鸣也是法学进步的前提,有争鸣才有研究,才有发展,对一些争论过度的统一,反而会引起更多的争议和挑战。其次,由于必修课教材基本都采用了“马工程”教材,但受到职称评审和教学名师等评估指标的要求,近年来,各高校纷纷出版自编教材,甚至一些高校把出版自编教材的数量作为衡量教学水平的标志。这样的安排容易让一些良莠不齐、质量粗糙的自编教材出现在课堂上,特别是一些案例课教材。进入新时代后,随着相关法条大量修改,这些教材在很短时间内就被淘汰,甚至一些案例根本不具有典型性,但依然在教材中频繁出现,相同教材的同质化现象也十分严重。基于这些情况,一些教师在日常教学过程中根本不使用自编教材,这也使自编教材使用率低的问题十分突出。最后,缺少必要的配套和指引。很多高校在进行本科教学时仅有一本教材,缺乏必要的配套案例和配套解读,实践课堂明显缺乏科学化和系统化的依据。目前,仅依靠“马工程”加自编教材这样简单的教材配置,是对教材使用的曲解或简单化处理,根本无法满足新时代对法治人才的培养需要,也无法实现提高本科教育质量的目标。

(三)理论课堂效果不佳,片面追求形式创新

法学知识教育与法律实践训练是培养法治人才的重要手段,在高素质法治人才培养过程中,法学知识教育与法律实践教育应当相互衔接、相互协调。法学教育的重点在课堂。一般将法学教育的课堂教学分为理论课堂和实践课堂,其中理论教学的主阵地就是课堂。近年来,许多法学教师都在反思,认为课堂教学主要是“灌输式”,缺乏新意且无法实现案例教学,无法体现法学教育的实践性,学生听课兴趣不高,课堂氛围也比较沉闷。这种认知正是因为混淆了课堂教学和实践教学在法学教育中的作用和定位而产生的。

目前,造成理论课堂效果不佳的原因主要在于以下几点:首先,定位不清。在日常教学中经常有老师混淆理论课与实践课的界限,理论课的教学应该以理论知识传授为主,不能单纯为了活跃课堂气氛而将理论课讲授成实践课。各高校每节课的授课时长大都在45~50分钟,这样的时长安排也无法完成复杂的案例教学设计,如果在理论课堂上进行读案例、讲案例和评案例的全过程解析,那么在常规教学时间内根本无法完成,学生倘若再没有预习,课堂效果可能会更糟。其次,上课人数众多。目前,从课堂教学规模来看,“五大政法院校”本科招生规模最多,上课人数动辄200~300人,这样的课堂规模对于授课教师来说是沉重的负担。在课堂上教师很难顾及全部学生,就是和学生进行简单的互动也不容易,尤其是坐在后排的学生上课质量就更难得到保障。最后,过度创新。目前,在课堂教学形式创新的驱动下,很多法学理论课堂开展了以“翻转”课堂和“慕课”为主的新型教学形式,这无疑增加了教学手段,增添了学生在理论课堂的参与感和互动感。但这并不能说明,新的教学方法可以大规模出现在理论课堂,大量占用讲授课时或以这种方式替代传统授课。我们在教学中实验过一段时间后看到,很多教师在开展“翻转”课堂时,主要依靠学生来讲,极大地调动了学生的积极性,但常会出现讲的学生“热火喧天”,听的学生“雾里看花”,甚至一些学生表述的内容不正确或是不周延的,老师也无

法发现或是没有第一时间指出，这样的课堂看似热闹，却忽略了理论课堂所应达到的教学目的。

(四)实践训练不足，缺乏体系化设置

法学教育的生命在于实践，法律作为一门技术，应用和实践是法学教育中不可或缺的环节，近年来的实践教学一直处在法学教育中最薄弱的环节。这主要是因为除与理论课定位不清外，更多地表现为各高校在实践教学中由于受各种客观因素的制约，致使教学的形式比较单一，没有起到“实战”训练学生的作用，使学生的操作能力普遍不强。

首先，之前已经论证过人数过多往往是造成理论课授课效果不佳的原因之一，而在实践课堂，如果人数也是超过 50 人以上，甚至超过 100 人，那么就彻底丧失了实践课堂的意义。这样的大班制，根本起不到对学生进行训练的目的，如果课堂开展模拟法庭训练，可能还没循环一次，一学期的课程就已经结束，即使能够开展相应的实践活动也很难维持课堂秩序和保障课堂的实际效果。其次，毕业实习是法学本科生直接参与一线办案的最好机会，但常常因为客观原因而流于形式。目前，国内绝大多数高校都将实习安排在大三暑假进行，但在这个时段更多的学生正在准备复习法律职业资格考试、国家公务员考试和研究生考试，在就业形势如此严峻的情况下，实习与“三大考试”相比就很容易被学生放弃。同时，学校为了达到上级教育部门规定的实习率，往往采取高压态势，有的学校甚至采用定位、打卡或准时发照片的方式进行考勤监督，这样就形成了实践教学和学生现实需求之间的矛盾。最后，校内实践教学形式大多比较单一，除实践课堂教学本身外，往往仅能开展法院公开开庭进高校的形式。这种公开开庭进高校的形式很好，但在实践中我们发现低年级的学生兴趣最大，而其对于高年级的学生吸引力就比较有限，特别是一些公开开庭的案件并不十分典型，学生无法提前对案件的内容进行了解，开庭后教师因法律规定又无法对案件进行评论，由此大多学生听审时大都以看热闹和旁观者的心态去参与，实际效果并不理想。

(五)法学教育配套技术研发不足，缺乏针对性

随着科学技术的不断发展，互联网、大数据和人工智能正在影响我们的生活，一些传统行业因此消亡，更多的领域都在与新技术相结合，法律也不例外，互联网法院、智能化案件受理，判决书自动生成，同类案件对比分析等新兴技术正在司法系统内广泛得到应用。2018 年最高人民检察院还印发了《关于深化智慧检务建设的意见》，智能化将是未来检察院办案的重要支撑。但在目前的本科教学过程中，各高校对于新技术的应用明显不足。首先，尚且缺乏能够供学生进行案例训练的互动软件，学生在课堂学习案例时只能依靠提前下发的纸质版资料或老师预先设计的 PPT，这样的传统教学方式不仅缺乏互动，更使课堂训练的效果不佳，老师也无法通过设计问题让学生在系统中回答以考查学生对知识的掌握程度。其次，缺乏针对法律业务训练的虚拟仿真模拟教学中心。在司法实践中撰写诉状、答辩状和判决书都是基本功，但这种训练在实践教学中由于受课堂时间限制很难系统的进行，那么就需要有智能化的教学辅助仿真实验中心为学生提供训练

的平台。

四、"卓法计划2.0"下对法学教育教学环节的优化路径

（一）法学教育的核心在教师，应形成科学的评价机制，构建立体式督导体系

法治建设需要法治人才，而法治人才的培养则需要优秀的师资队伍，法学师资队伍是法治人才培养的重要保障和宝贵资源。未来要不断提升法学本科教育质量，实现"四个回归"，就必须要高度关注法学教师的培养、培训和管理，让更多的老师成为满足国家社会法治需求的现代化教师。

首先，形成立体式、多层次培养模式。要充分发挥教师发展中心和教研室的作用，教师发展中心不能仅聚焦教师入职环节，也要形成对教师全职业流程指导和帮助，更要持续关注教师上课技巧的培训和教师的心理健康疏导。教师在经过系统训练后，要学会如何在较短的时间内与学生形成有效沟通，如何清晰地表达观点。教师也是"思政"进课堂的实践者，拥有正确的世界观和人生观尤为重要，切实关注老师的内心建设，关注老师在受到科研压力后在教学上的差异化表现，这已成为教师发展中心工作的重要方向。教研室要注重对教师授课内容的把控，要严格执行教学进度，形成统一的大纲，每节课都应规定教师应讲授哪些基本知识，在此基础上再留给教师进行诠释的空间。教研室应是教师交流、学习和探讨授课内容的第一平台和主要阵地，遇到法条更新、争议的内容和授课内容不统一等情况时，教研室应主动聚合教师进行评议，修改大纲并及时调整授课内容。其次，形成科学的评价机制。教学也是一门科学，要正确看待教学的重要性，无论多大的学者，什么头衔的专家，讲台才是第一阵地。其次，也应看到在高校中还有一批授课水平较高，善于把别人的知识进行归纳、演绎，课堂效果特别好，深受学生喜欢的老师，只是无法达到学校不断增长的科研指标，而被迫将注意力投身别处；也有一些科研较强授课效果一般，满肚子学问却表达方面欠佳的教师被捆绑在讲台，这样的配置是不科学的，也是对资源的浪费。因此，应当合理评价教学和科研，认真对待科研岗和教学岗的设立，平衡教学和科研奖项的设置，打通教学和科研不同方向的上升途径，构建教学为主型、教学科研并重型和科研为主型的教师职称评审、考核办法，设置不同种类的教学奖项和科研奖项，使大家充分发挥所长，各尽所能。最后，完善教学督导体系，形成相互学习的氛围。再好的教学质量都需要有严格的管理，教育质量是没有国家免检的，各高校应充分发挥督导组在评教过程中的积极作用，开展形式多样的人才培养质量评估，及时发现问题。同时，应充分落实教师间相互听课、相互学习的机制。知识不是一成不变的，高校教师更应该形成相互学习的氛围以保证教师自身成为一名紧跟时代步伐，知识不断更新，符合市场需求且能满足学生听课要求的现代化老师。

（二）法学教育的基础在教材，应形成理论教材加实践教材加配套训练教材的教材体系

法学教材是本科生学习法学知识的扶手，是学生通往高级阶段的重要保障，不能对教材进行简单化处理。现代法学教材应包括基础类教材、教学大纲、课堂精解和实践配

套用书。目前,学生获取基础类知识的途径已经较多样化,基础类的教材应起到导读的作用并具有一定的开放性和包容性,这类教材既可以是“马工程”教材,也可以是规划教材。在教学过程中,各教学单位应具备统一的教学大纲和教学进度表,这样学生就能知道自己要学习哪些知识,也有利于学生自主学习。在课堂上,学生还应记录教师课件的主要内容,将老师的讲解部分汇入基础教材,这样才能让基础类教材成为一本真正的教材,既有基础又有解释,还有精读。同时,同一门课程除应有基本教材外,还应有辅助性教材、教学参考书等配套用书。有条件的学校还可以编制电子教材和视讯教材,将电子教材作为文字教材的配套,注重教材形式的多样化。特别是要处理好辅导用书在解决法学教育实践训练中的作用,目前这样的训练类辅导教材很少出现在大学课堂中,学生反而要出高价在司法考试培训机构中购买和学习。因此,法学本科教育中教材的体系化、整体化和配套性就显得尤为重要。因此,可以说基础教材、教学大纲、课堂精解、实践配套用书的集合才是真正的系统教材,教材应是法学教育的基础。

(三)法学教育的重点在课堂,应区分课堂功能,明确教学目标

本科法学教育中课堂教学是重点,其中法学基础理论知识的讲授主要依托理论课堂来完成。一些法律工作者认为学习法律只要学会实践就行,理论是留给法学家们研究的,但笔者认为这是一种极为错误的观点。从事法学教育不仅要教会学生如何使用法律,更要教会学生理解什么是法的精神,我国不仅需要法官、检察官和律师,更需要建设有中国特色社会主义法律体系理论的缔造者,“法治信仰、理论扎实、技术熟练”才是法学教育的全貌。因此,课堂教学理应以“灌输式”教学和“密集型”教学为主,法学理论课对于每一门法学课程中大量的知识量来说本身课时就比较少,大量的基础知识都要依靠课堂教授完成,那么就一定要明确理论课和实践课的分工,但这并不是说要将理论课堂讲成“天书”,我们也坚决反对枯燥乏味和照本宣科的课堂,现今在不断提升本科教育质量的要求下,理论课堂也要跟上时代和“金课”的要求,做到与时俱进、精益求精。首先,理论课堂教学时间有限,为了讲解理论而引用的案例应以小型案例为主,直接指明问题所在。这些案例应提前设计,法律关系明确,稍微复杂的案例需要以 PPT 的形式呈现,这样学生更容易在短时间内接受,如果能够提前让学生预习,那么效果会更好。其次,对于新的教学形式的应用应围绕理论教学这个中心,起到辅助和配合作用。采用“微课”或“慕课”的形式,可以将一些简单的理论问题提前录制,发送给学生进行预习,这样就会比预习枯燥的法律书籍更容易让学生接受,也可以制作一些同步测试题,依靠网络平台让学生进行同步训练。如果要在课堂上开展“翻转”课堂则应控制活动次数,让更多的学生参加,突出问题意识,尽量挑选善于表达的学生进行,教师还需对学生的讲稿提前进行审阅,这样才能保障课堂效果和教学目的的实现。最后,课堂教学可以遴选有条件的实务专家进入课堂,讲授一部分专业知识,以丰富授课形式,充分体现协同育人。例如,在“民法学”课堂邀请民事法官讲解一些民事经典案件,在“刑法”课堂邀请检察官讲解对法条的理解,在“经济法学”课程中可以邀请市场监管部门的实务专家讲授市场监管体制,这

样的安排既可以将专业知识交由专业的人来讲授,也体现了理论教学的多样性、层次性,也避免了学生在漫长的教学周期中对授课老师的“审美”疲劳。

(四)法学教育的生命在实践,应凸显实践课堂的对抗性,构建科学有效的实训体系

实践教学在法学教育中扮演重要角色,作为一门技术,法律的生命在于应用,如何帮助学生将理论转化为实践技能是法学教育非常重要的一环,也是培养高素质法律人才重要的一环。首先,应该对实践课堂进行细分,精细化设置,有专门的课时用来进行模拟训练,以模拟实战为主;有专门的课时用来庭审训练,以参与公开审判为主;有专门的课时用来对法条进行讲解,以案例教学为主。在实践课堂中,要大力开展以“慕课”“翻转”课堂为代表的新型教学形式,让学生提前参与到实践课堂教学计划中,提前熟悉案例,进行演练,学习法条等知识,不断提升课堂效果。同时,实践课堂的人数上限应设置在30人以内较合适。其次,采取积分制的形式,按照“低年级学程序+中年级学实务+高年级学方向”的总原则,将原先的毕业实习分散在4年的学习过程中,实习规定总周数,修满积分即实习合格。这样学生在大一下半学期或大二上半学期可以去检察院为主的单位学习程序,到了大二的时候让学生去以法院为主的单位研读案件,等到大三、大四的时候让学生有选择性地去公务员单位、上市公司或者学生有兴趣的单位进行实习,让学生切实地感受法律,真实地判断就业方向,而准备考研的学生可以在大三“备战”前就完成实习。同时,有条件的高校可以不将实习安排在假期进行,而是调整教学计划,把实习当成一门真正的课程,由学校统一安排,派出带队老师,在正常教学周内完成,这样会让实习更加正规化。最后,持续创新实践课堂形式,让学生广泛参与课堂训练。目前,能够让学生进行实地训练的就是仲裁庭和法院,如果让学生经常去法院听审或是参与仲裁,则要考虑是否影响正常的教学秩序。因此,可以运用仲裁的多样性,在高校内设置仲裁庭的派出庭,聘请符合条件的教师成为仲裁员,这样既能帮助实务部门解决案多人少的状况,又可以让学生参与到仲裁的全过程,学生不出校门也可以进行学习。同时,高校也应加强与法院合作,每年选取一些已经生效的典型案件进行模拟,给予学生指导,对案件本身、庭审辩论和法条适用进行专门讲解,学生可以分组广泛参与模拟训练,这样的设置比起简单的公开开庭效果要更好。

(五)法学教育的配套是技术,应充分使用新技术,提升法学教育智能化水平

在当下人工智能的浪潮中,法学教育也应该主动利用数字技术,通过对数字技术的广泛应用,不断提升课堂教学的吸引力,并对传统的教学模式进行改革。首先,改变传统的教室结构,以适应实践课堂的需要。目前,大多数法学院的教室都类似于中小学生的课堂,桌椅板凳都是固定的,这样的课堂更加适应于理论课的学习,如果是实践课,这些传统的设置从硬件上就制约了教师在教学活动中开展“翻转”课堂或形成讨论组开展模拟教学。同时,实施小班教学已是法学教育的趋势,能够最大化地提升课堂的教学效果。在小班教学中采用智能化课桌,实现任意组合,充分体现以学生为中心,调动学生的积极性,使其更加有效地参加讨论并融入课堂。其次,建设智慧教室,充分利用新的教学手

段。智慧教室是新型教室的一种,能够对老师的课程进行实时录播,一次采集录播后,就可以将授课内容迅速转化为“慕课”,教师也可以为学生预留作业并录制成小视频提前预习,也可以将一门课程中的核心问题进行录制提供给学生复习,这样的智慧教室使学生的学习更加主动,老师也拥有了更多的教学手段。最后,建立数字化模拟教学中心。目前,互联网法院不断建立,互联网审判已经成为新的审判平台,在法学教育中我们也可以建立类似于互联网法院的数字化模拟教学中心,教学中心可以随机向学生发送案件,在形成模拟小组后让学生扮演法官、检察官和律师,学生在模拟过程中撰写各种法律文书,案件结束后由模拟中心对学生的模拟效果进行打分,对学生撰写的文书进行批改和指正。这样就可以让更多的学生参与到实践教学当中,通过反复训练不断提升自身的职业能力和积累实战经验,学生到了实习单位和工作单位后也不会觉得陌生,从而极大地提升学生的实践能力,使法学院的学生能够更好地掌握法律技术,以满足新时代对法治人才的培养要求。

“新国标”视角下的本科生学术能力：含义解读与培养路径

刘亚丁*

摘　要：学术能力兼具共性特征与个性差异，其培养是一个循序渐进的系统工程。我们需要对“新国标”关于本科生学术能力培养的含义作出科学解读，认识到学术能力培养既是大学精神的内在要求也是本科教育的应有内涵，认识到学术能力是本科生所应初步掌握的一项拓展性能力，并通过课程体系、教学方法、第二课堂和指导机制等方面的改革，系统构建本科生学术能力的培养体系，以更好地适应新时代社会主义建设的需要。

关键词：“新国标”　本科生　学术能力　含义　培养路径

关于本科生尤其是人文社会科学专业的本科生要不要进行学术能力训练，包括要不要撰写毕业论文，在很长一段时间内是不少高等教育工作者争论的话题。2018年教育部发布《普通高等学校本科专业类教学质量国家标准》（以下简称“新国标”）后，不仅所有人文社会科学专业均要求本科生必须撰写毕业论文，而且还将具备“开展科学研究工作的能力”作为本科生能力培养的一个重要要求，以指导性文件的形式肯定了本科生学术能力培养的必要性。“新国标”的出台，在一定程度上缓和了本科生要不要进行学术能力训练的争论，然而，如何正确解读“新国标”关于本科生学术能力的要求并系统有效地培养本科生的学术能力，则是各本科专业在未来人才培养过程中需要解决的问题。

一、如何理解学术能力

所谓“学术”，一般是指人们针对各种专门问题，以追求认识的正确性和深刻性为目标的研讨过程及其结果，既包括人文社会科学领域内的诸多知识系统和方法系统，也包括自然科学领域中的科学学说和方法论。① 所谓学术能力，是一个人进行学术研究和接受学术教育的能力，是高层次的学习能力和研究能力，其中以创造性思维能力为核心要

---

* 山东工商学院法学院副院长，副教授。

① 参见黄发玉：《学术论：学术的文化哲学考察》，海天出版社2015年版，第9页。

素。[①] 有学者认为,一个人的学术能力主要表现为"问题的发现与提出能力、文献的收集与整理能力、概念的生成与厘定能力、作出学术命题的能力、设计研究过程的能力以及对学术前沿的敏感"[②]这六个方面。上述表述涵盖了人们对于学术能力概念和主要表现的普遍认知,因而本文无意重新作界定,而是在此基础上对学术能力的特征予以进一步阐释。

学术能力的概念与主要表现决定了学术能力兼具共性特征与个性差异。学术能力的共性首先表现在学术研究本质上是一种创新,即在某种程度上揭示了未知的科学问题,且符合事物发展的客观规律,因此,学术能力是一种创新能力,学术能力培养的重点在于创造性思维能力的培养。其次,学术能力的共性表现在学术研究应遵循一般的过程。从逻辑上来讲,学术研究包括3个前后衔接的过程:一是掌握并能综合运用丰富的理论知识或实践经验,这是学术研究的基础;二是在此基础上发现问题并作出假设、分析或探讨,这是学术研究的步骤,也是学术研究最终能取得创造性成果的关键;三是得出结论。从掌握并综合运用知识到发现问题并进行分析,再到创造性结论的得出,表明学术研究有必要的程式与规则,这是任何研究者都要掌握并予以贯彻的。相应地,学术能力的培养,也需要遵循学术研究的一般过程,将培养深入到知识的获取、方法的研习及如何得出创造性结论的各个阶段。最后,学术能力的共性表现在学术能力是一种综合能力。学术能力包括但不限于上述六个方面的能力,这些能力构成一个整体。对于任何研习者来说,单纯掌握扎实的理论和实践知识或者仅仅善于发现问题,或者仅仅善于查找和收集资料等,如果不具备学术能力的其他方面,是不可能获得创新性研究成果的,因而学术能力是一种综合能力,这些能力均是每一个学术研究的初涉者所应当研习的内容。

学术能力也是极具个性差异的。不同的知识谱系和求学背景对于研究者的研究进路和研究结果会产生重要的影响。[③] 即使是在现代大学教育模式下,基于同一课堂下的共同求学背景和知识学习,不同研习者的学习旨趣、对知识的接受和理解能力以及创造性思维能力的不同,均会产生学术能力培养的效果差异。

学术能力的概念与主要表现也决定了学术能力的培养是一个循序渐进的系统工程。学术研究是对事物的认识过程,人们对事物的认识不可能一步到位,必须要经历由简到繁、由低级到高级、由直观到抽象的循序步骤,通过充分了解事物的表象,进而深入挖掘其本质。学术研究之于事物的认识,还需具备发现问题等一系列的能力,并运用适当的方法分析论证,从而得出创造性的结论。这就要求研究者不仅要积累丰富的专业理论和实践知识,还要掌握学术研究的方法。无论是知识积累还是方法运用都是一个循序渐进的学习过程。在这个学习过程中,首先应该注重专业理论与实践知识的获取,这些知识

① 参见王松泉主编:《简明学习方法词典》,辽宁大学出版社1992年版,第439页。

② 肖川:《成为有智慧的教师》,岳麓书社2012年版,第342页。

③ 参见侯卓:《学术研究的个性与共性》,载《中南财经政法大学研究生学报》2016年第6期。

的获取需要通过理解和记忆达到一定的积累,但学习方式的不同,决定了学习效果的差异。按照认知教育心理学家奥苏贝尔的观点,学习分为接受学习和发现学习,在接受学习条件下,学习者只需要将作为定论的内容加以记忆,而在发现学习中,学习者需要进行独立的或有指导的发现,并进而将发现的结论内化到认知结构之中。[①] 接受学习与发现学习之于学术研究是有前后递进关系的,接受学习是基础,只有经历接受学习并使相关知识储备达到相当的积累,才可能开展发现学习,并通过学术研究的规范性操作获得创造性的学术研究成果。

学术能力培养的系统性首先表现为每一种类型的学术能力培养都是一个有机的整体而非简单的要素相加。譬如,问题的发现与提出能力,可以理解为由发现问题和提出问题两个要素组成。就问题的发现而言,不仅需要研究者以丰富的理论和实践知识作为基础,还需要研究者具有探究问题的能动意识、一定的创造性思维能力、正确的价值观和强烈的社会责任感等次级要素。在问题发现之后,需要进一步对所发现的问题进行提炼和概括以提出问题,并甄别所提出的问题属于真问题而非假问题。发现问题与提出问题这两个要素之间以及发现问题和提出问题各自次级要素相互之间均是相互关联的,共同决定了发现问题和提出问题的能力高低。学术能力培养的系统性也体现在各种类型的学术能力相互之间是有机联系的。譬如,文献的收集与整理作为一种独立的能力固然有一定的方法可以学习和遵循,但问题发现的正确与否及其深度会影响文献收集与整理的效率和精准度,而通过对文献的有效整理又能进一步推进问题的发现,二者相互关联、相互影响,并共同影响学术研究的结果。

学术能力的共性使现代大学教育模式下学术能力的集中培养成为可能,且是节省资源成本最行之有效的方式。学术能力的个性化差异,则表明集中培养方式存在不足而需要个性化指导作为补充。学术能力培养的循序渐进性和系统性表明学术能力培养并不能一蹴而就,而是一个长期有规划的系统的积淀过程。

二、如何理解本科生的学术能力培养

按照全国教育大会精神及“新国标”的有关表述,本科教育属于职业教育的范畴,主要目的在于培养学生的职业技能,“新国标”对本科生学术能力的强调,表明本科教育不是培养只会复制传承的职业技术人员,而是培养适应社会主义建设和发展的创新型人才。要系统有效地培养本科生的学术能力,还需要进一步对本科生的学术能力培养作出科学解读。

1\. 本科生学术能力培养是大学精神的内在要求

大学精神是大学作为独立于其他社会机构而应有的价值观和使命感,是大学的道统与方向,决定了大学的具体定位。[②] 虽然一般认为大学精神在不同时代应有不同内涵,但

① 参见陈琦、刘儒德主编:《当代教育心理学》,北京师范大学出版社 2007 年版,第 169 ~ 170 页。

② 参见颜敏:《学海师说——本科教学研究专论》,暨南大学出版社 2016 年版,第 226 页。

自洪堡在19世纪初首提大学精神以来,自由与责任作为大学精神的内核一直得到公认和延续,大学的责任除教书育人和服务社会外,更重要的是引领社会发展。①

大学对社会发展的引领责任决定了大学需要创新,不仅包括大学师资在各个领域的创造和发现,更包括大学需要凭"自己独特的体制保证所培养的人才具有创造性思维能力"。② 这决定了大学教育不同于以传授知识为主的基础教育,而是要培养会自主学习、独立思考、具有批判创新能力的高级专门人才。因而大学教育需要注重学习和思维方式的引导,不仅"授人以鱼",还要"授人以渔",使学生不仅掌握学术研究的结果,更要知道如何去获得学术研究的结果,以保证大学永远走在创新教育的前列。

2. 本科生学术能力培养是本科教育功能的应有内涵

目前,我国高校毕业生中本科生所占比例高达87%,虽然有一部分毕业生继续深造,但是绝大多数学生毕业后即走上了工作岗位,并将成为各行各业的中坚力量。这决定了本科教育首先是一种职业教育,需要本科生掌握扎实的职业技能。然而,职业技能的学习并不等于可以忽略思维和学术能力训练,相反,在许多职业实践尤其是人文社会科学领域的职业实践中,思维和学术能力极为重要。以法学专业为例,"新国标"指出,法学类专业教育是素质教育和专业教育基础上的职业教育,这一定位明确了法学教育的目标是为国家和社会培养职业法律人才,然而,优秀的职业法律人才不仅要有良好的专业理论与实践功底,还应具备良好的综合素质,包括掌握法学专业的思维方法和研究方法的素质。与法学职业教育应有的内涵相悖的是,当前我国法律实务过程中法律从业者的思维和学术能力明显不足。就司法裁判而言,司法裁判既需要本体论知识也需要方法论知识,这些知识的获得需要系统的法学教育,然而,我国法学教育更注重法律规范知识的传授而忽视事实认定的过程,注重本体论教育而忽视法律方法教育。③ 2018年最高人民法院《关于加强和规范裁判文书释法说理的指导意见》指出,为了提高裁判结论的正当性和可接受性,法官可以运用立法材料、法律解释方法材料、法理及通行学术观点等材料进行裁判文书的释法说理,进一步表明了法学专业的思维方法和研究方法在法学职业教育中的重要性。

加强对本科生学术能力的培养,还能够解决继续教育过程中学术能力不足的问题。长期以来,我国的本科课堂习惯于注重理论教学,但往往将把现有知识或教师的侧重点灌输到学生头脑中视为理论教学,而"忽视了理论教学的终极目标,即培养具有理论思维和理论创新的学生",④从而导致继续教育过程中,很多硕士研究生并不具备发现问题和

---

① 参见李培根:《大学工作散论》,华中科技大学出版社2017年版,第47~49页。

② 但锋:《大学功能的内在逻辑探究》,载《华东师范大学学报》(教育科学版)2015年第1期。

③ 参见陈雅丽:《我国法学教育对司法裁判过程的关照》,载《社会科学家》2012年第3期。

④ 王晨光:《法学教育改革现状与宏观制度设计:日韩经验教训反思与中国改革刍议》,载《法学》2016年第8期。

研究问题的能力,甚至连基本的文献资料收集和整理的能力都不具备。

3. 学术能力是本科生应具备的一项拓展性能力

尽管“新国标”中不同专业对本科生能力要求的表述并不完全相同,但我们大体上可以将本科生的能力分为4种:一是自主学习能力,即独立自主地获取和更新本专业相关知识的学习能力;二是综合运用能力,即将所学的专业理论知识融会贯通,综合运用于专业实务的能力;三是学术能力,即具备利用创造性方法开展科学研究的能力;四是创新创业实践能力。这4种能力构成了本科生能力的有机联系的整体。

在本科生应该具备的能力体系中,自主学习能力是本科生应该具备的基本能力。一方面,自主学习能力是其他能力培养的基础,只有具备一定的自主学习能力,才能更好地将所学专业知识运用于工作实践,并为学术能力和创新创业能力的培养奠定良好的基础。另一方面,本科课堂教育的时间长度和专业学习的深度与广度均是有限的,只有具备了自主学习能力,才能在课堂之外有效学习到更多知识,并具备将来边工作边学习的能力以适应未来工作和社会发展的需要。综合运用能力是本科生的核心能力。本科教育的地位决定了本科生的核心能力培养应该是职业能力的培养,即培养学生能够将所学的专业知识运用于实际工作。学术能力和创新创业能力是本科生应该具备的拓展性能力。只有具备了一定的拓展性能力,本科生才能更好地适应未来工作和社会发展的需要,也才能为本科后的继续教育奠定良好基础。

4. 学术能力只是本科生需要初步掌握的一项能力

学术能力兼具共性特征与个性差异及学术能力培养的系统性表明,我们很难在有限的4年时间内把本科生普遍培养成能够独立进行学术创作的高级人才。而在我国的高等教育体系中,硕士研究生、博士研究生阶段的教育重点是培养能够独立自主地进行学术研究的人才,因此,在本科阶段,我们也没有必要将学术能力作为本科生的核心能力来培养。对于本科生来说,具备一定的创新性思维能力并初步掌握学术研究的方法,能够为将来的工作或继续教育奠定良好的基础即可,因而学术能力只是本科生应该初步掌握的一项能力,《学位条例》第4条也明确提到了这一点。

学术能力作为一项本科生应该初步掌握的能力,表明我们需要在本科阶段重视学生的学术能力培养,但切不可本末倒置,将学术能力的培养提升到等同乃至超越于专业知识的综合运用能力之上。与此相对应,对于本科生学术能力的培养,需要进一步探索其实施路径。

三、本科生学术能力培养的路径

上述关于本科生学术能力培养的解读,能够为我们贯彻本科生学术能力的培养提供必要性和适度性的指导方针,但学术能力的本质依然决定了本科生学术能力的培养是一项系统工程,这需要我们在课程体系、教学方法、第二课堂及指导机制等教学的整个环节进行全方位的适度改革。

1. 本科生学术能力培养的课程体系建设

首先,应当改革专业课程体系,增设方法论课程,以培养学生的专业逻辑思维能力和研究创新能力。其次,应当增设社会科学的相关基础课程以扩大学生的知识面。社会科学各学科之间有非常紧密的联系,正如博登海默在谈法学学习时所指出的,如果学生不掌握历史、经济、政治和哲学等学科的基本知识,就不可能深入地理解法律制度和法律现象。① 但长期以来,我国的本科教育,过多地强调学生的专业阅读而忽视了非专业知识的汲取,使专业教学和研究得不到非专业知识的有效支援,因此,适当增加社会科学其他学科的基础课程以扩大学生的知识面,对于培养学生的学术能力至关重要。最后,进一步规范学年论文指导。目前,大多数专业人才培养方案中有针对高年级的学年论文考核,旨在考查学生的学术能力,然而在实践中学年论文作为一门独立课程,往往缺乏有针对性的授课或指导环节,仅仅只是在相应学期的期末,由学生提交一篇论文给指导教师,导师根据该论文的质量给出一个分数,整个学年论文的写作过程中缺乏导师的有效指导,学生的学术能力也并未因此得到提升,使学年论文考核制度形同虚设。要加强学年论文写作的过程指导,就应当从选题、研究方法、研究框架,到观点与结论都要求指导教师全程跟进,并通过指导过程传授思维方法和写作技巧,使学年论文写作能够真正实现其应有的考核目的。

2. 本科生学术能力培养的教学方法改革

我国传统的大学课堂习惯于"填鸭式"教学,教师有能力将相关概念和制度足够精细地通过讲解呈现给学生,然而,这种"呈现"是以教师而非学生为中心的,忽视了学生在学习过程中的主体性,忽视了学生思维能力的引导,培养出来的学生擅长对概念和制度的记忆背诵,但是逻辑思维能力、发现和提出问题的能力明显不足,无法满足职业实践和继续教育的需要。上述积弊的存在,促进了许多关于课堂教学方法的改革探索,然而多年来这些改革探索并没有显著提升我国本科人才培养的质量。究其原因,一是课堂教学方法改革需要投入大量的精力,而大多数教师依然习惯于用最传统也是最舒适的讲授方法来向学生灌输知识点,从而使课堂教学方法改革并未全面铺开;二是有的课堂教学方法改革注重于形式而忽略了改革的目的和效果。

鉴于此,推动课堂教学方法的改革,首先,需要使课堂教学方法改革成为所有老师的共识。教育部长陈宝生在全国教育大会讲话中指出,要以"四个回归"引领本科教学,"四个回归"首先就是认知层面的态度转变,这就要求广大教师深刻领会全国教育大会精神,深切认识到新时代本科教学方法改革的重要性和紧迫性。其次,对于实施中的课堂教学改革,不能流于形式,而要结合"新国标"关于本科生的素质和能力要求,着力于过程和结果的有效性切实予以推进。具体到方法和内容层面,课堂教学方法的改革既可以是

---

① 参见[美]E. 博登海默:《法理学:法律哲学与法律方法》,邓正来译,中国政法大学出版社1999年版,第506页。

引入新的授课形式和方法，也可以是传统方法的改进，但无论作出怎样的改革，无论是理论课程还是实践课程，都要立足于时代的需要，以学生的发展为中心，注重问题导向，逐步培养学生的自主学习能力和创造性思维能力。

3. 本科生学术能力培养的第二课堂建设

在规定的教学时间里按照既定的教学计划和教学大纲实施的第一课堂教学，承载系统知识的传授功能，而按照“新国标”的要求，学术能力虽然是本科生必须具备的能力，但并不是唯一的能力，再加上学术能力的培养是一个系统的工程，因此，仅靠第一课堂有限的针对性课程或者教学方法的改革是远远不够的。相比之下，由学校统一管理并由教师指导或亲自参与的第二课堂，因其“内容的丰富性、形式的多样性、时空的开放性、参与的主动性、效果的全面性”，①在开阔视野和提升素质方面发挥第一课堂所不能替代的作用。

为了更好地提升本科学生的学术能力，可以考虑举办第二课堂活动。一是举办学术论文写作系列讲座，系统地传授学术论文写作的规范与方法，提升学生能力尤其是关于文献资料与整理、研究过程的设计以及如何作出学术命题的能力。二是尽可能多地举办各类学术讲座，拓宽学生的视野并增强其对学术前沿的敏感性。三是举办读书活动和各类案例研讨活动，通过读书分享会或实际案例分析，培养学生发现和提出问题的能力。四是举办本科生学术论文比赛和创新创业竞赛，通过比赛刺激学生多动笔、多思考，在写作和思考学术问题的过程中进一步提升学术能力。

4. 本科生学术能力培养的指导机制改革

对于大多数本科生来说，受应试教育的影响，在中学时期缺乏必要的思维和创新能力训练，导致大学阶段的学术能力培养需要从零开始。这就好比一张白纸，需要在上面描绘关于学术能力的图景，这副图景的好坏不仅取决于学生自身的资质水平和勤奋程度，也同样受外在引导的影响。如果说课堂的集体教学活动能够为学术能力的培养提供整齐划一的启蒙，那么指导教师一对一的引导就更能凸显学术能力的培养本身就极具个性化的本质特征。

毫无疑问，近年来许多高校逐渐开展的导师制为本科生学术能力的培养奠定了良好基础。然而，当前各个学校的导师制实践呈两极分化，要么导师徒有虚名，除在毕业论文写作过程中帮助学生完成作品以顺利拿到毕业证书外，对学生大学 4 年的成长帮助甚微；要么就是在学校或二级学院的制度压力下，要求本科生导师在学生的日常生活、心理辅导、专业学习、实习与就业、考研复试与调剂等方面承担全能型角色。无论上述哪种倾向的本科生导师实践，均背离了这一制度设立初衷。正如“导师—学生”的称谓所对应的，两者之间应该是一种“导”和“学”的关系，导师承担的职责是专业教授和引导，导师不仅要激起学生的求知欲，更要训练学生的专业思维能力，而这种能力的培养，是本科生

① 宋丹、崔强、陆凯：《提升高校第二课堂育人实效的路径探析》，载《思想教育研究》2018 年第 5 期。

导师制度的内化精神与核心价值所在。①

由于学术能力的培养是一项循序渐进的系统性工程,因此,回归初衷的本科生导师制不仅需要在制度上调动导师指导的积极性,还应当鼓励导师在学生思维和创新能力的启迪和培养方面多多着墨,对于低年级学生,导师需要重点关注专业兴趣的培养、专业学习方法以及资料查阅和课外阅读的指导,对于高年级学生,则应指导其进行研究性学习,锻炼学生参与课题研究和撰写专业论文的能力是可以尝试的。

四、结语

习近平总书记指出,青年时期是培养和训练科学思维方法和思维能力的关键时期,无论是在学校还是在社会,都要把学习、观察、实践同思考紧密结合起来,保持对新事物的敏锐,学会用正确的立场观点方法分析问题。"新国标"对本科生学术能力的强调,是本科教育培养创新型复合型人才的内在要求。我们需要紧紧围绕"培养什么人、怎样培养人、为谁培养人"这一教育的根本问题,既要分清本科教育的主要矛盾和次要矛盾,又要两手抓,对"新国标"中本科生学术能力的培养进行科学解读并构建本科生学术能力的培养体系。在这个培养体系中,课程改革是基础,教学方法改革是引导,第二课堂是助力,指导机制是关键。通过这个培养体系,能够使本科生在掌握专业技能的同时,具备进行学术研究的初步能力,为将来的工作和学习奠定相好的基础。

① 参见郑勇军:《本科生导师制的实践及影响分析》,载《教育与职业》2016年第22期。

法学院校实践与探索

人工智能法学教育的机遇与挑战：以河北经贸大学人工智能法学教育为例

王利军[*] 张永进[**]

摘　要：人工智能是多科学交叉的学科。人工智能时代的到来极大改变了包括法治在内的人们生活方式。当前，国内部分法学院校对于人工智能时代的法律教育进行了有益探索，形成了独具特色的发展模式。然而，人工智能法学教育仍面临学生生源知识结构失衡、培养内容单一、实践教学空泛、社会认知不高等挑战和问题。对此，应当立足人工智能的学科规律和中国特色社会主义法治人才的培养需求，统筹高考制度改革、优化人工智能法学培养内容、密切人工智能司法实践、增强社会认知，实现人工智能法学教育的良性发展。

关键词：人工智能　法学教育　河北经贸大学　机遇　挑战

当前，大数据、人工智能、物联网和区块链技术深刻改变政法系统和法律行业的工作场景和工作方法。为了应对人工智能和大数据等高新技术给法律带来的机遇和挑战，补足法治领域信息化存在的“短板”，我国部分法学院开始成立人工智能（大数据）法学研究中心，少数高校还开设了人工智能（大数据）法学教育，涵盖了本科、硕士研究生和博士研究生教学。① 人工智能时代法学教育如何开展和进行，新法学学科建设面临新的机遇和挑战。

一、人工智能法学教育的时代背景

2018年9月中央政法委和教育部联合发布了《关于坚持德法兼修实施卓越法治人才教育培养计划2.0的意见》，根据该计划的要求，大数据时代卓越法律人才培养的目标，需要把握法治发展的未来趋势，需要回应信息革命对法律思维、司法实践和法学教育带

---

* 河北经贸大学法学院院长，教授。

** 河北经贸大学法学院副教授。

① 参见冯子轩、孙莹：《勇立人工智能时代潮头，共谋法学教育创新之路——首届人工智能法学教育论坛综述》，载《中国高等教育》2018年第21期。

来的挑战。

一是开展人工智能法学教育是高等学校积极适应人工智能和大数据时代发展的必然要求。2017 年 7 月国务院印发了《新一代人工智能发展规划》,明确提出“加快培养聚集人工智能高端人才,建成更加完善的人工智能法律法规、伦理规范和政策体系”的战略目标。教育部在 2018 年 4 月出台了《高等学校人工智能创新行动计划》,鼓励高校在原有基础上拓宽人工智能专业教育内容,形成“人工智能 + X”复合专业培养模式,重视人工智能与数学、计算机科学、法学等学科专业教育的交叉融合。在这一号召下,清华大学、北京大学、西南政法大学、上海政法学院、河北经贸大学等国内一流法学院校结合自身在法学研究与教学方面的优势,纷纷成立了“人工智能 + 法律”的学院、研究中心或实验室,以培养“人工智能 + 法律”横向复合型人才,助力《新一代人工智能发展规划》宏伟目标的实现。人工智能法学教育能提高我国的国家治理体系和治理能力现代化水平,智慧法治能提高依法治国的能力。

二是开展人工智能法学教育是提升法学“双一流”学科建设的难得机遇。学科是大学的基石,学科建设是大学发展的根本。建设世界一流大学的关键是建设世界一流学科。建设世界一流大学和一流学科,是党中央、国务院作出的重大战略决策,2015 年 8 月 18 日中央全面深化改革领导小组第十五次会议审议通过《统筹推进世界一流大学和一流学科建设总体方案》,决定统筹推进建设世界一流大学和一流学科。开展人工智能法学教育旨在顺应时代潮流,打造一流科技与法律交叉的学术平台,推动人工智能领域规制研究,完善大数据时代立法,在法律规则层面解决人工智能化带来的新问题,促进人工智能带来的新行为、新现象的合法化,在此基础上建立新规则、新制度,并以实验室和研究中心为平台,以人工智能法学教育为载体,培养新时代复合型法治人才,适应未来社会对法治人才的新期待、新需求。①

二、人工智能法学教育的发展现状

我国目前拥有近 650 所高校开设法学专业,法学教育的在校学生超 30 万人,总量位居全球第一。近年来,西南政法大学、北京大学、清华大学、上海政法学院等一流法学院系纷纷成立了人工智能法学院(研究中心或研究院),致力于培养高端法律人工智能复合型人才,实现与国家 AI 战略规划的高度契合。同时,为人工智能时代的卓越法律人才培养探索出一条新路(见表 1)。

① 参见程龙:《从法律人工智能走向人工智能法学:目标与路径》,载《湖北社会科学》2018 年第 6 期。

表1 国内主要人工智能法学教育(研究)机构统计

序号	学校(单位)	名称
1	中国政法大学	大数据和人工智能法律研究中心
2	西南政法大学	人工智能法律研究院
3	北京大学	法律人工智能研究中心
4	天津大学	中国智慧法治研究院
5	清华大学	智能法治研究院
6	上海政法学院	人工智能法学院
7	河北经贸大学	人工智能法律研究中心

作为地方财经类院校,河北经贸大学法学院于1998年经河北省教育厅批准建立,是河北省高校内唯一的以“法学院”命名的教学机构,是河北省法学研究和人才培养的重要基地。学院目前有教职工65人,在校本科生800多人,硕士研究生500多人。2008年法学院法学本科专业被教育部确定为国家特色专业建设点,2011年获得法学硕士一级学科授权,2016年被河北省政府确定为河北省唯一的法学“一流学科”建设单位。学院拥有教育部批准的国家级法学特色专业、国家级法学专业综合改革试点,建有国家级大学生实践基地。为了落实习近平总书记关于人工智能系列重要指示精神,全面贯彻中央政法委和教育部联合发布的《关于坚持德法兼修实施卓越法治人才教育培养计划2.0的意见》要求,实现大数据时代卓越法律人才培养的目标,把握法治发展的未来趋势,回应信息革命对法律思维、司法实践和法学教育带来的挑战。河北经贸大学法学院于2018年7月成立人工智能法律研究中心并组建了“人工智能法学实验班”。

一是成立河北经贸大学人工智能法律研究中心。人工智能法律研究中心隶属于河北经贸大学法学院。中心现设主任1名,由法学院院长兼任,执行主任1名,负责中心日常工作,专职研究人员20余名,其中高级职称占比80%,博士学位占比90%,研究人员学科专业横跨法学、计算机、统计学、数学等学科。研究中心秉持“响应国家战略、坚持错位竞争”的创办宗旨,以应用法学前沿、实务教育高地为发展目标,力争将人工智能与大数据法学研究中心打造成省内一流、国内领先的培养“通识和专才皆备、知识和技能并举”的高层次法律职业人才摇篮。

二是组建河北经贸大学人工智能法学实验班。人工智能法学实验班,人数控制在40人左右,从全校本科生中进行遴选,组班选拔按照“自愿、公平、公开、择优”的原则进行。实验班遴选一流学生、配备一流师资、提供一流教学条件和环境,打破传统的学科隔阂,创新常规的教育教学理念、培养模式,采用小班制、研讨式和虚拟仿真等新型教学模式,旨在培养适应我国社会主义法治和国家人工智能发展战略需要的,基本掌握人工智能和法学基本理论和基础知识,具有法治精神、创新思维、全球视野和实践能力的,能在国家司法机关、行政部门、企事业单位、科研机构等部门从事与人工智能相关的法律应用、法律法规、伦理规范和政策体系研究与实践的高素质复合型、应用型法律人才。

三是开设人工智能法学研究方向。在刑法、法理学、经济法等硕士点基础上,开设人工智能刑法、人工智能法理学、人工智能经济学等研究方向(法律硕士),围绕人工智能时代技术与实务的要求,培养学生复合型能力,掌握人工智能法律法规、伦理规范、政策规定和研究范式等知识,了解人工智能技术的发展趋势,善于运用跨学科思维探索与解决人工智能领域的新问题,能够将人工智能技术运用于实务工作。

三、人工智能法学教育面临的挑战

一是学生生源与人工智能法学教育之间的矛盾。学生生源即学生的来源,决定了学生的知识结构和未来所学的专业。《新一代人工智能发展规划》提出打造"人工智能+法学"复合专业培养新模式,为未来法律人才的培养指明了方向。然而,目前普通高校招生中采取文理分科模式,就法学专业招生而言,多数生源学生为文科为主,理科生源学生占比有限。而人工智能法学教育重在培养学生的科技和数学素养,是技术与规则的融合交叉,生源上的偏"文科"化,使人工智能法学教育的开展存在先天不足,学科交叉和融合的难度增大。

二是培养内容与人工智能法学教育之间的矛盾。根据2018年教育部发布的《法学本科专业教学质量国家标准》及《法学学科门专业类教学质量国家标准参考框架》,法学专业课程分为思想政治理论课、通识课和专业课3类。在专业课设置上则采取"10+X"形式,即10门共同专业必修课,再加各院校根据办学特色开设的X门专业必修课。然而,就人工智能法学教育而言,这样的课程设置安排则难以满足教学要求。从人工智能法学教育的开展情况来看,极少数采取人工智能法学独立专业,多数则是法学专业(人工智能方向)。而人工智能法学教育意味着法学人才的知识结构发生重大变化,即除传统上的法学等社会科学本身外,还需要数学、计算机、统计学等科学技术知识,①而在目前框架内容,无论上述知识的课程设置和授课师资均无法满足需求。

三是实践教学与人工智能法学教育之间的矛盾。实践教学是巩固理论知识和加深对理论认识的有效途径,是理论联系实际、培养学生掌握科学方法和提高动手能力的重要平台。"法律的生命不在于逻辑,而在于经验",这本身就意味着法学教学中实践教学的重要性。此外,人工智能本身具有内容抽象、算法复杂的特点,更需要实践教学。反观当前的法学实践教学,无非是案例教学,或者利用模拟法庭、法律诊所、专业实验室、实训基地和校外实习基地开展实验、实训课程,以及组织专业实习,开展创新创业教育等。②

---

① 参见孙佑海:《全力推进新法学学科建设》,载中国社会科学网:http://ex.cssn.cn/zx/bwyc/201910/t20191009_4980812.shtml? COLLCC=931736619&,最后访问日期:2019年10月10日。

② 参见兰荣杰:《人工智能教育还远吗》,载《方圆》2016年第23期。

而人工智能法学教育需要对接人工智能司法实践,这种实践教学不同于之前,很难进行简单“仿制”和“模拟”,需要深度参与、重点观察、连续开展、动态学习,并且人工智能司法实践在各地发展并不平衡,甚至尚未形成统一、规范的系统。这就使不同院校、不同区域之间的实践教学产生了根本差异。

四是社会认知与人工智能法学教育之间的矛盾。知识结构的创新与专业设置的优化最终需要被社会大众所认可,而社会认可的重要表现形式之一就是专业需求。虽然从当前多数院校的人工智能法学教育培养方案上,都一致提到为企业、律师、机关、研究机构等行业(尤其是人工智能领域)培养复合型法治人才。但无论是公务员招聘还是律师选拔,对于人工智能法学专业或者法学(人工智能方向)的学生来说并不具有任何资格的优势,甚至作为“小众”的自主专业设置还可能面临被公众和社会质疑的情况。此外,作为法律人必考的国家统一法律资格职业考试,知识构成丰富的人工智能法律专业学生不仅不具有优势,反而会成为劣势。由此,如果人工智能法学毕业生难以被社会大众认可,反过来又会直接影响人工智能法学教育的进一步发展,而当前多数法律院校的观望就是最好的明证。

四、人工智能法学教育的未来图景

一是统筹高考改革与人工智能发展。2014 年中央全面深化改革领导小组审议通过了《关于深化考试招生制度改革的实施意见》;2019 年 6 月国务院办公厅公布了《关于新时代推进普通高中育人方式改革的指导意见》,明确普通高中育人方式的目标是,到 2022 年德智体美劳全面培养体系进一步完善,立德树人落实机制进一步健全。普通高中新课程新教材全面实施,适应学生全面而有个性发展的教育教学改革深入推进,选课走班教学管理机制基本完善,科学的教育评价和考试招生制度基本建立,师资和办学条件得到有效保障,普通高中多样化有特色发展的格局基本形成。至此,各省市公布了高考改革方案。由于人工智能的多学科交叉属性,需要具备多学科知识背景。这就需要统筹高考改革与人工智能发展,各地高考录取方案既要照顾区域发展的社会不同性,也要遵循人工智能发展的共同性。

二是优化培养方案与人工智能发展。根据人工智能法学教育的多种层次和形式,相应优化和修改培养方案,增加“新内容”。积极扩大学校的办学自主权,鼓励先试先行,在法学通识课程体系的基础上,进一步扩容人工智能的选修和必修课程,实现培养方案的继承与创新、交叉与融合。同时,加强法学院校与工科院校的合作和联系,实现法学与人工智能在学科、学院乃至学校之间的互联互通、协同与共享,满足不同层次、不同种类、不同地域的人工智能法学教育发展需要。

三是创新实践教学与人工智能发展。一方面,加强法律院校与政法机关的深度协同。在教育部、中央政法委《关于坚持德法兼修实施卓越法治人才教育培养计划 2.0 的意见》基础上,细化实施机制,破除障碍壁垒,使人工智能司法与人工智能法学教育密切衔接,互动发展。另一方面,在传统实践教学的基础上,加快构建分年级教学实践体系、教学实践基地的构建,形成"校内实训活动(案例分析、模拟法庭等)+校内实验性课程(虚拟仿真实验室)(物证技术课程)+校外法律实习(校外实践基地)"三位一体实践教学体系。

四是增强公众认可,促进人工智能发展。首先,人工智能法学教育的开展应当采取多种形式,譬如法学与工学的双学位、单独的人工智能法学专业设置、法学(人工智能方向)等多种形式,满足社会的多层次需求。其次,加大宣传力度,增强人工智能法学教育与就业创业的无缝衔接,使成才就业成为人工智能法学教育的重要目标。最后,扩大用人单位的选人用人自主权,使其能够根据人工智能时代的社会背景,有针对性地选拔专业对口人才,满足职位专业匹配度,实现人尽其才。

智慧教育与法学人才培养模式变革

——以上海政法学院人才培养模式为分析路径

刘晓红*

摘　要：十九大报告重申，推进全面依法治国的总目标是建设中国特色社会主义法治体系、建设社会主义法治国家。这就对我国高校的法学人才培养提出了更高要求。基于此，培养具有创新能力的高素质法学人才成为我国现代化建设的迫切需要。当下，大数据、云计算、人工智能等信息技术的推广和应用，对我国法学人才的培养提供了新机遇。受此影响，智慧教育已在信息技术的带动下蓬勃发展起来，并且将智慧教育引入法学人才培养当中，实现智慧教育理念和法学人才培养模式的融合成为新时代全面依法治国的必然选择。

关键词：法学　人才培养　智慧教育　信息技术

现代社会的发展瞬息万变，社会各领域都在不断发生重大突破和创新。近年来，大数据、云计算等信息技术发展势头迅猛，给社会各领域的发展和变革带来巨大影响，尤其是在法学教育领域，人才培养的智慧化和信息化的特征日趋明显。作为法学人才培养的阵地，高校也逐渐认识到在知识创新、技术创新的大数据时代，培养具有创新能力的高素质法学人才的重要性和必要性。因此，摒弃过时的、僵化的、保守的人才培养观念和模式，培养具有复合型知识和技能的高素质法学人才，既是我国现代化建设的迫切需要，也是高校从业人员亟须思考的问题。

一、法学人才培养的现状分析

自党的十一届三中全会以来，国家日益重视法治建设，法学教育为法治建设事业培养了大批优秀的法学人才，取得了显著成绩。随着我国高等教育改革的不断深入，法学教育在各方面也正发生深刻变化。当前，我国法学教育已经形成了多样性、多层次的培养体系。在法学人才培养上，普遍重视通识教育，法学理论与法学实践并重，与法律界的

* 上海政法学院校长，教授，博士研究生导师。

联系也日益密切,法学人才培养取得重大进步。但是还应当看到,随着社会主义市场经济的不断发展和法治建设的不断深化,面对大数据时代互联网和人工智能的飞速发展,当前我国的法学教育还面临许多问题,需要不断进行改革和完善。

(一)法学人才培养时代性不足

法学人才培养作为法治建设的重要组成部分,其发展应当以经济、社会和政治的发展需要为前提,与社会发展进步相适应。尤其是随着网络社会的形成,在法学教育中,应当充分体现智慧型培养的特色,培养的学生才能真正符合时代发展的需要。

一直以来,我们习惯于将法学人才培养的目标限定为能够从事法学研究和法律实务的专门人才,将人才培养的目标限定为培养一流的法官、检察官与律师,为未来专家型的法律职业共同体提供系统的法学知识与理论储备、职业伦理培养以及法律专业思维、技能与方法训练。但是,如果将法学人才培养与法治国家、法治社会建设结合起来,除向国家和社会输送法学人才外,还应当面向更广泛的社会领域,为社会生活各个方面培养具备法律思维能力、基本法律伦理以及法律实践能力的专业法律人才,也为法科学生提供更加广阔的就业和发展空间。

随着大数据、云计算等信息技术的发展,社会各领域对法律业务和涉外法律业务人才的需求日益激增。换言之,新时代法学人才的知识结构要与时俱进,要具备交叉学科特点和新技术知识储备。作为新科技的代表,互联网和人工智能不但诠释出科技是生产力的本质,也为法学前沿研究和新时代法学人才培养指明了方向。实质上,互联网与人工智能既是新技术的应用,也衍生出新的生活和行为方式。法律是调整社会主体的行为规范,针对互联网发展现状和互联网行为,法律规范的形式和内容也应随之发生转变,同时,网络也在通过教育模式和教学媒介影响法学人才培养,从学科建设和培养模式上形成了横向复合与交叉融合的多元化格局,深刻影响法学人才培养的数量和质量。由此,法学人才培养理念应当发生转变,需要基于社会的发展现状与互联网趋势,将法学人才培养与社会需要和互联网发展紧密结合起来。

(二)法学人才培养科学性不够

教学内容相对单一,缺乏合理性和科学性,是我国法学教育当下面临的显著问题。从教育方式上来看,传统的法学教育方法还主导着大学课堂,教师未能随着社会发展而及时改善法学教育方法。

法学是实践性较强的学科,法学教材应当充分关注和回应法律实践问题,根据实践需要提炼相关原则,注重法律规范在实践上的司法应用。现在的法学教材,总体来看,虽然每个章节一般都会附有相关案例,但普遍存在内容老化问题,对新兴学科与交叉学科的重视远远不足,对发生的热点问题和难点问题关注度不够,致使教材内容与司法实践严重脱节。此外,教师职称评聘和年度考核评价体制不合理,部分教师普遍具有重科研轻教学的倾向,导致科研与教学之间不能形成良性互动,这也是影响法学人才培养合理性的重要因素。

在教学方法上,法学人才培养模式仍存在“灌输式”模式,这种教学模式注重文化知识教学,不注重学生参与和实践锻炼。从理论到理论,从书本到书本的教学模式,在大学课堂上依然普遍存在。在学生就业压力不断加大的情势下,“灌输式”的课堂教学模式越来越受到学生的排斥。这种教学模式的负面效果也是明显的,学生处理司法案例能力较差,参与司法案件处理热度不够,尤其是在遇到具有一定复杂性的司法案例时,不具备逻辑思维能力,没有使用法学方法分析问题的能力,学过的法学知识很难对接司法实践。基于此,高等法学院校传统“灌输式”教学模式不能满足社会发展的需要,培养出来的学生解决真实案件能力有待提高,在一定程度上严重影响法学人才培养工作的推动和深化。

(三)法学人才培养实践性不强

法学不仅是单一的理论知识,更是一门技艺。法学知识只是最低层次的要求,作为技艺的法学,更重要的是分析问题、解决问题的能力。但是,从法学教育的实践来看,法学人才培养的中心还是在理论教育上,对学生实践能力的培养还存在诸多问题。

现阶段,我国高校建立的法学实习基地等实践性教育平台,难以跟上高校近年来的扩张速度,以及学生人数大幅增加的速度。并且已建的实践性教学平台也出现不少问题,比如,高校模拟法庭建设尽管耗资不少,但模拟法庭实际上使用频率不高;虽然聘请实务人员做兼职教师,但对高校实践性教学参与度不高。因此,模拟法庭和兼职教师的实践性教学内容在教学中很难展开。此外,法学人才培养的实践性教学对教师提出了更高要求,一方面需要通晓法学理论,另一方面需具有实践经验,即“双师型”教师。现实中,高校法学教师基于职称、科研及学历等多方面的压力,导致年轻教师难以有精力承担实践性教学工作。因此,高校法学教学中“双师型”教师数量严重不足。由此,实践性不强严重制约了高校法学实践性教学的开展,影响了法学教育水平的提高。

丰富的法学经验源于不懈的法学实践。但是,传统的法学教育人才知识面单一,大学的学习仅限于知识的学习,由律师、法官参与的法律职业训练被置于高等教育之外。由于注重对学生的法学原理的培养,忽视学生实践能力的培养,学生从事法律职业的技能和技巧极其有限,毕业后往往不能及时适应工作需要。2017 年 5 月习近平总书记在中国政法大学考察时的讲话中强调:“法学学科是实践性很强的学科,法学教育要处理好知识教育和实践教学的关系。”根据总书记的讲话精神,加强法学教育中的实践能力培养应当是未来大学法学教育的发展方向。

二、智慧教育人才培养模式引入

智慧教育是社会发展到一定阶段的时代反映,也是人工智能、网络发展及大数据等在法学教育上的体现。当前,我国的法学人才培养需要嵌入智慧教育因素,改革传统的教育方式,推动法学人才培养能力持续提升。

(一)智慧教育的含义诠释

便捷化、智能化、个性化学习需求激发着现代教育的创新性变革,信息技术的发展是教育变革的必要支撑。智慧教育是教育信息化的高端形态,它是基于云计算、大数据、互联网等智能信息技术,构建感知化、泛在化、个性化智慧教育环境,促进学习者进行智慧学习,培养高技能创新型人才的教育模式。①

对于智慧教育的界定,学界呈百花齐放的态势。概括起来,主要集中在四个方面。一是从环境方面,主要从学习空间的视角,论述学习者对传统意义学习环境延伸的感知与体验,展开对教师教学方式及学生变化的研究。二是从平台与资源方面,侧重论述学习内容的获取途径与方式的改变,为"人人皆学,处处可学,时时能学"的学习型社会,终身学习形态提供可能与必然。三是从学习过程的分析与评价方面,积极引入学习分析技术,对学习过程进行动态分析与监测;利用智能设备,丰富学习手段,促进高阶思维能力的形成;借助大数据分析技术关注学生的发展性评价。四是服务管理方面,以学习体验为基础,提出扁平化组织管理架构,更加强调对学习提供有效支持与服务,突出育人本质。智慧教育的根本目标在于使学生通过对自身智慧的培养和发展来进行不断的自我发展和自我完善,从而形成自身独特而又完整的智慧体系,以促进学生更好、更全面的成长和发展。

法学人才培养中智慧教育的落实,体现为学习环境的迥异、学习方式的变革以及创新意识的引领。借助智能化教育来统筹一体化智能化教学、管理与服务平台的实施。利用现代技术建立以需求为导向人才培养模式供给侧改革,实现规模化教育与个性化培养的有机结合,依靠人工智能的便捷方式培养实践性法律人才是未来趋势。

(二)智慧教育引入的背景考察

《教育信息化2.0行动计划》提出要利用"互联网+""大数据"和"人工智能"等新技术来开展智慧教育创新发展行动。《国家中长期教育改革和发展规划纲要(2010~2020)》提出要加快我国智慧教育建设,提高信息化和智能化对教育发展的贡献度,推动教育现代化发展,为加快实现我国教育现代化提供有力支撑,构建学习型社会,建设智慧型教育环境。②

互联网、人工智能与新时代法学人才培养具有内在联系。一方面,互联网、人工智能全面深刻地影响人们的生活,并对当前法学人才提出了更高的期待和要求。社会对于人才需求的专业化、多元化以及破解人才培养困境的紧迫性,促使新时代法学人才培养的改革步伐不断加快。大力推动互联网、人工智能在法学人才培养、教育教学管理等方面

---

① 参见恽如伟、戎年中:《教育信息化语境下的"智慧教育"》,载《中国教育报》2017年11月11日,第3页。

② 参见陈瑶、胡旺、王娟:《基于知识图谱的智慧教育研究热点与趋势分析》,载《中国远程教育》2016年第9期。

的全流程应用成为大势所趋。另一方面，法律规范和调整的对象，已经被互联网、人工智能“现代化”“信息化”。同时，法学研究的重地已转至互联网和人工智能领域。

新时代的法学人才培养，要为社会经济创新和互联网、人工智能的法治化建设提供智力保障。互联网、人工智能的法治理念，既是新时代法学人才应当具备的基本素养，也是高等院校在法学人才培养中需要应用的教育手段。快速发展的互联网、人工智能技术将在很大程度上改变法律行业运行的基本模式，从而改变对法学人才的需求结构，并要求法学人才知识背景的变化。这些变化均要求法学教育模式的变革。因此，基于互联网、人工智能的现代化教育体系，要构建全方位、多维度的智慧教育环境。一方面，实现教学目标精准定位和教学内容实时更新，通过智能教学、人机交互式教学等模式，真正完成教学线上线下和课堂内外全覆盖。另一方面，推动法学专业教育与现代信息技术的深度融合，跨越部门间的时空鸿沟，构建多平台对接的智能化教学辅助系统，真正实现国民教育全方位和终身教育全过程。换言之，法学教育体系的多维度、智能化，就是深度融合互联网、人工智能，让教育教学更公平、更全面、更高效，采互联网、人工智能技术之长，构建法学人才培养的全方位智慧学习环境。

（三）智慧课堂与法学人才培养

课堂是践行教育使命和完成教学的重要方式，课堂的信息化和智能化是教育信息化的核心和本质。毋庸置疑，教学课堂的智能化和信息化，就是要充分发挥信息技术对教育的革命性作用，是充分应用信息化技术推进教育教学方式改革的具体体现。基于互联网、人工智能技术应用的智慧课堂和网络课堂，应该成为未来教育创新模式的新常态。加快建设智能教室、创建智慧课堂，推进信息和智能技术深度融入教育教学全过程，满足互联网人工智能新时代对高素质法学人才培养的需求。法学专业是一门理论性和逻辑性较强、极具社会融入感和实践性的学科，在互联网日益发达的时代，高校法学类课程教学中导入智慧课堂的模式可以弥补传统教学模式的不足，使学生尽快进入学习状态，提高教学效果。

法学人才培养模式从智慧课堂入手，表现为：在互联网大数据和人工智能支撑下，首先，实现教学目标精准定位和教学内容实时更新，通过智能教学、人机交互式教学等模式，真正完成教学线上和线下和课堂内外全覆盖。其次，法学教学课堂要关注司法实践、直击理论前言要点。探索且提出适合“互联网、人工智能”深度应用的知识模块设计和课程体系构建，实现法学教育信息化、智能化。最后，在教学过程中，通过教学的实时互动让学生参与法律知识的获取、分析和总结，教师则由此获取学生知识掌握的反馈信息和数据。互联网、人工智能在数据获取、总结及分析方面有独特的优势。

“工欲善其事，必先利其器。”伴随智慧教育的进一步发展，新时代法学人才培养的课堂与媒介更要信息化、智能化。互联网、人工智能推动法学人才培养中课堂信息化的颠覆性革新，推动法学人才培养课程体系的变革和创新，助力于多节点、复合式地构筑新时代法学人才培养的多维度智慧教育教学体系。

三、法学智慧教育人才培养路径探析

在智慧教育背景下,法学人才培养的路径选择非常重要。作为法学人才培养的高校,需要结合自身情况,在智慧教育的内容、方式、路径上都需要作出判断和选择,并从信息整合、教师队伍、学生培养等角度进行智慧教育的深度推进。

(一)加快信息资源整合

近年来,我国政府对法律人工智能技术日益重视,政策支持力度不断加大。例如,国务院颁布的《新一代人工智能发展规划》提出建设智慧法庭数据平台,促进人工智能在数据收集、案例分析、法律文件阅读与分析中的应用;最高人民法院提出人工智能感知交互体系和人工智能辅助决策体系;最高人民检察院也提出以人工智能试点创新为抓手,加强检察科技创新。与此同时,一些法律人工智能项目也开始落地应用,并展现出提升法律行业效率的巨大潜力。

高校中,图书馆是智慧教育信息化建设的工作要点。智慧教育的实现必须有信息服务平台的支持,学者们认为,智慧图书馆是智慧校园和智慧教育发展的重要基础,其物理层面、智慧和技术层面、感知和服务层面的优势,使其能胜任高校智能化管理平台的角色。① 智慧图书馆能够充当学习者与教育者之间的纽带,提供智慧化、个性化、人性化的教育信息服务,以学习者为主题,引导其主动探索新世界,弹性安排学习时间、制定学习内容,获得个性化指导,形成智慧分析报告,支持教育与学习的智慧决策,实现智慧化教与学。

信息化建设中法学人才培养的智慧教育以其实验教育平台的建设最有特色。法学实验教学是动态的教学,因为社会发展与法学实践中的新问题、新需求往往会要求法学实验教学体系的不断探索更新。例如,中国政法大学提出了包括27家法院的庭审同步直播、庭审录像观摩、案卷阅览、网上查阅、法律诊所、模拟法庭、学科竞赛和校外人才培养基的实践教学概念。其中,随着信息化技术的发展,中国庭审公开网的上线,庭审观摩似乎变得更加简单。再如,中南财经政法大学于2008年开始研发并持续改进的基于云空间的法学实验教学平台(Legal Experimental Teaching System,LETS),如今通过LETS平台,传统理论课程可以嵌入相应的微小实验辅助理论知识的理解,独立的实验课不仅可以体验包括立法、执法、诉讼、非诉、法律时效评价等法治业务过程,还可以进行各种实体法与程序法的结合运用训练;最重要的是,其致力于将隐形的法律思维过程归纳总结后于实验者面前进行显形显示,使实验者可以依据归纳总结后的"思维导图"进行严格的思维训练,再加上大量其他业务过程的模拟,帮助排除法律专业思维形成结果的偶然性。另外,LETS平台变"单刀直入"式案例分析为情景模拟下的对抗与协作,不仅可以实现法律知识与思维的训练,而且还重视了法律中各类角色的情感价值观的培养等。

---

① 参见罗丽、杨新涯、周剑:《智慧图书馆的发展现状与趋势——"智慧图书馆从理论到实践"学术研讨会会议综述》,载《图书情报工作》2017年第13期。

为了建设一流的智慧化、开放化、定制化、终身化、国际化教育培训平台，北京大学法学院本着“统一发展理念、深度整合资源、增进社会效益”的原则成立北大法宝学堂，按照科研与实体运营相结合、技术和知识应用相结合、线上和线下教育相结合、校内和校外资源相结合、经济和社会效应相结合的原则，携手北大英华共促智慧法学教育创新发展。北大法宝学堂将与法律人共创智慧“未来法学院”，创新智慧法学教育新模式。

智慧教育大背景下，上海政法学院也在积极构建全方位智慧学习环境，充分挖掘信息技术的潜能。学校致力于打造智慧教学网络平台。课程中心已建和在建课程有400余门，总点击量超千万。作为基于校园交互式网络教学平台，为广大师生提供了更多的教学资源，实现了教师共享教学资源、网上布置作业、答疑解惑、学生在线学习、课后复习等功能，为学生自主学习提供服务。学校已建成校园网站群系统、数据中心、统一身份认证、信息门户系统、电子邮件系统、VPN系统、OA协同办公系统等基础应用服务平台，实现了各网站统一平台管理，师生账号统一身份认证，校外通过VPN随时随地使用校内各网络教学资源。建成涵盖教学管理、学生工作、科研管理、人事管理、财务管理、资产管理等多部门的业务应用系统，为学校教学、科研和管理提供了有效的信息化服务。

（二）提升教师队伍能力

智慧教育环境下法学人才的培养也对教师的教学提出了变革要求，这就需要与新时代发展相适应的创新型教师队伍的建设。法学教师信息化教学能力已经成为提升新时代法学教育人才培养质量的关键。法学教师队伍整体上已经具备了信息化教学的基本能力，但是具有较高应用水平的教师比例偏低，教师借助信息技术创新教学模式能力和信息化教学研究能力尚待提高。教师的智慧教育需要经历一个由开始意识到逐渐领悟提高，再到具体变革创新教学的发展变化。

美国法学家庞德在21世纪初曾写道：“法学教育不是教授法学知识，而是涵养法律思维。无论教授了多少实定法的知识，也无法追赶上法律的制定、修改和废除的速度。”①古语说，“授人以鱼不如授人以渔”。我国是成文法国家，法律是由众多的规范性条文构成，在大学有限的时间内，学生没有必要也不可能学习所有的立法。基于数字化、智能化法学人才培养的要求，“教育管理者在人才培养方案的设置上应当注重法学学习方法、实务技能培养方面课程的设置，在教学评价、督学等管理活动中应当给予大学教师更多的自主权”。② 这就需要教师掌握现代化教学中智慧教育的方式方法，并利用信息化教学手段在实践教学中不断创新智慧教学，使学生学会终身学习的能力。

智慧教育要求从环境方面，主要从学习空间的视角，加强学习环境延伸的感知与体验，这对教师的能力提出了更高要求。因此，智慧教育不仅要求教师有法学理论知识，而

---

① 霍宪丹：《法律职业与法律人才培养》，载《法学研究》2003年第4期。

② 崔淑霞、蒋淑波：《“应用型、复合型”法学本科人才培养的基本理念》，载《经济研究导刊》2014年第2期。

且还要求教师的实践能力经得起考验。他们不仅要在教学中是知识的讲授者,应具有深厚的理论功底和独到新颖的认知素养,在社会中还应该积极从事法律职业,通晓法律实务技巧和丰富的实践经验,对现代化的智能教育具有深刻认识。"突破法学教育理论与实践相脱节的问题,提高学生的理论和实践应用水平,使法学专业毕业生适应职业市场的需求,最终被市场所接受,解决就业困境。"①同时,教师利用信息化、智能化的发展,"根据大数据统计并分析后,对教学方案进行调整。这使得法学教师不断优化教学模式,提高教学质量"。② 这才能真正达到智慧教育的目的。

随着智慧教育下法学人才培养模式变革的需求,为了更好地将智慧教学落实,上海政法学院全面开展师资队伍建设,坚持实施人才强校战略,将建设高素质教师队伍作为办好本科教育和提升人才培养质量的保障。为此,学校不仅加大信息资源建设力度,而且非常注重教师智慧教学能力的培养,加强教师的智慧教学能力和信息化教学能力的培训。鼓励教师充分利用现代信息技术和信息资源,科学安排教学过程的各个环节和要素,在法学人才培养过程中实现大数据、信息化与教育教学深度融合。目前,学校的智慧教学正处于由"起步"到"应用",从"整合"到"创新"的发展过程中。法学课堂正在实现从"严师尊道"到"学习共同体",从"传道受业解惑"到"设计者和组织者",从以"教"为中心到以"学"为中心,从以教师为中心到以学生为中心,从传统教学设备到多功能媒体设备、网络教育资源、智慧教学设计等。在互联网大数据发展浪潮下,其教与学的能力逐渐转变为将教、学、教学内容、教育技术相整合的能力,如信息化教学设计能力的创新,利用计算机和网络编写电子教案和法学案例的能力,多媒体教学软件使用的能力等。

为了提高教师的智慧教学能力,学校还鼓励教师全职脱产到政府、企事业单位及其他实务部门进行产学研践习,参与研发或工作。这便于教师在智慧课堂中设计学习环境延伸的感知与体验,也便于教师及时把握现代社会发展的需要,在智慧教学中对学生的学习进行准确的反馈。截至2018年年底,近70名教师参加了产学研践习。这为智慧教育中法学人才的培养提供了重要支撑。教师队伍的建设拓展了互联网大数据下的智慧教育资源,真正为学生创造了智慧教育的环境和平台资源,优化了法学人才培养中的智慧教育资源,也有利于法学培养中人才素质的提高。

(三)挖掘学生自身潜能

将互联网和人工智能技术应用到人才培养和教育教学是智慧教育成功的关键所在。"培养学生利用大数据分析方法发现并解决真正法律问题,从而适应业界需求的能力成

① 李娜、张彤、徐冰:《论应用型本科高校法学专业"双师型"教师队伍建设》,载《当代教育实践与教育研究》2018年第2期。

② 金美兰:《高校法学类课程智慧教学课程模式的研究》,载《法制与社会》2019年第6期。

为必需。”①智慧教育下，学生要成为发现知识、建构知识的主体，从教育学理论来看，法学人才培养中的教育教学要通过教学的适时互动让学生参与法律知识的获取、分析和总结，教师则由此获取学生知识掌握的反馈信息和数据。互联网、人工智能，在数据获取、总结以及分析方面有独特优势。那么，基于互联网、人工智能技术的“智慧教育”，可以将教学与实践、理解与应用、获取与分析更加有效地结合，确保法学人才培养过程更深入全面、更微观和具象，也让学习者更全面高效地获取所需知识，进行有针对性的深度学习。这对于提高法学人才培养的质量和效率，解决人才培养中的个体差异等问题起至关重要的作用。

在智慧教育背景下，法科学生需要学习计算机算法、法律人工智能技术等方面基础知识的课程。在人工智能技术逐步成熟的情况下，未来的法律职业活动更多地将以一种人机协同的方式展开，法律行业从业者将越来越多地使用法律人工智能工具。因此，法学专业学生至少需要掌握人工智能技术的一些基础性的知识，包括人工智能的基本概念体系，人工智能技术基本的工作原理，如何判断、验证和解释人工智能技术产出的结果等等。同时，学校协同国内外企业、律师事务所为法学生提供实习平台，给他们接触并使用人工智能机器人及人工智能操作系统的机会，加速理论成果向实践成果的转化。

为此，上海政法学院率先整合院系，建立人工智能法学院。人工智能法学院是上海政法学院在2019年5月成立的二级学院，由原计算机教学部与上海司法研究所合并组建。人工智能法学院的主要目标是培养人工智能与法学的复合人才，为公安、检察院、法院、监察委、司法行政机关等机关、政府机构和企事业单位提供适应人工智能时代的新型法律人才，为人工智能高科技企业提供精通法律业务的技术人才。此外，人工智能法学院还负责全校计算机公共课程教学。目前，人工智能法学院共20余名在编教职工，15名专任教师，3名教授，8名副教授，4名讲师。人工智能法学院的建立是实现智慧教育与法学人才培养相结合的有力抓手。

四、结语

在新时代背景下，在大数据、云计算、人工智能等信息技术此起彼伏的科技变革下，在推进社会治理法治化、现代化的进程中，为适应全面推进依法治国对法治人才培养提出的新要求，法学人才培养模式必然处于不断发展变化中。法学教育也应当审时度势，采用智慧教育的教学模式，积极探讨理论和实务学习策略，培养有独立思考能力和创新能力的法学人才。在智慧教育打造的“人人皆学，处处可学，时时能学”的学习型社会中，使法学人才终身学习成为可能。

① 李云霖、李伯超：《法学教育现代化：定位、支点与趋势——以法学本科教育为中心》，载《大学教育科学》2016年第4期。

建筑法学人才培养中实训实验方案的拟定与落实

翁 洁[*] 刘 莉[**] 张伟涛[***]

摘 要:本文以建筑法学人才培养实训实验方案的拟定与落实为例,通过对实训实验方案拟定与落实过程中所采用的思路与方法的梳理,总结并提出了在当前背景下,多科性大学法学专业在培养专门性、复合型、应用型法治人才方面可以采取的基本模式与具体方法。

关键词:建筑法学人才 实训实验 方案落实

法学是一门理论和实践并重的学科。法学培养从理论延伸至实践,进行实务锻炼,才能引发学生进一步学习法律的兴趣。随着社会分工的精细化,综合运用不同学科知识解决社会不同领域问题的趋势越来越明显。与此同时,法学本科教育的通识化、同质化所造成的毕业生"高分低能"、特定专业背景知识与技能的缺乏,也在频频敲响警钟。因此,如何培养具有复合型专业背景、能够做到一专多能、确实具有解决问题的实际能力、能够尽快适应社会与岗位需求的法律人才就成为当务之急。本文将以西安建筑科技大学法学专业针对建筑法学人才培养的做法与经验为例,尝试总结并提出培养复合型、应用型法律人才的可行路径。

一、建筑法学人才培养中实训实验方案的提出背景

(一)政策背景

当前,各高校在充分利用和发挥本校的特色学科和优势学科时,也力求带动多学科协调发展,以对学科人才培养和科技创新构成广泛而长远的积极影响,对应到法律人才的培养中,则表现为更偏重了某一领域,将其选择作为本校法学教育的特色方向并定位为本校法律人才培养的方向,对法律人才的培养朝着特色化的方向发展。与此同时,根

---

* 西安建筑科技大学法学系副主任。
** 西安建筑科技大学文学院副院长,教授。
*** 西安建筑科技大学法学系主任,副教授。

据教育部、中央政法委员会在《关于实施卓越法律人才教育培养计划的若干意见》(教高〔2011〕10号)中的要求,培养应用型、复合型法律职业人才,是实施卓越法律人才教育培养计划的重点。因此,在特色化与专门化的同时,法学教育还应当适应多样化法律职业的要求,坚持厚基础、宽口径,强化对学生的法律职业伦理教育,突出对学生的法律实务技能训练。

2018年9月和10月教育部、中央政法委先后单独、联合发布了《教育部对十三届全国人大一次会议第5737号建议的答复》(教建议〔2018〕第225号)、《关于加快建设高水平本科教育全面提高人才培养能力的意见》(教育部教高〔2018〕2号)、《关于坚持德法兼修实施卓越法治人才教育培养计划2.0的意见》(教育部教高〔2018〕6号)等文件,对高等教育和法治人才的培养作出重要指示与指导,要求下大力气培养学生的创新精神和实践能力,强化法学实践教育,践行明法笃行、知行合一。

在以上两重背景下,搞好多元化的实训实验已经成为多科型大学培养法律人才的重要选择。多科型大学需要结合本校特色和优势学科,培养某一学科领域中的专业法律人才。

(二)行业背景

建筑业是历史为悠久的传统行业,随着国民经济的迅速增长而得到了迅速发展。2018年7月31日国家统计局发布数据显示,全国建筑业完成总产值23.5万亿元,建筑业增加值达到6.2万亿元。① 新中国成立70年来,随着建筑业的迅速发展,建筑业在国民经济中的比重不断提高,支柱产业地位逐步确定,支柱产业支撑作用愈发明显,对整个国民经济发展的推动作用越来越突出。然而,建筑业的市场秩序较混乱,腐败现象较严重,其法治状况令人担忧。建筑业的诉讼业务与非诉业务激增,建筑业大量法律纠纷的长期存在威胁行业的健康平稳发展。建筑业迫切需要大量既懂法律知识又懂建筑领域专业知识的复合型法律人才,能够为建筑行业提供事先防御性的法律服务或者事后采取补救性的法律措施。②

所以培养具有扎实的法学基础和相关建筑类、房地产类专业的基础知识,具备基本理论素质和基本实务操作能力的应用型和复合型建筑法学专业人才,以适应我国社会主义市场经济和法治建设的需要已成为当务之急。一个知识完备的能够服务于建筑业的法律人才,更应将建筑法学与建筑学科的知识相融合,不仅应当掌握法学各学科的基本理论知识、基本分析方法与技术,还应当熟练掌握建筑学科基本专业知识、基本建设程序以及工程管理专业的知识能力等。

---

① 相关数据详情及报表参见国家数据网:http://data. stats. gov. cn/easyquery. htm? cn = C01&zb = A0204&sj = 2018,最后访问日期:2019年10月6日。

② 参见程庆辉:《探讨土木工程专业工程管理方向的建设法学人才培养途径》,载《大众科技》2008年第11期。

(三)学科背景

西安建筑科技大学由陕西省人民政府、住房和城乡建设部和教育部共建,是中国"建筑老八校"之一,是一所以土木建筑、环境市政、材料冶金等相关学科为特色,以工程技术学科为主体,多学科协调发展的大学。截至2018年5月,西安建筑科技大学有结构工程、环境工程、建筑设计及其理论3个国家级重点学科,有包括城市规划与设计、建筑技术科学、结构工程、市政工程、桥梁与隧道工程、建筑材料等在内的39个省级重点学科,有包括建筑学、城市规划、土木工程、风景园林学等在内的7个博士后流动站。

西安建筑科技大学法学专业设立于1996年,在2003年获批环境与资源保护法学硕士学位点。由于地处西安,既有西北政法大学这样的专业型政法类院校,又有西安交通大学这样的"985"院校,法律人才培养所面对的压力可想而知。但是西安建筑科技大学依托自身在工程建设领域优势学科的支持,定位培养工程建设领域复合型法律人才的目标,一方面,使本校的法律人才的培养定位于特色行业的法律服务,区别于其他法学院校法律人才的培养模式;另一方面,还借助本校特色优势学科带来的知识浓缩和提炼,在最短时间内快速培养法学专业的学生在优势专业的知识体系。为此,在教学实践中,西安建筑科技大学法学系采用了多元化实训实验模式,以精通法律、熟悉行业、学科兼容、模拟训练作为实训实践的标准,从营造氛围、增加内容和形式、加强教师引导三个方面同时发力,探索并逐步形成了富有成效的实训实验方案。

二、建筑法学人才培养中实训实验方案的拟定

建筑法学人才培养的实训实验方案,不仅要能够体现对专业化、复合型、应用型法律人才培养的诉求与特征,还要能兼顾对学生的通识性法律知识与技能,特别是对法律逻辑与法律思维的培养与训练。因此,在实训实验方案拟定的过程中,要合理兼顾特色与通识,确保学生的全面发展与特色专精。

(一)核心目标

以"培养工程建设领域复合型法律人才"为实训实验的核心目标,使学生在理解掌握法律基本原理与规则的同时,了解理解工程建设的基本过程与规律;在此基础上,重点理解掌握建筑法律法规的基本框架与主要内容,了解建筑法律的发展趋势,能够实际解决建设工程过程中常见的法律问题。

(二)基本原则

在实训实验方案的拟定与落实的过程中,需要贯穿的基本原则包括以下几点。

1. 着眼全局,落实具体

需要将对建筑法学人才培养的实训实验放置在法学培养的整体框架中,立足于对具备建设工程行业与领域的基本知识与技能的法律人才的培养。法律知识与技能的教育与培养是根本,是学生日后安身立命之所在;建设工程行业知识与技能的教育与培养是枝蔓,是学生之后所具备的竞争优势之所在。正是在这一前提下,针对建筑法学人才培养所设定的实训实验方案并不是脱离当前法学培养的基本框架与整体方向,而是要在法学培养的过程中,突出对建设工程领域法律问题的侧重与关注,从而避免实训实验方案的“淡化”或“雷同”。因此,对建筑法学人才培养的实训实验方案,在选题、申报、审核、实施、管理、总结、反馈等各个环节中,都应当体现建设工程的过程、管理与内容等方面的具体情境与具体问题。

2. 问题导向,任务导向

实训实验在本质上是对技能的培养与训练,与理论教学不同,并不强调理论性、系统性,而更强调灵活性和实践性。因此,以问题、任务为导向来进行实训实验方案的设计与执行,将会增强学生参与实训实验的目的性。在完成对一个个具体问题的解决、任务达成的过程中,参与实训实验的获得感与成就感将逐步累积,在激发参与实训实验的兴趣与乐趣的同时,也更容易增强学生对实训实验活动的认同感、归属感,有利于促进学生主动、自觉地展开学习与实践,从而获得更重要的自我学习与发展的能力。与此同时,问题导向、任务导向还有利于消除法学专业学生对建设工程及其相关专业领域的陌生感与畏怯感,能够鼓励他们打破专业、行业的壁垒,确实通过实训实验学习、巩固、发展建设工程及其相关专业领域的知识与技能,切实习得对该行业领域内相关法律问题的解决技能与技巧。

3. 个性指导,过程管理

虽然实训实验的本质要求学生应当成为其中的核心,但这并不是说教师就可以被边缘化。恰恰相反,在实训实验的方案设计与执行过程中,不仅不能忽视教师的功能与作用,反而应当对教师的功能与作用进行重新认识与更大的赋权。在实训实验方案的设计与执行过程中,一方面,要赋予教师以引导者的身份与地位,充分尊重和发挥教师的主动性,授权教师根据具体情境、针对特定学生展开个性化的指导、制定个性化的评价或考核标准,确实让参与实训实验的每个学生都能感到自己学有所获。另一方面,为保证实训实验的有序、有效进行,学校的教学及实验主管部门应当通过合理的制度设计来对实训实验进行过程督导,通过制定合理的标准来对实训实验进行质量监管。对此,特别需要注意的是,对于建筑法学人才培养的过程管理来说,切不可照搬法学实践或工科实践的既有模式和/或评价标准,而是要从两个学科融会贯通的视角出发,重新构建具有激励、赋权、差异化等特征的新的过程管理机制与规则,以确实促进与深化适合建筑法学人才培养的实训实验方案。

(三)主要措施

1. 独立设课的实验

在法学本科三四年级的课程计划中嵌入独立设课的实验。该类实验在表现形式上,与课堂授课较接近。(1)有固定的学时与学分,学生需得选修实验并在考核通过后才能取得相应的学分,该学分计入毕业最低学分内;(2)授课对象延用行政班的编制,实验时间与地点由教务处统一协调确定,并排入学生、教师的课程表;(3)教学资料(课程简介、课程大纲、教学日历、教案等)需要在开课前备齐并通过审核;(4)实验过程中,更多体现指导教师对课堂的直接干预与管控,甚至有些时候会十分接近于传统意义上的讲授式教学。独立设课的实验更多地适合于对新知识与新技能的介绍与引入,使学生在实验过程中逐步构建与巩固新知识、新技能的整体框架与逻辑体系。

2.“大创”“双创”项目或竞赛

鼓励学生跨专业组队,通过自选项目、自主研究的方式,自觉主动地开展实训实验。这些项目或/与竞赛有利于实现不同学科、不同专业之间的知识与技能的交流共享。同时,通过强强联合与伙伴压力,参加该类实训实验的学生之间往往会基于竞争意识与获胜目标的“合力”,而呈现更积极、主动、高效的学习状态;并且更能够通过伙伴之间的密切接触,形成“言传身教”“手把手教”的氛围与做法,切实实现对方法与技能的掌握与熟练使用,切实实现对行业传统与经验的传授与习得。

3.自选与自设的实验项目

根据学习与研究的兴趣,在确认项目的必要性与可行性的基础上,教师与学生都可以向学院的实验管理部门申请开设新的实验项目。该类实验通常依据特定的具体问题或个人兴趣来设定,往往只有很少数的学生会选择参与,因此,实验时数大多限制在4个课时之内。而对此形成补充的是,同一个学生可以不受次数限制地重复选择参与同一个实验项目,直到对该实验项目的内容与技能有了相当熟练地掌握。由此,在尊重师生选择权的基础上,给学生以充分的机会与充足的时间去熟练、深入地掌握特定知识与技能,也给教师以充分的机会与时间去反思、改进对实验的设计与落实,从而不断丰富和提高指导实验的经验与技巧。

4.讲座与研究会

定期邀请建设工程产业界、建筑法学实务界,以及相关专业的研究者来校为学生们举办专题讲座或系列讲座,或者组织承办研究会议,将建筑施工、建筑法学领域内的前沿与热点引介入校园,在丰富校园活动的同时,也为学生了解建筑法学领域的发展动态,了解建筑施工和建设工程中的基本活动、重要流程、难点问题提供了重要机会。因为讲座和/或研究会的讨论内容往往包含了较多的实际案例,这不仅使相关活动的内容通俗易懂,而且更加真实直观地呈现建设工程与建筑法学的实际样态,为学生在相关领域的进一步学习和选择就业方向提供了指导与引导。与此同时,学生参与讲座与研究会,不仅获得了与业界人士直接交流、向其学习的机会,还将获得与取得学位相关的创新学分,由此鼓励、激发了学生们参与讲座和研究会的热情与主动性。

以上4类实训实验活动,由于在选题和实施上的灵活性,更容易做到法学与建设工程的结合,非常适合对建筑法学人才的培养。与此同时,这4类实训实验活动通常都可以借助于西安建筑科技大学校内既有的实验室与实验设备来完成,从而降低了学生参与实验的成本,能够提高学生参与实训实验的积极性。然而,也正是由于“校内”的特征,容易使这4类实训实验活动更多地体现出“学院化”的效果,仍容易停留在理论指导实践的阶段,而尚未做到由实践“反哺”理论。因此,把学生“放”出去,让他们接触社会现实、行业现实，仍然是需要继续沿用的传统方法。

5. 实习实训基地

目前，西安建筑科技大学已经与多家建设工程企业、建设工程司法鉴定、主要从事建设工程法律事务的律师事务所、各地各级相关法院等机构签订了实习实训基地协议，为满足学生从事多元化实训实验的需要提供了重要而较充分的物质基础。在法学本科四年级时，学生将被择优选送进入与学校签订有协议的实习实训基地，并参与相关单位的实际工作。在遵守单位纪律、服从单位管理的前提下，根据单位的工作安排，在单位指导教师的具体管理与指导下，真实地参与到单位的日常工作之中，以“学徒”的身份与方式，接受训练并承担工作。实习实训期满后，由单位根据其表现出具“实习鉴定”与“成绩评价”，这也成为判断学生能否取得毕业所需学分的重要基础。学生在实习实训基地工作的过程中，虽然在纪律和业务上均服从单位的管理与安排，但单位指导教师与校内指导教师之间，通过电话、社交软件、面谈等方式建立了交流和沟通的渠道，使单位指导教师能够较全面地了解学生的既往表现和兴趣方向，从而便于在实际指导中给予针对性的建议与帮助；同时，也使校内指导教师能够较及时地获知学生真实的实习实训表现及可能存在的问题，由此及时调整针对该生的校内指导的安排，并可能因此形成新的经验以调整、更新校内实训实验的指导方案。

6. 建设工程法律诊所

设立建设工程法律诊所，由具有建设工程领域执法、司法、律师经验的校内教师和校外特聘专家参与指导，主要由法学专业本科三四年级学生参与实践。诊所根据其所接受的案件来划定师与生的分组，考虑到案件本身的复杂性，通常采用集体指导的方式进行。各组学生在指导老师们的方向引导和具体指导之下，较深入地参与到真实事件与案件的处理过程中，并在此过程中习得针对具体事务的知识技能，由此取得在相关领域的工作经验。在切实提高解决问题的能力的同时，获得日后深造与就业的竞争优势。指导教师们将根据参与诊所工作的学生的具体表现，从其知识、技能、职业伦理、应变、待人接物等方面对其进行综合评价，评价的内容与结果将成为学生能否取得相应学分的重要依据。由此，也确实提高了学生自觉参与实践、在实践过程中严格自律的积极性、主动性与成效性。

在以上6种专门针对建筑法学人才培养而采取的主要措施之外，在西安建筑科技大学法学教育和培养的过程中，并不放松以社会调查、认识实习、法律实务、模拟法庭、学年论文、毕业实习、毕业论文等以法律知识与技能的普遍的专业教育与培养的常规型实习实训项目。通过这些贯穿于本校法学教育全过程的实习实训项目，学生们的法律逻辑与法律思维得到了锻炼与培养，为他们追求更专业化、技术化的部门法领域中的深造与工作，提供充分的条件并打下了坚实基础。

三、建筑法学人才培养中实训实验方案的落实

方案的根本在于切实地落地实施。考虑到实训实验项目的针对性与具体性，在对建筑法学人才培养的实训实验方案进行落实的过程中,不宜设定统一适用的标准;但为督导实训实验方案的管理与落实、为监督管控实训实验的实际效果,可以考虑从以下六个方面来对实训实验方案进行落实、评价。

(一)前期调研

1. 项目分析

在确定本年度的实训实验项目之前,需要对以往已经实施或尚未实施的项目进行重新检视。此时,需要充分征询相关理论课程授课教师,相关实训实验项目指导教师,相关行业的具有代表性、模范性的从业人员,以及实训实验项目的管理者与督导者的意见与建议。可以考虑以联席会议、问卷调查、调研报告等多种方式,尽量听取各方的意见与建议,特别是针对已经实施的项目中存在的问题以及项目未实施的原因的观点与看法。在此基础上,还可通过联席会议、集体备课、问卷调查的方式,从项目选题、规模、参与人数、指导方式、考核标准等方面,展开对当前实训实验项目的必要性与可行性的论证。

2. 学情分析

从在校学生特征、毕业生职业方向两个主要方面出发,对建筑法学人才培养的实训实验各项目的功能与意义进行分析,以此为实训实验项目内容与进程的设计方向。

于在校学生特征方面,具有意义的研究指标包括生源、年龄、性别、学习状态等。对以上指标的取样与分析,可以通过与相关年级的辅导员、相关班级的班主任以及其他已经给该年级学生授过课的老师们的交流,通过同行听课或学业指导中对该年级学生的观察来实现。

在毕业生职业方向方面,可以通过对历届毕业生就业情况与职业发展的数据与事例进行分析,从而了解往届毕业生们的初次就业情况、再次就业情况、岗位、工资、待遇等相关信息,并分析这些信息所呈现的与社会发展、国家政策、产业现状、用人需求等相关的具有规律性的、参考意义的内容。

在综合分析以上两个方面的数据与典型案例的基础上,灵活、适应地调整当前实训实验项目的选题、内容、指导思路、考核标准以及评价体系。

(二)师资配备

遵从"双师"的基本理念,为不同类型的实训实验项目与活动,有针对地配备适格的指导教师。

对于独立设课的实验、"大创"、"双创"项目或竞赛、自选与自设的实验项目这3类通常在"校内"就能完成的实训实验项目,通常为每个项目至少配备1名专职指导教师,以兼备建设工程领域与建筑法规、房地产法律领域的教学/研究与实务经历或/经验的人员为优先考虑,该教师需要具备能够独立指导学生展开实训实验的实验教学技能。同时,在人员较充沛的情况下,可以为每位专职指导教师配备1~2名实验指导辅助教师。这类辅助教师,需要至少具备在建设工程领域或在建筑法规、房地产法律领域中任一领域的教学/研究经历或从业经历,并且该经历足以支持其能够完成专职指导教师交办的工作。

由于讲座与研究会、实习实训基地这两类实训实验项目更加强调对行业真实样态的呈现与反思，在选择讲座的主讲人、研究会的主题发言人、单位实习指导教师时，不要唯头衔、唯等级，而是要重视那些在业务素养与能力上确实突出的人员，要重视工作在产业第一线、最具代表性岗位上的人员。充分运用这些人在过硬的专业技能、职业操守上的力量。一方面，确实让学生能够“身临其境”地接受“言传身教”；另一方面，有效发挥他们的道德感召和模范榜样的示范作用。

因为涉及对真实事件与案件的实际处理，因此，建设工程法律诊所中的实训实验指导教师必须是专精于建设工程与建筑法律实务的人员。可以从建设工程企业的管理和/或法务部门、专门处理建设工程类案件的法官与律师、对建设工程具有立法权的部门与机构、建设工程的主管部门和相关执法部门和/或机构的在职与退休人员中聘请。考虑到还有学生管理方面的事务，建议为每3名指导教师配备1名校内指导教师，负责学生在校期间的日常组织与管理工作。

(三)学生参与

学生的积极参与和认真投入是实训实验项目与活动有序、有效展开的重要基础。这就要求在实训实验项目与活动开始前，向学生充分说明实训实验的目的、意义、过程、管理、考核、评价等各个环节的具体内容与实行标准，让学生先充分了解实训实验的重要信息，激发起他们参与的兴趣，树立起参与实训实验的正确目标，这样才能确保学生确实地投入到实训实验的各个环节之中，主动完成其中的各项任务，切实习得相关的知识与技能，实现实训实验的培养目标。

在充分动员学生参与的基础上，还需要重新确定指导教师与实训实验学生之间的关系。与讲授式教学的教师核心、与翻转课堂的学生中心都有所不同，实训实验中的师生关系，在问题与任务导向的环境内，应该更多地表现为一种师生平等、合作、互助的状态。也就是说，在实训实验的每一个以问题或者任务为核心而构筑的具体情境中，指导教师与学生需要齐心合力，既有分工又有合作地完成对问题的解决或者对任务的达成。在这一过程中，师生是攻难克艰的合作者。一开始，教师作为有经验人士，可以从自身经验出发提出解决问题、达成任务的初步方案，而学生则作为该方案的具体执行人，通过实际操作来验证方案是否可行。随着实训实验的推进，学生在具体操作过程中，在指导教师的引导下，对自己成功或者失败的经验进行总结，对存在不足的方案与措施进行改进，直到解决问题、达成任务或者任务失败、问题消失。最后，指导教师和学生一起回溯、反省实训实验的全部过程，对实训实验过程中的经验教训进行总结，对原实验方案进行优化，对自身在实训实验中的功能与作用进行反思、对在其间习得的知识与技能进行练习与巩固。

(四)信息化支持

实训实验环节的一个特殊性表现在人员的流动性上。就学生而言，大部分的实训实验项目与活动都突破了班级甚至是年级、专业的界限;就指导教师而言,相当数量的实训实验项目与活动的指导教师可能都并非学校的专职教师,而是来自不同领域、不同地域的有资质者。这首先就给师生人员的组织与管理带来了困难。因此,灵活而充分地利用信息产品与服务,充分发挥课程网络、社交软件的沟通与交流功能就成为经济而便利的问题解决之道了。

另外,针对建筑法学人才培养的实训实验项目与活动,往往需要使用大量的文字、绘图、图片、影像等形式的资料。这些资料若以其物理实体的方式出现,一是会占据大量的空间;二是不易于翻阅或移动、携带;三是易造成损毁、遗失。但若通过扫描、录入设备而将这些资料转化为电子数据文档并保存在特定的数据库或移动设备中,则可以较有效地解决上述问题,同时还能够实现多地、多人的同时或者跨时共享。

与此同时,实训实验项目和活动的过程与成果需要记录留存。这一方面是高校教学与实验管理的必然要求;另一方面也是留存教学与实验活动资料的客观需要。这些被留存的记录,既是教学与实验的档案,也可以被重新开发用作新一轮教学与实验的原始材料。正是在对过往的实训实验经验与典型案例的积累的过程中,我们才能不断调整、更新未来实训实验的目标、内容与管理,让学生和指导教师都能够在不断地对照、检视中,不断提高各自的知识与技能,丰富各自的经历与经验。

(五)考评改革

与实训实验项目与活动的特色化、具体化、精细化相适应,对参与实训实验学生的考核与评价应该是更个性化、过程性、细节化的考评标准。可以从以下考核要素中,根据实训实验项目或活动的具体情况进行选择、组合适用。

(1)考勤。学生只有确实出现在实训实验的场所,才能参与其中。

(2)倾听。学生是否能够通过使用积极聆听的技术技巧,正确而充分地理解师生、生生之间的对话;是否能够运用多种方式,记录、回顾、记忆对话或交流中的要点与重点;是否能够通过运用多种方式适时地表达自己"没听懂"的状态或合理提出"再听一次"的要求。

(3)记录。学生是否能够以合理的方式清晰、准确、正确地记录实训实验中的要点与重点,并能通过对记录的合理运用,展开自主学习与训练。

(4)写作。学生是否能够以正确、清晰、准确的措辞与格式,以符合特定文体、语法、表达的方式,全面、准确、生动、有逻辑地针对特定问题或主题进行书面写作,特别是各类公文的写作。

(5)口头表达。学生是否能够清晰、流畅、条理、准确和有逻辑地陈述自己的观点与意见,是否能够根据具体的场合、情境、相对方的不同而灵活地变换自己的表达方式。

(6)阅读。学生是否能够快速、流畅地阅读专业相关的文字资料,是否能够在阅读后有效地抓住资料中的要点与重点、发现其中的问题,是否能够通过多种方式复述或者再现所阅读过的文字资料的主要内容。

(7)行为。学生是否能够对自己的行为进行有效的自律,是否能够要求自己根据实训实验的需要做好时间管理,是否能够根据不同场合、情境、相对方的不同而灵活地变换自己的行为举止。

(8)应变。学生是否能够在场合、情境等变化的过程中,及时、适当地作出反应并进行适应。

(9)纪律。学生是否能够确实遵守实训实验过程中的各项规章制度、岗位要求;在发现他人有违纪情形时,是否能够以正确、适当的方式予以制止、干预、纠正。

(10)实训实验的成果与效果。通过参与实训实验项目,学生是否确实在知识与技能上有所获得、有所长进。

以上10个要素并不构成对学生考评的绝对构成或充分内容,可以根据实训实验的具体情形,增加新的考核要素,并在相关要素间进行合理、有效的组合,以实现对学生的具体化、个性化考评,并且能够确实做到以考促教,通过对学生的考评,实现因材施教,让学生确实学有所获。

(六)总结反馈

客观复盘、理性反思,是将实训实验的培养目标与方案落到实处的重要一步。在每一个实训实验项目与活动结束后,针对该项目与活动进行回溯,有利于发现其中存在的问题或缺漏,及时采取措施查漏补缺。

与此同时,师生一起讨论实训实验中的得失,总结经验和教训,拟定修正性的方案。由此,可使学生更明确自己的进步与不足,提高他们进一步参与实训实验、进一步补充完善知识与技能的积极性、主动性、目的性,以及随之产生的成效性。在学生未能充分发现或总结自己在实训实验中的成绩和问题时,指导教师应当及时地、以适当的方式向学生指出,在帮助学生发现问题、改正问题的同时,也提高了学生对参与实训实验的认同感与满足感。

此外,也能够通过总结与反馈的过程,培养学生"自省"的品质和能力,促进学生心理健康的发展,使他们能够以更加积极的心态参与到实训实验过程中来。

四、结语

相较课堂教学而言,对建筑法学人才培养的实训实验更多地呈现专业化、复合型、实践性、灵活性的特征。

因此,在对实训实验的方案进行规划时,需要更多关注的是如何整合可利用的各种资源;如何协调法学知识技能与所结合的其他专业知识技能的关系与配比;如何体现对专门人才的培养特色;如何将有限的实训实验资源整合起来以构筑多元化、多样性的实训实验模式。

在对实训实验的项目进行选择与设计时,需要深入思考如何找到那些适合用作实训实验标本的知识点或/和技能点;如何将知识点进行分拆,一方面适应对实训实验的时间限制;另一方面也能凸显一个知识点在知识体系中的位置、与其他知识点之间的逻辑联系;以及如何发掘某一知识点与相应技能培养之间的联系,并在此基础上设置难度或挑战程度各异的"关卡"以促进学生的参与和投入热情。

在对实训实验的项目进行落实时,则需要从更广阔而复杂的层面上来考虑。一方面,需要有学校、院系的相关设备设施作为物质基础,还需要学校、院系能够从制度设计的层面上来给予一定的、稳定的、持续的引导、支持、监管与保障。另一方面,在实训实验项目的落实过程中,在关注对学生的知识与技能的教育与培养的同时,也要关注对学生的职业伦理、心理健康、待人接物等综合素质的培养。对实训实验项目的落实,不仅需要借助学校、院系的支持,而且更需要指导教师与学生的充分参与及认真投入。因此,实训实验中的师生关系、学生地位、考评体系等都需要重新思考与定位。最后,一定要关注信息技术所能够为实训实验提供的强大支持与重要助力。

财经领域法治人才培养的探索与思考

——以中央财经大学为例

尹 飞[*] 李 伟[**]

摘 要:中央财经大学法学院抓住新时代财经领域法治人才培养的机遇,依托学校经济学、管理学优势学科资源,坚持法学和经济学、管理学相结合,理论和实务相贯通,坚持"一流标准、财经特色"的发展目标,确立"坚持价值引领、立足中国实践、聚焦数字时代、着力风险防控"的基本发展方略,建章立制,狠抓落实,推进核心价值浸入化、培养方向类型化、课程体系模块化、实践教学嵌入化、国际交流双向化、第二课堂规范化,积极打造财经法治人才培养新模式。

关键词:财经法治人才 价值引领 分类培养 课程体系 实践教学

中央财经大学法学院始于20世纪80年代初设立的经济法教研室,1995年建法律系,2004年成立法学院。近年来,法学院紧密依托学校经济学、管理学优势学科资源,坚持法学和经济学、管理学相结合,理论和实务相贯通,坚持"一流标准、财经特色"的发展目标,确立"坚持价值引领、立足中国实践、聚焦数字时代、着力风险防控"的基本发展方略,努力探索财经法治人才培养新模式。

一、新时代财经领域法治人才培养的机遇、目标和方略

(一)新时代财经领域法治人才培养的机遇

党的十八大之后,习近平总书记提出了"四个全面"战略布局。党的十九大报告强调中国特色社会主义事业战略布局是"四个全面"。"四个全面"战略布局明确了新时代党和国家各项工作的战略目标和战略举措,是我们党在新形势下治国理政的总方略,为夺取新时代中国特色社会主义伟大胜利提供了重要保障与战略指引。

---

* 中央财经大学法学院院长,教授。

** 中央财经大学法学院副院长,副教授。

1. 全面推进依法治国,对高校法科教育提出了新的要求

党的十九大报告指出,全面推进依法治国是国家治理的一场深刻革命。全面推进依法治国,对于实现两个百年奋斗目标和中华民族伟大复兴中国梦、实现党和国家长治久安,具有十分重大的意义。党的十八届四中全会明确提出,全面推进依法治国,必须大力提高法治工作队伍思想政治素质、业务工作能力、职业道德水准,着力建设一支忠于党、忠于国家、忠于人民、忠于法律的社会主义法治工作队伍。习近平总书记强调,全面推进依法治国是一个系统工程,法治人才培养是其重要组成部分。高校是法治人才培养的第一阵地。法治人才培养上不去,法治领域不能人才辈出,全面依法治国就不可能做好。

2. "四个全面"战略布局之下,财经类高校法科教育面临前所未有的机遇和挑战

习近平总书记指出,全面深化改革需要法治保障,全面推进依法治国也需要深化改革。改革和法治如鸟之两翼、车之两轮,有力推动全面建成小康社会事业向前发展。不全面深化改革,发展就缺少动力,社会就没有活力。不全面依法治国,国家生活和社会生活就不能有序运行,就难以实现社会和谐稳定。要把全面依法治国放在"四个全面"的战略布局中来把握,深刻认识全面依法治国同其他三个"全面"的关系,努力做到"四个全面"相辅相成、相互促进、相得益彰。

"四个全面"的战略布局对于财经类高校法学教育提供了绝佳机遇。在这一过程中,财经类高校法学院系可以充分依托本校经济、管理优势学科,积极开展财经领域法治问题的研究,凝练财经法学特色,为形成系统完备、科学规范、运行有效的制度体系建言献策;迅速将研究成果转化为教学资源,为卓越财经法治人才的培养提供扎实的研究基础。

还要看到,随着全面深化改革的深入、市场在资源配置中决定作用的深化,必将充分释放改革红利,激励、引导和扶持大众创业、万众创新。市场经济是法治经济,其要求每一个市场主体具备法律思维、谙熟法律规则、有效规避法律风险。创新驱动战略的实施,对市场主体法务人力资源的数量和质量以及社会法律服务也都提出了更高要求。因此,市场经济对于法治人才、法律服务有天然的要求。市场经济是法治经济的本质,必然意味着法律服务市场,尤其是民商法、经济法(包括金融法、财税法、竞争法)、知识产权法、劳动法、环境与自然资源法等领域(财经法律领域)的法律服务市场将以几何级数扩张。这就必然导致对具有财经知识背景、扎实的法学专业基础、较高的财经法学造诣的高层次法治人才有着迫切需求。相应地,随着全面推进依法治国的深入进行,民商事审判、知识产权审判、民事检察、经济犯罪以及政府管理、市场调控方面的纠纷也大大增加,案件复杂程度大大提高,各种新类型案件层出不穷,对熟悉经济管理基础知识和实务运作的高层次财经法治人才的社会需求不断高涨,从而为财经类高校法科教育提供了前所未有的发展机遇和挑战。尤其是随着全面依法治国的推进,银行、证券、保险、信托等金融机构对于业务人员的法律素养也提出了很高要求,对于熟悉法律知识的业务人员、管理人员的需求大大增加。随着"一带一路"建设的展开,我国全面开放涉外法律服务市场,必然导致具备开阔的国际化视野,有较强的外语能力,熟悉国际商事法律规则的财经法治

人才需求大大升温。

(二)新时代财经领域法治人才培养目标

从“四个全面”的战略布局以及财经类高校的学科优势出发,财经类高校法学院系培养出来的学生,应该是能够适应社会主义市场经济发展与改革要求和中国特色社会主义法治体系建设、社会主义法治国家建设需要的高端法律人才。

中国特色社会主义法治体系内容博大精深,国际法律规则也是内容丰富。综合性大学、政法类高校、财经类高校、理工类、农林医学类高校的法学院系所依托的学科背景、发展阶段和学科优势不同,这就必然导致各类法学院系在各自学科特色、学科重点、师资队伍、生源特点、就业去向乃至校友资源等方面存在很大差异,因此,在学生培养上应当允许各类高校的法学院系在满足国家统一的基本要求的前提下充分发挥各自的特长和优势,探索、打造各自的培养特色。

就财经类高校法学院系而言,以中央财经大学法学院为例,学校在经济、管理方面有明显的学科优势和校友资源,学院也明确紧密依托学校财经、管理学科的优势、学术资源以及和金融界、法律界的紧密联系,以财经法学为自身的学科特色。所谓“财”,即财产;所谓“经”,即经济。故而“财经法”即以财产为客体的私法、以经济为调整对象的公法以及经济、管理与法学交叉领域之合称。简而言之,财经法学着重于社会主义市场经济法律的调整。这就涵盖了民商法学、经济法学、国际(经济)法学、知识产权法学、劳动和社会保障法学、环境与自然资源法学以及宪法与行政法学、刑法学、诉讼法学中与市场经济相关的内容和法经济学。在这一学科发展战略之下,目前学院在证券法、金融法、房地产法、公共采购法、互联网金融法、广告法等领域在国内名列前茅,保险法、税法、拍卖法、金融刑法等三级学科居于国内一流。在师资队伍上,上述学科也构成了学院人才队伍的主体。

基于这些因素,财经类高校法学院系的人才培养目标应界定为培养财经领域的高层次法律人才。这主要包括企业与金融机构法务人员(公司律师),商法、经济法、知识产权法、劳动法、环境与自然资源法等领域的社会律师,民商事审判、知识产权审判、民事检察、经济犯罪侦查人员。这一定位要求学生应当具备一定财经知识背景、扎实的法学基础、较高的财经法学造诣。此外,随着合作共赢战略的推动和“一路一带”建设的展开,涉外法律服务市场的全面放开,这就对培养熟悉国际法律规则的高层次法律人才提出了现实要求。这就要求财经类高校法科学生具备一定的国际化视野和较强的外语能力,熟悉国际商事法律规则。

(三)新时代财经领域法治人才培养方略

围绕基本发展目标,结合习近平总书记“五·三”讲话精神和“双一流”建设、“卓越法治人才计划”2.0版建设要求,中央财经大学法学院确定了“坚持价值引领、立足中国实践、聚焦数字时代、着力风险防控”的基本发展方略,以指导学院人才培养,为学院办学资源的统筹和整合提供清晰的指引。

“坚持价值引领”,体现的是对方向的要求,对“为了谁”的回应。强调的是在人才培养、师资队伍建设和学术研究上,要坚持立德树人、德法兼修、明法笃行,要积极推动“专业思政”“课程思政”建设,大力推进职业伦理教育,一二课堂联动,把核心价值观的培养和对灵魂的塑造作为法治人才培养的第一要务。

“立足中国实践”,体现的是对方法的关注,对问题意识的强化。强调的是在具备国际化视野的前提下,教师要把精力贯注到中国法治实践中去,切实关注中国问题、总结中国经验、提炼中国话语、讲述中国故事,做中国学术的创造者、世界学术的贡献者。学院和教师要进一步强化实践教学,更加注重对我国法治实践经验的总结、提炼和传授,培养真正适应中国法治实践的社会主义法治事业的合格建设者和接班人。

“着力风险防控”,体现的是重点领域,是财经特色的进一步落实。强调依托学校财经学科优势以及学院金融法的领先地位,积极因应国家金融体系、财税体系乃至整个经济体系,尤其是各类金融机构对法学研究成果和法治人才的迫切需求,以系统性风险的防范与化解为突破口,以风险控制能力的培养为重点,扎实开展法治人才培养工作。

二、中央财经大学财经法治人才培养举措

在培养目标和发展方略的指引下,中央财经大学法学院建章立制,狠抓落实,推进核心价值浸入化、培养方向类型化、课程体系模块化、实践教学嵌入化、国际交流双向化、第二课堂规范化,积极打造财经法治人才培养新模式。

(一)核心价值浸入化

培养什么人、怎么培养人、为谁培养人是人才培养的根本问题。法治人才培养,培养的是中国特色社会主义法治事业的建设者和接班人,思想政治素质是社会主义法治人才第一位的要求。学院坚持立德树人,德法兼修,把社会主义核心价值观融入教育教学全过程,不断提高法科学生的思想水平、政治觉悟、道德品质、文化素养,使之德才兼备、全面发展,成为社会主义核心价值观的坚定信仰者、积极传播者、模范践行者。

教师是学生健康成长的指导者和引路人。中央财经大学法学院以全国首批黄大年式教师团队建设为契机,把住核心价值育人的主力军,通过党支部、教研室、研究机构和工会建设,锤炼有理想信念、有道德情操、有扎实知识、有仁爱之心的教师队伍,以教师团队心有大我、至诚报国的爱国情怀,教书育人、敢为人先的敬业精神,淡泊名利、甘于奉献的高尚情操感染、浸润、引导学生。

课程是人才培养的主渠道。学院坚持课程思政、专业思政,寓社会主义核心价值观于知识传授之中,传播主流意识形态,直面各种错误观点和思潮,同时结合法学专业特点,把专业学习小课堂同国情社情大课堂结合起来,引导学生分清重大是非,提升法治人才的辨别能力。

教材是教师教学和学生学习的信息载体,教学内容的表现形式。学院全面使用马克思主义理论研究和建设工程系列重点教材,并积极组织教研室开展研讨,用马克思主义法学思想和中国特色社会主义法治理论开展教学。

第二课堂是人才培养的新“引擎”。学院通过“院长接待日”“书记第一讲”等活动,将学院的人才培养思路直接传达给学生,并及时回应学生的现实关切;通过讲座、座谈等多种方式,积极邀请法律职业精英和行业模范到校交流法律职业人才成长经历、职业选择,传播正能量,引导价值观,形塑职业伦理。

就业是人才培养的依托,也是衡量人才培养质量的重要尺度。近年来,学院积极引导毕业生到西部地区、革命老区、艰苦地区、基层一线等地方工作,树立“行行建功、处处立业”的就业观,并为此专门设立院长特别嘉许奖表彰相关同学。

(二)培养方向类型化

基于经济社会发展对不同行业、不同领域的法治人才的不同需求,学院对法治人才进行多层次分类别培养,实现培养方向类型化。

在本科生层面,依托卓越法律人才教育培养计划,学院将法学本科专业学生分为应用复合型法律职业人才和涉外型法律人才两个方向进行培养。应用复合型法律职业人才的培养目标是,适应经济全球化和教育通识化的潮流,紧密依托学校财经、管理学科的优势、学术资源,坚持法学和经济学相结合、法学与管理学相结合、理论和实务相贯通,以财经法学的特色品牌为定位,培养适应社会主义市场经济发展和全面依法治国需要、具有坚实法学理论基础和较强的创新精神与实践能力的应用型、复合型财经法律人才。涉外型法律人才的培养目标是,以理论与实务、财经与法律、本土与国际“三个结合”为基本路径,培养财经特色突出、比较优势明显,具有坚实的法学理论基础、良好的外语水平、开阔的国际视野、较强的跨文化交往能力和涉外法律实务能力,能在国际竞争中自觉、有效维护我国国家利益的复合型、实务性、国际化的高层次涉外财经法律人才。

在研究生层面。法学研究生着重培养研究型高层次法律人才,结合学校学科特色,开设民商法学、经济法学、金融法学、财税法学、宪法与行政法学、诉讼法学、国际法学等专业。法律硕士(法学)教育着重培养应用型高层次法律人才,法律硕士(法学)培养方案针对学生已有完整的法学本科教育背景,着重开设财经法律特色突出、与市场经济联系密切、实用性强的课程,强化法学实践教学,并适当补充学生的经济学、管理学知识。法律硕士(非法学)专业学位培养复合型法律人次,既注重法学基础理论教育,又突出财经法律实务的教育,重点设置与市场经济联系密切的实务课程,高度重视法律实际操作技能的训练,注重案例教学及实践教学,做到理论与实践结合、素质教育与职业教育结合、法学与经济学管理学相结合。在专业学位研究生培养方向上,学校大胆创新,根据就业去向以及相关职业对学生能力、知识结构的要求,依托学校在金融法学、民商法学、经济法学与行政法学、诉讼法学、国际法学等领域的学科优势,分别设立了金融法务、公司法务、政府法务、司法法务、涉外法务等培养方向。

(三)课程体系模块化

课程是人才培养的基本单元,人才培养模式的核心是课程体系。课程体系坚持法治信仰、人文关怀、专业素养、财经复合的要求,应用复合型培养方向构建通识教育、基础法律、财经法律、实例分析、职业能力塑造、特色财经六大课程模块,涉外型培养方向构建通识教育、基础法律、涉外法律、国际法律实务技能、涉外语言能力提升、特色财经六大课程模块。

通识教育模块意在突破单纯的"专业视域"和单纯的"知识视域",为学生提供能够帮助其形成基本的人文修养、思想视野和精神感悟的课程,培养学生的本土文化素养和认同,提升跨文化交流能力和批判性思考能力。

在应用复合型法律人才培养上,特色模块如下所示:(1)法律基础模块旨在夯实法律基础,将宪法与行政法、民法、刑法、民事诉讼法、刑事诉讼法等传统法学学科作为授课的重点。(2)财经法律模块,在教育部核心课程的基础上,加大财经法学相关内容的比重。财经法学着重社会主义市场经济的法律调整和法学与经济学的交叉融合。学校开设了公司企业法、金融法、证券法、保险法、信托法、票据法、竞争法、环境金融法、互联网金融、劳动与社会保障法等课程供学生选择,凝练法学专业的财经特色。(3)职业能力塑造模块,包括法律方法、证据法、模拟法庭(辅以参加杰赛普、理律杯、贸仲杯、国际刑事法院等模拟法庭竞赛、辩论赛)、法律文书写作、诊所教育等法律应用类课程,邀请法官、律师、检察官和企业法务高管讲授相关专题。(4)实例分析模块将案例教学作为教学改革的重点。自 2008 年启动"民法疑难案例分析"课程以来,学院已组织开发了民法、商法、公法、经济法、刑法、国际经济法、劳动法、公司税收筹划共 8 门 24 学分的疑难案例分析课程。(5)经济管理模块依托学校经济学管理学学科优势,由经济学院、会计学院、商学院等开设经济学原理、管理学基础、金融学、会计学和财务管理学等供学生选修,以便了解经济管理知识与实务。

在涉外法律人才培养上,特色模块如下所示:(1)中外法律基础模块,旨在落实法学核心课程、培养基本的法律素养、传授基本的法律知识,增进法律意识和本土法治理念,为涉外法律学科的学习打好基础。(2)涉外法律模块,主要包括公司法、证券法、金融法、竞争法、知识产权法、外国商法以及国际公法、国际私法、国际经济法等系列课程,旨在增进涉外班学生的国际视野,使学生掌握相关学科涉外法律领域的专业规则和前沿问题。(3)涉外法律实务技能模块,旨在提高学生运用国际法知识和规则参与解决实际问题的能力。课程主要通过杰赛普国际法模拟竞赛、贸仲杯国际商事仲裁比赛、WTO 模拟法庭比赛、英文法律文书写作以及涉外法实务短期课程、讲座等课程,提高学生的英文法律文书的写作能力、口头表达能力、法庭辩论技巧以及分析问题和解决问题的能力。(4)涉外语言能力提升模块,包括公共英语和高水平的法律英语课程。此外,在基础课程和专业课程体系内,对于商法、经济法、知识产权法和国际法课程,原则上使用英语讲授或者双语授课。(5)财经类课程模块,主要由学校金融学院、会计学院等开设,包括经济学原理、管理学基础、金融学、会计学和财务管理学等课程,实现学校涉外财经法律人才培养特色,满足社会对法学本科人才多元化需要、学生个人能力和意愿以及对外开放领域对涉外型法律人才的特殊需求。

(四)实践教学嵌入化

习近平总书记在视察中国政法大学时强调,“法学学科是实践性很强的学科,法学教育要处理好知识教学和实践教学的关系”。中央财经大学法学院高度重视实践教学工作,成立专门的实践教学管理机构和教学团队,将实践教学融入人才培养的各个环节。

在校内实践教学方面,中央财经大学法学院立足于本科生、法学研究生(专业硕士、学术硕士)等不同类型学生的培养目标,进一步改善实践教学课程体系,提升学生对所掌握法学知识的应用实践能力。首先,完善本科生实践教学课程体系,突出模拟法庭训练。进一步改革“模拟法庭”课程设计,形成刑事、民事、行政以及涉外等4个模拟课程模块,实现“小班教学,全过程育人”。学院支持学生参加杰赛普、理律杯、贸仲杯、国际刑事法院等模拟法庭竞赛。2013年学院代表队荣获理律杯全国模拟法庭竞赛最佳书状奖,2014年晋级国际刑事法院中文赛四强并荣获最佳书状奖。其次,修订研究生培养方案,增加案例教学课程的比重,组织开发了民法、商法、公法、经济法、刑法、国际经济法、劳动法、诉讼法8门24学分的疑难案例分析课程,全日制法硕需要从中选择9个学分。中财法学院共有11个案例入选中国专业学位教学案例库中心法律硕士分中心,在全国法学院居于前列。最后,开设精品实务类讲座,提升职业素养。学院分别开设了“法律实务论坛”“财经法类论坛”“法治中国论坛”3个不同类别的系列讲座。“法律实务论坛”主要邀请法官、检察官、律师、企业高管,结合当前法律热点,讲授司法实务、律师实务等前沿问题;“财经法类论坛”主要邀请金融机构、大型企业、跨学科研究机构的专家、业务骨干就财经领域热点问题开设讲座;“法治中国论坛”主要邀请学界著名学者、专家就经济社会转型、法治中国建设中的重大议题发表观点。3个不同类别的讲座不仅拓宽了学生的视野,进一步坚定了法治理想,也使学生更加关注前沿、热点法律问题,明确了自己的职业发展方向。在法律实务论坛的基础上,进一步凝练方向,聘请实务专家开设了民商事审判前沿、企业合规实务、检察文书写作等实务课程。

在校外实践教学方面,按照卓越法律人才“中央财经大学法学教育实践基地建设方案”的规划,学院在与天津市高级人民法院建设“国家级核心法学教育实践基地”上,同时依托政府机关、司法机关、金融机构、企事业单位等共建了多个“跨学科法学教育实践基地”和“专门性法学教育实践基地”,初步形成了多层次、复合型、专业性的法学教育实践基地群,校外实践基地建设和管理整体上实现“全员覆盖、分类引导、重点布局、闭合管理”的预设目标。

首先,学院在每年暑期均组织学生赴校外实践基地开展集中实习实践活动,已经做到了全员覆盖。

其次,针对不同类型学生群体,学院贯彻分类引导原则,指导学生实习实践活动。本科生的实习实践主要用于认识社会、参与自主性科研活动,因此,学院主要引导本科生以参与“挑战杯”竞赛、科研项目的方式设立实践项目,带着问题参与实习实践活动;研究生已经成为学院的就业主体,学院积极引导研究生到京外实践基地参与实习实践活动,实现

“入主流、上大舞台、成大事业”的就业引导目标。实习实践活动对研究生群体的就业引导效果日益凸显。近5年来,学院毕业生中选择以选调生等方式赴基层公共服务部门工作的人数和比例显著提升,参加实习实践的研究生中有多人选择到主流行业、重点地区就业。

再次,有意识在重点地域、重点行业建设校外实践基地,助力人才发展。相较传统的政法院校而言,中央财经大学法学院仍属年轻的法学院。近年来,学院有意识地布局京外实践基地,引导学生到西北地区、西南地区、东北地区等财经法律匮乏地区工作。目前,学院已经与延安市中级人民法院共建教学实践基地。

最后,完善实习实践管理制度,建立闭合工作机制。在寒暑期集中实习实践出行前,学院都会组织培训会,着重就选题、调研方法、社交礼仪等进行培训;集中实习实践结束后会组织经验分享交流会和评奖会。初步建立闭合、完整的实践工作机制。

(五)国际交流双向化

“一带一路”倡议的推进,中国海外经济利益的拓展,对涉外财经法治人才的需要更加迫切,中央财经大学法学院着力国际交流双向化,引导学生养成国际思维、积极参与国际法律事务和维护国家利益的意识,拓宽学生国际化视野,提升学生跨文化交流能力,具备参与国际商事法律对话、熟悉国际法律规则的国际化法治人才。

一是教师交流双向化。充分利用国家和学校的“引智项目”,积极拓展与海外高校的合作,把海外的优秀教师资源“引进来”,拓宽法治人才的国际视野。加大对教师出国开展教学与科研交流的支持力度,使学院的教师“走出去”,提高师资的国际化水平。积极通过各种渠道支持青年教师到国外一流大学或科研机构访学研修,积极拓展本校与国外著名高校或学术机构的科研合作与学术交流。中央财经大学法学院教师80%以上具有海外学缘背景,9人取得哈佛大学、耶鲁大学、罗马大学等海外名校法学学位,11人赴美国佛罗里达大学等国外高校开设法学课程,20余人在联合国贸易和发展会议、欧洲经济理事会等主办的高规格国际学术会议以英文作主旨报告,10余人在国外高水平大学以英语、德语举办学术讲座,与耶鲁大学、剑桥大学、哥伦比亚大学、慕尼黑大学、伊拉斯姆斯大学等国际一流法学学术科研机构保持合作关系。中央财经大学法学院还定期聘请外籍知名教授开设专题讲座、进行授课。如牛津大学新一任“亨利·梅因法理学讲席”教授张美露的第一场讲座即在中央财经大学举行。近3年,先后有外籍教师4人为本科生开设课程。佛罗里达大学斯图亚特·R.科恩(Stuart R. Cohn)教授在2014~2015学年第二学期开设了“美国证券法导论”。欧洲大学学院梅尔·马奎斯(Mel Marquis)教授在2015~2016学年第二学期开设了“欧盟竞争法”,在2016~2017学年第一学期开设了“欧盟法”,澳大利亚西悉尼大学迈克尔·亚当斯(Michael Adams)教授在2014~2015学年第一学期开设了“澳大利亚公司与证券法”。牛津大学张美露教授等国际顶尖学者来学校为学生开设专题讲座。

二是学生交流双向化。“中美欧学生交换与联合培养项目”是法学院与美国及欧洲多所著名大学法学院共同合作、建设的国际联合培养项目。该项目以其强大而稳定的师资队伍、特色突出的培养模式和卓越的人才培养质量,于2011年顺利通过美国律师协会(American Bar Association,ABA)的现场评估,于2012年3月获得ABA批准认证,继而成为ABA认证的中国国内2个、全球27个“海外学期合作项目”之一。美国律师协会负责美国法学教育的标准制定、资质审核和评估管理,“中美欧学生交换与联合培养项目”获得该协会的认证,意味着项目的课程质量已达到美国法学院的水平,在中央财经大学修读的该课程学分能够为美国各大法学院所认可。项目自建立以来,已培养了百余名了解中外财经法律制度的国际化法律优秀人才,其中不仅包括本院学生50余名,而且还吸引了50余名来自欧美的留学生参加了项目的学习。在该项目的带动下,学院人才培养的国际化水平以及学生的涉外法律知识和能力明显提升。在留学生培养上,我们积极吸引“一带一路”国家留学生到我处留学,此外,学院还积极建议母语非汉语学生发挥比较优势,投身“一带一路”建设事业。

(六)第二课堂规范化

在第二课堂建设上,中央财经大学法学院紧密围绕核心价值观塑造和专业能力培养,以团学组织和法学研究会、《中财法学》通讯社、《中财法律评论》编辑部、法律援助协会等学生社团为依托,通过法学菁英工作坊、辩论赛、演讲比赛、模拟法庭系列竞赛、案例分析大赛、学术论文大赛等活动,活动项目制、流程有管理、评价可量化,实现第二课堂的规范化、科学化、体系化,培养学生的社会责任感、创新精神、实践能力、法律思维、身心素质。仅举几例如下。

“法学菁英工作坊”锤炼法学思维。该工作坊是法学院以各个二级学科青年骨干师资力量为主体组建,旨在提升中高年级本科生和低年级研究生法科学习和研究技能的教学团队。自2015年1月启动法科菁英工作坊项目以来,私法、公法、刑事法、诉讼法、国际法4个学科方向工作坊累积接受390余名本科和研究生同学的申请、研习。工作坊经典研读课程模块已经完成47部法学类经典著作的研读和讨论。已经完成及正在参与工作坊研习的学员在《北京仲裁》《中山大学法律评论》《安徽大学法律评论》《民事程序法研究》《财经法学》等法学类专业期刊上发表学术论文近百篇。

《中财法律评论》锻炼研究能力。为鼓励本院学生立足专业、钻研创新,构建自由、开放的法学交流平台,同时打造一个向外界直观展示我院学生学术科研能力的窗口,学院于2008年正式创办了《中财法律评论》。《中财法律评论》是由中央财经大学法学院主办、学生自主负责稿件审校和编辑的公开出版的法学学术集刊。自尹飞教授主编的《中财法律评论》(第1卷)于2008年5月在知识产权出版社正式出版以来,评论已连续出版11卷。出版10年以来,《中财法律评论》有效锻炼了学生的逻辑思维能力与文字表达能力,增强了学生的学术敏感度,提升了学生的学术科研能力,为在校学生提供了一个审慎检视自身写作能力与专业水准、深入了解高质量学术论文内容与形式要求、积极展示优秀科研成果的平台。

《中财法学》提升综合素质。《中财法学》通讯社出自中央财经大学法学院院报《中财法学》,一直由学院本科生、硕士研究生负责报纸的全部采编、发行工作,目前已成为学院的融媒体平台。2015 年 9 月以来,通过对栏目设计、稿件采编与发布流程的全面优化,《中财法学》集新闻性、学术性、人文性于一体,形成了“律政英才”“学术纵横”“文艺复兴”等特色栏目以及“毕业去哪儿”就业专栏、“新生班级”等特色专栏,成为院内、院际交流的重要平台,促进了“学院—教师—学生”之间的良好互动,提升了学生的文字表达、沟通交流、组织协调等各方面的能力。随着时代的发展,自 2019 年起,《中财法学》停止纸质版出刊,相关传播渠道全面转向互联网尤其是移动终端,着力打造中央财经大学法学院官方微博、微信号以及“财经法学”学术微信号、“中财法雨”学生微信号。

西藏高校法治人才培养探析

——以西藏民族大学为例

侯　明[*]　李　玉[**]

摘　要：改革开放以来，西藏高校法治人才培养取得显著成绩，在一定程度上满足了实施“治边稳藏”“依法治藏”方略所需的法治人才培养。随着中央全面从严治党、全面深化改革、全面依法治国、全面建成小康社会的战略推进，西藏实施“两屏五地一通道”，①并构建西藏城镇化格局，对法治人才培养的需要在复合型、应用型、高层次方面更迫切，适时调整高校法治人才培养的模式已经是提升服务地方发展能力的必然要求。

关键词：西藏　法治人才培养　探索

习近平总书记在全国教育大会上发表重要讲话，站在国家繁荣、民族振兴的战略高度，深刻总结党的十八大以来我国教育事业发展成就，作出重大部署，为做好新时代教育工作提供了根本遵循。他强调，培养什么人，是教育的首要问题。② 广大教育工作者要激励学生坚定理想信念，把自己的人生追求同国家发展进步、人民伟大实践紧密结合起来，努力成为德智体美劳全面发展的社会主义建设者和接班人。在给西藏民族大学建校60周年的贺信中，习近平总书记提出：“站在新的历史起点上，希望你们全面贯彻落实新时代中国特色社会主义思想和党的十九大精神，紧紧围绕培养什么样的人、怎么培养人、为

---

* 西藏民族大学法学院院长，教授。

** 西藏民族大学研究生院2017级法律硕士研究生。

① 2016年4月23日，中国西藏新闻网公布了《西藏自治区“十三五”时期国民经济和社会发展规划纲要》，其中“战略定位”部分明确指出：“西藏是重要的国家安全屏障、重要的生态安全屏障、重要的战略资源储备基地、重要的高原特色农产品基地、重要的中华民族特色文化保护地、重要的世界旅游目的地、重要的”西电东送“接续基地、面向南亚开放的重要通道。”

② 参见《光明日报》评论员：《培养什么人，是教育的首要问题》，载《光明日报》2018年9月13日，第3版。

谁培养人这一根本问题,培育和弘扬社会主义核心价值观,提高教育教学水平,贯彻党的民族政策和宗教政策,加强民族团结进步教育,传承中华优秀传统文化,自觉维护民族团结,全面推进学校各项工作,努力培养德智体美劳全面发展的社会主义建设者和接班人,为推动西藏经济社会发展,为实现'两个一百年'奋斗目标、实现中华民族伟大复兴的中国梦作出新的更大贡献。"西藏自治区高校有7所,开设法学专业教育的有3所即西藏大学、西藏民族大学和西藏警官高等专科学校。其中,西藏民族大学法治人才培养从类型到层次均具有一定代表性。在思想政治品德培养方面,始终把立德树人放在首位。人无德不立,育人的根本在于立德。加强品德修养,培养奋斗精神,既要教育引导学生培育和践行社会主义核心价值观,踏踏实实修好品德,成为有大爱大德大情怀的人,也要教育引导学生树立高远志向,历练敢于担当、不懈奋斗精神,具有勇于奋斗的精神状态、乐观向上的人生态度,做到刚健有为、自强不息。下面将分若干问题展开探讨。

一、西藏高校法治人才培养的发展阶段

第一阶段是依靠区外高校培养期。主要是从1978~1993年,西藏法学专业人才培养主要通过内地高校,内地高校每年经过高考从西藏招收一定数量学生进行定向培养。此外,西藏自治区人民警察学校①也会培养为数有限的法治人才补充到警察队伍之中。

第二阶段是依托民族学院自我培养期。1993~2003年在继续接受区外高校面向区内(定向培养为主)培养法治人才的同时,随着西藏民族学院政法系开办法学专科专业,开创了西藏自治区内高校自己培养法治专业人才的先河。首届法学专科班43名学生于1996年6月顺利毕业。1997年开始法学本科教育,提升了办学水平和人才培养质量。每年招收40名左右的法学本科生。

第三阶段是借助区内高校扩招培养期。2003~2011年连续扩大法学本科招生规模。2003年开始招收法学本科生数量不断增加,曾经出现1年招收7个行政班350名左右的规模。同期,除西藏民族大学招收法学本科生外,西藏大学也开办法学专业并逐年扩大招生规模。从一定程度上来说,这满足了加强西藏基层政权建设所需要的法治人才培养。据不完全统计,该阶段学校法学专业毕业生就有1600名以上。西藏基层法院、检察院业务人员得到迅速补充,基层司法行政机关也得到组建和加强。

第四阶段是开展研究生培养期。2011年至今,积极探索法治人才培养模式改革试点工作,人才培养层次和水平上新台阶,研究生培养逐步健全和完善。2011年西藏自治区人民政府下发文件,决定在西藏民族大学法学专业开展法律人才培养模式改革试点工

① 西藏自治区人民警察学校,现在校名为西藏警官高等专科学校,于2003年4月16日经教育部批准,改建而成。学校内设有法律系、侦查系、治安管理系等机构,开设了警察管理、国内安全保卫、信息安全与网络监察8个专科专业。从1980年的中专教育到现在的大专教育,全面贯彻党的教育方针,科学构建学科专业,培养了大批符合西藏自治区公安工作特点的实用型人才。

作。该专业作为学校品牌专业、自治区特色专业且已建成较稳定的专业教学团队，为创新人才培养模式改革奠定了一定基础。

经过充分酝酿和论证，改革试点工作从四个方面推开。(1)积极开展法学函授本科教育。为拓宽法治人才培养的渠道和方式，通过成人高考，招收非全日制的法学函授本科生。从开始只有25人、9人、19人的规模，逐步发展到2015年1个年级就有468人的招生规模。目前，3个年级的法学函授生规模基本控制在500人左右。(2)积极开展法学辅修(双学位)教育。为满足校内其他专业学生选修法学专业的愿望，总结多年来开展法学辅修教学的经验，面向全校开展法学辅修(双学位)教育。既将法学专业课程资源扩展到全校分享，又能通过优中选优的办法，使参加法学辅修的综合成绩排名前40%的学生具有取得第二学位(法学学士)的资格并进入双学位班学习。对于全面完成上述学业任务的，经审核符合授予双学位条件的，学校每年授予20~40名非法学专业的本科毕业生取得法学学士学位。(3)积极开展卓越法治人才培养。作为高考录取中的第二批本科类高校，除招收该类本科生外，自2015年起，每年从区内高考成绩达到第一批本科线的考生中招收30~40人实施卓越法治人才培养计划，确保专业人才培养的质量。(4)积极开展法学和法律硕士研究生培养。借助学校民族学学科优势，2011年开展民族法制方向的硕士研究生培养。2014年申报获批法律硕士研究生培养授权点，次年开始招生。2018年4月又取得了法学一级学科硕士研究培养授权。目前，学校属于西藏自治区内唯一具有法律专业硕士学位研究生和法学一级学科硕士研究生培养的授权单位。

总而言之，经国家民族事务委员会和西藏自治区人民政府的共建，教育部通过直属高校的对口支援，在西藏民族大学师生的共同努力下，学校面向西藏积极开展法治人才培养模式的改革探索，初步形成了法学专业特色明显，不同类型和不同层次的人才培养机制。全日制与非全日制法学本科、普通主修法学与辅修法学双学位等不同类型的本科教育并存；教学过程注重应用型法治人才培养；建立健全法学硕士与法律硕士研究生教育和卓越法治人才培养的不同类型模式、不同教育机制。

二、西藏高校法治人才培养的层次提升

经过前面几个阶段的连续发展，西藏高校法治人才培养以地处陕西咸阳的西藏民族大学为代表，不断提升法学本科专业教育教学水平，努力提升内涵式发展。同时，法学硕士和法律硕士研究生培养从类型到规模都逐步扩大，办学层次得到提升。首先，坚持立德树人的育人思想。作为一所民族院校，始终坚持全面贯彻党和国家民族高等教育的政策方针，培养“靠得住、下得去、留得住、用得上”的法治专业人才，不断加强“五个认同”教育，牢固树立正确的祖国观、民族观、宗教观、历史观、文化观，努力构建思想政治教育

工作体系。其次,突出科研方面的西藏特色。高校作为人才培养、文化传承创新[①]的主要阵地,离不开科学研究的支撑,更需要凝练形成自己的特色。[②] 本校着力开展藏族传统法律文化和依法治藏现实问题研究,在民族区域自治法实施与西藏地方立法、西藏社会稳定发展与藏族婚姻习惯法、西藏生态环境保护与非物质文化遗产保护法律、多元化纠纷解决机制与司法改革在西藏实施等领域,取得了特色鲜明、优势显著的科研成果。再次,紧紧围绕实施"依法治藏"方略和"一带一路"倡议中的南亚大通道建设问题,充分发挥在区域问题研究上的优势,积极跟进西藏社会稳定发展主题,努力服务于"一圈两翼三点两线"[③]的西藏城镇化建设。最后,侧重建设4个法学二级学科方向。在10个法学二级学科中,根据西藏区情和西藏民族大学法学学科建设的积淀和优势,侧重建设民商法学、诉讼法学和经济法学等4个学科方向。在民商法学领域,侧重藏族习惯法与国家婚姻家庭法律制度适应性问题研究;在诉讼法学领域,以藏区多元化纠纷解决机制构建与司法改革实施问题研究为主;在经济法学领域,则把西藏非物质文化遗产保护法律制度和知识产权法律制度研究作为重点。

利用对口支援高校的条件和陕西省支援学校全面发展的机遇,与中国人民大学、厦门大学、华东师范大学等高校,密切交流,相互合作。一方面,学生交流和联合培养本科生持续展开并逐步扩大规模。法学院已有10名学生在厦门大学进行联合培养学习,有6名学生分别在中国人民大学、华东师范大学进行为期1年的交流学习。另一方面,为确保西藏法治人才培养水平和质量,不断加强科学研究平台建设和成果出版。2010年在厦

---

① 中共中央、国务院印发的《关于加强和改进新形势下高校思想政治工作的意见》中强调,高校肩负着人才培养、科学研究、社会服务、文化传承创新、国际交流合作的重要使命。众所周知,在国际学界公认大学主要有人才培养、科学研究、社会服务三大职能,2011年胡锦涛同志在清华大学建校100周年庆祝大会上发表重要讲话,将文化传承与创新作为高等教育的一个新职能提出来,确认了学界一直在呼吁作为大学第四职能的文化传承创新。以习近平总书记为核心的党中央进一步把国际交流与合作作为大学的"第五项职能",是大学建设理念的创新和发展,有利于扎根中国办大学,加快建设世界一流大学和一流学科,提高高等教育发展水平,增强国家核心竞争力。

② "一个大学必有其自己的文化,一个有较长历史的大学,必有其传统和精神。"参见陈来:《"独立之精神、自由之思想"与大学精神》,载新浪博客:http://blog.sina.com.cn/,最后访问日期:2012年12月9日。"大学正是在对求学者的教育和训练中完成知识与文化的传承,知识与文化又在师生间的'教学相长'中得到提升。大学所具有的独立精神和自由思想,确保大学的教师和学生能够潜心地研究高深学问、不断地追求和认识客观真理,并在这个基础上传承和创新文化,这正是大学的生机和活力所在。"参见《求真、创新,育人、引领——上海交通大学校长张杰在2011级新生开学典礼的讲话》,载《光明日报》2011年9月19日,第6版。

③ 西藏地广人稀,120万平方公里的土地上只有310多万人口,自然条件独特。在空间布局上,西藏的新型城镇化需要符合其地理特征,同时也要结合西藏经济社会发展的历史现实条件及未来发展要求,坚持点、轴、面相结合的开发方式,把点式发展与点轴发展结合起来,大力提升拉萨—泽当城镇圈,培育壮大以日喀则市桑珠孜区、林芝八一镇为中心的东西两翼,统筹推进藏东卡若区城关镇、藏北那曲县那曲镇和藏西噶尔县狮泉河镇,巩固发展边境沿线城镇,加强交通沿线重要小城镇建设,促进其他各类城镇协调发展,构建"一圈两翼三点两线"的城镇化空间格局。参见史云峰:《走有中国特色西藏特点新型城镇化道路》,载《新西藏》2016年第8期。

门大学出版社的大力支持下，搭建起《西藏民族大学法学文库》出版平台，陆续出版《中国民族区域自治法制化：回顾与前瞻》《知识产权冲突法论》《商标显著性研究》《老年人监护制度研究》《刑法中的特殊财产类型研究》《刑事追诉专题论》等系列学术研究成果。2014 年申报成立了国家民族事务委员会人文社会科学重点研究基地——西藏社会和谐稳定与法治建设重点研究基地，借助该平台经常性举办学术交流活动。

总而言之，借助对口支援的优势和条件，坚持立德树人，突出服务地方发展，不断凝练学科特色，筑牢专业建设和人才培养的基础，确保法学本科和研究生培养的目标和质量。

三、西藏高校法治人才培养的显著特点

（一）注重能力培养，加强实践教学

《国家中长期教育改革和发展规划纲要（2010～2020 年）》中关于发展战略强调，人才培养要坚持能力为重。优化知识结构，丰富社会实践，强化能力培养要优化知识结构，丰富社会实践，着力提高学生学习能力、实践能力、创新能力。《21 世纪中国法学教育改革与发展战略研究报告》指出，普通高等法学教育的培养目标有学术型人才培养和应用型人才培养。教育部、中央政法委员会《关于实施卓越法律人才教育培养计划的若干意见》（教高〔2011〕10 号）指出，我国高等学校法学教育还不能完全适应社会主义法治国家建设的需要，社会主义法治理念教育还不够深入，培养模式相对单一，学生实践能力不强，应用型、复合型法律职业人才培养不足。提高法律人才培养质量成为我国高等法学教育改革发展最核心、最紧迫的任务。这是对当时法学教育改革的任务分析。2018 年教育部和中央政法委《关于坚持德法兼修实施卓越法治人才教育培养计划 2.0 的意见》（教高〔2018〕6 号）进一步明确法治人才教育培养的思路和目标：①坚持马克思主义法学思想和中国特色社会主义法治理论，围绕建设社会主义法治国家需要，坚持立德树人、德法兼修，主动适应法治国家建设新任务、新要求，深化法学教育教学改革，强化法学实践教育，完善协同育人机制，构建法治人才培养共同体，建设一流法学专业，培育一流法治人才，为全面推进新时代法治中国建设提供法治人才保障。经过 5 年努力，建成凸显时代特征、体现中国特色的法治人才培养体系。建成一批一流法学专业点，教材课程、师资队伍、教学方法、实践教学等关键改革取得显著成效；形成良好的协同育人机制，中国特色法治人才培养共同体基本形成，法学教育教学质量得到显著提升，培养出一大批信仰宪法法律、捍卫公平正义、实践法治建设、推动法治进程、传承法治文明的法治人才。

西藏民族大学作为一所地方高校，从办学之初就紧盯西藏社会深刻变化的人才需求，培养了一大批应用型人才。在新时代、新思想、新理念、新任务的背景下，实现中华民

---

① 教育部、中央政法委《关于坚持德法兼修实施卓越法治人才教育培养计划 2.0 的意见》（教高 2018 年第 6 号）指出：卓越法治人才教育培养的改革任务和重点举措：厚德育，铸就法治人才之魂；强专业，筑牢法学教育之本；重实践，强化法学教育之要；深协同，破除培养机制壁垒；强德能，加强法学师资队伍建设；拓渠道，发展“互联网 + 法学教育”；促开放，构建涉外法治人才培养新格局；立标准，建强法学教育质量文化。

族伟大复兴的中国梦,实现西藏社会的长治久安,人才培养目标定位服务于地方经济社会发展值得继续坚持,法学专业更应突出应用型人才的培养。应用型法治人才培养不仅体现于法学本科教育过程,而且也反映在法学研究生教育之中,尤其是法律硕士研究生的培养更应如此。

(二)扩大校地合作,突出理论应用

师资队伍建设是人才培养的基本条件。对于法学专业教学团队建设,不仅要注重数量增加,更要注重教师法律事务实战能力的培养,提倡"双师型"教师培养,以满足法律实践教学的需要。在教师引进方面,既考虑高学历青年教师的补充,又从法律实务部门尤其是熟悉西藏区情的政法机关吸收具有丰富实务经验的业务骨干加入教师队伍,确保对学生的能力培养。同时,积极开展横向课题合作项目,全方位训练和提升教师法律实战能力。(1)在地方立法方面,先后组织教师团队积极开展《西藏自治区道路交通安全条例》评估、《西藏自治区实施〈中华人民共和国水法〉办法》评估等科学研究项目。受聘地方人大法制工作委员会委员,积极参与《咸阳市禁止农作物秸秆焚烧条例》《咸阳市湿地公园保护管理条例》等地方立法论证与修改工作,既发挥了服务地方的作用,又提高了教师的实战能力。(2)在地方行政执法层面,同自治区司法厅合作,开展法治视野下的西藏司法行政管理模式改革探索,开展西藏昌都地区政法干警维稳处突能力提升研究等横向课题,在一定程度上,也提高了教师实务能力。(3)在地方司法业务研究上,分别与陕西省永寿县人民法院开展贫困地区婚姻彩礼纠纷处理调查研究,与咸阳市人民检察院开展公益诉讼研究等横向课题;积极落实"双千计划",先后选派4名专任教师到西藏自治区内法律实务部门挂职锻炼。(4)在社会守法层面上,同自治区工商业联合会合作,开展了西藏非公经济发展法律问题调查研究。通过对拉萨、日喀则、林芝3个市的有关民营企业发展情况展开实地调研,从而对其法律保障问题提出了合理化建议和智库性意见。

综上所述,西藏高校法治人才培养从本专科到研究生培养、从全日制到非全日制、从普通生到卓越人才培养、从区内高校到对口支援高校的联合培养,各个方面都取得了令人瞩目的成绩。当前,以习近平新时代中国特色社会主义思想为引领,紧紧围绕立德树人,注重能力培养,突出应用型、技能型、复合型、创新型法治人才培养。不断扩大校地之间的合作,不断加强实习实践教学环节,提升教师队伍实战能力,提高人才培养质量,增强服务地方经济社会发展的水平。当然,在开展校地合作和实践教学过程中,仍然存在师生参与度不够,合作的深度和契合度不够的实际问题。对此,笔者认为,关键要从进一步加强师资队伍建设入手。通过各种引进、调入增加师资队伍的数量,并不断提升教师自身的实践实训能力和水平,不断扩大校地之间合作项目数量和合作领域,使更多的教师和学生有机会参与合作项目调查研究,有机会提升自己。除积极创造各种有利于师生应用能力、实践实训能力提升的条件和机会外,还应当制定相应激励措施和管理机制,定期开展具有可操作性的考核,鼓励师生参与校地之间的合作,从而使法治人才培养质量切实得到稳步有效的提升。

“双一流”背景下民族地方高校建设国家级特色法学专业策略研究

陶斌智[*] 陈丽平[**]

摘　要:“双一流”建设为民族地方高校发展提供新机遇、新动力。本文运用SWOT分析法,认为民族地方高校应借助地区良好的发展态势,充分利用“双一流”建设、“双万计划”实施、卓越人才计划升级、法律共同体建设等机遇,优化办学定位、凝练专业特色,创新“金课”建设、发展交叉学科,集聚校地资源协同育人、坚持积极有为的国际化,推动国家级特色法学专业的建设。

关键词:“双一流”　民族地方高校　法学专业　协同育人

“双一流”建设具有深刻的战略背景与时代背景。当今国家间教育核心竞争力日益集中体现为一流大学和一流学科的竞争。通过“双一流”建设,明确发展方向,实现高等教育内涵式发展,为中国特色社会主义发展提供战略支撑,因而“双一流”建设是教育强国战略的必然选择。因此,《统筹推进世界一流大学和一流学科建设总体方案》确定每5年为1个周期,“双一流”建设与国家5年规划同步实施。同时,“双一流”评价体系一定程度上是我国各类高校建设的“指挥棒”,具有导向作用,引导中国建成“高教强国”。

一、“双一流”建设与民族地方高校特色专业发展

(一)“双一流”建设有助于激发地方高校改革发展的内生动力

首先,“双一流”建设是一个面向所有高校开放的体系,不仅广大地方院校有机会纳入一流大学或一流学科建设,甚至部分高职院校特色优势学科也可进入。单凭整体实力而言,地方院校难以与实力超群的部属院校正面竞争,但在个别学科或学科群方面则有机会单项胜出。从这种意义上来讲,“双一流”建设不存在“主演”与“看客”之分,地方高校均是参与者、践行者与追梦者。

其次,“双一流”建设的潜在目的之一就是打破“身份固化”。国家先期布局建设的

* 广西师范大学法学院副院长,副教授。

** 广西师范大学法学院讲师,法学博士。

“985工程”“211工程”带来了一定程度身份固化,使高教格局强弱分化的马太效应持续放大。打破“身份固化”则可激发地方高校的内生动力,从而带动中国高教质量整体提升。

最后,地方院校可根据自身的实际选择“双一流”建设之路。地方院校只要科学制定战略,善于把握我国高教建设机遇,选准发展路径,完全有可能走向卓越,建成一流。因此,对地方院校来说,一流目标不能放弃,方能实现“各美其美”。

(二)“双一流”建设有利于形成分类管理的高教治理新格局

首先,国家层面的“双一流”建设发挥辐射带动作用。地方院校先天条件不足,后天发展受限,与部属院校整体办学实力差距很大,但国家通过“双一流”建设让入选的标杆高校更加具备示范引领力,则可充分发挥其辐射作用,特别是京外“双一流”高校可充分带动所在区域地方院校发展。

其次,地方层面的“双一流”建设引领地方高校高水平发展。各地对标国家“双一流”方案,推出“双一流”建设地方版,启动高水平地方高校建设,以“一校一策”方式重点支持地方高校,以建设特色优势学科为重点和突破口,继而从整体上引领学校走向高水平,促使地方高校在各自领域和类型中争创一流。

最后,分类管理、分类评价,形成高教治理新格局。不同类别高校发展出不同的办学模式,不同的办学模式应有不同的评价标准。对不同类别高校出台分类管理指导意见,进行分类规划,在此基础上实施分类投入,然后在绩效管理方面坚持分类评价,分类标准、分类建设、分类评价,让分类评价发挥“指挥棒”作用,引导地方高校安其位、展所长、出特色、创一流。

(三)“双一流”建设有助于地方高校巩固本科教育的基础地位

首先,“双一流”建设强化人才培养的核心地位。鉴于一流本科是支撑“双一流”建设的“柱石”,教育部等三部委发布的《关于高校加快“双一流”建设的指导意见》中明确提出人才培养是“双一流”建设的核心,并由此明确了一流本科教育在“双一流”建设中的基础地位。“双一流”建设对新时代高校提出新要求,将一流本科教育、一流人才培养作为根本任务。

其次,“双一流”建设有利于强化本科教育的首位度。不可否认的是,本科教育工作周期长、改革见效慢、反馈有滞后,①投入往往不能立竿见影,相对于基础建设、学科建设、师资培养、科研创新来说,显示度较低、受重视程度低,在传统考核指标体系中长期处于弱势地位,故而成为高校发展中最难补齐的“短板”。“双一流”建设明确提出以本为本,名正言顺抓本科教育,坚定不移地强调人才培养的首位度,在各项考核中提高其权重和显示度,有利于强化其首位度。

最后,“双一流”建设有利于本科教育增强资源集聚力。本科教育与学科、科研、师资

① 参见李北群:《彰显本科教育的首位度》,载《光明日报》2019年7月2日,第13版。

均衡发展,方能实现高校的整体发展。现代本科教育的校际竞争乃至区际、国际竞争,实质是整合全校学科、师资、科研优势资源的竞争。从这种意义上来说,本科教育教学不能脱离其他相辅相成的方面孤立发展,否则在未来竞争中处于劣势。“双一流”建设强调,一流本科须集聚学校的各类资源,强化资源集聚程度,从而增强本科教育对学校其他工作的辐射带动力。

(四)“双一流”建设有助于地方高校特色专业提升国际竞争力

首先,“双一流”建设有利于拓展地方高校特色专业的国际化视野。“双一流”建设立足高远,旨在提高各类高校国际竞争力和影响力,而目前地方高校整体国际化水平较低,特别在教育教学、科学研究方面的国际化能力相对薄弱。“双一流”建设对标国际标准,意欲达到世界先进水平,将有力推动地方高校特色专业的学者走出故步自封的教学科研舒适区,瞄准具有未来影响的国际性课题和前沿问题,从选题到应用都力求达致世界水平。

其次,“双一流”建设提高地方高校特色专业国际化能力。国际化视野有利于生成国际化能力。通过比较国际一流的“双一流”的持续建设,有利于地方高校特色专业打造国际化知识生产和科技创新团队,抢占世界科技战略制高点,追求原创性科研成果,将国际化创新成果、关键技术突破转变为推动产业转型升级的先进生产力。

最后,“双一流”建设有利于提升地方高校特色专业国际影响力。国际化能力可有效转化为国际影响力。地方高校扎根中国大地,胸怀全球格局,抓住“双一流”建设契机,其特色专业可发现中国经济社会中的世界性课题,总结中国改革发展中的经验,创新思想理念、创新方法模式,形成可复制、可推广的高质量研究成果,彰显“中国特色、世界水平”,将中国理念、中国标准和中国方法转化为国际竞争力和国际影响力。

综上所述,“双一流”建设将为民族地区高校创造新的战略机遇与发展动力,区域内教育教学基础设施将进一步改善,校地合作、协同育人、特色发展将进一步加强。

二、“双一流”背景下民族地方高校法学专业建设SWOT分析

从宏观上分析“双一流”“双万计划”建设对民族地区高校发展的深刻影响,描画民族地区高校建设国家级特色法学专业的内外环境,把握其内在优势与劣势,洞察其外在机遇与威胁。

(一)优势分析

1. 民族地区发展态势良好。民族地区多为欠发达地区,但其具备后发优势有实现跨越式发展之可能。就广西而言,2018年GDP为20,352.51亿元,同比增长6.8%,而全国同期增速为6.6%,财政总收入为2790.35亿元,同比增长7.1%,而全国同期增速为6.2%;广西城镇、农村居民人均可支配收入分别为32,436元、12,435元,同比增长分别为6.3%、9.8%,而全国同期增长分别为5.6%、6.6%。广西经济总量、收入水平在全国范围内不占优势,但增速较快、增量可观,且广西能优先保障教育投入,致力推动广西高教毛入学率由2018年的35%上升到2020年的40%,促成高等教育内涵式发展。

民族地区较发达地区而言,不尚争讼更愿息诉。但从数据上分析,广西同样可被认定为"诉讼社会"。2018年全区各级法院全年受理案件630,760件,以每一案件平均涉及6位当事人及直接利益关联人计算,[①]年内全区将近380万人(次)涉诉,而2018年广西总人口4926万,涉诉人口约占广西总人口之7.68%,如再加上行政处罚、行政复议、行政调解以及经济仲裁和劳动仲裁、民间调解、涉诉信访、涉法纠纷等准诉讼、类诉讼所涉人数,则广西涉诉人口占总人口比例远远超出诉讼社会入门指标10%。以上数据表明,广西涉法纠纷剧增、诉讼案件频出,而同期全区员额法官仅4410名,理论上每人年均受案143件,人均每周须结案2.5件。若要实现案件律师代理全覆盖,则全区7740名专兼职律师人均代理案件为163件,显然案多人少矛盾突出,法官、律师缺口巨大。

综上所述,广西经济社会发展态势良好,可为高等教育发展提供经济基础,正向纵深发展的诉讼社会对法治人才培养亦存在现实的迫切需求。

2. 教学基础设施日益完善。国际上衡量教育投入水平公认一条基本线,即当一国人均GDP达到800~1000美元时,财政性教育支出占GDP比例应达到4.07%~4.25%,方可实现教育与经济之良性发展。[②] 中国人均GDP虽早在2003年跨越1000美元"大关",但教育支出比重长期低于国际基本线。

广西始终坚持教育优先发展战略,作为广西第一大财政支出,教育投入得到优先保障,2018年广西教育支出932.14亿元,教育经费占公共财政支出比重高达18%,排全国第三,教育支出占GDP比重达4.58%,广西学生人均拨款亦在逐年增长。随着高等教育的投入扩大,民族地区院校法学专业在教学行政用房、图书资料、实验设备、师生比方面均能达到国家要求,特别是在教学科研实习实训基地方面更有一定的强项。比如,广西师范大学法学专业就依托学校图书馆建立法学分馆、自建物证技术实验室,在全区特别是桂林市两级政法机关建立多达30多处教学科研实习实训基地,学生人均法学专业图书达到100册,生均法学实验仪器值达1000元,在校生实习供求职位比为2:1。

3. 政策资源较充足。全面依法治国既是中国特色社会主义新时代一项长期的历史任务,更是一项重大的系统工程,法治人才培养乃法治建设中至为重要的一环;法之生命力与法之权威在于实施,而其实施则在于人才。建设法治国家、政府、社会,造就一大批宪法法律的信仰者、公平正义的捍卫者、法治建设的实践者、法治进程的推动者、法治文明的传承者,均需高素质的法治人才提供智力保障与支撑。我国极为重视法学教育和法治人才培养,将高校视为法治人才培养的第一阵地,因而这一阵地只能加强不能削弱。在此背景下,2018年教育部、中央政法委联合发布《关于坚持德法兼修实施卓越法治人才教育培养计划2.0的意见》,对2011年颁行的卓越法律人才教育培养计划进行系统升级,为民族地区卓越法治人才教育培养提供政策依据与发展动力。

---

① 参见张文显:《联动司法:诉讼社会境况下的司法模式》,载《法律适用》2011年第1期。

② 参见骆勤:《我国教育支出的财政分析和对策选择》,载《财经论丛》2004年第5期。

（二）劣势分析

1. 师资结构不合理。限于西部地区长期以来的经济低位与地缘劣势，民族地区高校引才留才难度较大，特别是法学专业师资在全国范围内流动最剧烈，"孔雀东南飞"现象尤甚。[①] 具体就2018年而言，全国当年毕业的、成果较多的优秀法学博士85%以上被"985、211高校"或其他东部高校招揽，余下15%成果一般的法学博士留待西部拣选。青年法学博士在高校可划归基层人才，对基层人才应重在待遇留人，但民族地区在薪资方面并无竞争力；而成果较多、正当壮年的"双高人员"可归为高层人才，对高层人才最讲求事业留人，但民族地区少有全国重点院校、国家级重点学科甚至博士点、国家级科研平台，以致事业留人失去依凭。据调查，民族地区院校法学师资队伍中占主体的为成果不多、"双高"不达或学术不济的中层人才，80%以上与任教高校存在学缘关系，或本人原籍与高校所在省市存有地缘联系。学缘、地缘均为情感留人的重要依托，但庞大的中层人才亦是进退失据的一群，上无资深学术权威引领，亦无中年领军专家进境，下无青年拔尖英才接力。

2. 科研支持不够。鉴于软科中国排名不依赖任何主观数据而只依赖客观数据，不从被评价方直接征集任何数据，只从公开途径收集第三方数据，故其结果具有相当的权威性。现以2018软科中国最好学科法学排名为例，民族地区院校入围全国法学百强的只有3所，且全部位于前50%阵营，按排名先后分别为新疆大学（第77位，总得分30分）、广西师范大学（第79位、总得分29分）、宁夏大学（第89位、总得分24分），内蒙古、西藏无一院校入围百强。与法学标杆院校武汉大学（第3位、总得分886分）比较，其科研方面任一单项得分即大大超过民族地区学科总体得分，例如，其科研项目（含国家重大重点项目、面上青年项目）得分为213分、成果获奖为260分、学术论文（含国际期刊论文、中文期刊论文、顶尖期刊论文）为142分。再以2019年国家社科基金立项的法学类项目为例，民族地区院校青年项目立项仅为3项，占全国86项比重为3.49%，一般项目12项，占全国242项比重为4.96%。

3. 课程体系不完善。首先，课程结构的逻辑性与规范性不足，难以适应调整后的新国标。在《法学类专业教学质量国家标准》调整前，民族地区高校法科专业基本能正常开设16门主干课程，但2018年"国家标准"调整，核心课程采取"10+X"分类设置模式，10门专业必修课可正常开出，但其他专业必修课"X"则无法一一保障，如证据法欠缺实验基础、财税法缺少实务支撑。其次，课程同质化，选修课固定化。民族地区高校办学定位趋同、办学理念与风格趋同，导致课程结构趋同，千人一面特色不明显。师资有限导致选修课实际开课门数偏少，在总学分约束下学生自由选择余地较少，客观上让选修课异化为固定设置的必修课，牺牲学生的自主性与学习积极性。最后，课程设置以供

① 参见何其生：《制度缺失下的竞争性博弈——高校法学人才流动与流失》，载《河南省政法管理干部学院学报》2011年第4期。

给者为中心,无法实现理性扩张。不仅不能结合学生的毕业去向与学习兴趣,以学生需求为中心确定课程体系,而且教师开课自由受到教学计划的限制,难以在必修课之外开设有自身科研支持的专门化课程,甚至不能适应社会经济发展变化及时调整课程,实现课程理性扩张,开放包容新兴学科,改变传统法学和新兴法学科目设置不平衡的局面。

(三)机遇分析

1."双一流"建设。首先,国家"双一流"的辐射作用。国家层面的"双一流"重点建设"国家队",有利于提升"国家队"整体实力和学科水平,客观上也会起到辐射作用、产生溢出效应,带动地方高校总体水平的提高。其次,地方"双一流"的推动作用。各地在国家"双一流"政策出台后,纷纷推出地方版"双一流",从不同领域和不同类型中遴选出有基础的高校、有特色的学科予以重点建设,对其分类管理、分类评价,让各类地方高校亦能各安其位,在自己的领域各展所长,扬长避短办出特色,用"特"争优创出一流。最后,"双一流"的开放性带来机会。"双一流"非封闭的体系,旨在打破高校"层级固化",为地方高校分步建设逐级跃升提供空间。同时,"双一流"政策也非短期项目,是一个长期的建设过程,地方院校只要抓住历史机遇,科学制定战略,选准发展路径,同样能走向卓越,跻身一流。

2."双万计划"推进。首先,"双万计划"扩围机会。目前,全国高校共有5.6万多个本科专业点,1万个拟建的国家级一流专业大体占比20%。同时,教育部推动各地建设1万个省级一流专业,"国家队""省级一流队"可占全国高校专业总量的40%,届时民族地方院校许多专业皆有机会入围。其次,"双万计划"为"卓越计划"的提质版。此前民族地区有广西大学、内蒙古大学、新疆大学进入"卓越法律人才教育培养计划"建设,业已具备一定基础,而"双万计划"实为"六卓越一拔尖计划2.0版",建设"一流本科、一流专业、一流人才",可以发挥示范引领作用。最后,"双万计划"推动金课建设。课程是人才培养的最直接、最核心、最显效的要素,但我国各级各类高校课程建设均存在"短板",即充斥"水课",缺乏高阶性、创新性和挑战度的"金课"。① "双万计划"最重要的建设内容与考核指标就是金课建设,这有利于以课程建设促进专业建设。

3.法律共同体建设启动。首先,法律共同体建设助力提升实践教学的实效。法学专业实践教学虽然走在文科专业前列,但仍然未能建立常态化、规范化的机制,虽然校外法学实践教学基地覆盖面广,但专业实习参与性不高、实效性不强问题长期困扰学界。法律共同体的持续建设,可使法律职业共同体成员与法学教育界在思想上更能结合、法律话语上更易沟通、职业伦理更易达成共识、精神与情感更易连带,从而推动实践教学这一人才联合培养模式走向深入。其次,法律共同体建设有利于法律人才培养的职业化、专业化、精细化。高校与实务部门合作,在培养方案、课程教材、团队基地方面共建共治,充

① 参见吴岩:《建设中国"金课"》,载《中国大学教学》2018年第12期。

分挖掘利用实务部门案例资源，提高学生操作性案例分析能力和法治思维的应用能力，有利于培养其事实认定、法律推理、法律论证和法律适用能力。最后，法律共同体建设有利于德法兼修。法律共同体成员不仅有完整的、实用的法学专业知识可供言传，也有关注社会、服务社会的公益服务精神可资身教。简而言之，法律共同体承载的法律职业伦理、思想道德素养可以潜移默化地影响未来的法治人才。

（四）问题分析

1. 同质化竞争激烈。民族地区之间、地区之内高校发展水平接近，办学资源禀赋结构相似，发展定位、人才培养目标高度叠合，影响处于同一阵营内各方开展深化合作、实现错位发展。例如，同一地区内水平接近的高校对优秀师资、优质生源的争夺较激烈，因其能够吸引的师生目标群体基本一致，特别是原籍教师和本地生源两大主要群体。此外，民族地区高校之间向上争夺具有倾斜扶持色彩的西部地区、边疆地区指标都是共同的，甚至相互之间争夺同一指标的基本理由、现有条件及后续发展的方向都是高度类似的。

2. 内部整合不足。民族地区院校因其水平相近故相互竞争多于内部整合，其内设的法学院系更是彼此相轻、各自不服。而国内水平顶尖的法科“五院四系”则早在2010年即开始内部整合，成立全国政法类大学联盟即立格联盟，至今已连续举办10届高峰会议，除为法学教育立规矩、定规格、树标准外，还就法科研究生培养、法学国际教育与合作展开专题合作，联盟内部院校之间优势互补、协同发展，校际互访与经验交流定期开展，在科研、教育方面合作制度化，此外还将联盟的主张、建议通过官方途径上升为国家层面的政策或标准。虽然民族地区部分院校开始主动或被动加入全国省部共建师范院校协作联盟、中西部高校联盟、地方C9联盟，但合作层次较低仅停留在暑期夏令营之类，但在学分互认、承认第二学位等核心问题上合作动力不足，未能发挥高校联盟的应有作用，远不及国外大学联盟如“罗素联盟”的深度合作程度。

3. 外部竞争激烈。市场经济作为有效的资源配置手段，高等教育亦概莫能外，市场化元素一旦介入可直接影响高校的招生引才、条件建设，使高校之间的竞争日渐激烈，左右高校核心竞争力的提高。法学国家级特色专业建设点共立项4批共37所，其中五大民族地区仅有广西师范大学1所立项，而“双一流”“211”高校则有19所占比51.4%，软科中国最好学科法学排名前25%的高校25所占比67.6%，而排名在后的高校多数处于汲取资源能力最强的一线城市或省会城市，其冲击法学博士点也最有实力，故而其强化优势锁定胜局的把握也最大，其办学实力对民族地区那些未设置博士点的高校形成压倒性竞争优势（见表1）。

表1 民族地区高校国家级特色法学专业发展SWOT分析

内部条件	优势(S)	劣势(W)
	民族地区发展态势良好 教学基础设施日益完善 政策资源较充足	师资结构不合理 科研支持落后 课程体系不完善
外部环境	机会(O)	威胁(T)
	"双一流"建设 "双万计划"推进 卓越法治人才教育培养计划2.0实施 法律共同体建设启动	同质化竞争严重 内部整合不足 区域竞争激烈 外部环境不利
对策选择	SO战略	ST战略
	借势利用"双一流""双万计划"卓越计划升级版 校地合作协同育人、做强做实法律共同体,建设利益共同体	办学定位再优化 专业特色再凝练 发展交叉学科
	WO战略	WT战略
	师资培养梯度化 凝练科研方向,强化科研支撑 创新金课建设	积极有为的国际化 增强互信与合作 减缓外部不利冲击

三、民族地方高校顺应"双一流"建设的法学专业发展策略

民族地方高校法学专业应充分利用"双一流"建设、"双万计划"扩围、"卓越法治人才培养计划"升级、法律共同体建设提速等机遇,办学定位再优化、专业特色再凝练,强化内部整合、回避同质化竞争,发展交叉学科,激发科研支持,提升国际化水平。

(一)合理定位,升级卓越计划

高校发展的根本在于定位,其生存的空间大小亦由定位决定,高校发展的走向依赖良性的定位牵引,众多高校的合理定位关乎整个高教系统的有序运行。民族地区高校无序定位状态仍未得到根本性改善,定位程序随意、参数单一、目标拔高、主体缺位问题俯拾皆是,导致定位"趋同""攀高"等象频出。高校定位有3类模式,即高校自生秩序、政府分类引导、市场无形调控。① 其中,以政府分类引导模式为甚,但高校不可单纯倚重政策资源与政府外力,须发挥定位主动权,而非坐等指挥,应在政府引导、市场调控的现实约束条件下合理规划,解决自身定位问题。

① 参见杨海燕:《我国高等学校办学定位参考方略——基于高校定位综合分析框架的系统解读》,载《复旦教育论坛》2017年第4期。

就民族地区而言，目前尚无一所一流高校，故须先从定位于一流学科突破。法学专业也要坚持以学科建设为“龙头”，集中资源建设3～4个重点学科，形成一流学科群，以学科建设带动专业建设，应充分利用内部条件和外部环境，借势民族地区发展态势良好、教学基础设施日益完善、政策资源较充足等条件，抓住“双一流”建设、“双万计划”推进、法律共同体建设等千载难逢的机会，不盲目拔高，将终极目标合理分层，分步实施、逐层实现。因此，民族地区高校应以“卓越法治人才教育培养计划2.0”为抓手，最先定位于创建省内一流或西部区域一流法学学科，解决能力问题，做自身最擅长的方面，待办学实力提升后，再将定位上调为全国一流学科，直至国际一流学科，再与校内其他优势学科合力带动整个学校跻身一流高校。

（二）扎根地方，校地协同育人

全国高校总数2850多所，其中，教育部直属高校仅占4%，非直属高校2730多所均为地方院校，顾名思义，地方院校隶属于地方，招生、就业立足于地方，其知识服务、科技服务亦面向地方。地方高校往往非一流院校、非重点大学、非研究型大学，但仍可建成有特色、上水平、强影响的高校。我国地方高校不乏悠久历史，亦有特定的学科优势，其长于区域经济、产业、区域文明、历史以及区域外交研究，紧密结合区域经济社会发展，其成果突出、学术大师与优秀智库能持续涌现，作用无可或缺，亦不能被直属高校所取代。

“双一流”建设之本质在于内涵建设，而服务地方则是高校发展的外延。外延发展可为内涵建设提供方向、空间和动力。① 民族地方院校与民族地区发展存在天然联系，扎根民族地方，回应和服务区域重大发展需求，是其赖以发展的特色和优势，更是自身“双一流”建设的强大动力。简而言之，民族地方院校须紧扣地方经济产业转型升级需求建设一流学科，创造知识价值和科技成果、造就创新人才，将自身建设成为科技创新的策源地和地方发展的智库，扎根地方、做强自己、服务地方、引领发展。

地方院校最适宜协同育人。就法学专业而言，其实践性在人文社科诸专业中当属最强，无论是案例分析能力训练还是法律职业伦理养成，均需法律实务部门提供案例资源、真实环境训练。与之相对，实务部门在多轮司法改革后，案多人少矛盾尤为突出，急需年轻化、专业化人才提供人力支持或业务辅助。在教育部卓越法治人才教育培养计划及其升级版、高校与法律实务部门人员互聘“双千计划”“双创计划”之中，无一不强调产教融合、协同育人。因此，民族地区法学专业应打造公检法司多主体协同的长效机制，构建校地合作的良好生态。通过协同育人项目，展开“教材—课程—团队—基地”四位一体建设，培养造就新时代卓越法治人才。

（三）特色发展，创新金课建设

“院校的希望与其说产生于彼此间的共同点，不如说产生于相互之间的差异。差异的精华所在就是特色，特色的打造与凝练不外乎两点，一则人有我优，另则人无我有。对

① 参见刘炯天：《努力服务区域发展扎实推进一流建设》，载《中国高等教育》2018年第1期。

民族地方高校来说,前有直属高校和东部高校占尽先机,除个别学科外,企求"人有我优"则无异于侈谈。唯有追求"人无我有",走特色发展之路,发展出不可替代性方为正途,因为只有不可替代性才最具竞争力。在特色发展战略中,民族地区高校应避开各类院校正面激烈竞争的"红海",而不以竞争为目的,走出现存场域空间,走进专业"无人区"甚至学科"野人山",独辟专属市场与领地,久久为功打造特色,在鲜明特色处生成无可取代的竞争力。

对民族地区院校法学专业来说,实现特色发展固然最有前景亦最困难。因此,应抓住一流课程"双万计划"这一契机,以金课建设为抓手,以资源、工具、环境、模式四位一体开展课程设计,自制特色慕课、微课、线上线下混合"金课"、虚拟仿真"金课"与社会实践"金课",以特色课程建设推动特色专业发展。民族地区院校法学专业应遵循人无我有的理念,根据自身独有的优质资源建设民族法、地方法治、文化遗传保护法、旅游法课程,创新形式与内容,将其打造成精品金课。

(四)突出应用,发展交叉学科

民族地方高校因历史与现实原因,早已被主观定位或客观上定型为应用型高校,不大可能脱离现有路径依赖,而"异军突起"走纯粹的研究型大学之路,故不能亦步亦趋跟随以研究见长的部属院校,否则就永远摆脱不了"跟跑"角色。"应用性、服务型"应是地方高校安身立命之所在,故应在人才培养、科学研究、社会服务三大领域突出"应用"底色与"服务"特色。一是培养一流的应用型人才,尤其要培养造就具有创新理念和创业能力的人才;二是要做一流的应用研究,尤其是促进智力成果转化为当地社会的现实生产力;三是要强化社会服务职能的发挥,解决经济社会问题。对不同类型的大学来说,现代大学的4种基本职能不可偏废但可各有侧重,民族地方院校应有一流社会服务,让应用落地生根,在服务中彰显应用优势。

突出应用,须发展交叉学科。从发展趋势来看,建设一流法学学科须适应法律职业的多背景知识要求,注重多学科的交叉与融合,尤其是要关注新时代科学技术在社会中的深度应用,探索法治实践中科技应用之法理问题,促使理论创新和制度创新与科技创新齐头并进。① 因此,需要以国家和社会需求为导向,不失时机地谋求法学发展新的增长点,融合本校优势学科、优化法学学科结构,重构学科体系,发展新兴交叉学科,建设跨学科创新团队,以知识交叉复合为核心,培养复合型法律人才。例如,广西师范大学法学院形成"交叉性学科建设、复合型人才培养与跨学科性研究"三位一体模式,走"自主创新、特色发展"之路,将国家级特色法学专业建设点的优势、特色、动力充分释放出来,如自主设置立法学二级学科、建设地方法治与地方治理多学科融合的科研平台与地方智库。

---

① 参见周佑勇:《双一流背景下理工大学发展法学教育的学科需求及思路》,载《人民法治》2018年第8期。

（五）开放办学，积极有为的国际化

一流大学须有一流的开放办学理念和一流的国际化实践。国际化是"双一流"建设的必然内容和重要支撑，香港科技大学建校历史未满 30 年，却成功跻身为世界顶尖大学，支撑其一流发展的不仅有"着眼世界"的创校理念，还在于其将国际化作为重点发展的六大策略计划之一，开发全球 250 个合作伙伴，积极开展研究合作，招收国际学生和延揽国际教员，致力于多元化发展，拓展学生的国际视野培养环球领袖，致力于提升国际地位与影响。

民族地区高校法学专业可实行积极有为的国际化。以广西师范大学法学专业为例，虽身处中国三线城市桂林，但桂林作为国际旅游胜地具有广泛的知名度和悠久的美誉度，其对外开放水平有助于当地高校国际化事业的拓展。在"一带一路"建设向纵深发展的背景下，作为民族边疆地区院校更应有所作为，主动服务中国—东盟自贸区建设，加强与东盟国家如越南、泰国、新加坡合作交流，互通有无，招收沿线国家留学生，开展东盟国别法律研究，为双边经贸投资可持续发展提供法治保障，同时善于发现和总结中国地区法治和地方治理中的世界性课题，将具有"中国特色、世界水平"的法治经验向沿线国家传播，增强中国法治思想、法治模式、法治文化在东盟区域的国际影响力。

法学教育史话

中国法学博士点设置沿革:一个历史考察

王　健*

摘　要:1980年《中华人民共和国学位条例》的制定和实施,为法学学科构建、学位授予和法科研究生培养提供了制度保障、法学博士学位授权点相应经历了开张布局、稳定扩展和深化改革三个沿革清晰的发展阶段,形成了全国布局,进一步加强统筹和协调发展法学博士学位授权点,是实现新时代法学高级人才培养平台建设的一个重要目标和任务。

关键词:法学博士　法学教育　法学学位　法学学科

我国秦汉时代就有"博士"和"律博士"。清末以后逐步建立了现代教育和学位制度。中华人民共和国成立后,特别是1980年制定和实施《中华人民共和国学位条例》(以下简称《学位条例》)40年来,有中国特色的学位授权审核、授予学位的学科专业目录管理、学位授予质量保障评价、申请和取得三级学位的本科和研究生教育等制度逐步形成、发展和完善,为我国各领域高级专门人才的培养和学术文化事业的发展起了重大推动作用。我国的法学教育,从人才培养和学位管理机制上一直隶属于国家教育行政和学位主管部门管理。一所高校或学术机构是否具有授予某种学位的权力、是否具有授予某个学科专业领域的某种学位的权力,都必须经过教育和学位主管部门的审批和许可。法学博士点的设置也是如此。

历史地看,我国法学博士点的设置主要经历了3个阶段:一是从1981~1986年的开张布局;二是从1989~2006年的稳步扩展;三是从2008年至今的深化改革和优化结构。下面缕述我国自1980年建立三级学位制度以来法学博士点的设置经过,以明当下法学学科布局的来龙去脉。

一、布局阶段(1981~1986年)

1.1981年第一次审批

1981年2月国务院学位委员会首次开展博士、硕士学位点评审,并于当年11月公布

* 西北政法大学副校长,教授。

了评审结果。当时确定的申报条件主要是“文化大革命”前后培养过研究生的学科专业。北京大学法学理论、中国社会科学院研究生院宪法学、北京大学国际法学成为我国最早布局的3个法学博士点,北京大学陈守一、王铁崖和中国社科院法学所张友渔成为我国法学专业首批博士生导师。

首次学位点的布局,博士点和硕士点一次进行,这也是实施《学位条例》的一个特点,并不是先有硕士点,待有了攻读或培养博士生的需要时再设置博士点。由于在客观上形成了之后升级为博士点的学科建设梯队,因此,首次批准的硕士点这里也有必要涉及。首次批准的硕士点共有13个,它们是北京大学(法学理论、法律史、宪法学与行政法学、刑法学、经济法学、国际法学共6个)、中国人民大学(法学理论、法律史、宪法学与行政法学、刑法学、民商法学、诉讼法学、国际法学共7个)、中国政法大学(法学理论、法律史、刑法学、诉讼法学、国际法学共5个)、外交学院(国际法学)、吉林大学(法学理论、宪法学与行政法学、刑法学、国际法学共4个)、复旦大学(法律史)、上海海运学院(国际法学)、中南财经政法大学(法学理论、刑法学)、西南政法大学(法学理论、法律史、刑法学、民商法学、诉讼法学共5个)、华东政法大学(法律史、国际法学共2个)、武汉大学(国际法学)、中国社科院研究生院(法学理论、法律史、宪法学与行政法学、刑法学、民商法学、国际法学共6个)、上海社会科学院(法学理论、宪法学与行政法学、民商法学、国际法学4个)。其中,北京5个,京外8个,上海社会科学院首次布局4个法学硕士点,显示了上海社会科学院当时在全国独有的法学学科实力。

2.1983~1984年第二次审批

1983年3月启动第二批学位点评审,当年12月5日国务院学位委员会通过了第二批博士、硕士学位授予单位及其学科专业和指导教师名单,1984年1月13日国务院正式批准发布学位点名单。中国政法大学法律史、中国人民大学刑法学、对外经济贸易大学国际法学及武汉大学国际法学获批博士点。武汉大学成为京外第一个获批法学博士点的高校。

本次布局的法学硕士点如下:中国政法大学(宪法学与行政法学、民商法学、经济法学)、对外经济贸易大学(国际法学)、南开大学(国际法学)、吉林大学(民商法学)、华东政法大学(宪法学与行政法学)、厦门大学(民商法学、国际法学)、武汉大学(宪法学与行政法学、刑法学、民商法学、环境与资源保护法学)、中山大学(国际法学)、西北政法大学(刑法学)、上海社科院(刑法学)。其中,南开大学、厦门大学、中山大学、西北政法大学4个是新增法学硕士培养单位。

3.1985~1986年第三次审批

1985年11月启动第三批学位点评审,至1986年结束评审。1986年7月28日国务院学位委员会通过并批准第三批学位点和博士生指导教师名单,批准名单包括中国人民大学法学理论、宪法学与行政法学、民商法学,中国社会科学院研究生院法学理论、民商法学,北京大学法律史、宪法学与行政法学,吉林大学刑法学,武汉大学刑法学,中国政法大学诉讼法学、国际法学，厦门大学国际法学。布局法学二级学科博士点共12个。吉林大学的刑法和厦门大学的国际法成为京外第二批获准的法学博士点。

这次法学硕士点的布局情况是南京大学(法学理论)、武汉大学(法学理论、法律史、诉讼法学、经济法学)、西北政法大学(法学理论)、西安交通大学(经济法学)、兰州大学(经济法学)、吉林大学(法律史、经济法学)、中山大学(法律史)、延边大学(宪法学与行政法学)、中南财经政法大学(宪法学与行政法学)、华东政法大学(刑法学、民商法学)、四川大学(刑法学)、北京大学(民商法学、诉讼法学)、黑龙江大学(民商法学)、中国社会科学院(诉讼法学)。

前三批授权评审，布局8个单位19个法学二级学科博士点，其中，北京大学法学理论、国际法学，中国社会科学院的宪法学与行政法学，中国政法大学的法律史、诉讼法学，中国人民大学的刑法学、民商法学，成为我国法学各二级学科博士点的源头，形成了这些学科在所在法学院校的优势地位和牢固传统，也为后来这些高校的学科具有领先全国的强势地位打下了基础。不过遗憾的是，前三批评审中，均未能在经济法学、环境与资源保护法学、军事法学进行学科布点。这也反映了这些学科在当时相对滞后的发展状况。

二、稳步扩展阶段(1989～2006年)

1.1989～1990年第四次审批

第四次审批自1989年3月启动，至1990年6月结束，1990年10月国务院学位第九次会议批准中国人民大学法律史、武汉大学宪法学与行政法学、北京大学刑法学、中国政法大学民商法学4个博士点。

2.1993年第五次审批

1993年5月启动，9月结束，当年12月国务院学位第十二次会议审议批准西南政法大学为新增博士学位授予单位，诉讼法学成为该校获取的第一个博士学科点；批准新增中国人民大学诉讼法学、经济法学，中国政法大学经济法学，北京大学环境与资源保护法学，中国社会科学院研究生院国际法学5个博士学科点。中国人民大学、中国政法大学有了我国第一批经济法学博士点。北京大学有了我国第一个环境与资源保护法学博士点。

3.1995～1996年第六次审批

第六批自1995年4月部署，至1996年4月底结束，批准新增武汉大学民商法学、北京大学经济法学、西南政法大学经济法学3个博士点，是历次审批法学博士点数量最少的一次。自1996年起，国务院学位委员会开始批准少数高校按一级学科行使博士、硕士学位授权，逐步推进按一级学科审核博士点。但是，法学学科是在2002～2003年第九批授权审核时才第一次进行一级学科博士点评审的。

4.1997～1998年第七次审批

第七次评审自1997年9月正式启动，至1998年6月结束，国务院学位第十六次会议批准吉林大学法学理论、苏州大学宪法学与行政法学、西南政法大学民商法学、中国社会科学院研究生院经济法学、武汉大学环境与资源保护法学、大连海事大学国际法学、华东政法学院国际法学共7个法学博士点。

吉林大学继1986年获得刑法点之后,13年之后,终于在本次授权审核中获得了第二个法学博士点。华东政法大学获批博士授权单位。苏州大学、大连海事大学、华东政法大学也成为继武汉大学、吉林大学、厦门大学、西南政法大学之后新增的法学博士点高校。京外高校的法学博士点缓慢扩展。

5.1999~2000年第八次审批

1999年5月国务院学位委员会第十七次学位会议启动了第八次学位授权审核工作。2000年12月国务院学位委员会第十八次会议审议通过了《第八批博士和硕士学位授权学科、专业名单》,批准新增南京师范大学法学理论、山东大学法学理论、华东政法大学法律史、浙江大学宪法学与行政法学、西南政法大学刑法学、清华大学民商法学、中南财经政法大学民商法学、四川大学诉讼法学、南京大学经济法学9个法学博士点。

这次学位授权审核,首次正式开展博士一级学科审核。北京大学政治学,中国人民大学政治学、社会学,复旦大学政治学,华中师范大学政治学,中国社会科学院研究生院社会学,中央民族大学和云南大学民族学获批一级学科博士点。

6.2002~2003年第九次审批

第九次学位授权审核是根据国务院学位第十九次会议决定于2002年年底启动的,到2003年6月评审工作结束。经2003年7月国务院学位第二十次会议审议,批准新增北京大学、中国人民大学、中国政法大学、中国社会科学院研究生院、武汉大学、西南政法大学6所高校法学一级学科博士点。这是我国首次在高校和科研机构设置法学一级学科博士点。同时批准新增中南财经政法大学法律史、宪法学与行政法学,华东政法大学刑法学、经济法学,吉林大学民商法学,厦门大学民商法学,中国人民公安大学诉讼法学,南京师范大学诉讼法学,湘潭大学诉讼法学,复旦大学国际法学,国防大学政治学院西安分校(原西安政治学院)军事法学9所高校11个法学二级学科博士点。

值得注意的是,这次评审首次设立了军事法学博士点,这也意味着1997年版学科专业目录中有关法学博士二级学科专业实现了全覆盖。还应注意的是,中国政法大学在“五院”中率先获批法学以外学科的博士点——政治学一级学科博士点。中国政法大学学科结构由法学单科向法学为主、兼有相关学科的转变有了层次上的突破。

自2002年起,国家学位主管部门决定开展在博士授权一级学科范围内、以1997年版学科专业目录为参考自主设置学科专业的改革试点,即有博士、硕士学位授权的一级学科,可在一级学科范围内自主设置新兴或交叉二级学科。自主设置的二级学科,无须经过申报和审批,只需向上级学位管理部门报送备案,学位管理部门将同意备案的学科专业予以公布。这就为法学二级学科专业设置突破1997年版目录的限制提供了制度依据。2003年以后,有法学一级学科博士授权的高校开始尝试各种论证涉及,于是各种名目新异的学科专业陆续出现。

7. 2005 ~ 2006 年第十次审批

第十次评审于2005年年初部署，当年4月正式启动，年底结束。这次有几个特点：一是政策上主推按一级学科口径申报，同时仍允许申报二级学科博士点。二是首次特别授权北京大学、清华大学两所高校自主评审一级学科博士点（条件是该学科已有二级学科博士点）。三是此次申报论证内容和表格形式异常复杂和烦琐，使学位点的申报工作成为一项高度专业化的作业。

2006年1月国务院学位会议批准新增清华大学、吉林大学、华东政法大学、南京师范大学、厦门大学、中南财经政法大学6个法学一级学科博士点。其中，清华大学法学院是按照特别授权，自行组织的评审工作并顺利通过评审。清华大学法学院由2000年才获批不久的一个民商法学博士点，纵身一跃迈入了法学一级学科博士研究生培养平台。

本次还批准新增了17所高校的18个法学二级学科博士点，其中6所已有法学博士点的高校新增学位点（括号内表示）的情况是：对外经济贸易大学（民商法学）、复旦大学（民商法学）、浙江大学（法学理论）、山东大学（宪法学与行政法学、民商法学）、湘潭大学（法律史）、湖南大学（经济法学）。另有11所高校首次获批法学二级学科博士点，从而成为法学博士培养单位：中共中央党校（法学理论）、辽宁大学（经济法学）、黑龙江大学（民商法学）、上海交通大学（宪法学与行政法学）、安徽大学（经济法学）、福州大学（环境与资源保护法学）、中国海洋大学（环境与资源保护法学）、郑州大学（宪法学与行政法学）、湖南师范大学（国际法学）、中山大学（法学理论）、重庆大学（环境与资源保护法学）。

这次是自1981年首次开设法学博士点25年以来审批最多的一次。至此，全国设有法学博士点的高校和科研机构总计达35个，其中12个法学一级学科博士授权点。法学博士学科点覆盖全国17个省（市），其中北京8个，上海、江苏、湖南各3个，湖北、福建、重庆、山东、辽宁各2个，吉林、黑龙江、浙江、四川、河南、广东、安徽、陕西各1个。

三、深化改革与优化结构阶段（2008 ~ 2020 年）

1. 2008 ~ 2012 年博士单位规划立项与“特需项目”的实施

2006年第十次学位授权审核结束后，学位主管部门考虑进一步推动学位授权制度改革问题。为改变“争点、争指标”“重申报、轻建设”等状况，于2008年国务院学位第二十五次会议通过《博士、硕士学位授权审核办法改革方案》，确立新的“游戏规则”，即无论博士授权单位还是授权学科，均要求地方政府按国家确定的指标限额提出规划，经立项、建设、验收合格，再批准授权，改变之前下文、上报材料、一次性评审的做法。各省在规划立项中，“对服务国家特殊需求的少数单位，不受地区分类限制，由国家统筹考虑”。

据此，2008年至2010年2月启动了授权审核改革后的第一次规划立项评审，批准全国29个省（自治区，直辖市）和军队53个博士授权立项建设单位和135个立项建设学科。这次规划立项建设的135个学科中未涉及法学。

作为全国规划立项建设的一项补充措施，2011年2月国务院学位第二十八次会议通过了《关于开展"服务国家特殊需求人才培养项目"试点工作意见》(以下简称"特需项目"),并于2011年8月正式启动申报评审工作。经国家主管部门行业管理专家和学科专家两轮评审,在全国144所高校申报的188个项目中批准了35个项目。西北政法大学申报的"服务西北地区稳定发展与国家安全高级法律人才培养项目"获批,这次评审唯一的一个法学学科项目。该项目于2012年正式批准实施,2013年首次招生。

"特需项目"在人才培养模式的性质上,具有专业博士学位(如教育博士、工程博士)的明显特征,但因我国至今尚未设置"法律博士专业学位",①故授予学位仍沿用"法学博士学位"名称,且学科专业目录也按现行"一级学科"口径管理。在学位授权性质上,为单位授权与学科专业授权混合式特殊授权,不同于现行的一般授权。另外,项目实施办法规定了项目实施期限与学位授权期限同步,均为5年,这一时间规定使"特需项目"学位授权,与一般授权下的合格评估周期也基本一致,即无论一般授权还是特别授权,目前的学位授权制度均已改为有限期限内的授权,不存在终身授权、长期授权或永久授权概念。截至2019年年底,西北政法大学已招收7届共99名博士研究生,授予法学博士学位13人。2017年至2019年5月完成了第一期项目验收,目前进行项目的第二期实施阶段。根据学位主管部门的有关规定,实施"特需项目"的高校,可同时申报一般学位授权点,故西北政法大学仍在继续努力对照一般授权的指标体系进行申报准备。

2.2010~2011年新增博士点评审

根据学位授权审核办法改革精神,2010年4月启动授权审核办法改革后的第一次学位点申报和评审。此次评审的工作重点是大规模推动现有二级学科学位点(包括博士点、硕士点)升级为一级学科学位点,所谓对学位授权点进行存量调整。为此有几个重要措施:一是授权研究生院(教育部批准设立)高校自主评审一级学科学位授权。二是对一级学科下有几个二级学科点不做要求,只要有一个二级学科点,即可申报。三是允许尚无二级学位授权的高校直接申报一级学科点。四是高校若主动撤销一个一级学科学位点,可按指标补偿原则允许申报一个同门类的其他一级学科点,且该指标不计入正常申报指标。

这次评审至2010年12月全部结束。2011年3月国务院学位委员会和教育部正式发布评审结果,批准对外经济贸易大学(已有国际法学、民商法学两个二级学科点,下同)、中国人民公安大学(诉讼法学)、辽宁大学(经济法学)、大连海事大学(国际法学)、黑龙江大学(民商法学)、复旦大学(国际法学、民商法学)、上海交通大学(宪法学与行政法学)、南京大学(经济法学)、苏州大学(宪法学与行政法学)、浙江大学(宪法学与行政法学、法学理论)、安徽大学(经济法学)、山东大学(法学理论、宪法学与行政法学、民商法学)、郑州大学(宪法学与行政法学)、湘潭大学(诉讼法学、法学理论)、湖南大学(经济法学)、湖南师范大学(国际法学)、中山大学(法学理论)、四川大学(诉讼法学)、重庆大

① 参见袁刚:《我国法律博士专业学位设置的必要性和可行性》,载《中国高教研究》2020年第1期。

学(环境与资源保护法学)以及中国海洋大学(环境与资源保护法学)、国防大学政治学院西安分校(军事法学,原西安政治学院)共21个二级博士点升为一级博士点,批准北京航空航天大学、南开大学、同济大学、中南大学、华南理工大学、海南大学、西南财经大学7所高校法学一级学科博士点。

需要说明的是,自此以后的新增博士点不再按二级学科,而是一律改以一级学科口径申报授权和管理。此次评审全国仅剩下两个法学二级学科博士点,即中共中央党校(法学理论)、福州大学(环境与资源保护法学)。国防大学政治学院西安分校的法学一级学科仍以军事法学为突出特色,目前下设军事立法、军事司法、军事行政法、武装冲突法4个研究方向。迄今已培养和授予军事法学博士人才65名,①为我国国防和军队法治建设做出了不可替代的贡献。

3.2012年以来多元化的新增博士点评审

2012年4月国务院学位第二十九次会议提出要进一步"健全和完善需求导向的学位授权审核机制"。2013年国家出台《关于深化研究生教育改革的意见》,强调要进一步完善服务需求的学位授权体系,建立和启动授权学科动态调整机制。2014年以后,教育部加快推进"存量的调整优化"进程,密集出台了有关学位点质量监督评价、学位点合格评估、博士学位论文抽检办法、一级学科基本要求等一系列新政策和新规定。其中对申报博士点和硕士点影响最直接的就是自主设置、动态调整和合格评估这3项制度。自主调整上文已经说过了。动态调整,简单来讲,就是高校可按照一定条件自主决定对现有的学位点做加减法,以此优化自己的学科专业结构。所谓合格评估,就是自1981年以来凡国家批准设立的学位点,都必须接受为期6年一轮的强制性质量评价检查,凡自主设置、动态调整或新增审核批准的所有学位点期满3年,必须接受专项合格评估,通过者,转入6年一轮的常态化评估,不通过者,轻则停止招生整改3年,重则直接撤销学位点。至此,学位授权的终身制被彻底废止了,也解决了学位点长期以来只做加法、不做减法、没有退出机制的问题。基本建立起了有中国特色的学位授权审核制度。

2016年9月国务院学位委员会下达当年动态调整结果,批准上海财经大学、东南大学法学一级学科博士点,成为最早通过动态调整方式设置法学博士点的高校。

2015年4月教育部开始对学位点的一般授权审核问题再次进行调研,并于2016年年初形成学位授权审核办法改革的新方案。依据此方案,2017年1月国务院学位第三十三次会议审议了《博士硕士学位授权审核办法》《学位授权审核基本条件》《2017年博士硕士学位授权审核工作方案》,进而启动了申报学位点工作。新方案的核心内容是:(1)设定严格的学位点(包括授权单位和学科点)准入条件标准;(2)改以往限定和分配指标的做法,由淘汰审改为资格审,满足条件就通过;(3)建立常态化定期审批授权,即每3年开展一次一般新增学位点申报和评审;动态调整则每年一次。

① 感谢国防大学政治学院西安校区(原西按政治学院研究生处处长)魏强提供的相关信息。

2018年3月评审结果正式下达,批准新增北京师范大学、河北大学、浙江工商大学、江西财经大学、暨南大学、贵州大学、新疆大学7所高校的法学一级学科博士点;批准中央党校法学理论二级学科博士点升级为一级学科博士点。与此同时,教育部又批准了2017年申报动态调整结果,批准云南大学、山西大学新增法学一级学科博士点。一共新增9个法学博士点。应当看到的是,这次审批十分注重法学博士点的全国战略性布局,饱含深意,9个博士点中一次就填补了6个省区的空白(河北、江西、贵州、新疆、山西、云南),这在我国的法学博士学位授权史上前所未有,充分体现了新发展理念和全面依法治国的指导思想。

2019年5月6日教育部批准2018年申报动态调整结果,批准北京理工大学新增法学一级学科博士点。同时,根据国务院学位第三十五次会议决定批准2018年自主审核单位增列学位点名单,新增天津大学、西安交通大学法学一级学科博士点。

2020年3月30日国务院关于下达2019年动态调整学位点结果,批准新增华东师范大学、华中科技大学法学一级学科博士点。

以上是我国法学博士学位点设置的情形大概。

首先,自1981年我国首次布局设置法学博士学位授权点至2020年最新审批设置结果,历次审批法学博士点积累共59个。其中,2011年设置的两个法学一级学科博士点,因在2014年的专项合格评估中被评为"不合格"而被撤销。因此,目前全国共有设置法学博士点的高校57所(含一个法学二级学科博士点);其中,普通高校55个,中央党校和军校各一个。

其次,从全国区域分布情况来看,北京最集中,一共11个点。接下来上海有5个,江苏、湖南各4个,湖北、陕西各3个,天津、辽宁、山东、浙江、福建、广东、重庆、四川各2个;河北、山西、吉林、黑龙江、安徽、江西、河南、海南、云南、贵州、新疆各1个,内蒙古、广西、西藏、甘肃、青海、宁夏6个省区目前仍为空白。法学博士点已布局到我国25个省(自治区、直辖市),实现了大部分覆盖。这是我国法学界几代人长期共同努力取得的重大成果,是党的十八大以来强调加强全国统筹和协调发展取得的巨大成就,同时也反映出今后进一步调整和优化布局结构的目标和任务。

再次,还要说明的是,自2003年以来,我国高校利用国家对于学科专业目录管理的政策调整和在已有一级学科学位授权之下自主设置二级学科的授权,在1997年版(后有修订)学科专业目录之外,自主设置了大量二级学科博士点。在这些学位点当中,有的是原有三级学科意义上的法学学科,如国际经济法、海商法学、知识产权法、比较法学、法律逻辑学、法律心理学、侦查学等,也有带有交叉学科性质并授予法学学位的法学新学科,如人权法学、法律与经济、民族法学、法律治理学、教育法学、人工智能法学、传媒与信息法学等;有的设置在法学一级学科之下,但更多的是设置在马克思主义理论、政治学、社会学、民族学,或者经济学、管理学等非法学一级学科博士点之下。2019年7月国务院学位办第一次汇总并在教育部官网集中发布了开展自主设置二级学科以来70多所高校和科研机构设置的学科专业清单,有兴趣者可以参看,这里就不再赘述了。

最后,法学博士点既标识一所高校或学术机构法学教学和研究的水平、能力和权力,也是高校或学术机构获取办学资源、维护和提升其社会地位的一个重要工具,向来受到政府、大学甚至社会的关注。因此,其申报和审批也是一个充满行政和学术竞争和博弈的复杂过程。本文只是系统梳理并客观描述了历次法学博士点的设置情况,对于支撑这一概念背后的政策考量、制度环境和社会意义等方面的分析,将另文处理。

附:法学学科博士点全国区域分布一览(1981～2020年)

(截至2020年3月31日)

华北地区15个

北京:北京大学、清华大学、中国人民大学、中国政法大学、中国社会科学院(中国社会科学院大学)、对外经贸大学、北京航空航天大学、中国人民公安大学、北京师范大学、中共中央党校、北京理工大学

河北:河北大学

天津:南开大学、天津大学

山西:山西大学

东北地区4个

吉林:吉林大学

辽宁:辽宁大学、大连海事大学

黑龙江:黑龙江大学

华东地区17个

上海:华东政法大学、复旦大学、上海交通大学、上海财经大学、华东师范大学

江苏:南京大学、南京师范大学、东南大学、苏州大学

山东:山东大学、中国海洋大学

安徽:安徽大学

浙江:浙江大学、浙江工商大学

福建:厦门大学、福州大学(环境与资源保护法学)

江西:江西财经大学

中南地区11个

湖北:武汉大学、中南财经政法大学、华中科技大学

湖南:湖南大学、中南大学、湖南师范大学、湘潭大学

河南:郑州大学

广东:中山大学、暨南大学

海南:海南大学

西南地区 6 个

重庆:西南政法大学、重庆大学

四川:四川大学、西南财经大学

云南:云南大学

贵州:贵州大学

西北地区 4 个

陕西:西北政法大学、西安交通大学、国防大学政治学院西安分校(原西安政治学院)

新疆:新疆大学

信息动态

教育部高等学校法学专业教学指导委员会、中国法学会法学教育研究会2019年年会暨“卓越法治人才培养与法学教育”论坛在上海召开

为学习贯彻党的十九届四中全会精神和习近平总书记关于依法治国的系列重要讲话精神,2019年11月1~3日,教育部高等学校法学专业教学指导委员会、中国法学会法学教育研究会2019年年会暨“卓越法治人才培养与法学教育”论坛在上海政法学院召开。本次会议由教育部高等学校法学专业教学指导委员会、中国法学会法学教育研究会主办,上海政法学院承办。来自全国法学界的近500位专家学者出席论坛,围绕法治人才培养、法学研究领军人才队伍建设等议题进行了广泛而深入的研讨。

论坛开幕式在上海政法学院博雅馆举行,上海政法学院党委副书记、校长刘晓红教授主持。

上海政法学院党委书记夏小和教授致欢迎辞,向与会专家学者的到来表示热烈欢迎,感谢教育部高等学校法学专业教学指导委员会和中国法学会法学教育研究会的信任和支持。他重点介绍了上海政法学院建设具有鲜明政法特色的一流应用型大学的思路和举措,特别是依托中国—上海合作组织国际司法交流合作培训基地服务国家战略和地方经济社会发展的成绩和经验。

上海市教育科学研究院院长、市教委高教处处长桑标表示,本次年会对努力开创中国特色社会主义新时代法学教育改革发展新局面具有非常重要的理论意义和实践价值。他对提升法治人才培养与法学教育水平提出了3点建议:一是要全面提高各级各类学校治理水平;二是要全面提升广大干部师生法治意识;三是要着力抓好卓越法治人才培养。

上海市法学会会长崔亚东回顾了上海市法学会与上海高校深入合作,在法学研究、人才培养、教育创新等方面所做的大量工作,表示将继续与上海高校共同为全面推进依法治国、培养卓越法律人才做出贡献。

中国法学会副会长、教育部高等学校法学专业教学指导委员会副主任委员、中国国际法学会会长、中国政法大学黄进教授向年会的召开表示热烈祝贺,指出这次会议开得“齐”——积极参会到得齐;开得“实”——会议议题设置得实;开得“新”——对新时代法学教育创新的探讨;开得“和”——四会合开、和而不同、和谐发展。

司法部法律职业资格管理局一级巡视员王红通过数据介绍了国家统一法律职业资格考试的情况,并就提高法律硕士教育培养质量提出了3点建议:一是法学院校应充分、认真研究法律硕士指导性人才培养方案;二是法律硕士教育在加强实践教学的同时,应重视基础理论课教学;三是重视和加大真实案例教学。

外交部条约法律司副司长郭晓梅表示,涉外法治人才培养是一个系统工程,需要结合不同领域涉外法治工作需要,对涉外法治人才所必须具备的能力素质要进行有针对性的培养。一是更加重视基础知识和基础能力的培养;二是更加重视培养政治和法律相结合的能力。

中国法学会党组成员、学术委员会主任、中国法学会法学教育研究会会长张文显教授代表中国法学会对贯彻落实党的十九届四中全会精神提出了6点要求:一是要认真学习研究党的十九届四中全会的文件,切实贯彻好全会的精神。二是要切实增强中国特色社会主义制度自信,坚定不移走中国特色社会主义道路。三是切实理解坚持和完善中国特色社会主义制度,推进国家治理体系现代化的指导思想、总体思路、总体目标。四是要全面把握坚持和完善中国特色社会主义制度,推进国家治理体系和治理能力现代化的重大任务。五是要切实强化制度意识,带头维护制度权威,做制度执行的表率。六是建立和发展与国家治理体系和治理能力现代化相适应的现代化中国法学。希望大家深入思考、务实交流、凝聚共识,形成高水平的研究成果。

致辞环节后举行了第六届中国法学教育研究成果奖颁奖仪式,中国法学会法学教育研究会副会长王晨光教授宣读获奖名单。中国法学教育研究成果奖是由教育部高等学校法学类专业教学指导委员会、全国法律专业学位研究生教育指导委员会、中国法学会法学教育研究会、北京市曾宪义法学教育与法律文化基金会等共同设立的全国性法学教育研究奖。

随后的环节,由在法学教育领域有卓越贡献的教授进行了主题演讲。主题演讲环节由中国法学会法学教育研究会常务副会长、中国人民大学韩大元教授主持。

南京师范大学中国法治现代化研究院院长公丕祥教授,上海政法学院刘晓红教授,中国政法大学黄进教授,西南政法大学党委副书记、校长付子堂教授,北京大学法学院院长潘剑锋教授,中国人民大学法学院党委书记、院长王轶教授,复旦大学法学院院长王志强教授分别围绕"新中国70年进程中的法治革命""智慧教育与法学人才培养模式变革""加强涉外法治人才培养服务涉外法律斗争""'一带一路'涉外法治人才培养的探索""法学课程设置:人才培养的重要一环""致力培养卓越社会主义法学人才""新中国七十年来法科学术人才培养"作主题演讲。

分论坛上,与会专家学者分别就"涉外法治人才培养机制""法律领域高端领军人才培养机制""法学教育人才培养的实践与应用""多元化机制下的法学教育人才培养""法学教育人才培养的守望与未来"5个议题展开了热烈研讨,碰撞思维火花,在卓越法治人才培养与法学教育研究上达成了广泛共识。

中国法学会法学教育研究会副会长、复旦大学法学院孙笑侠教授主持分论坛总结。中国人民大学法学院龙翼飞教授、辽宁大学副校长杨松教授、西北政法大学副校长王健教授、西南大学法学院副院长房香荣教授分别对分论坛作总结报告。

年会闭幕式由中国法学会法学教育研究会副会长、中国人民大学法学院韩大元教授主持,祝贺本次论坛的顺利召开,感谢承办方上海政法学院会务组热情、高效的工作。中国法学会党组成员、学术委员会主任、中国法学会法学教育研究会会长张文显教授在闭幕辞中指出,我们要深入学习贯彻党的十九届四中全会精神,紧紧围绕服务国家战略,培养大批具有全球视野全球思维、通晓国际法学话语体系的高素质涉外法律服务人才,建立一支理论创新能力强的高端法学研究人才队伍,在全面推进依法治国、建设社会主义法治国家的伟大征程上做出法学界应有贡献。上海政法学院党委副书记、校长刘晓红代表本届年会承办方代表上海政法学院,向关心和支持本届论坛的领导和与会专家学者表示衷心的感谢,在上海政法学院建校 35 周年之际承办此次盛会是上海政法学院的荣幸。

最后,由中国法学会法学教育研究会秘书长杜焕芳教授通报了研究会相关工作安排。中国法学会法学教育研究会副秘书长袁钢汇报了中国法学教育网的建设情况。

教育部高等学校法学专业教学指导委员会会议、中国法学会法学教育研究会常务理事会会议、中国法学会法学教育研究会模拟法庭教学专业委员会“模拟法庭教学资料与教学方法”论坛,以及中国法学会法学教育研究会诊所法律教育专业委员会 2019 年年会暨“卓越法治人才培养与诊所法律教育的实践和推广”论坛也同期在上海政法学院召开。

附分论坛综述:

2019 年 11 月 2 日下午,教育部高校法学类专业教学指导委员会中国法学会法学教育研究会 2019 年年会暨“卓越法治人才培养与法学教育”论坛第一分论坛“涉外法治人才培养机制”在上海开元酒店 4 楼贤德厅如期召开。

本论坛第一单元由中南财经政法大学副校长刘仁山教授主持。西安交通大学法学院院长单文华教授发言指出,面对国家战略的需要,面临百年未遇的这样的一个大变局,涉外法律人才培养需要大力地发展国际法学,将国际法学确立为法学门类下的一级学科博士点。从法学学科发展,法学教育发展的增量这个角度去看待这个问题,发展国际法学,不仅是国际法一家的事,也是所有的法学学士整个学科的事。对外经济贸易大学法学院左海聪教授发言指出,涉外法制人才的培养机制主要从三个方面改进。第一,关于法学学科体系问题。为了适应国际法律实践的需要,我们需要增设新课程,需要把国际法作为一级学科,推动法学学科的发展。第二,培养的内容要有改进。从当前的国际法律实践来看,法学教学的国际法教学还是有欠缺的,要适应涉外法律实践的变化,加强国际法与国内法的融合教学研究。第三,培养的方式要有改进。适应涉外法治人才素质标准提高的需要,加强国际法教学的规范化、精细化、复合化。华东政法大学研究生教育院副院长张勇就涉外人才培养模式提出 4 点经验。一是推进学科专业融合发展。如华东政法大学成立国际文化交流学院,集中全校高水平专家学者,加强涉外法律文化的研究;

构建“法律语言+”和“法律英语+”的创新模式,满足“一带一路”建设国家语言多样化的现实需要。二是促使人才培养模式创新。探索改革传统教学组织形式,构建“思政教育—分类培养—综合能力”紧密结合的一流“国际法学+”人才培养路径;实施拔尖创新人才培养“明珠计划”,健全拔尖创新人才选拔和培养机制;设立以管理学、经济学、文学等学科(专业)人才培养改革创新试验区,探索“国际法学+”创新人才培养新模式。三是加强教育质量内涵建设和教学管理。加强以启发式教学、研究式教学、案例式教学为主的多样化、现代化教学方法和手段改革,实施研究生教学督导制度,加强教学质量评价,加强教改支持力度。四是实施中外合作办学和出国学习交流升级计划。学校推进“4+2”卓越法律人才实验班项目在研究生阶段的国际化,保证项目班学生至少有半年的出国实践机会;中国社会科学院大学法学院执行院长吴用教授发言指出,中国社会科学院大学现有的培养机制主要有两个方面。一是“引进来”的方式和“送出去”相结合。跟世界知名的大约14所高校合作,包括英国的3所高校,其中有牛津大学,美国包括加州伯克利亚分校等。把全部的学生送出去,到海外进行半年到一年的交流。二是国际组织的实习项目。海外的短期研究项目,所有的国际法的研究生只要能够申报,全部是全额支持。福州大学法学院院长黄辉教授发言指出,涉外法治人才的培养,无论是法学本科还是硕士研究生的培养,首先要把格局抬高。当我们对法学的最基础的一些知识在进行培训、教育培养的过程中,要让我们的学生有机会了解到不同的国家可能对同样的一个法理问题,对一个民事问题,对一个诉讼问题或者对一个形式问题,它们都有哪些不同的规定。涉外法治人才的培养机制要改善,其实改善的是老师的机制,这对每一个学科的老师提出了一个更高的要求,即需要有更高的眼光。湖南大学法学院副院长喻玲副教授发言指出,面向全球治理创新培养国际组织人才是世界上大部分国家法学教育面临的重要课题。在人才培养目标中,国际组织的法治人才培养有5个培养目标,包括政治素质、专业知识、语言水平、实践技能、跨文化交际合作的能力。首要的是政治素养,不仅要有国际视野,更应该是有家国情怀的这样一个法治人才,这是全方位的育人过程。在本单元会议讨论阶段,参会老师们围绕小语种国家的涉外人才如何培养,国际化的实务能力的培养、涉外法治人才培养的道路、分类问题等展开富有启发意义的讨论。

第一分论坛的第二单元由辽宁大学副校长杨松教授主持。中山大学法学院院长黄瑶教授发言指出,联合培养机制有利于实现涉外法治人才培养目标,要加强法学院校与其他学科、法学院校与境外高校、法学院校与涉外实务部门的联合培养机制,并加强师资建设和资金保障机制。加强涉外法治人才联合培养机制,第一,因地制宜,加强与境外高校合作,实现优秀师资共享。第二,畅通学生联合培养机制,创建境内外教学交流体系,鼓励学生到境内外高校进行交流学习,搭建涉外法治人才培养交流平台。第三,建立联合培养的资金保障机制,鼓励学生申请国家留学基金委员会优秀本科生国际交流项目、国家留学基金委员会政府奖学金项目。广东外语外贸大学法学院院长袁泉教授发言指出,针对法学人才培养机制出现的问题,法学专业人才培养机制不符合法律人才培养要求,法学教育整体上还属于非职业教育。要培育出有温度、有特色、有口碑的法学人才。有温度,即全心全意服务学生,严守治学治教规则,讲授法理、培育人情、关怀师生,传承价值。有特色,即创新法学本科人才培养模式,创新人才引进机制、创新师资培养办法,创新法学学科研究。有口碑,即国内要获得社会各界认可,国际要增强相互交流。对外经济贸易大学法学院副院长龚红柳教授发言指出,国际组织后备法治人才的培养,主要从三个方面着手。第一,加强政策支持。加大资助力度,鼓励各地高校采取地方专项扶持、高校配套、社会捐助和学生个人承担的经费支持方式,推送高校学生到国际组织实习。完善教学(教务)管理,建立灵活的学习制度,给予计算相应学分等政策支持。优化毕业生就业服务,支持升学深造。第二,加强指导服务。强化信息服务,积极组织学生使用平台,并将国际组织招聘信息精准推送至有需求的学生。广泛宣传发动,有计划组织参观国际组织机构,帮助学生认识了解国际组织,做好指导培训工作。第三,加强人才培养。推进人才培养改革,加快培养多层次、多类型具有参与全球治理能力和素质的各类人才。开展项目交流合作,鼓励和支持高校与国际组织机构间合作,签订实习生协议,联合建立实习和培训基地,积极输送学生到国际组织实习。第四,加强组织管理。建立工作机制,采取切实措施,为学生到国际组织实习任职提供资金、人员、场地等条件保障。

安徽财经大学法学院院长张卫彬教授发言指出,关于涉外人才培养机制的探索,以财经类院校为例提出以下几点建议:第一,分类培养,体现特色;第二,重点扶持兼顾其他;第三,夯实本科教育。西安财经学院法学院崔艺红教授发言指出,现在的法学院校的师资队伍,只能够满足于当前的法治人才培养,应用创新型法治人才培养标准大多数都做不到。具有国际化视野的双师型高水平师资队伍建设是涉外法治人才教育培养的关键环节,师资队伍建设是涉外法律人才教育培养的前提和基础,需要双师型高水平教师。上海政法学院国际法学院副院长王祥修教授发言指出,“一带一路”倡议下中国涉外法治人才的需求不断增大,有效供给却不足,“一带一路”的法治人才的培养目标应当坚持以人才能力需求为导向,坚持精英教育模式,培养适应“一带一路”建设需要的精英人才。通过职业型法学教育,培养坚守传统美德、拥有过硬法律技能、具备良好语言能力、善于弘扬法治文化的精英人才。改革涉外法治人才培养方案,坚持德法并重,提升法治信仰和人文情怀。增强自身办学实际,强化学生从事涉外法律技能。建立人才培养联盟,形成法治人才培养合力。在自由讨论阶段,参会代表围绕涉外法治人才培养的师资问题、涉外法治人才的需求、不同院校面临的不同的发展问题展开了热烈讨论。

2019 年 11 月 2 日下午第二分论坛的主题为“法律领域高端领军人才培养机制”,共分两个单元进行。

第一单元由西北政法大学校长杨宗科教授主持。杭州师范大学法学院院长郝铁川教授发言指出,我们要培养“五通”人才。(1)古今通。要打通中华法系到今日中国依法治国的隧道。(2)中外通。涉外法律领域活动是当下依法治国的新战场,培养国际组织管理人才、涉外律师人才是紧迫任务。(3)交叉通。打通法学与其紧密相关的经济学、政治学、宗教学、伦理学、历史学等隧道。民法、经济法离不开经济学等,宪法离不开政治学等,法哲学离不开哲学、史学等。(4)体内通。对法学各个分支学科要有所通。在法律实践中,民、刑交叉,行、刑交叉,民、宪交叉等比比皆是,实体法和程序法更是唇齿相依。(5)名实通。这里的"名"指理论,"实"指实际。"名实通"就是强调要从实践中提升理论。名实通的目标是要培养对社会有用的人才。与其说培养卓越人才是宏大叙事,还不如说培养眼下管用人才更加实际。浙江大学光华法学院副院长郑春燕教授发言指出,要培养高端法律人才,有一个非常重要的基本的前提:融入依法治国的整体方略。第一个层面是先理解,阅读法学以外其他学科的背景知识来理解中国的政治体制、经济模式、历史文化可能对法学路径探索的影响。第二个层面是融入,重点反思法学目前的学科方法,在法学教育教学的方法以外,要大量地融入法社会学、法经济学、法行为学的方法。第三个层面是设计,建立平台,通过平台提升学生视野,提升学生参与到国家项目中的能力。在这些共同机制的作用之下,我们会具备更强的在依法治国方略当中的机会,才能叫作真正的高端法律人才。浙江省高级人民法院副院长朱新力教授发言指出,信息时代的特征就是平台价值。通过强大的算列和高端的人工智能支撑以后,导致我们的生活方面、进一步引起经济方面,更重要的是全方位引起了社会治理的革命性变化,国务院全面推广的"最多跑一次"改革,它的方向就是建构出信息时代政府治理的新模式,由浙江开始,杭州互联网法院、中国移动微法院、智能审判三者加起来的活动,就是想要建构信息时代司法新模式。南京师范大学法学院院长蔡道通教授发言指出,对法学有兴趣的同学可以转专业,最大的好处在于多科性背景,往往是应用型领域,外语和法律"2+2"模式,医学、法学的"4+2"模式,研究生方面专门化培养方向,结合自身的优势和特点和其他院校合作,丰富法学培养方向。广州大学法学院院长张泽涛教授对粤港澳大湾区法治人才培养模式的发言指出,迈向"合作共享、多元卓越"的湾区法治人才培养模式,"合作共享、多元卓越"培养模式的基础是粤港澳大湾区具有丰富的法学教育资源。粤港澳大湾区法治人才培养的基本方式是合作共享,包括以下几个方面:(1)区际合作,与港澳高校如香港城市大学、香港科技大学;(2)国际合作,与国外高院如意大利帕多瓦大学;(3)资源共享,湾区内高校间学生共享特色课程,教师共享科研平台;(4)课程体系优化"部门法+普通法"课程群、专业技能课程群、创新创业与职业伦理课程群;(5)教师能力提升,粤港澳大湾区、人工智能、云计算大数据、网络空间安全等前沿知识培训,年轻教师赴国外高水平机构访学交流,打造普通法、国际民商事法律全英文教学团队;(6)培养平台丰富,包括校外实习、实训基地,境外联合培养高校,学生交换项目、暑期短期交流项目等。粤港澳大湾区法治人才培养的基本目标是多元卓越。包括涉外型、职业型、复合型、研究型的法治人才的培养。广西师范大学法学院院长陈宗波教授发言指出,对于高校卓越法治人才培养,一是联合培养主体,建立联合培养基地。二是共建卓越班,法学独修班。三是探讨实习司法官助理制度。四是挖掘地方性知识。盘活地方优质教育资源,对推动教育改革以及培养优秀人才有成效。湖北大学政法与公共管理学院蔡科云教授发言指出,法律高端领军人才素质的核心要素有三。一是“端”，忠诚担当的职业道德要“端”；二是“牢”，追求卓越的专业信念要“牢”；三是“固”，合人为群的团结思想要“固”；从学生培养体系的视角、社会大环境的视角以及时代和未来需要的视角，将学生培养成为主体人格完备、自育意识突出、热爱学校、全面发展的卓越之才。在自由发言阶段，参会代表围绕在信息智能时代，未来的法学人才培养应当往哪个方向走，卓越法律人才的培养模式问题展开讨论。

第二单元由北京大学法学院院长潘剑锋教授主持，上海财经大学校长助理郑少华教授围绕营商法治人才培养发言指出，营商法治人才就是“商业友好型”法治人才，懂得“做生意”规矩的法治人才，营商法治人才的培养，一是顶层设计“六卓越一拔尖”计划。作为卓越法治人才培养的一种模式——营商法治人才居于“卓越”的一类，又居于“拔尖”类型。二是各校探索。财经院校“法律＋财经”人才培养；商科大学（含外贸、海事）“法商复合”人才培养探索；理工大学“知识产权”（或“计算法学”“人工智能法学”）人才培养探索；政法院校：“经济法”“民商法”“知识产权”人才培养；综合性大学“法律＋经贸”人才培养探索。三是“顶层设计＋基层探索”。河海大学法学院院长杨春福教授发言指出，高端法治人才的标准，有六个方面的标准。一是浓烈的家国情怀。要把个人的职业生涯与国家民族的发展紧紧相融合，拥有强大的爱国情怀，有强烈的中国问题意识和解决中国问题意识的能力、解决中国问题意识的冲突。二是扎实的法学专业知识和相关知识。高端领军人才必定是复合型的法治人才，必须是“法律＋某一领域”或是“某一领域法律”。三是深厚的人文素养和人文关怀。坚持人文主义精神，有人权意识，要特别尊重和保障人权。四是敏锐的学术敏感力。五是高尚的法律职业道德。六是广阔的国际视野。华中师范大学法学院院长李克武教授发言指出，领军人需要有眼界、有胸怀、有能力。做学术研究的领军人，首先要具备学术研究的基本素质，法学学术人才的培养，关键是做好两个方面，一是学术规范；二是创新能力的培养。法学研究的学术人才培养应当贯通本硕博阶段，并在不同阶段、类别有所侧重。在本科、硕士阶段建立具有学术导向的班，交叉复合培养，直接给资源、配置、建制、管理、轮流管理、小班建制、单独配置资源、学术导向。浙江理工大学法学院院长王健教授发言指出，着力打造时尚法学科、培养时尚法人才，时尚法属于行业法，时尚法律是服务于时尚产业的法。与传统部门法不同，整个时尚法的发展是以问题为导向、非常务实，时尚法的发展是保持国际化理念、刻印城市特点的，贴近产业发展的需要，贴近学校的特色和优势。宁波大学法学院董茂云教授发言指出，每个学校都可以培养领军人物，首先是培养合格的法律人才、优秀的法律人才，然后在此过程当中有可能出现一个领军人物。培养领军人才，教师很重要，需要各种力量，跨学校培养，跨国培养。但最后能成为领军人物，更多的是依靠自身努力，所有的培养都是基础性的，培养只是提供土壤。在自由讨论阶段，福建师范大学林旭霞教授发言指出，高端领军需要落地，需要服务地方建设。从地方需求出发，立足于社会服务实践，具有前瞻性设想。参会代表还围绕高端领军人才需要具备条件等问题展开讨论。

2019年11月2日下午第三分论坛的主题为“法学教育人才培养的实践与应用”,共分两个单元进行。

第一单元由中国人民公安大学副校长汪勇教授主持,浙江外国语学院副校长李安教授发言指出,要尝试与法治教育结合,与时代特产和法学培养结合,培养法治教育人才。法学教育人才的培养模式包括知识、情感、意志、意识、信仰与行为。从事法科专业教育人才应该具备教学技能和教师伦理。武汉大学法学院熊伟教授针对对口支援的情况下如何进行法学教育发言指出,对口支援让资源得到优化配置,合作建立学术交流机制,帮助进行法学学科建设,联合建设学术项目和学术奖项,进一步强化双方学生交流,也有利于法学教育的发展。安徽财经大学法学院院长刘永伟教授发言指出,法学院教育建设概括为8字——技道双修,教研并进。技与道相辅相成,技即法学的技能和知识的传授,包括实践方面的训练,像模拟法庭等。道即法学的理念,帮助学生建立基本的法治理念,其中包括平等、民主、守法等基本观念。教研并进,教学对老师的要求比较高。要培养出好的学生,老师一定要做科研,学生才可能有创新精神等。河北大学政法学院副院长陈玉忠教授发言指出,对学生培养重视能力培养和人才塑造,第一,坚持德法兼修,实现德行培养和专业知识的同步进行。第二,探索与实务部门的联合人才培养机制,以卓越法律人才培养2.0计划,充分发挥综合类大学的优势。第三,组建更好的教师队伍。第四,继续细化培养学生,培养卓越化人才。第五,要求每个老师每门课程的核心素养,为什么而教,为什么而学是在法学教育中必须要解决的问题。北京交通大学法学院院长施先亮教授发言指出,在人才培养方向,依托优势学科、培养复合型人才,包括“法律+交通物流”“法律+信息安全”“法律+经济管理”。同时嵌入科技前沿,培养创新型人才,将无人驾驶、人工智能等科技问题引入法律课程。建立校外实习基地,与单位建立合作。另外,也要加强国际合作,培养国际化人才,与国外高校进行合作。河南大学法学院副院长李亮教授发言指出,本科生教育概括分类培养,因材施教,将法学院学生分为五大类,包括应用型、复合型、涉外型、研究型和创新型。应用型(职业型)即理论与实践教学一体化,校内实训和校外实训两课堂,教师科研与实践、校内指导与校外指导,学生创新能力与就业能力三结合,基础性、专业性、综合性和创新性课程四层次。复合型即交叉融合以法为本,一专多能、一精多懂,一通多会。涉外型即法律专业拓展英文、外语专业辅修法律:重点在小语种(法、俄、意大利语)、“全英课程+双语课程”、外教(20%)与本校教师(80%)相结合、各类国际法模拟法庭竞赛。研究型即双周读书会、创新研修课。创新型即整合全校师资,增设创新型实验班。在自由发言阶段,主持人汪勇老师对每位老师的发言进行总结。

第二单元由中国社会科学院大学副校长王新清教授主持。西北大学法学院副院长郑辉副教授发言指出,以法学教育人才培养的实践与应用为题,主要从新时代法学教育面临的困境和挑战、卓越法治人才培养的时代要求、卓越法治人才培养3个角度讲述。首先,强化法学学科体系、学术体系、话语体系、教材体系建设。此为源头和基础。其次,进行完全学分制改革，专业准入准出的制度，上面两个制度都源于“宽口径、厚基础、重实物”的培养。最后，建设课程模块和卓越法律人才实验班。宁夏大学政法学院副院长胡世恩副教授以司法改革为导向的法学人才培养模式创新与实践发言指出，建设方面在国家标准和“卓越法治人才教育培养计划2.0”的基础上提出了一源、二型和三阶的本科培养模式改革方案。强调重视法律职业能力、双师型队伍建设、实践教学碎片化和模拟法庭表演化。课程体系科学化体现在课程体系设置和课程平台建设。实践教学标准化方面，我们注重实践课程分类化、实践环节规范化和学科竞赛体系化。兰州财经大学法学院院长张革新教授发言指出，首先要意识到财经类院校该如何进行法学人才培养，如何进行法律学科建设。打破固有思维，在法学方向开设金融学、会计学等课程，主要在经济法学方向，另外就是在法律卓越人才实验班里开设，并在同学思想的统一下得以付诸实施。延边大学法学院院长尹太顺教授就特色法律人才的培养指出，培养定位是培养多语兼通、多元文化特色的复合型法律专门人才，以培养民族法律人才和东北亚区域合作与交流所需涉外型法律人才为特色。人才培养模式、课程体系设置和特色课程中都保持学校自己的特色。吉林财经大学法学院副院长周毅发言指出，学校要明确定位，打造特色，依据法律与经管融通，素质教育与法律职业伦理教育并重的思路，形成了财经特色鲜明、实践能力突出的办学特色，致力于培养经精法律、通财经、懂管理的具有多学科素养和适应能力的应用型、复合型人才。一是持续推进分类培养、全面发展的人才培养战略。二是构建“四位一体”的教学资源系统。三是打造以体验、模拟、实站三结合为内容的实践教学体系。四是建设智慧课堂，实施教学创新。五是总结教学经验，整合教学内容，开发实验课程系列教材。温州大学法学院院长王宗正教授发言指出，落实国家标准首先要落实个性化标准，制定个性化发展标准是实现多样化发展的客观需求。对法学人才进行个性化培养，要考虑地方特色和地方传统，为了实现这个目标，在法学学科基础上设置公共选修课和跨学科选课，根据企业法务的实践方面让学生自主选课。同时设置实践必修课，通过实践的方式让学生更好地接触企业法务。江西财经大学法学院院长杨德敏教授发言指出，为适应新形势下法治人才培养的形势，专注于培养复合型、交流型的“网络+人才”。在高端人才融合领域，要重视法律实践教学。为了实现这个目标，举行专题讲座，积极鼓励同学参加各种辩论赛，鼓励各种形式的创新形式。践行培养德法兼修的法律人才的原则，根据“卓越法律人才培养计划2.0”，改进之前的教学方法，增加法律实务训练。

2019年11月3日上午，由教育部高校法学类专业教学指导委员会及中国法学会法学教育研究会主办，上海政法学院承办的“多元化机制下的法学教育人才培养”论坛在开元酒店4楼贤德厅顺利进行。

论坛全程主要围绕多元化机制下的法学教育人才培养开展对话，在西北政法大学副校长王健教授的主持下进行。中南民族大学法学院院长潘红祥教授发言指出，西部少数民族法治人才培养，要将民族团结进步教育融入少数民族卓越法律人才思政教育的全过程，坚持在“五上”方面下功夫，培养出一批具有中华民族共同体意识、奉献精神、较强实践能力、德法兼修的少数民族基层法律人才,提高西部少数民族卓越法律人才培养的综合质量,促进民族院校特色法学教育的发展,丰富民族教育的理论与实践。在教学内容方面,以夯实民族团结思想、铸牢中华民族共同体意识为标准;在教学形式方面,以多样化的教学方式,激发学生成为课堂学习主体,主动将接受中华民族共同体意识理论为标准;在社会实践方面,以集体统一的实践活动和分组进行社会实践和专业实习,以了解民族团结在实践中的形式和发挥的作用并将其作为学生自己的行为规范为标准。黑龙江大学法学院院长哈书菊教授发言指出,对俄法律人才培养模式,实施“俄语+法律”的培养模式,设立俄语特色班,清晰办学定位,注重实务培养,让大多数学生能够接触到实务的第一线。北京理工大学法学院副院长郭德忠发言指出,建设法学学科“科技+法律”特色,科技与法律实现有机的结合。成立机构国际争端预防解决研究院,给相关机构做研究支撑,也有人才培养的功能。中国政法大学法学院袁钢副教授发言指出,要设置法律专业博士,针对社会的特定职业需要培养具有较强的专业能力职业素养,创造性从事实际工作的高层次应用型专门人才。江西师范大学法学院副院长颜三忠教授发言指出,针对法治人才培养模式存在的问题,法学人才培养一定要全面性,法治人才自身能力系统性的配合,法学教育要有层次性,开放性,法律职业资格考试应该有更大包容性。法治人才培养的评价应有多元性的标准,这才能够更好地促进法治人才的培养。长春理工大学法学院院长赵静波教授发言指出,培养具有理工科背景的交叉型的人才,要以理工科优势为基础,聚集实验型人才培养,建立法律实习生制度,充分利用平台来培养人才,协同合作机制来培养法治人才。

2019年11月3日上午,由教育部高校法学类专业教学指导委员会及中国法学会法学教育研究会主办,上海政法学院承办的“法学教育人才培养的实践与运用”论坛在开元酒店4楼思乐厅顺利进行。

论坛在汕头大学法学院院长怀效锋教授、吉林大学法学院房绍坤教授的主持下进行。西北政法大学校长助理汪世荣教授发言指出,要培养法律研究生科研能力,首先是培养过程中课程和科研的关系。课程培养过程当中要把课程和科研紧密结合,教学要结合科研,科研“反哺”教学。其次是学生在调研当中要接触司法实践部门,要接触当事人,这对学生综合的科研能力的培养是有帮助的。最后是横向课题的调研跟学生的实习和实训紧密结合。调研活动建立研究生的实训基地。学生的实训、实习应在基地有针对性地进行。江苏师范大学法学院院长菅从进教授发言指出,法律硕士“校地深协同”培养模式,即培养方式要重视和加强实践教学,注重实务能力的培养。大力引进和借助社会资源,建设高水平的校内法学实践平台和实践课程,校内的实践课程和教学平台必须要大力介入,如法律援助中心,法律诊所,利用地方法律资源搭建校外法律卓越人才培养基地和实习基地。河南师范大学法学院院长王鹏祥教授发言指出,新时代的法学教育,要承担起卓越法律人才的重任,首先就要审视法治人才的培养理念路径和方法。其中的理念应该是一个顶层设计的问题,也就是人才培养的道德问题。而路径方法则是中观和微观层面的设计,也就是所谓的"术",道与术在人才培养当中体现出指导与反指导、作用与反作用的关系,需要加以适当运用。法制教育应该结合各高校的实际情况,具有不同的定位,着力打造高水平的法律人才队伍。在自由发言阶段,参会代表围绕如何调动老师指导学生社会实践的积极性、实务老师薪酬等问题展开了激烈讨论。

2019 年 11 月 3 日上午,由教育部高校法学类专业教学指导委员会及中国法学会法学教育研究会主办,上海政法学院承办的"法学教育人才培养的守望与未来"论坛在开元酒店 4 楼思信厅顺利进行。

论坛在河北大学副校长孟庆瑜教授、浙江工商大学法学院徐祥民教授的主持下进行。福建师范大学法学院院长林旭霞教授发言指出,法学教育愿景的实现,一是素质教育和专业教育的并重。法学教育既有自己的专业领域,又有特定的知识范畴,还有人才培养的基本目标和规格,法学教育不仅是培养优秀的法律职业工作者,更多的是把学生培养成高素质的优秀人才。二是基础教育和特色教育的结合。三是法学教育和法职考试的衔接。法学教育应当通过法学理论、法律思维、法律实践的有机结合,推进法学教育、法职考试、法律职业的良性互动。上海师范大学哲学与法政学院院长蒋传光教授发言指出,法学专业的精英化教育理念,一是突出精英化、专业化的人才培养方向,压缩法学本科专业招生人数,构建高端化的培养模式。二是优化专业课程体系,加强高水平课程建设,夯实专业核心课程,开发前沿交叉课程。打破高校和社会之间的体制壁垒,将实际工作部门的优质实践教学资源引进高校,加强法学教育和法学研究工作,促进法学研究工作者和法治的交流。云南财经大学法学院院长佴澎教授发言指出,法学教授人才培养的未来,虚拟仿真的法学教育理论,仿真教学的教学意义,有助于培养学生办理案件的能力,开拓学生的思维,提高学生综合运用知识的能力。宁波大学法学院副院长何跃军发言指出,法学教育怎么进一步实现人才培养的目标,需要整体性的逻辑反思与法理反思。以人的全面发展为基本依据,界定法学教育人才培养的目标。以全的教育观来理顺法学教育的课程体系,课程体系里既要有教会学生处理复杂法律关系的一些职业的知识课程,也要有一些课程教会学生对生活、对人生进行反思,自尊、自爱、自我认识。内蒙古大学法学院院长丁鹏发言指出,坚持落实以本为本的教育方针,应以提升法律人才培养质量为核心,提高法律人才实践能力为重点。优化课程体系,鼓励学生选修跨专业新兴的交叉性的课程,培养学生跨领域的知识沟通能力和实践能力。转变人才培养机制,加强和实务部门的合作,打破校园和实务部门的时空屏障,建立线上线下课前课中课后教学,辅学的多维度智慧学习环境。支持学生参与法律援助自主创业企业活动,推动法学专业学生担任实习法官等。健全法学院和实务部门的双向交流机制,使实务人才能够真正进入课程体系。上海对外经贸大学法学院院长张庆麟发言指出,在基础的法学教育课程中,应适当增加时代发展需求的内容,让学生有一定的了解,掌握法学最基础的知识,并应用这些技术去适应社会的新领域的需要。在自由发言阶段,围绕如何培养学生满足或符合社会需求及虚拟法学等问题展开了热烈讨论。

中国法学会法学教育研究会诊所法律教育专业委员会2019年年会暨“卓越法治人才培养与诊所法律教育的实践和推广”论坛成功举办

2019年11月1~3日“中国法学会法学教育研究会诊所法律教育专业委员会2019年年会暨‘卓越法治人才培养与诊所法律教育的实践和推广’论坛”在上海政法学院成功举办。本会议由中国法学会法学教育研究会诊所法律教育专业委员会(CCCLE)主办,上海政法学院、中国—上海合作组织国际司法交流合作培训基地承办,来自全国各大诊所专业委员会会员单位高校、科研机构、实务部门的专家学者和实践工作者100多位代表参加。

CCCLE副主任、北京大学杨晓雷主持了论坛开幕式。开幕式上,中国法学会党组成员、中国法学会法学教育研究会会长张文显教授致欢迎辞并发表讲话。

张文显会长在讲话中指出,法学是一门实践性非常强的学科,而诊所法律教育是最能体现法学实践性的教学手段之一,是中国法学非常重要的教育模式。诊所法律教育体现了中国在法学领域对外开放的结果,既借鉴了国外先进的教学经验,同时又很好地结合我国特点,让此种教育模式在中国落地生根,并进行了创新完善,形成了诊所教育的中国特色,是中国法学国际化与本土化结合的一个成功样板。它具有强大的生命力,对其他法律教育具有重要的借鉴作用,我们应当重视诊所法律教育,进一步推动中国法治事业的进步与发展。

中国法学会法学教育研究会常务副会长韩大元随后发言,他着重强调了诊所法律教育在全球范围内的影响力,极大肯定了中国诊所法律教育的发展潜力。同时,对于未来20年诊所法律教育的发展,他提出,要让中国在诊所法律教育的国际场合掌握话语权,展现中国诊所法律教育20年的进步与发展。

CCCLE主任、中国人民大学龙翼飞向大会作年度工作报告,总结汇报了CCCLE一年来的工作成果,同时表示,诊所法律教育的工作应当结合我国的治理体系和治理计划,融入中国特色社会主义法治事业,推动中国诊所法律教育事业更好发展。

本次会议主题发言阶段的第一项议题——诊所法律教育理论的新探索,由CCCLE常委、清华大学黄新华主持,CCCLE常委、扬州大学李秀华,中国政法大学郑璇玉,伊犁师范大学郭学兰分别就《诊所法律教育理念下人才培养的新思维》《诊所法律教育与司法实践的融合与互动》《诊所法律教育本土化发展研究——以伊犁师范大学为例》作了主题演讲。CCCLE 常务委员、海南大学叶英萍和 CCCLE 常委、中山大学罗剑雯进行了点评。

本次会议主题发言阶段的第二项议题——法律诊所课程质量控制的实践,由 CCCLE 副主任、中国政法大学许身健主持,中国传媒大学周凯,中国石油大学董岩,CCCLE 常务委员、吉林大学李国强分别针对《诊所法律教育课程内容标准化:形成、设计、实施》《基于团队合作学习的翻转课堂模式在法律诊所实训教学中的应用》《个案全过程式教学的特点及其在诊所课程质量控制中的作用》作了主题演讲。CCCLE 常务委员、烟台大学黄伟明和 CCCLE 常委、四川大学傅江进行了点评。

在两个议题的主题发言之后,在 CCCLE 常委黄新华和 CCCLE 副秘书长刘志华主持的自由讨论阶段,甘肃政法大学、上海政法学院等多所院校的诊所老师就本校的诊所教育获得的成绩以及遇到的问题进行了分享,多位常委老师就发言中提出的问题进行了回应,一起分享了解决问题的办法和经验,取得了良好的交流学习效果。

在本次年会期间,同时举办了 2019 年度全国诊所教师学习培训和观摩交流活动。该活动包括两部分。第一部分由 CCCLE 常委、中南财经政法大学韩桂君主持,海南大学王子晏、李方围绕"法庭调查和质证技巧诊所课堂双师教学"作了诊所课堂授课过程的展示。第二部分由 CCCLE 常委、武汉大学项焱主持,CCCLE 常委、中国社会科学院大学苗鸣宇首先介绍了诊所委员会企业微信的各项功能和使用效果,并以"利用网络技术探查与纠正学生常见认识误区"为主题分享了诊所课程教学过程中的各种教学经验与体会。

论坛闭幕式由 CCCLE 秘书长、中国人民大学潘文军主持。CCCLE 主任、中国人民大学龙翼飞致闭幕词,表达了对诊所法律教育事业未来前景的期待,对新时期诊所教育工作提出了新希望。CCCLE 将继续做好全国诊所教育工作者沟通和交流工作,赞美诊所法律教育的奉献者,激励诊所法律教育的践行者,引领诊所法律教育的后来者。会议承办方上海政法学院国际法学院副院长王祥修表示,感谢各位专家学者献言献策,进行精彩的学术交流活动,同时希望引入更多的实务精英,促进法律共同体团结协力,共同建设中国特色社会主义法治事业。

本次会议集中诊所法律教育专业委员会各专家学者和实务工作者的智慧,为中国诊所法律教育国际化与本土化结合贡献了有价值的建议和思考,为我国法治事业建设与卓越法治人才培养提出有效措施与方案,有利于推进中国诊所法律教育越发规范化、标准化、常态化。

“法学教育评价体系与机制建设座谈会(北京专场)”在京举行

2019年7月3日由中国法学会法治研究所主办的“法学教育评价体系与机制建设座谈会(北京专场)”在京举行。中国法学会党组成员、副会长王其江出席会议并讲话。会议由中国法学会法治研究所副所长王伟国主持。

王其江副会长在讲话中指出,法学教育是法治人才培养的基础工程,要认真贯彻落实以习近平同志为核心的党中央全面依法治国战略和对法治人才队伍建设的要求部署。完善法学教育评价机制,引导法学教育进一步突出特色,更好地培养符合新时代需求的优秀法治人才。要注重挖掘和传承本土法治资源,提升法治人才国际化视野,推动法学教育改革创新,为法治国家建设做出更大的贡献。

教育部社科司副司长谭方正、教育部学位管理与研究生教育司质量与学科建设处副处长郑玮斯,中国人民大学、中国政法大学、北京大学、清华大学、对外经济贸易大学、北京航空航天大学、北京师范大学、中央财经大学、中国人民公安大学、中央民族大学、北京理工大学、首都经济贸易大学等在京院校的法学院院长和联络员,中国法学会法治研究所副所长高付超及相关同志参加了会议。

本场座谈会为法学教育评价体系与机制建设专题系列座谈会的第一场,后续座谈会将陆续开展。

“法学教育评价体系与机制建设座谈会（上海专场）”在上海举行

2019年8月29日由中国法学会法治研究所主办，华东政法大学承办的“法学教育评价体系与机制建设座谈会（上海专场）”在沪举行。中国法学会党组成员、副会长王其江出席会议并讲话。会议开幕式由华东政法大学副校长陈晶莹主持，华东政法大学校长叶青致辞。

王其江副会长在讲话中指出，法学教育评价体系与机制具有导向性，目的是培养合格的法治人才。要建立科学的评价体系与机制，使法治人才培养符合我国法治实践需求。要坚持问题导向，直面我国涉外法治人才急缺的现实，构建涉外法治人才培养新格局，使其与我国的国际地位相适应。要解决结构性矛盾，对法学教育进行顶层设计，培养更多的应用型、复合型法治人才。

专家研讨单元由中国法学会法治研究所副所长王伟国主持。上海政法学院校长刘晓红，上海交通大学凯原法学院院长孔祥俊、副院长蒋红珍，复旦大学法学院院长王志强，上海财经大学法学院院长宋晓燕，上海海事大学法学院院长王国华、副院长殷骏，华东师范大学法学院常务副院长吴泽勇，上海对外经贸大学法学院副院长李磊，同济大学法学院副院长徐钢，华东政法大学教务处处长王月明、研究生教育院副院长张勇，中国浦东干部学院法律与人文综合教研部主任刘哲昕、邢娜先后发言。复旦大学法学院教学管理服务中心主任孙蕾、华东师范大学法学院研究生教务汪望、华东政法大学教务处副处长汪靠斌、上海政法学院发展规划处副处长杨向东、上海财经大学法学院本科教务田丰实参加了会议。

继法学教育评价体系与机制建设座谈会（北京专场）之后，本场座谈会为该主题系列座谈会的第二场，与会专家热烈研讨并互动交流，本次会议圆满闭幕。

北京市法学会教育法学研究会2019年年会圆满召开

2019年12月21日由北京市法学会教育法学研究会主办、首都师范大学法律系承办的北京市法学会教育法学研究会2019年年会在北京召开。会议以“民办教育政策变迁中的法律问题”为主题,来自实务部门、全国各高校及科研院所的几十位专家学者出席会议并展开热烈讨论。

开幕式由研究会常务副会长、首都师范大学法律系李昕教授主持。首都师范大学政法学院党委书记芦艳芳致辞,她首先对与会嘉宾表示衷心感谢,并介绍了本次专题会议的重要性,希望大家畅所欲言,表达自己的观点。

主题报告阶段由教育部政策法规司原副司长张文主持。以当前的立法《中华人民共和国民办教育促进法》(以下简称《民办教育促进法》)和民办教育从业者存在普遍焦虑和困惑作为讨论基础,提出了讨论话题。全国人大教科文卫委教育室叶齐炼主任从重新认识民办教育发展的社会背景、民办教育进入一个发展的十字路口、抉择—有内涵、特色的发展之路三个方面作出了以“民办学校要走有内涵、有特色的发展之路”为主题的报告。教育政策与法律研究院院长、首都师范大学教育学院劳凯声教授以《民办教育促进法》的修订及其影响前瞻为报告主题。

会议第一单元由市司法局立法三处潘嘉处长主持,围绕“民办教育营商环境的优化”展开研讨。汇聚恩德投资管理有限公司董事、教育与健康项目投资负责人关彬、保定剑桥教育集团副总裁段素菊和丰盛资本董事、总经理代贝分别发言。自由发言环节,叶齐炼主任、张文女士、劳凯声教授、吴军明助理研究员围绕教育领域问题的解决方式、行政机关对民办教育企业的管制重点、政策研究官与民两个视野等问题展开激烈讨论。对曲相霏研究员提出的民办教育为什么不可以做义务教育,民办教育产业是否存在反垄断、反不正当竞争等问题,代贝女士和关彬先生均以行业人员的视角作出回应。

会议的第二单元由中国社会科学院国际法研究所曲相霏研究员主持,围绕“普惠性民办学校的保障和规制”展开研讨。北京大学法学院金锦萍教授进行了引导发言,题目为“非营利性民办学校的财产规则”。自由发言环节,北京长安律师事务所合伙人刘高原律师从实务中个案解决角度提出了见解和疑问;北京市海淀区教育环境综合治理中心宋瑞勇主任从执法者角度对民办学校的分类与管理作出展望;首都师范大学教育学院蔡海龙教授从公办学校的角度,认为评价一个国家教育的成败标准是什么,应该看教育系统在国家中的作用是什么。

会议的第三单元由首都师范大学教育学院陈正华副教授主持，围绕"民办教育培训机构的治理"展开研讨。北京市海淀区教育环境综合治理中心宋瑞勇主任作了题为"校外培训机构治理一家之言"的引导发言。自由发言环节，宋瑞勇主任提出了培训机构治理存在观察"盲点"的问题，中央民族大学法学院张步峰教授则就民办教学机构是否需要教学许可以及培训机构的设立标准等问题表达了自己的看法和见解。

闭幕式由研究会秘书长、首都师范大学法律系杜强强教授主持，首都师范大学政法学院副院长吴高臣教授致辞。吴教授对支持研究会发展的同仁们表示感谢，对本次参会的专家学者所做出的研究和贡献表示感谢，并对研究会的发展作出美好展望。

山东省法学会法学教育研究会学术年会暨山东省高校大学生模拟法庭比赛在济南举办

为全面推进新时代法学专业教育教学改革与研究,加快山东卓越法治人才教育培养的步伐,2019年10月26~27日由山东省法学会法学教育研究会主办的山东省法学会法学教育研究会2019年学术年会和由山东省教育厅及山东省法学会主办的2019年山东省高等学校大学生模拟法庭比赛在济南成功举办。中共山东省委政法委副书记、省法学会副会长梁战光,省法学会党组成员、专职副会长兼秘书长任伟,“长江学者”特聘教授、省法学会法学教育研究会会长、省教育厅法学类专业教学指导委员会主任委员房绍坤,“长江学者”特聘教授、北京大学法学院副院长车浩,省法学会、省法学会法学教育研究会、济南市市中区人民法院、济南大学相关负责同志,北京市律师协会、山东省律师协会、山东省内律师事务所代表与省内外30余所高校法学院系院长和法学专业本科生参加了本次会议和赛事。

山东省法学会法学教育研究会2019年学术年会围绕《关于坚持德法兼修实施卓越法治人才教育培养计划2.0的意见》背景下的法学教育改革,进行研讨交流。会后,车浩教授还在济南大学作了关于案例教学的专题报告及现场示范教学课。

会上,房绍坤会长分析了山东省法学教育的发展现状和整体水平,从“双万计划”“新法学建设”的角度对山东省法学教育未来的发展方向提出了展望,对本年度山东省法学会法学教育研究会推行的“一会一赛一课”新模式给予高度肯定。梁战光副书记则从立足政治优势、专业优势、职能优势和基础优势四个方面对包括法学教育在内的法治建设工作提出了更高要求。

活动的举办是在中共十九届四中全会召开前山东省法学、法律界为推动新时代法学专业教育教学改革与研究的一次大讨论、大实践、大学习,呈现“三合一”“两个高”“一个实”的特点。

“三合一”即在传统的省法学会法学教育研究会学术年会和省高校大学生模拟法庭比赛相结合的基础上增设课堂教学展示单元,形成了“一会一赛一课”的新模式。省法学会法学教育研究会学术年会面向驻鲁高校法学院系院长召开,针对热点前沿问题加以研讨,有力加强了省内法学教育与管理工作的交流与互动。省高校大学生模拟法庭比赛分为初赛、四分之一决赛、半决赛、决赛4个阶段,经过两天的角逐决出团体奖和个人奖,锻炼了法学专业本科学生运用法律知识与实务的能力。新增设案例示范教学课的意义在于实现了赛事检验、讨论交流和课程指导三者的高度结合，形成了人才培养质量反馈改善机制的闭环。

“两个高”体现在领导关注程度高和评委专业化层次高两个方面。本次活动得到了山东省委政法委、山东省法学会领导的高度关注和多次指导，省委政法委副书记梁战光同志参会并发表重要讲话，省法学会专职副会长兼秘书长任伟同志观看了模拟法庭比赛并参与颁奖，北京市律师协会、山东省律师协会的领导也深度参与了本次活动。同时，本次比赛邀请了多位省高级人民法院和区法院、区检察院的资深员额法官、员额检察官担任评委，高层次的专业化评委队伍既提高了比赛的规范性，又保证了比赛的公正性，增强了比赛的公信力。

“一个实”即将“模拟”真实化，将省高校大学生模拟法庭比赛场地由高校转到人民法院。本次模拟法庭比赛得到了济南市市中区人民法院的大力协助，开启了法院参与举办模拟法庭比赛的新模式。比赛全部按照真实案件的审判标准执行，高校大学生模拟法庭比赛的规范化和标准化达到新的水平。

活动的举办得到了山东省委政法委、山东省法学会和山东省法学会法学教育研究会领导的关心和指导，也得到了法律实务部门支持和协助，本次活动探索了省委政法委深入参与法学教育的新途径、法律实务部门与法学院系合作的新方式、法治人才培养对接经济社会发展需求的新路径，对加快推进法学专业教育教学改革与研究步伐、更好地培养卓越法治人才具有重要而深远的意义。

江苏省法学会法学教育研究会2019年年会暨学术研讨会在江苏师范大学举办

2019年11月30日至12月1日江苏省法学会法学教育研究会2019年年会暨学术研讨会在江苏师范大学举办。本次会议由江苏省法学会法学教育研究会主办,江苏师范大学法学院和人文社会科学研究院承办,徐州市法学会协办。来自全省法学界100余位专家学者汇聚研讨会,围绕"新时代卓越法治人才培养与法学教育创新"这一议题进行了广泛而深入的研讨。

2019年11月30日上午大会正式开幕。江苏师范大学党委副书记、副校长刘广登出席并致欢迎辞,重点介绍了江苏师范大学的办学历史及法学教育发展的基本情况,并向与会专家、学者、同仁的到来表示热烈欢迎,向省市法学会、实务部门、省内外兄弟院校的大力支持致以由衷感谢。随后中共徐州市委政法委副书记陈章平发表讲话,对江苏师范大学法学院与徐州市法律实务单位深度协同,探索培养高水平法治人才培养新模式的做法给予了充分肯定,并表示徐州市委政法委将进一步带领支持广大法学、法律工作者,在繁荣法学研究、服务法治实践、加强法治宣传等方面做了大量卓有成效的工作。

江苏省法学会副会长、江苏省法学会法学教育研究会会长、江苏省社会科学院党委书记、院长夏锦文致辞并作主旨演讲。他深刻阐述了党的十九届四中全会通过的《中共中央关于坚持和完善中国特色社会主义制度,推进国家治理体系和治理能力现代化若干重大问题的决定》对推动我国法学学科建设、培养高水平法治人才、深化法学教育改革的伟大指导意义,系统论证了新时代我国法学学科体系、法学教育体系、法治人才培养体系的基本内涵和框架,高屋建瓴地进一步为会议的研讨内容明确了方向。

本次学术研讨会主要分为两个部分:一是专题报告部分;二是分会坛部分。2019年11月30日下午会议专题报告部分分别由南京师范大学法学院刘敏教授、江苏大学法学院院长刘同君教授主持,南京师范大学法学院龚廷泰教授、扬州大学法学院院长蔡宝刚教授、南京财经大学法学院副院长钱玉文教授、江苏警官学院副主任孟卧杰教授分别进行评议。会议对在新时代大背景下,积极响应习近平总书记的号召,加强法制交流与学习,与时俱进,精准研究,并对当下的一些热点问题进行了理论与实务的分析与探讨。2019年12月1日上午大会举办分会坛,论坛分为3个场次,来自全省兄弟高校的法学专业专家学者和优秀研究生分别围绕"校地联合培养法治人才与法律职业伦理教育""卓越法治人才2.0背景下法学人才培养及一流专业建设""现代信息技术下的法学教育与课程建设”3 个主题展开了热烈研讨。

在圆满地完成会议的各项议程后,大会胜利闭幕。大会的顺利举办,进一步加深了江苏师范大学与省内知名高校的联系,进一步提升了江苏师范大学法学专业与学科的知名度。同时,大会的举办也更加有利于江苏师范大学借鉴兄弟高校法学教育及人才培养的经验和做法,对提升江苏师范大学法学学科建设与人才培养具有重要的借鉴意义。

江苏省法学会召开法学教育改革和法治人才培养座谈会

2019年10月31日江苏省法学会召开法学教育改革和法治人才培养座谈会，了解掌握法学教育改革和法治人才培养情况，探讨省法学会参与培养优秀法治人才途径、合作方式。江苏省政协副主席、省法学会会长周继业出席会议并强调，面对新形势、新任务，全省法学院校、科研单位和法治实务部门要以更高站位、更宽视野、更大力度推进法治人才培养工作，在新起点上实现新突破。省委政法委副书记、省法学会副会长朱斌主持会议。

周继业指出，党的十八大以来，全省法学院校、科研单位和法治实务部门，按照中央和省委、省政府关于法治人才培养的部署要求，坚持正确方向，创新方式方法，扎实开展教学、科研、育人，培养了一批优秀法治人才，造就了一批法学研究领军人物，取得了富有成效的法学理论和法治实践成果，为深化平安江苏、法治江苏建设做出了积极贡献。

周继业强调，进入新时代，全面依法治国不断深入，法治正成为江苏核心竞争力的重要标志。要提高政治站位，切实承担起法学会在培养法治人才中的职责任务。认真贯彻落实中央和中国法学会关于法治人才培养工作的部署要求，坚持以习近平新时代中国特色社会主义思想为指导，增强“四个意识”、坚定“四个自信”、坚决做到“两个维护”，进一步增强责任感和使命感，主动适应法治建设和政法改革新任务、新要求，找准人才培养工作的切入点和着力点，积极参与法学教育改革创新，加快法治人才培养步伐，做强一流法学专业，培养一流法治人才，为深化平安江苏、法治江苏建设提供有力的人才智力保障。

周继业指出，要坚持问题导向，系统谋划培养法治人才的工作方案。立足发现人才、培养人才、团结人才、服务人才，研究制定培养法治人才以及涉外法治人才的具体规划，明确目标任务和工作措施，完善青年法学家和优秀成果评选机制，探索互派人员挂职交流，建立双向人才培养机制等，切实发挥法学会在培养法治人才中的积极作用，为推动全省法治人才培养工作高质量发展做出应有贡献。

周继业要求，要加强协同配合，不断增强法治人才培养的协作合力。主动融入法学教育改革创新，加强与法学院校的互动合作，加大对法学院校的支持力度，积极参与完善中国特色社会主义法学理论体系、学科体系、课程体系，推动习近平总书记全面依法治国新理念新思想新战略和中国特色社会主义法治理论进课堂、进教材、进头脑；充分发挥法学会基础广泛、联系面广、人才荟萃的优势，组织全省法学会系统和法学会会员中的法治实务部门，与法学院校共建法学研究和法治实践基地，推动法学院校、法治实务部门实现资源共享，加强协同育人，携手共促法治人才培养工作取得新发展。

江苏省法学会部分副会长、秘书长、学术委员会负责人，部分高校法学院院长、副院长，省政法部门分管法治人才培养的领导和相关职能处室负责人参加会议。

2019年广西法学教育研究会年会暨广西法学类教指委会议在玉林师院顺利举行

2019年12月28日广西法学教育研讨会2019年学术年会、广西法学类专业教学指导委员会会议在玉林师范学院东校区举行。广西壮族自治区法学会研究部主任蓝晨，玉林师范学院校长王卓华，广西警察学院校长、广西法学类专业教学指导委员会主任委员张军，广西法学教育研究会会长、广西师范大学法学院院长陈宗波以及广西法学类学院院长、学科负责人等嘉宾出席。广西法学类教学指导委员会成员、广西法学教育研究会会员、广西法学院校师生代表以及玉林师范学院政法学院师生代表约300参加会议。会议开幕式由玉林师范学院政法学院院长高红艳主持。广西师范大学法学院19名师生参加了此次会议。

王卓华在致欢迎词时指出，法律是治国重器，召开法学学术年会是贯彻落实习近平新时代中国特色社会主义思想和党的十九大及全会精神的重要举措，对于推动法治中国建设具有重要意义。他表示，学校科研实力逐步增强，服务经济社会发展能力不断提升。学校先后与玉林市人民政府共建了玉林市大数据研究院等3个科研平台，与玉林市人大及贵港市人大共建了2个立法研究评估与咨询服务基地，学校还拥有"立法研究评估与咨询服务基地"等5个法学类实践基地。学校积极参与地方立法调研、咨询和评估工作，为政府、企业和事业单位举办宪法、知识产权等法治讲座、培训，组织师生开展法治宣传、送法下乡等法律实践活动，扎扎实实为地方法治社会建设做出了贡献。

蓝晨在讲话中指出，改革开放40年，广西以法学学士、硕士研究生教育为主体，法学专业教育与法律职业教育相结合的法律教育体系已经形成，在一定程度上适应了社会主义法制建设的需要，但是仍存在培养模式相对单一、学生实践能力不强等不足之处。就适应社会主义法制国家建设的需要，蓝晨提出6点建议：一是要坚持正确的政治方向；二是要加强职业素养教育，培养法律职业操守和职业伦理；三是要进一步明确各层次法学教育的定位，实行法治人才的分类培养；四是要建设通晓国际法律规则、善于处理涉外法律事务，特别是东盟法律事务的涉外法治人才队伍；五是要建设符合广西实际的普通高等学校法学类本科专业教学质量标准；六是要加强与政法部门之间的交流合作。

张军表示，在社会发展的新阶段，法学教育在新的形势和背景之下表现出3个走向：一是法学教育要跟本土文化结合，建立制度自信、文化自信；二是中国法治教育新文科与传统文科存在话语体系、内容、作用以及方法论的四大区别；三是重视法律教育的实践性。他强调,各院校应在人才培养、社会实践等各个方面下足功夫,从自身实际层面探寻特色高地,培养法学教育人才。

陈宗波回顾了广西法学教育研究会2019年的工作,对未来工作提出了初步想法。他说,2019年是广西法学教育研究会、广西法学类教学指导委员会和各高校共同贯彻实施教育部《法学类教学质量国家标准》(以下简称"国标")以及中央政法委、教育部《关于坚持德法兼修实施卓越法治人才教育培养计划2.0的意见》(以下简称"2.0计划")的第一年,在上级的关怀及各校的支持下,成功开展了系列颇有成效的工作。对于未来的广西法学教育研究工作,他指出,要推动和帮助各办学单位扎扎实实抓好基础性工作,以达到"国标"为底线,以冲击"2.0计划"为目标,明显提升广西法学教育质量。在广西法学教育工作中应高度重视以下几个方面:一是构建中国特色法学学科体系与广西法律教育体系的完善;二是现代技术发展与广西法学人才培养模式变革;三是加快国家改革开放与广西涉外法律人才培养;四是国家法学教育标准与广西的法学教育质量提升;五是法学研究与广西法学教育经验探索。随后,大会在广西民族大学法学院副院长黄中显、南宁师范大学法学与社会学院副院长卢明威的主持下进行两场以"卓越法学人才培养与法学教育经验分享"为主题的发言。

广西大学法学院副院长李晖、广西民族大学法学院党委书记蒋慧、广西师范大学法学院副院长陶斌智、南宁师范大学法学与社会学院青少年法治教育研究所副所长张小华、桂林电子科技大学法学院(知识产权学院)实践教学中心主任周治德、广西财经学院法学院教授奉晓政、梧州学院法学与公共管理学院院长方勇、广西警察学院法学院副院长王威、漓江学院法学院罗晓萌、玉林师范学院政法学院副院长周伟萌逐一进行主旨发言,分享交流教育教学管理经验。桂林电子科技大学图书馆馆长宋志国教授、桂林电子科技大学法学院副院长彭俊等对上述发言作了独到的点评。

2019年12月28日下午玉林师范学院东校区报告厅内分别举行了以"婚前财产公证利大于弊(广西师范大学)/弊大于利(广西民族大学)""我国刑法对非暴力犯罪应当设置死刑(广西财经学院)/不应设置死刑(漓江学院)""遏制家庭冷暴力应以法律制裁为主(南宁师范大学)/遏制家庭冷暴力应以道德教化为主(玉林师范学院)""杜绝盗版,消费者扮演比政府更重要的角色(广西大学)/杜绝盗版,政府扮演比消费者更重要的角色(桂林电子科技大学)""网络舆论对司法公正的影响利大于弊(梧州学院)/弊大于利(广西警察学院)"为正反辩题的"八桂法声"法学专业学生辩论赛。比赛过程中,各方唇枪舌剑,充分展现专业素养,各场比赛精彩绝伦。而后,广西大学法学院副院长李晖、广西律师协会副会长李家庆对辩论赛进行了精彩点评,桂林电子科技大学获得本次辩论赛一等奖,随后进行了颁奖仪式。

闭幕式上,陈宗波会长首先为本次会议的成功举办向东道主致谢,并提出了研究会今后的工作方向。玉林师范学院政法学院院长高红艳对本次参会代表的莅临予以感谢,肯定了此次大会所体现出的团结协作、学习交流、教研互助的精神。南宁师范大学法学与社会学院副院长卢明威代表下一届会议承办方对来年工作相聚表示期待和欢迎,并就相关工作作出了展望。

2019 年 12 月 29 日上午广西法学类专业教学指导委员会全体委员年度工作会议在玉林师范学院政法学院举行。副主任委员陈宗波总结了 2019 工作,主任委员对张军 2020 年工作规划,组织学习了教育部和教育厅相关文件,主持讨论了《广西法学类专业教学指导委员会章程》。与会委员对相关文件和材料展开了热烈的交流和讨论。会议最后表决通过了《广西法学类专业教学指导委员会章程》。

“粤港澳法学教育高峰论坛暨广东省法学会法治研究基地揭牌仪式”在广东省深圳市成功举办

2019年6月22日由深圳大学法学院、深圳大学社会科学部主办的第十四届“粤港澳法学教育高峰论坛暨广东省法学会法治研究基地揭牌仪式”在广东省深圳市麒麟山庄顺利召开。来自中国人民大学、中国政法大学、广东财经大学、广州大学、暨南大学、华南师范大学、澳门大学、香港城市大学、澳门科技大学、深圳大学等20多所高校的30余名校长、院长、知名学者以及深圳司法局、最高人民法院第一巡回法庭、蓝海现代法律服务发展中心、广东省法学会和深圳中银律师事务所相关领导和20余名代表出席了本次会议。

深圳大学徐晨副校长在开幕式中致辞并对与会嘉宾表示热烈的欢迎和感谢。在致辞中,徐晨副校长向嘉宾介绍了深圳大学的发展历程和基本情况,肯定了深圳大学法学院举办本次“粤港澳法学教育高峰论坛”的重要意义,并希望借此机会增进与会嘉宾对深圳大学的了解,并为深圳大学的发展提出宝贵的意见和建议。徐晨副校长也对深圳大学法学院的发展表达了殷切期待,希望在未来几年法学院能够实现跨越式的发展。

广东省委政法委副巡视员、省法学会专职副会长兼秘书长姜滨在开幕式致辞中向长期以来支持广东省法学会工作的深圳大学领导和各位与会的领导、学者、专家,特别是来自香港特别行政区、澳门特别行政区的领导、学者和专家表示感谢,对深圳大学创新发展法治研究中心的成立表示祝贺,并预祝本次粤港澳法学教育高峰论坛取得圆满成功。姜滨副会长还宣读了广东省法学会《关于同意成立深圳大学创新发展法治研究中心并认定其为广东省法学会法治研究基地的批复》。

之后,由最高人民法院第一巡回法庭郭修江副庭长、广东省法学会姜滨副会长、中国政法大学时建中副校长、广东财经大学杜承铭副校长、深圳大学徐晨副校长、中国人民大学法学院王轶院长共同上台为“创新发展法治研究中心”揭牌。

在会议研讨环节,深圳市司法局局长蒋溪林、中国政法大学副校长时建中、广东财经大学副校长杜承铭、中国人民大学法学院院长王轶、澳门科技大学法学院执行院长方泉、深圳蓝海现代法律服务发展中心理事长李茁英、最高人民法院第一巡回法庭副庭长郭修江、深圳大学法学院特聘教授王晓晔、澳门大学法学院院长唐晓晴、澳门大学科研服务处处长税兵等学者围绕做强做大本土法律职业共同体、多元卓越的湾区法律法治人才培养、“一国两制”下的法学教育、大数据时代的法学教育、大湾区建设的法学教育新机遇、高端律师人才的培养与法学教育、粤港澳大湾区发展对法学教育和人才培养的机遇和挑战、法学教育如何回应社会变革、粤港澳大湾区法学教育的实践探索、大湾区法学院人才培养合作模式、共建粤港澳大湾区法学教育质量评估体系、法商融合等复合型人才的培养等议题展开广泛研讨,取得了丰硕的理论成果。

论坛最后,深圳大学法学院叶卫平院长对为期1天的会议进行总结致辞,并再次对与会嘉宾表示诚挚谢意。

青海省民族语言（藏汉双语）法学教育研究会成立

2019年6月14日青海省民族语言（藏汉双语）法学教育研究会揭牌仪式在青海师范大学法学与社会学学院举行。青海省政协副主席、省法学会会长王晓勇出席揭牌仪式并讲话。仪式由青海师范大学党委副书记、纪委书记、常务副校长马德明主持，省委政法委副书记、省法学会副会长何占录，省法学会常务副会长兼秘书长田青敏，青海师范大学法学与社会学学院名誉院长王作全参加揭牌仪式。

揭牌仪式上，省委政法委副书记、省法学会副会长何占录宣读了青海省法学会《关于成立青海省民族语言（藏汉双语）法学教育研究会的批复》，省政协副主席、省法学会会长王晓勇与青海师范大学法学与社会学学院名誉院长王作全共同为青海省民族语言（藏汉双语）法学教育研究会揭牌。

在随后召开的座谈会上，来自青海师范大学法学与社会学学院的教师娘吾加、靳国胜、马兰花、马都尕吉分别结合各自实际工作进行了发言。青海省法学会、法学与社会学学院部分师生代表共同见证了青海省民族语言（藏汉双语）法学教育研究会成立。

王晓勇在总结讲话中指出，青海省民族语言（藏汉双语）法学教育研究会是青海省民族语言法学教育研究领域首个省级专业研究会，标志着青海省法学研究向专业化方向发展又迈出了坚实一步，对于进一步繁荣和深化青海省法学研究、助力培育青海民族地区法律人才、助推依法治省具有重要的意义。

就今后研究会的工作和发展，王晓勇强调，要借力、借势、借机，全力推进研究会创新发展。一要坚持问题导向，从专业角度聚焦新时代背景下民族语言法律人才培养的目标、原则、方向，经常性总结交流民族语言法律人才培养过程中的先进理念和教学经验；注重完善民族语言法律人才培养模式，积极配合和促进司法体制改革在青海的试点工作，为更多地培养并输送高素质的民族语言法律人才，切实解决青海省双语法律人才紧缺的问题尽职尽责。二要法学与社会学学院主动与青海省法律实务部门、人民团体、科研机构等相关单位相互密切配合，形成有效合力，努力完成民族语言法律人才培养任务，把民族语言（藏汉双语）法学教育研究会建设成为全省乃至全国民族语言法学教育工作的思想库和智囊团。三要大力加强宣传工作，高度重视加强通讯员队伍建设和工作信息动态报送，借助“中国法学网”“青海师范大学网”“青海法学网”“青海法学微博”等新媒体，不断扩大民族语言（藏汉双语）法学教育研究会工作的社会影响力、感召力，推动法学教育各项工作深入开展，为平安青海、法治青海建设做出自己应有贡献。

河南省法学会法学教育研究会举行2019年年会在河南科技大学举行

2019年11月15～16日由河南省法学会法学教育研究会主办、河南科技大学承办的河南省法学会法学教育研究会2019年会暨论坛在河南科技大学召开。河南科技大学党委副书记李漪出席会议开幕式并致欢迎词。河南省委政法委副巡视员、河南省法学会秘书长雷忠旺,河南省法学会法学教育研究会会长张宝峰,洛阳市政法委副书记党慧出席会议。来自全省法学教育界的100余名专家学者参加会议。会议开幕式由河南科技大学法学院院长杨连专教授主持。

李漪在致辞中代表学校对各位专家学者的到来表示热烈欢迎,对关心支持学校建设发展的各位领导和高校同仁表示衷心感谢,并从历史沿革、学科建设、科学研究、人才培养等方面简要介绍了河南科技大学的基本情况,以及近年来的建设发展成就。他希望通过本届学术会议的召开,进一步增进我校与各位专家学者、高校同仁之间的沟通与交流,促进河南科技大学法学学科的建设和发展,进一步推动河南科技大学办学水平的提升。

雷忠旺在讲话中表示,省法学会将大力支持法学教育研究会的工作,积极为研究会开展活动创造条件,相信在各位专家学者的大力支持和热情参与下,研究会一定能够团结带领广大会员扎实工作、开拓进取,进一步繁荣河南省法学教育研究事业,不断开创研究会工作新局面,为全面推进依法治省、谱写中原更加出彩绚丽篇章做出新的更大贡献。

张宝峰代表法学教育研究会作工作报告,总结汇报了法学教育研究会今年以来的工作开展情况,并对下一步工作进行了安排布置。

研究会特别邀请了郑州大学法学院副院长王玉辉教授、河南大学法学院副院长岳红强副教授、河南财经政法大学刑事司法学院院长程政举教授、河南检察职业技术学院副院长殷宏教授以及河南科技大学法学院院长杨连专教授,分别就“高等教育新时代卓越法律人才培养”“开拓创新协同育人,培养高素质法治人才”等问题作了主旨报告。

广东省法学会法学教育研究会 2019年学术年会召开

2019年9月20日由广东省法学会法学教育研究会、广东省本科高校法学类专业教学指导委员会主办，广东金融学院法学院承办的2019年广东省法学会法学教育研究会学术年会在广东金融学院召开。省法学会专职副会长兼秘书长姜滨，广东外语外贸大学校长、教授、省法学会法学教育研究会会长石佑启，广东金融学院党委书记李建军、法学院院长张长龙及来自省内和港澳30多所高校法学院(或法律系)院长、教师近120位专家、学者参加了盛会。

李建军书记对到会人员表示热烈欢迎，感谢法学会法学教育研究会对广东金融学院法学专业的支持，希望学院利用这次学习交流机会，就加强法学人才培养、探索法学教育新路径与新模式等方面加强交流与研讨。同时，其还向大家介绍了近年来广东金融学院法学院的迅速发展和取得的阶段性成果，并对关心学院法学学科建设发展的各界领导、行业同仁表示衷心的感谢。

姜滨秘书长希望法学教育要牢牢把握社会主义本质要求。政治上坚持党的领导、人民当家做主、依法治国有机统一；经济上坚持解放和发展生产力；价值观上坚持践行社会主义核心价值观。要重视培育学生的家国情怀，培养学生公平正义的法治价值观。要加大培养法治建设者的力度，满足全面依法治国对法治人才的需求；要紧紧围绕粤港澳大湾区和深圳中国特色社会主义先行示范区建设等广东省工作大局展开。

石佑启会长强调了“致天下之治者在人才”的观点，就法学教育的变革与发展提出了3点看法。第一，法学教育必须坚持立德树人的根本目标，坚持社会主义办学方向；第二，法学教育必须以一流法学学科建设为引领，提升广东法学教育水平；第三，广东法学教育要对接粤港澳大湾区建设战略需求，加强三地法学院系之间的合作。

本次会议分为广东省本科高校法学类专业教学指导委员会工作会议和学术年会两个阶段。学术会议阶段，深圳大学法学院院长叶卫平教授、广东海洋大学法政学院院长张显伟教授等20余位与会嘉宾围绕“卓越法治人才培养与法学教育新理念、卓越法治人才培养与法学教育新路径、卓越法治人才培养与法学教育新模式”3个分议题进行了精彩的发言和评议。

本次会议还对参会的论文进行了评奖，评选出一等奖2名、二等奖4名、三等奖7名、优秀奖8名。

本次会议完成了既定议程，在热烈的掌声中圆满结束。

湖南省法学会法学教育研究会2019年学术年会在中南林业科技大学召开

2019年12月21日由湖南省法学会法学教育研究会主办,中南林业科技大学政法学院承办,湖南中楚律师事务所协办的湖南省法学会法学教育研究会2019年学术年会在中南林业科技大学召开。来自湖南大学、中南大学、湖南师范大学、湘潭大学、湖南省委党校、国家法官学院湖南分院、长沙理工大学、湖南工商大学、湖南工业大学、湖南科技大学、中南林业科技大学、吉首大学、长沙学院、湖南文理学院、湖南人文科技学院、湖南省商务职业教育学院等多家单位的专家学者和研究生100余人参加会议。开幕式由湖南省刑法学研究会会长、湖南省法学教育研究会副会长、中联重科副总裁孙昌军主持,中南林业科技大学校长廖小平教授、湖南省法学教育研究会会长刘定华教授致辞。

大会报告共分4个单元,围绕"卓越法律人才教育培养"主题进行了深入研讨。第一单元由李爱年教授主持,屈茂辉教授、肖冬梅教授、许中缘教授分别就"卓越法律人才目标建设下师资队伍建设存在的问题""新文科背景下的'一体两翼'""现有法学实践教学模式存在四大认识误区"为主题发言。第二单位由胡肖华教授主持,王新生教授、刘期湘教授、陈雄教授、张辉教授、黄亚宇教授分别就"培养卓越法律人才的主题实践教学""从实际出发思考培养法治人才""什么样的人才才是法制人才与法制人才的教育要走向何方""以《经济法律通论》为例介绍面向科际整合的法管交叉法律课程研究""崇德向善、德法兼修"为主题发言。第三单元由尹钟宏教授主持,蔡高强教授、宋晓庆助理教授、李敏副教授、游志能博士分别就"法学社会实践金课的建设""新时代背景下法律硕士专业学位培养的定位与思考""大数据对法学教学模式的影响——以湖南省10所高校的问卷调查为基础""成立法律实务教学中心对推进在校学生法律应用能力培养的意义"为主题发言。第四单元由彭澎教授,湖南大学研究生简洁、湖南科技大学法学院研究生余冬生分别以"中国法律职业伦理教育现状及建构——以32所高校法学业本科生培养方案分析的视角""论统一法律职业资格考试制度对法学教育的挑战及其对策"为主题进行发言。与谈人刘继虎教授、蒋兰香教授、余卫明教授、刘兴树教授、李云霖教授、向达教授、周国军教授、郭雄伟副教授、周训芳教授及郭哲教授等参与了诸单元研讨。

会议闭幕式由湖南省法学教育研究会秘书长郭哲主持。郭哲宣布获奖决定,湖南省法学教育研究会会长刘定华、副会长王飞跃为获奖作者颁奖。王飞跃作大会总结,刘定华致辞并宣布会议闭幕。

浙江省法学会法学教育研究会召开2019年年会

2019年12月28日省法学会法学教育研究会2019年年会暨“卓越法治人才教育培养与浙江法学教育改革”论坛在杭州召开。本次会议由省法学会法学教育研究会主办，浙江农林大学文法学院承办。司法部研究室庄春英处长、郑丽娟副处长、省法学会学术委员会牛太升主任、青岛科技大学法学院王金堂院长等领导和特邀嘉宾，以及来自浙江工商大学、宁波大学、浙江农林大学等20余所高校法学院系的主要负责人和骨干教师共60余人参加了会议。

开幕式由宁波大学法学院原院长张炳生教授主持。浙江农林大学文法学院院长王长金教授代表承办单位对出席会议的代表表示欢迎，并介绍了该院近年来法学学科的发展。法学教育研究会会长徐祥民教授回顾了过去1年研究会的工作，并就2020年创新法学教育研究工作提出了要求。省法学会学术委员会牛太升主任对浙江省法学人才培养取得的成绩表示肯定，对浙江法学教育和法治浙江建设之间的内在逻辑关系以及重要意义进行了充分阐述，并对新形势下浙江法学教育事业的发展提出了希望。

会议研讨分3个阶段进行。第一阶段主题为“线上线下课程建设改革专题报告”，由浙江工商大学法学院副院长苏新建教授主持。浙江工商大学信息与电子工程学院副院长诸葛斌教授围绕线上线下课程建设的意义、开发教学类微信小程序的方法、内容以及运行中的注意事项和运行效果作了详细报告，并对法学类课程线上线下课程建设思路提出了建议。

第二阶段主题为“法学课程建设与人才培养经验交流”，由温州大学法学院院长王宗正教授主持。浙江师范大学行知学院法学院原院长黄彤教授、嘉兴学院南湖学院法学专业负责人陈颖副教授、浙江农林大学文法学院刘晖博士分别围绕独立学院法学专业课程体系改革、翻转课堂教学在商法学教学中的应用、宪法专题课程讨论等课程建设进行了交流发言，浙江大学城市学院法学院副院长孙雁、杭州师范大学沈钧儒法学院副院长汪红飞、浙江万里学院法学院法律系主任唐先锋、浙江大学宁波理工学院法政学院副院长韩缨分别作了点评，同时对各自所在学院法学课程建设的有益经验进行了分享。

第三阶段主题为“法学教育与科学研究调研座谈会”，由徐祥民教授主持，司法部研究室庄春英处长介绍了司法部国家法治与法学理论研究项目的设置历史、评审规则等情况，郑丽娟副处长希望在座与会代表就课题的申报、立项、结项提出意见和建议。浙江理工大学法政学院院长王健、中国计量大学法学院院长陈永强、浙江大学城市学院原副院长邵亚萍、浙江农林大学文法学院郑智、陈真亮、张永亮等与会代表就上述问题提出了意见和建议。

会议闭幕式由王健教授主持,研究会会长徐祥民教授总结了本届年会在跨学科、跨省份、跨领域、跨方法等方面的特色,并对2020年的研究会工作作了展望,希望在法学教育研究会全体同仁的共同努力下,力争让浙江法学教育事业更上一个新台阶。

研究资料

法学教育研究著作目录

1. 黄进主编:《中国法学教育研究》(2019 年第 1 辑),中国政法大学出版社 2019 年版。

2. 黄进主编:《中国法学教育研究》(2019 年第 2 辑),中国政法大学出版社 2019 年版。

3. 齐梓伊主编:《法学教育研究》(第 5 辑),知识产权出版社 2019 年版。

4. 安静、向前、李娜、姜勇编著:《民族高校卓越法律人才培养模式研究》,西南交通大学出版社 2019 年版。

5. 冷传莉主编:《法治中国与法学教育》,知识产权出版社 2019 年版。

6. 王剑波主编:《首都法学教育研究》(第 8 卷),对外经济贸易大学出版社 2019 年版。

7. 石佑启主编:《新时代法学教育变革》,广东教育出版社 2019 年版。

8. 夏锦文主编:《法学教育评论》(第 3 辑),法律出版社 2019 年版。

9. 李占荣主编:《浙江财经大学法学教育评论》,浙江工商大学出版社 2019 年版。

10. 杨宗科主编:《法学教育研究》(第 24 卷),法律出版社 2019 年版。

11. 杨宗科主编:《法学教育研究》(第 25 卷),法律出版社 2019 年版。

12. 杨宗科主编:《法学教育研究》(第 26 卷),法律出版社 2019 年版。

13. 杨宗科主编:《法学教育研究》(第 27 卷),法律出版社 2019 年版。

14. 刘蓓:《中外法学教育比较研究》,吉林出版集团股份有限公司 2019 年版。

15. 郭晓岚:《法学教育改革与人才培养模式创新》,延边大学出版社 2019 年版。

16. 李和平:《地方高校法学教育与教学实践模式研究》,吉林人民出版社 2019 年版。

17. 商文江主编:《新时代法学继续教育拓展研究》,四川大学出版社 2019 年版。

18. 胡玉霞:《法学多元化实践教学模式与路径研究》,法律出版社 2019 年版。

19. 祁占勇:《中国教育法学的知识图谱研究 1985 ~ 2015》,科学出版社 2019 年版。

法学教育研究论文目录

1. 沈伟:《萌芽时期的中国近代法学教育——基于南洋公学特班的研究》,载《交大法学》2019 年第 1 期。

2. 屈茂辉、李勤通:《法学教育的知识属性及其建构意义》,载《中国法学教育研究》2019 年第 1 期。

3. 杜维超:《论法学教育中的多学科交叉融合》,载《中国法学教育研究》2019 年第 1 期。

4. 翟宝红:《地方高校法学教育的转型发展——以应用型法学人才培养为中心》,载《法制与社会》2019 年第 1 期。

5. 赵鹏:《法律人工智能技术的发展和法学教育的回应》,载《中国高等教育》2019 年第 2 期。

6. 蔡婷:《"互联网 +"时代法学教育面临的挑战与变革的研讨》,载《法制博览》2019 年第 2 期。

7. 熊愈:《法学教育中案例教学法的应用》,载《课程教育研究》2019 年第 2 期。

8. 肖海军、傅利:《法律职业共同体构建视域下的中国法学教育转型》,载《湘潭大学学报》(哲学社会科学版)2019 年第 3 期。

9. 罗晓萌:《论"互联网 +"时代法学教育的革新》,载《法制与经济》2019 年第 3 期。

10. 龚向田:《地方本科院校法学专业创新创业教育之实现路径探析》,载《高教论坛》2019 年第 3 期。

11. 赵银、辛宇鹤、王慧:《非"双一流"地方高校法学教育与法律职业接轨路径探究》,载《法制与社会》2019 年第 3 期。

12. 曹守晔:《当前法学教育的问题与解决思路》,载《北京航空航天大学学报》(社会科学版)2019 年第 3 期。

13. 谢洁茹、刘燕:《"案例教学法"在成人法学教育中的运用》,载《法制博览》2019 年第 3 期。

14. 周秀娟、刘淑波:《我国法学教育内涵式发展问题研究》,载《长春理工大学学报》(社会科学版)2019 年第 3 期。

15. 刘红、邢晓晖、王晓松:《法学专业人才社会需求问题研究》,载《教育教学论坛》2019 年第 3 期。

16. 任斌:《浅析法学教育与法律职业资格考试的关系》,载《课程教育研究》2019 年第 3 期。

17. 蔡科云、邹爱华:《"德法兼修"式法学教育与传统书院精神的契合与对接》,载《法学教育研究》2019 年第 4 期。

18. 舒洪水:《改革开放四十年来高校法学教育与实务部门的关系发展与展望》,载《法学教育研究》2019 年第 4 期。

19. 王德新:《改革开放四十年来高校法治人才培养的探索与实践》,载《法学教育研究》2019 年第 4 期。

20. 高琳、刘坤轮:《我国法律职业伦理教育现实性再审视》,载《法学教育研究》2019 年第 4 期。

21. 高浣月:《坚持马克思主义指导地位,开创新时代法学教育新局面》,载《中国高等教育》2019 年第 5 期。

22. 冯杰:《"互联网 + "时代法学教育现状及创新研究》,载《山西财经大学》2019 年第 5 期。

23. 李响:《美国法学教育的人才培养机制及其借鉴》,载《学位与研究生教育》2019 年第 5 期。

24. 高浣月:《坚持马克思主义指导地位,开创新时代法学教育新局面》,载《中国高等教育》2019 年第 5 期。

25. 李传生:《我国法学教育实践教学模式的完善》,载《法制博览》2019 年第 5 期。

26. 马岚:《"互联网 + "视域下法学教育研究》,载《法制博览》2019 年第 5 期。

27. 向东、张庆来:《国家统一法律职业资格制度与法学教育的供给侧改革》,载《华北理工大学学报》(社会科学版)2019 年第 5 期。

28. 刘坤轮:《新常态下的中国法学教育:背景与趋势》,载《人民法治》2019 年第 5 期。

29. 李子涵:《日韩司法研修制度对我国法学教育的借鉴意义》,载《科学大众》(科学教育)2019 年第 5 期。

30. 王卉:《非政法类院校实施诊所式法学教育模式研究》,载《法制与社会》2019 年第 5 期。

31. 左倪娜、李冬青:《"人工智能 + 法学"复合型人才培养探究》,载《广西政法管理干部学院学报》2019 年第 5 期。

32. 李学成:《新时代背景下我国法学教育的新境界》,载《河南教育学院学报》(哲学社会科学版)2019 年第 6 期。

33. 刘欣然:《我国法学教育"一体两翼"培养模式的优化构建路径》,载《法制博览》2019 年第 6 期。

34. 何志鹏:《卓越法治人才培养的实践解读》,载《中国大学教学》2019 年第 6 期。

35. 周江洪:《智能司法的发展与法学教育的未来》,载《中国大学教学》2019 年第 6 期。

36. 梁洪霞、杨自意:《人工智能时代的法学教育》,载《高等教育评论》2019 年第 6 期。

37. 刘坤轮:《中国法学教育改革的理念层次——深埋在“卓法计划 2.0”中的金丝银线》,载《中国大学教学》2019 年第 6 期。

38. 尹超:《人工智能时代的法律职业变革与法学教育走向》,载《中国法学教育研究》2019 年第 6 期。

39. 李艳娟:《“法治中国”视域下的法学教育探讨》,载《法制博览》2019 年第 6 期。

40. 黄进:《新时代高素质法治人才培养的路径》,载《中国大学教学》2019 年第 6 期。

41. 彭丽明、李俊:《“互联网 + ”时代法学教育教学模式改革》,载《教育文化论坛》2019 年第 6 期。

42. 纵博:《人工智能时代的法学教育发展方向》,载《西安电子科技大学学报》(社会科学版)2019 年第 6 期。

43. 刘坤轮:《中国特色社会主义法学教育认证与评估体系的构建》,载《人民法治》2019 年第 6 期。

44. 周洁莹:《论高校法学教育人才培养模式》,载《法制与经济》2019 年第 7 期。

45. 郭学文:《耗散结构理论视角下的法学教育新旧动能转换》,载《鲁东大学学报》(哲学社会科学版)2019 年第 7 期。

46. 焦龙飞:《基于哲学方法论在法学教育中的应用研究》,载《法制博览》2019 年第 7 期。

47. 达瓦拉姆、任俊钢:《民族双语法学教育现状及对策研究——以西藏某大学双语法学教育为视角》,载《法制博览》2019 年第 7 期。

48. 蔡仕鹏:《司法改革背景下法学教育改革与创新路径研究》,载《法制博览》2019 年第 7 期。

49. 李芳:《论高校法学教育的实践性改革——立足 LETS 法学实验教学平台》,载《教育现代化》2019 年第 7 期。

50. 李子涵:《法学教育和法治教育的互动机制探索》,载《太原城市职业技术学院学报》2019 年第 7 期。

51. 张雪莲:《在专业教育中实现通识教育目标——以法学教育为例》,载《黑龙江教育学院学报》2019 年第 7 期。

52. 刘俊宜:《基于法学教育发展的当代中国法治人才观考量》,载《延安大学学报》(社会科学版)2019 年第 7 期。

53. 徐慧敏:《论实践性法律教学与法学教育改革》,载《法制与经济》2019 年第 8 期。

54. 华烨、曾日红:《对医学生法学教育认知情况的调查分析》,载《法制与社会》2019

年第8期。

55. 闫夏、李炳通:《新时代公安院校法学教育模式新思路》,载《天津中德应用技术大学学报》2019年第8期。

56. 何忆:《人工智能背景下的中国高校法学教育改革探索》,载《才智》2019年第8期。

57. 高泉:《人工智能对法学教育的挑战及其应对》,载《法制博览》2019年第8期。

58. 宁作林:《法学教育与法律职业衔接问题的社会性分析》,载《法制博览》2019年第8期。

59. 郑欣:《地方综合性大学法学素质教育的目标与法学教育的改革》,载《法制博览》2019年第8期。

60. 姚明:《高等法学教育"课程思政"改革的探索与设计——以〈法理学〉为研究标的》,载《铜陵学院学报》2019年第8期。

61. 曹茂君、黄东海:《法学认证体系与美国法学教育的得失》,载《法治现代化研究》2019年第8期。

62. 尚珂:《法学教育中案例教学法问题研究》,载《西部学刊》2019年第8期。

63. 韩蓉:《全球化视野下法律人才培养理念的改革》,载《法制博览》2019年第8期。

64. 吴越:《实践性法律教学与法学教育改革》,载《法制博览》2019年第8期。

65. 陈来宏:《"互联网+"背景下法科学生实践技能培养路径研究》,载《黑龙江教育》(高教研究与评估)2019年第8期。

66. 阿不都米吉提·吾买尔:《诊所式法律教育改革探析》,载《教育现代化》2019年第8期。

67. 杨喜璐、祖彤:《"一带一路"视域下法律人才培养模式探析》,载《广西质量监督导报》2019年第8期。

68. 刘海芳:《我国法学教育模式的创新研究——评〈法学专业实践教学的理论与创新〉》,载《高教探索》2019年第9期。

69. 王轶、李昊:《德国预防式法学教育概观——以合同设计为例》,载《现代法治研究》2019年第9期。

70. [德]托马斯·M.J.默勒斯、马强伟:《法律人如何思与行——法学教育中法学方法作用的影响》,载《现代法治研究》2019年第9期。

71. 潘久红:《"互联网+"时代法学教育教学模式创新分析》,载《法制博览》2019年第9期。

72. 徐慧敏:《高校法学教育与法律职业脱节的困境及其突破》,载《法制博览》2019年第9期。

73. 吕辰龙:《我国法学教育实践教学模式的完善研究》,载《法制博览》2019年第9期。

74. 杨咏婕、张静:《应用型法学教育模式的路径探究》,载《教育现代化》2019 年第 9 期。

75. 邱水平:《谱写新时代法学教育的新篇章》,载《民主与法制时报》2019 年第 9 期。

76. 杨凤宁:《"互联网+"背景下宪法学教学改革探索》,载《广西政法管理干部学院学报》2019 年第 9 期。

77. 冯果:《新理念与法学教育创新》,载《中国大学教学》2019 年第 10 期。

78. 王渊昊、双全:《"互联网+"时代法学教育变革研究》,载《高教探索》2019 年第 10 期。

79. 饶冠俊:《法学教育与思政教育的协同关系及融合架构研究》,载《南昌教育学院学报》2019 年第 10 期。

80. 余敬、梁亚荣:《人工智能时代法学教育的反思与应对》,载《宿州教育学院学报》2019 年第 10 期。

81. 刘同君:《新时代卓越法治人才培养的三个基本问题》,载《法学》2019 年第 10 期。

82. 梅文娟:《智能科学大发展下当代法学教育面临的新问题》,载《当代教育实践与教学研究》2019 年第 10 期。

83. 徐显明:《高等教育新时代与卓越法治人才培养》,载《中国大学教学》2019 年第 10 期。

84. 戚庆余、陈冠华:《中国法学教育目标演进的历史逻辑》,载《教育理论与实践》2019 年第 10 期。

85. 王伟、陈立:《沪滨屹立东南冠——百年复旦法学教育》,载《中国法律评论》2019 年第 10 期。

86. 于永生:《新时代法学教育思想对法学专业建设的指导意义》,载《法制博览》2019 年第 10 期。

87. 杜江涌:《法考背景下法学教育路径探讨》,载《兰州教育学院学报》2019 年第 11 期。

88. 孙昊亮、王萌:《新时代人工智能发展下的法学教育》,载《法学教育研究》2019 年第 11 期。

89. 伍卫东、孙力夫、陈柳:《人工智能融入法学教育的实现路径》,载《法制与社会》2019 年第 12 期。

90. 刘立敏:《当前法学教育人文精神的缺失及其影响》,载《法制与社会》2019 年第 12 期。

91. 刘坤轮:《为什么法学教育是职业教育》,载《人民法治》2019 年第 12 期。

92. 张云山:《浅析法学教育中法律思维的培养困境与优化路径》,载《课程教育研究》2019 年第 12 期。

图书在版编目(CIP)数据

中国法学教育年刊. 2019：第七卷 / 张文显主编
. -- 北京：法律出版社，2020
ISBN 978-7-5197-5004-6

Ⅰ. ①中… Ⅱ. ①张… Ⅲ. ①法学教育-中国-2019-年刊 Ⅳ. ①D92-4

中国版本图书馆 CIP 数据核字(2020)第 188504 号

中国法学教育年刊(2019·第七卷)
ZHONGGUO FAXUE JIAOYU NIANKAN (2019·DI-QI JUAN)

张文显 主编

策划编辑 沈小英
责任编辑 沈小英 毛镜澄
装帧设计 汪奇峰

出版 法律出版社
总发行 中国法律图书有限公司
经销 新华书店
印刷 北京虎彩文化传播有限公司
责任校对 王晓萍
责任印制 吕亚莉

编辑统筹 法治与经济出版分社
开本 710 毫米×1000 毫米 1/16
印张 20
字数 440 千
版本 2020 年 11 月第 1 版
印次 2020 年 11 月第 1 次印刷

法律出版社/北京市丰台区莲花池西里 7 号(100073)
网址/www. lawpress. com. cn
投稿邮箱/info@ lawpress. com. cn
举报维权邮箱/jbwq@ lawpress. com. cn
销售热线/400-660-8393
咨询电话/010-63939796

中国法律图书有限公司/北京市丰台区莲花池西里 7 号(100073)
全国各地中法图分、子公司销售电话：
统一销售客服/400-660-8393/6393
第一法律书店/010-83938432/8433 西安分公司/029-85330678 重庆分公司/023-67453036
上海分公司/021-62071639/1636 深圳分公司/0755-83072995

书号：ISBN 978-7-5197-5004-6 **定价**：120.00 元
(如有缺页或倒装，中国法律图书有限公司负责退换)